中华人民共和国
电子商务法
条文研析与适用指引

电子商务法起草组◎编著

ZHONG HUA REN MIN GONG HE GUO
DIAN ZI SHANG WU FA TIAO WEN YAN XI YU SHI YONG ZHI YIN

中国法制出版社
CHINA LEGAL PUBLISHING HOUSE

编委会

主　编　吕祖善　彭　森　尹中卿

副主编　施禹之　薛　军　薛　虹

编　委　陈继宁　施禹之　韩　军　郝大为　周　晶
唐　鹏　薛　军　薛　虹　杨　东　王文华
崔聪聪　潘　迪　姚志伟　张　韬　阿拉木斯

学习好、宣传好、落实好电子商务法

——**栗战书** 委员长在第十三届全国人大常委会第五次会议上的讲话

本次会议审议通过了电子商务法。这部法律经过常委会 4 次审议，3 次向全社会公布法律草案，充分听取和研究了各方面的意见建议。法律将电子商务的主要模式和业态纳入调整范围，明确电子商务经营者特别是平台经营者的义务与责任，规范经营者办理工商登记和免于登记的情形，严格禁止虚假宣传、强行搭售、通过搜索和竞价排名误导消费者等行为。常委会组成人员认为，电子商务法是一部鼓励、支持、创新、规范和保障电子商务健康发展的促进法，是一部维护广大消费者、平台经营者和平台内经营者合法权益，维护市场秩序和公平竞争的保障法。各有关方面要学习好、宣传好、落实好电子商务法，依法保障各方主体的正当权益，推动电子商务持续健康发展。

2018 年 8 月 31 日

摘自《中国人大网》

目　　录

第一部分　条文研析

第二部分 专题研究

第三部分　附　录

深入推进科学立法民主立法
提高电子商务立法质量

——第十二届全国人大常委会副委员长张平寄语电子商务法

电子商务继续保持高速增长的势头。量的迅速扩张的同时，更加可喜的是质的提高。在发展质量上，我国电子商务领军企业已经在企业规模、创新能力、技术水平、盈利能力等方面走在了世界前列。我国经济社会正在进入转型发展的新常态，电子商务的快速成长，成为经济发展的一道亮丽风景线，作为新的经济增长点，在转方式、调结构、保增长、促就业、惠民生等方面将发挥更加重要和积极的作用。

大家对电子商务立法的必要性、重要性和紧迫性，已经取得普遍共识。电子商务已经达到了一个相当大的规模，在经济中占据相当的分量，需要立法规范。目前，电子商务与实体经济已经深度融合，给我们的生产和生活方式都带来了深刻影响，成为引领经济社会发展的重要力量。相信随着技术的发展，在不久的将来，绝大多数的经济活动都将主要依托电子商务开展。从发展趋势看，电子商务是一种代表未来发展方向的有效的资源配置方式，具有非常广阔的发展空间。立法要为其持续健康发展留出空间，这对立法质量、前瞻性、可操作性、针对性等方面都提出了更高的要求。

电子商务立法的根本目的，就是通过规范秩序、规范行为，实现健康有序和可持续发展。

法律是治国之重器，良法是善治之前提。依法治国、建设社会主义法治国家、建设中国特色社会主义法治体系，需要有良法、好法、高质量的法。科学立法、民主立法，就是提高立法质量的有效途径。

深入推进科学立法，首先要搞好调查研究。我们对电子商务立法进行了全面系统、深入扎实的课题研究，调查研究应贯穿立法全过程。实践不断向前发展，发展永无止境，创新永无止境，研究探索永无止境。电子商务立法应不断瞄准、对焦电子商务的实践发展，不断研究探索解决实践发展中的新情况、新问题。伴随着实践的创新、理论的创新，经济社会的不断发展，将来可以对法律作修改完善。从起草的角度来说，必须保持立法前瞻性，起草出一部高质量的法律，为发展创新预留空间。

电子商务立法要从中国的国情和实际出发，体现中国特色。同时，也要认真研究借鉴国际经验，加强国际交流与合作，不断争取在国际规则制定上的话语权和主导权。我们制定出的电子商务法，应该是一部具有中国特色、顺应历史潮流、符合时代需要的良法。

电子商务立法必须针对电子商务的特殊性，解决电子商务领域中的突出矛盾和关键问题。立法要管用。

积极推进民主立法，加强人大对立法工作的组织协调，健全立法机关主导、社会各方有序参与立法的途径和方式。民主立法也就是开门立法，要集思广益，广泛听取各方不同意见，包括大平台、小企业、小卖家、消费者等的意见建议，还有专家学者和部门的意见，坚持电子商务相关各方有序参与立法。

希望承担立法任务的同志继续保持高度的历史责任感、使命感和奉献精神，把电子商务立法工作放在重要位置，保持旺盛精力，努力提高效率，高质量高水平地完成立法任务，为国家和人民交出一份满意的答卷！

制定电子商务法　促进电子商务健康有序可持续发展

当今中国乃至世界，网络信息技术和电子商务日新月异、蓬勃发展，全面融入人们生产生活，深刻改变了经济社会发展格局。在我国经济发展新常态下，电子商务迅速发展，同时发展过程中的一些矛盾和问题已经凸显，社会各界迫切期望加快电子商务立法。电子商务法纳入十二届全国人大常委会五年立法规划，于2013年年底正式启动立法进程，由全国人大财经委牵头组织起草。电子商务立法坚持科学立法、民主立法，广泛凝聚各方智慧和共识，努力提高立法质量。2018年8月31日，十三届全国人大常委会第五次会议审议通过电子商务法。

一、电子商务立法的重要性、必要性和紧迫性

（一）以习近平同志为核心的党中央高度重视互联网和电子商务的发展与治理

习近平总书记明确指出，要从国际国内大势出发，总体布局，统筹各方，创新发展，努力把我国建设成为网络强国，并提出要推动网络空间互联互通、共享共治，共同构建网络空间命运共同体。党的十八大以来，根据全面深化改革的总体部署，中央明确提出制定网络安全法、电子商务法。党的十九大报告明确提出，实施创新驱动发展战略，推动互联网、大数据、人工智能和实体经济深度融合，建设网络强国、数字中国、智慧社会。全国人大常委会认真贯彻落实中央决策部署，不断加强互联网领域立法。2000年12月，全国人大常委会通过关于维护互联网安全的决定；2004年8月通过电子签名法；2012年12月通过关于加强网络信息保护的决定；2016年11月，通过网络安全法。

（二）加快制定电子商务法，促进电子商务健康有序可持续发展

电子商务迅速发展催生电子商务立法。在经济发展进入新常态的大背景下，中国电子商务持续多年保持高速发展，2010年至2017年，电子商务年均增长速度超过30%。电子商务伴随大数据、云计算、人工智能，有力推动互联网和实体经济深度融合发展，以信息流带动技术流、资金流、人才流、物资流，促进资源配置优化，促进全要素生产率提升，在转方式、调结构、稳增长、扩就业、惠民生、促扶贫等方面发挥了重要作用。2017年，我国电子商务交易额29.16万亿元；网络零售额7.18万亿元，其中实物商品网上零售额5.48万亿元，占社会消费品零售总额的比重达到15%；电子商务交易市场规模居全球第一；电子商务就业人员超过4000万人；互联网对中国经济增长的贡献率达7%。鼓励、支持、促进和规范电子商务发展，迫切需要电子商务立法。

电子商务问题凸显紧逼电子商务立法。电子商务作为一个新生事物，在发展过程中，一些矛盾和问题已经凸显。一是法律体系和商业规则有待完善，缺乏具有权威性、综合性的电子商务法律。二是市场秩序有待规范，交易环境需要健全完善，损害消费者权益现象时有发生，交易纠纷和商业冲突增多。三是管理体制有待理顺，原有管理方式不能完全适应电子商务快速发展的需要，交易安全保障亟待加强。通过电子商务立法规范电子商务行为、维护市场秩序已经迫在眉睫。

保障各方主体权益亟待电子商务立法。保障消费者和经营者合法权益，应当坚持科学发展、依法规范、加强引导。电子商务领域消费者权益保护问题十分突出，社会各界反映较为集中。加强对电子商务消费者的保护力度，需要通过立法明确电子商务经营者特别是第三方平台的责任义务，明确消费者享有的个人信息等基本权利，鼓励和规范信用评价体系建设，形成符合电子商务发展特点的规范约束机制和争议解决机制。同时也要通过立法来保障电子商务经营者的权益，按照政府最小干预原则，推动实现政府监管、行业自律、社会共治有机结合，为电子商务的良性发展、互动创新奠定制度基础。

（三）尽快出台电子商务法，推动形成全面开放新格局，积极参与和主导国际规则制定

电子商务立法是网络经济和数字经济领域的主要规则，担负着我国与

世界各国互联互通、共享共治的重任。习近平总书记提出各国应加强沟通交流，完善网络空间对话协商机制，研究制定全球互联网治理规则。我国已经在2016杭州G20峰会上发出数字经济倡议，期待加强电子商务国际交流合作。中国电子商务立法，将在引领全球电子商务发展、参与主导国际规则制定中发挥积极重要作用。电子商务与网络经济的国际交流合作，必将促进中国与各国的发展合作共赢。近年来，我国跨境电子商务快速发展，已经形成了一定的产业集群和交易规模。发展跨境电子商务，有利于完善我国对外开放战略布局和对外贸易优化升级，有利于推进“一带一路”建设和实施自由贸易区战略，形成对外开放新体制、全面开放新格局。电子商务立法，将为促进和规范跨境电子商务发展提供法制保障。

（四）社会各界高度关注电子商务立法，迫切希望法律尽快出台

近年来，许多全国人大代表提出议案和建议，希望加快电子商务立法，十届全国人大以来至2016年电子商务法提请审议前，共提出有关代表议案25件、建议133件。2017年、2018年，仍有不少代表建议加快出台电子商务法。电子商务法提请审议后，引起社会各界强烈反响，舆论给予高度评价。中国电子商务协会、消费者协会、法学会、中国社科院、北京大学、清华大学、中国人民大学、北京师范大学、中国政法大学等协会、机构和院校纷纷举办座谈会、研讨会，提出修改意见和建议。中国人大网在初审、二审、三审后均在第一时间公开征求意见，社会各界对具体条文提出许多中肯的意见建议（初审稿提意见194人，922条；二审稿提意见291人，692条；三审稿提意见317人，1473条）。立法科学民主、公开透明，受到社会各界广泛好评。2018年8月，全国人大常委会法工委专门召开立法评估会。总体来看，电商企业、消费者、专家学者、协会、部门、地方等各方面大多数赞同草案，并希望加快出台。

二、科学立法、民主立法，提高立法质量

（一）人大主导，部门依托，地方参与，专家路线

2013年12月，全国人大财经委牵头开展电子商务立法工作，组织成立由国务院十二个部门参加的电子商务法起草组。在起草过程中，始终坚持科学立法、民主立法要求，注重提高立法质量，广泛吸纳地方人大、院

校专家、部分电商企业和行业协会，共同参与起草工作。

（二）科学立法，民主立法，各方博弈，提高质量

起草组成立后，对电子商务现有法律法规进行了梳理，选定电子商务立法十六个方面重点课题进行研究，形成三十多份有分量、有深度、高质量的研究报告。在课题研究基础上，电子商务相关部门、地方人大、高校、电商企业、行业协会等密切合作，形成四份电子商务法立法大纲和两个版本的草案建议稿。起草组把广泛听取意见贯穿于起草的全过程，通过专题调研、座谈会、研讨会等多种形式，充分听取各方面意见。草案建议稿在上述基础上整合形成草案初稿，经征求国务院有关部门的意见，反复研究修改，九易其稿，最终形成提请全国人大常委会审议的草案。

（三）国际交流，比较借鉴，公开透明，合作共赢

认真研究梳理、充分借鉴国际组织和主要国家的经验做法，先后召开多次国际研讨会，邀请联合国贸易法委员会和美国、欧盟、日本、新加坡等国家和地区专家，结合我国电子商务立法工作进行专题研讨，研究采纳国际专家的意见和建议。

（四）立法规划，年度计划，任务落实，目标明确

电子商务法纳入十二届全国人大常委会五年立法规划，并分别纳入2016年、2017年、2018年年度立法计划审议项目。2013年年底正式启动立法。2016年4月，电子商务法起草领导小组会议讨论并原则同意草案。此后，将草案发到各省区市人大财经委，广泛听取当地有关部门、企业、专家特别是全国人大代表、地方人大代表的意见，根据各地意见对草案进行了修改完善。2016年7月，全国人大财经委召开第49次全体会议，审议并原则通过草案。此后，全国人大常委会办公厅发函国务院办公厅征求了国务院各部门的意见，全国人大财经委根据反馈意见进行修改完善，并按照全国人大常委会法工委意见对重点问题进行了协调沟通和修改，形成草案初审稿。2016年12月19日，全国人大常委会委员、全国人大财经委副主任委员、电子商务法起草领导小组组长吕祖善在十二届全国人大常委会第二十五次会议上作关于《中华人民共和国电子商务法（草案）》的说明，电子商务法草案提请全国人大常委会初次审议。2017年10月，电子商务法草案第二次审议。2018 年 6 月，电子商务法草案第三次审议。2018 年 8 月，电子商务法草案第四次审议并高票通过。

三、促进发展、规范秩序、保障权益

电子商务法是电子商务领域的综合性、基础性法律。电子商务立法对保障电子商务各方主体权益、规范电子商务行为、维护市场秩序、促进电子商务持续健康发展具有重要作用。电子商务立法对贯彻落实新发展理念、实现高质量发展、更好地满足人民美好生活需求、深化供给侧结构性改革、建设创新型国家、推进依法治国完善社会主义市场经济法律体系、参与全球网络空间治理主导国际规则制定等方面均具有重大意义。

（一）电子商务法指导思想和立法宗旨：促进发展、规范秩序、保障权益

电子商务立法全面贯彻党的十八大和十九大精神，牢固树立和贯彻落实创新、协调、绿色、开放、共享发展理念，按照完善社会主义市场经济体制、全面依法治国的总体目标和要求，坚持促进发展、规范秩序、保障权益，充分发挥立法的引领和推动作用，加强顶层设计，夯实制度基础，激发电子商务发展创新的新动力新动能，解决电子商务发展中的突出矛盾和问题，建立开放、共享、诚信、安全的电子商务发展环境，推动经济结构调整，实现经济提质增效转型升级，切实维护国家利益。简要概括，即促进电子商务持续健康发展，规范电子商务行为，维护市场秩序，保障电子商务各方主体特别是消费者的合法权益。

电子商务法主要内容包括电子商务调整对象、电子商务主体（电子商务经营者、平台经营者）、电子商务行为（电子合同、电子支付、快递物流和交付）、数据信息、消费者权益保护和争议解决机制、市场秩序与公平竞争、跨境电子商务、监督管理、法律责任等。分为总则、电子商务经营者、电子商务合同的订立与履行、电子商务争议解决、电子商务促进、法律责任和附则七章，共八十九条。

（二）电子商务立法注重处理好六个方面的关系

一是发展与规范的关系。立法支持和促进发展，在发展中逐步规范，在规范中持续发展。要采取积极有效的政策措施，支持、鼓励、促进电子

商务的发展，充分发挥中国电子商务的新动力、新动能，加快实施“互联网+”行动，推进电子商务与实体经济的深度融合；拓展电子商务发展空间，鼓励发展电子商务新业态、新模式、新技术；积极实施创新驱动发展战略，鼓励大众创业、万众创新，让一切创造社会财富的源泉充分涌流，让一切劳动、知识、技术、管理、资本的活力竞相迸发。本法认真总结电子商务的发展实践和经验，确立了促进发展的基本制度框架，着力规范电子商务市场秩序，通过具体制度设计解决电子商务经营主体、行为及其市场规范问题，发挥电子商务交易平台经营者和电子商务经营者形成的市场内生机制作用。

二是政府与市场的关系。立法引领和推动改革，继续加快市场化改革，实现科学的宏观调控和有效的市场治理。加快推进全面深化改革，完善中国特色社会主义市场经济体制，充分发挥市场配置资源的决定性作用和市场主体的创造性；更好发挥政府作用，创新和规范电子商务监管，政府作用主要是引导市场规范健康发展，同时要避免不必要的监管和干预；充分发挥社会中介组织作用，完善行业自律和社会共治。

三是线上和线下的关系。平等对待线上线下商务活动，促进线上线下融合发展。随着对电子商务的发展和认识的不断深化，大家在功能等同、技术中立（业态中立、模式中立）和无歧视无差别等原则基础上，逐步达成线上线下一致的原则共识。

四是法律规范与网络自律的关系。法律是网络自律、制订网规的依据，网络自律和网规要符合法律的规定，同时在立法过程中，要充分借鉴吸收在现实中发挥了积极作用的网络规则的有益成分。电子商务立法将发展实践中已经成熟有效、需要上升到法律、并已经取得共识的网络规则和措施作为制度确定下来，为电子商务发展实践提供切实可靠的法律保障。

五是电子商务法与其他法律的关系。电子商务法是电子商务领域一部基础性、综合性的法律，但其中有一些制度已由其他相关法律、法规作出规定。电子商务立法针对电子商务领域特有的矛盾、解决其特殊性问题，当然在实际上也难以避免与其他法律交叉重复，因此，法律协调衔接尤其重要。在电子商务法立法过程中，我们认真梳理研究了与电子商务相关的法律、法规。通过立法研究，大家对电子商务的认识不断深化。电子商务立法应与其他法律衔接配套，共同发力，适宜由其他法律法规解决问题的，可以通过修改相关法律法规来解决。近两年来，国务院有关部门已经及时修改完善并出台了一系列电子商务部门规章和政策措施。在法律协调衔接中，我们主要采取以下做法：一是注重解决电子商务领域的特殊矛盾和问题。如关于电子合同，电子商务法仅对电子商务环境下的电子合同特殊问题作出规定。二是注重吸收有关部门规章。如网络交易管理办法、第三方电子商务交易平台服务规范等具体制度设计的合理成分，提升其效力层次。三是注重与其他法律（包括已有的和将要出台的，如个人信息保护立法）、法规的衔接和配合。四是避免与其他法律法规重复。如电子签名法已经就电子签名进行详细规定，本法不作重复规定。

六是国内立法与国际规范的关系。从国际经验看，立法是促进电子商务发展的通行做法。联合国国际贸易法委员会1996年通过电子商务示范法，2001年通过电子签名示范法，2005年通过国际合同使用电子通信公约，为各国及地区电子商务立法提供了一整套国际通行规则。美国、欧盟、日本、新加坡和我国香港特别行政区等国家和地区都积极开展电子商务立法。近两年，与中国电子商务立法进程相呼应，全球正在掀起新一轮立法热潮，世界贸易组织已将电子商务作为多边谈判的重要议题。电子商务及其立法具有综合性、复杂性和全球化的特征，特别是近年来跨境电子商务迅速发展，对各国电子商务立法及其国际合作提出了新要求。立法必须与国际规范接轨，吸纳国际立法最新成果，规范和协调各国法律，避免和减少各国之间的法律冲突和障碍，更好地促进全球电子商务有序发展。

（三）电子商务法立法基本原则

鼓励创新原则：电子商务立法把促进电子商务持续健康发展放在首位，鼓励发展电子商务新业态、新模式、新技术，为创新发展留有空间。由于电子商务发展迅猛，变化极快，立法不宜对电子商务具体业态和模式作具体规定。

公平诚信原则：从事电子商务活动，应当遵循自愿平等公平诚信原则，遵守法律和商业道德，建立完善电子商务信用体系。

规范监管原则：根据电子商务发展的特点，完善和创新电子商务监管。规范监管的要义在于依法、合理、适度、有效。其度的把握尤其重要，既非任意的强化监管，又非无原则的放松监管，而是宽严适度、合理有效。

社会共治原则：运用互联网思维，采取互联网办法，鼓励支持电子商务各方共同参与电子商务市场治理，建立符合电子商务发展特点的协同管理体系，推动形成有关部门、电子商务行业组织、电子商务经营者、消费者等共同参与的市场治理体系。

线上线下一致原则：平等对待线上线下商务活动，促进线上线下融合发展。

数据信息开发利用和保护均衡原则：维护电子商务交易安全，依法保护电子商务用户数据信息，鼓励电子商务数据信息交换共享，保障电子商务数据信息依法有序自由流动和合理利用。

在电子商务法起草过程中，大家普遍认为应确立电子商务立法的基本原则，但对基本原则的具体概括和表述仍存在不同认识。如在立法起草过程中曾提出市场决定原则，即发挥市场在资源配置中的决定性作用，尽可能地避免和减少不必要的行政干预。各方在认识上普遍赞同政府最小干预，有的主张应将政府最小干预作为立法原则；有的则主张在当前电子商务实践中还是需要充分发挥政府作用，加强政府监管。在起草具体条文时，我们采取搁置争议，寻求最大公约数的做法，通过大家的研讨，争取更广泛的共识。

（四）电子商务法若干重大问题

1. 科学合理界定电子商务法调整对象。电子商务法调整对象和范围的确定，直接关系到促进发展、规范秩序、保障权益的立法目标顺利实现，关系到电子商务法总体框架设计，应综合考虑中国电子商务发展实践、中国的现实国情并与国际接轨、与国内其他法律法规的衔接等。综合各方意见，本法将电子商务定义为："通过互联网等信息网络销售商品或者提供服务的经营活动"。在此定义中，信息网络包括互联网、移动互联网等；经营活动是指以营利为目的的商务活动，包括上述商品交易、服务交易和相关辅助经营服务活动，经营活动是区别是否构成电子商务的一个关键词。大家对电子商务定义的内涵普遍赞同，但对其外延即具体包括哪些范围存在不同认识，比如讨论较多的微商或社交媒体电商问题，共享经济或分享经济如网约车、共享单车，网络游戏和音视频节目等。具体问题比较复杂，应具体分析。电子商务立法应尽可能涵盖电子商务的实际领域，尽量不留法律空白；同时，有些电子商务的具体业态和模式，难以在本法中统一规范，可以由有关法规作具体规定，与电子商务法有效衔接。如在电子商务法出台后，应尽快制定微商或社交媒体电商的具体管理办法。

2. 规范电子商务经营主体权利、责任和义务。本法对电子商务经营主体做出了明确规定，区分了一般的电子商务经营者和电子商务平台经营者（第三方平台）。电子商务平台经营者，是指在电子商务中为交易双方或者多方提供网络经营场所、交易撮合、信息发布等服务，供交易双方或者多方独立开展交易活动的法人或者非法人组织。据统计，通过平台经营者达成的交易占目前网络零售市场规模的九成。平台经营者对市场的主导作用，构成了我国电子商务发展的重要特点。本法着重对平台经营者作出明确规定：一是要求其对经营者进行审查，提供稳定、安全服务；二是加强消费者权益保护；三是应当公开、透明地制定平台交易规则；四是遵循重要信息公示、交易记录保存等要求。

3. 完善电子商务交易与服务。围绕电子商务的交易与服务主要有电子合同、电子支付和快递物流。关于电子合同，本法根据电子商务发展的特点，在现有法律规定的基础上规定了电子商务当事人行为能力推定规则、电子合同的订立、自动交易信息系统，以及电子错误等内容。关于电子支付，本法规定了电子支付服务提供者和接受者的法定权利义务，对于支付确认、错误支付、非授权支付、备付金等作出规定。关于快递物流，本法明确了快递物流依法为电子商务提供服务，规范了电子商务寄递过程中的安全和服务问题。

4. 强化电子商务交易保障。本法主要规定四个方面内容：一是电子商务数据信息的开发、利用和保护。明确规定鼓励电子商务数据开发应用，加强数据保护，保障数据信息依法有序自由流动和合理利用。二是市场秩序与公平竞争，规定电子商务经营主体知识产权保护、平台责任、不正当竞争行为的禁止、信用评价规则等。三是加强消费者权益保护，包括商品或者服务信息真实、保证商品或者服务质量、交易规则和格式条款制定，并规定了设立消费者权益保证金，电子商务平台有协助消费者维权的义务。四是争议解决。电子商务纠纷除适用传统的方式外，根据电子商务发展特点，积极构建在线纠纷解决机制。

5. 促进和规范跨境电子商务发展。本法就此专门作出规定：一是国家支持、促进跨境电子商务的发展。二是国家推动建立适应跨境电子商务活动需要的监督管理体系，推进单一窗口建设，提高通关效率，保障贸易安全，促进贸易便利化。三是国家推进跨境电子商务活动通关、税收、检验检疫等环节的电子化。四是推动建立国家之间跨境电子商务交流合作等。

6. 加强监督管理，实现社会共治。本法规定，国务院有关部门按照职责分工负责电子商务发展促进、监督管理等工作。县级以上地方各级人民政府可以根据本行政区域的实际情况，确定电子商务的部门职责划分。建立符合电子商务特点的协同管理体系，推动形成有关部门、电子商务行业组织、电子商务经营者、消费者等共同参与的市场治理体系。电子商务行业组织和电子商务经营主体应当加强行业自律，建立健全行业规范和网络规范，推动行业诚信建设，公平参与市场竞争。

我们要从贯彻落实创新协调绿色开放共享发展理念、推动高质量发展、建设社会主义现代化强国的高度认识电子商务立法；要从全面深化改革、完善社会主义市场经济体制的高度认识电子商务立法；要从全面推进依法治国、完善中国特色社会主义法律体系、建设社会主义法治国家的高度认识电子商务立法；要从推动形成全面开放新格局、全面参与全球经济治理和网络空间治理的高度认识电子商务立法。电子商务立法意义重大，影响深远！

全国人大财经委电子商务法起草组

2018年8月31日

第一部分

条 文 研 析

第一章 总 则

总则是电子商务法的总纲。总则明确了电子商务立法目的、指导思想和原则，奠定了电子商务法的总体框架和制度设计。

总则部分主要规定了电子商务法的立法目的、调整对象和适用范围、基本原则等。总则在第一条开宗明义明确了电子商务的立法目的，即保障电子商务各方主体的合法权益，规范电子商务行为，维护市场秩序，促进电子商务持续健康发展。此即电子商务立法的指导思想，促进发展，规范秩序，保障权益。总则第二条将电子商务界定为通过互联网等信息网络进行销售商品或者提供服务的经营活动，并进一步明确了调整对象和适用范围。总则部分明确提出了电子商务发展与规范的一系列原则。主要是鼓励创新，鼓励发展电子商务新业态、新技术、新模式；线上线下一致，平等对待线上线下商务活动，促进线上线下融合发展；自愿、平等、公平诚信和依法经营履责；规范监管，有关部门按照职责分工负责电子商务促进、监督管理等工作；综合协调和社会共治，加强行业自律，推动形成政府有关部门、电子商务行业组织、电子商务经营者、消费者等共同参与的电子商务市场治理体系；数据信息开发利用和保护均衡原则等。整部电子商务法围绕总则展开，纲举目张，总则对电子商务经营者、电子合同的订立和履行、电子商务促进以及法律责任等各个章节起到了统领作用。

第一条 【促进发展、规范秩序、保障权益】

为了保障电子商务各方主体的合法权益，规范电子商务行为，维护市场秩序，促进电子商务持续健康发展，制定本法。

【条文研析】

一、电子商务立法的重要性、必要性和紧迫性

当今中国乃至世界，网络信息技术和电子商务日新月异、蓬勃发展，全面融入人们生产生活，深刻改变经济社会发展格局。在中国经济发展新常态下，在“互联网+”政策的推动下，电子商务正在成为我国经济发展的新动力。电子商务在加快工业化和信息化的深度融合，加快转变经济发展方式，促进经济结构转型升级的同时，也面临管理方式不适应、诚信体系不健全、市场秩序不规范等问题，亟须通过立法予以规范。

党的十八大以来，根据全面深化改革的总体部署，中央明确提出制定出台网络安全法、电子商务法，加强网络安全与信息化法制建设，实施“互联网+”行动计划，发展物联网技术和应用，发展分享经济，促进互联网和经济社会融合发展。习近平总书记亲自担任中央网络安全和信息化领导委员会主任，多次出席互联网有关会议并发表重要讲话，作出了许多重要论断和具体部署。习近平总书记明确指出，要从国际国内大势出发，总体布局，统筹各方，创新发展，努力把我国建设成为网络强国，并提出要推动网络空间互联互通、共建共治，共同构建网络空间命运共同体。

自2000年起，全国人大常委会先后通过了关于维护互联网安全的决定、电子签名法、关于加强网络信息保护的决定和网络安全法。2005年，国务院办公厅出台了关于加快电子商务发展的实施意见。2015年，国务院发布大力发展电子商务加快培育经济新动能的意见，并陆续出台“互联网+”行动计划、促进跨境电子商务健康快速发展的指导意见、推进线上线下互动加快商贸流通创新发展转型升级的意见等政策措施，国务院各部门、各省区市针对跨境、农村电子商务领域开展了多项试点。“十三五”规划将“拓展网络经济空间”作为单独一篇，提出要发展现代互联网产业体系，促进互联网深度广泛应用，带动生产模式和组织方式变革，形成网络化、智能化、服务化、协同化的产业发展新形态。十九大报告提出，推动互联

网、大数据、人工智能和实体经济深度融合，培育新增长点，形成新动能。现行立法和政策为电子商务的快速发展提供了基础性的保障。但随着电子商务的深入发展，个人信息被非法收集、滥用、泄露等事件层出不穷，侵害知识产权以及利用网络销售假冒伪劣产品等行为时有发生，特别是原有管理方式不能完全适应电子商务快速发展的需要，交易安全亟待加强，管理体制有待理顺，迫切需要通过制定电子商务法以回应电子商务持续健康发展的需求。

从国际层面来看，各国制定电子商务法的目标基本上是通过规范电子商务行为，保障电子商务主体权益，维护市场秩序，以促进电子商务健康发展。欧盟《电子商务指令》将其立法目的明确为通过确保成员国之间信息社会服务的自由流动以尽力帮助发挥欧盟内部市场的应有功能。菲律宾《电子商务法》旨在通过电子、光纤及相似媒介、模式、手段和技术，为国内和国际交易、贸易、布局、协议、合同以及信息的交换和存储提供便利，承认与此类行为相关的电子文件的真实性和可靠性，促进电子交易在政府和一般公众中的广泛应用。巴西《网络基本权利法》旨在促进：（1）所有人使用互联网的权利；（2）在文化生活和公共事务处理中获取信息和知识；（3）鼓励新技术的创新和广泛传播，创新使用和获取的模式；（4）采用公开技术标准，在应用程序和数据库之间进行交流、获取和协调。澳大利亚《电子交易法》提供了一个管理框架，包括以下四点：（1）承认信息经济对澳大利亚将来经济与社会繁荣的重要性；（2）有利于电子交易的使用；（3）在电子交易使用中提升商业机构和团体的信心；（4）促进商业机构和团体在和政府交易时使用电子通信。从上述立法可以看出，各国、地区电子商务立法的立法目的基本上是围绕“促进应用”“鼓励创新”“规范”等以促进电子商务的发展。中国电子商务法充分借鉴了域外立法的成功经验，明确制定电子商务法的根本目的在于保障电子商务健康可持续发展，通过减少束缚电子商务发展的体制、机制障碍，规范电子商务行为，维护电子商务市场秩序，为电子商务健康有序发展提供法律保障，主动适应和引领我国经济发展新常态，着力解决电子商务发展中的深层次矛盾和重大问题，大力推进政策创新、管理创新和服务创新，促进开放、规范、诚信、安全的电子商务发展环境的建立，使之得以在培育经济新动力等方面发挥重要作用，为实现经济提质增效、转型升级保驾护航。

二、电子商务立法的指导思想

电子商务在立法过程中始终全面贯彻党的十八大和十九大精神，以习近平新时代中国特色社会主义思想为指导，牢固树立和贯彻落实创新、协调、绿色、开放、共享发展理念，按照完善社会主义市场经济体制、依法治国、依法行政的总体目标和要求，坚持促进发展、规范秩序、保障权益，充分发挥立法的引领和推动作用，加强顶层设计，夯实制度基础，激发电子商务发展创新的新动力新动能，解决电子商务发展中的突出矛盾和问题，建立开放、共享、诚信、安全的电子商务发展环境，推动经济结构调整，实现经济提质增效转型升级，切实维护国家利益。简要概括，即促进电子商务持续健康发展，规范电子商务市场秩序，保障电子商务各方主体特别是消费者合法权益。

在立法过程中，始终把促进电子商务健康可持续发展摆在首位，坚持问题导向，规范与保障并重。电子商务在快速发展的同时，也面临一些突出矛盾和问题：一是法律体系和商业规则有待完善；二是市场秩序有待规范，交易环境需要健全完善；三是管理体制有待理顺，交易安全保障亟待加强。电子商务立法着力解决电子商务发展中的突出问题，将近年来一些成熟的经验做法上升到法律作为制度确定下来，同时注重与相关法律法规相衔接。发展需要良好的市场秩序，规范是为了更好、更高质量地发展。通过规范电子商务经营者的经营行为，明确其资质条件、公示和审验义务、服务安全等，形成良好营商环境。同时注重加强对电子商务消费者的保护力度，为电子商务良性发展、互动创新奠定制度基础。

三、促进发展、规范秩序、保障权益

在中国经济发展进入新常态的大背景下，电子商务持续多年保持高速发展，2010 年至 2017 年，电子商务年均增长速度超过 30%。电子商务伴随大数据、云计算、人工智能，有力推动互联网和实体经济深度融合发展，以信息流带动技术流、资金流、人才流、物资流，促进资源配置优化，促进全要素生产率提升，在转方式、调结构、稳增长、扩就业、惠民生、促扶贫等方面发挥了重要作用。2017 年，中国电子商务交易额 29.16 万亿元；网络零售额 7.18 万亿元，其中实物商品网上零售额 5.48 万亿元，占社会消费品零售总额的比重达到 15%；电子商务交易市场规模居全球第一；电子商务就业人员超过 4000 万人；互联网对中国经济增长的贡献率达 7%。鼓励、支持、促进电子商务发展和创新，迫切需要制定电子商务法，以保障主体合法权益，规范电子商务行为，维护市场秩序，促进电子商务持续健康发展，具体而言：

（一）促进发展

促进发展是指促进电子商务持续健康发展。发展是时代永恒的话题。为破解发展难题，增强发展动力，厚植发展优势，党的十八届五中全会坚持以人民为中心的发展思想，首次鲜明提出了“创新、协调、绿色、开放、共享”的新发展理念。党的十九大报告则进一步将“坚持以人民为中心的发展思想”“坚持新发展理念”提升为习近平新时代中国特色社会主义思想和基本方略，强调“发展是解决我国一切问题的基础和关键，发展必须是科学发展，必须坚定不移贯彻创新、协调、绿色、开放、共享的发展理念。”新发展理念集中反映了我们党对经济社会发展规律认识的深化，是我国发展理论的又一次重大创新。它标志着我们党对经济社会发展规律的认识达到了新的高度，是我国经济社会发展必须长期坚持的重要遵循，具有战略性、纲领性和引领性。作为上层建筑的电子商务法，应贯彻新发展理念，服务和保障电子商务发展。新发展理念要求电子商务的发展是持续健康的，是以人民为中心的发展，发展的最终目的是使人民充分享受互联网和电子商务带来的便利和利益。持续健康要求规范电子商务行为，维护市场秩序；以人民为中心意味着电子商务法应以保护电子商务主体的合法权益为出发点，这样的立法目的符合法律规范的内在逻辑，充分体现了“促进发展、规范秩序、保障权益”的立法指导思想。

（二）规范秩序

规范秩序是指规范电子商务行为，维护市场秩序。电子商务作为一个新生事物，在发展过程中，一些矛盾和问题已经凸现。由于法律体系和商业规则有待完善，缺乏具有权威性、综合性的电子商务法律，致使一些失范行为游离于法律之外，损害消费者权益现象时有发生，交易纠纷和商业冲突增多，市场秩序有待规范，交易环境需要健全完善。规范行为、调整社会关系是立法的逻辑起点。电子商务行为包括电子合同、电子支付、快递物流和数字产品的交付等。电子商务市场秩序是发展的保障，维护市场秩序需要规范电子商务行为，特别是禁止侵害其他主体合法权益、破坏电子商务诚信、扰乱电子商务秩序的行为。在明确各方主体权利的基础上，以规范行为为切入点，以维护市场秩序为保障，最终实现电子商务的立法目的。

（三）保障权益

保障权益是指保障电子商务主体的合法权益。电子商务主体是指在电子商务活动中享有权利、承担义务的自然人、法人和非法人组织。电子商务主体包括电子商务经营主体和消费者。以是否直接销售商品或者提供服务为标准，电子商务经营主体分为一般电子商务经营者和电子商务平台经营者。前者是指利用互联网等信息网络销售商品或者提供服务的自然人、法人和非法人组织；后者是指在电子商务活动中为交易双方或者多方提供网页空间、网络经营场所、交易规则、交易撮合、信息发布等服务，供交易双方或者多方独立开展交易活动的法人或者非法人组织。

消费者在充分享受互联网带来的便利的同时，也面临着欺诈、非法收集和买卖个人信息等侵害消费者合法权益的行为。电子商务领域消费者保护问题十分突出，社会各界反映较为集中。保障消费者和经营者合法权益，应当坚持科学发展、依法规范、加强引导，加大对电子商务消费者的保护力度，通过立法明确电子商务经营者特别是第三方电子商务平台的义务和责任，明确消费者对其个人信息享有的权利，鼓励和规范信用评价体系建设，形成符合电子商务发展特点的规范约束机制和争议解决机制。

电子商务法保障的是所有参与电子商务活动的各方主体的合法权益，既包括消费者，也包括电子商务经营者和第三方电子商务平台经营者。电子商务主体的法律地位是平等的，因此电子商务法既要加强保护消费者的权益，但同时也要保护电子商务经营者的合法权益和经营自由，平等地对待参与电子商务活动的经营者（包括商品销售者、服务提供者、平台经营者等）和消费者。电子商务法应破除制约电子商务发展的制度障碍，保护电子商务经营主体的自由竞争权、数据权利等，同时按照政府最小干预原则，推动实现政府监管、行业自律、社会共治有机结合，为电子商务良性发展、互动创新奠定坚实的制度基础。

第二条 【电子商务的内涵、外延与适用范围】

中华人民共和国境内的电子商务活动，适用本法。

本法所称电子商务，是指通过互联网等信息网络销售商品或者提供服务的经营活动。

法律、行政法规对销售商品或者提供服务有规定的，适用其规定。金融类产品和服务，利用信息网络提供新闻信息、音视频节目、出版以及文化产品等内容方面的服务，不适用本法。

【条文研析】

一、调整对象

（一）电子商务的经济学界定

经济学界对电子商务的理解，围绕“电子信息网络技术+商务”这一核心，从电子商务的技术基础、参与主体、商业模式和社会经济形态发展的多重视角展开。从技术基础角度来看，广义电子商务强调电子商务赖以开展的基础是各类电子信息网络技术，包括局域网、因特网以及其他电子信息技术、通信技术等。狭义电子商务的技术基础仅限于互联网。从商业活动的内容来看，广义电子商务涵盖商务活动的各个环节，个别学者将其扩展至电子政务、电子军务等各项社会活动。狭义电子商务仅指有形商品和无形商品的交易。

经济学界将电子商务定位于整个商务活动的电子化，法学界将电子商务定位于民商事活动的电子化。国际组织、美欧各国等将电子商务定位于利用网络进行的商务活动及其相关活动。由此可见，国内经济学界和法学界对电子商务的界定与国际观点和潮流趋于一致：从技术角度而言，都采用广义的网络；从行为角度而言，均认为是一种商业活动。

（二）域外立法及其启示

联合国国际贸易法委员会《电子商务示范法》第一条适用范围（注释5）认为，对“商业”一词应作广义解释，使其包括不论是契约性或非契约性的一切商业性质的关系所引起的种种事项。商业性质的关系包括但不限于下列交易：供应或交换货物的任何贸易交易；分销协议；商业代表或代理；客帐代理；租赁；工厂建造；咨询；工程设计；许可贸易；投资；融资；银行业务；保险；开发协议或特许；合营或其他形式的工业或商业合作；空中、海上、铁路或公路的客、货运输。

联合国国际贸易法委员会《国际合同使用电子通信公约》第四条定义：(1) 通信系指当事人在一项合同的订立或履行中被要求作出或选择作出的包括要约和对要约的承诺在内的任何陈述、声明、要求、通知或请求；(2) 电子通信系指当事人以数据电文方式发出的任何通信；(3) 数据电文系指经由电子手段、电磁手段、光学手段或类似手段生成、发送、接收或存储的信息，这些手段包括但不限于电子数据交换、电子邮件、电报、电传或传真……

欧盟《电子商务指令》第二条将“商业通信”界定为被设计用来直接或间接地推销从事商业、工业、手工业活动或者进行指定的职业行为的公司、组织或个人的商品、服务或形象的任何形式的通信。以下内容本身不构成商业通信：(1) 使得直接接触公司、组织或个人的活动成为可能的信息，尤其是域名或电子邮件地址；(2) 独立编排的与公司、组织或个人的商品、服务或形象有关的通信，尤其在不涉及经济因素的情况下。

韩国《电子商务基本法》第二条将电子商务界定为货物或服务交易的全部或部分系通过使用电子讯息进行的交易。泰国《电子交易法》第3.4条将电子商务界定为使用数据电文进行的民事和商事活动。

《上海市促进电子商务发展规定》第三条将电子商务界定为通过互联网进行销售商品、提供服务等的经营活动。《网络交易管理办法》第三条将网络商品交易界定为通过互联网（含移动互联网）销售商品或者提供服务的经营活动，有关服务，是指为网络商品交易提供第三方交易平台、宣传推广、信用评价、支付结算、物流、快递、网络接入、服务器托管、虚拟空间租用、网站网页设计制作等营利性服务。

商务部《网络购物服务规范》第3.1条将网络购物界定为发生在互联网中企业之间、企业和消费者之间、个人之间、政府和企业之间通过网络通信手段缔结的商品和服务交易。商务部《电子商务模式规范》将 电子商务界定为基于互联网技术和网络通信手段进行货物或服务交易，并提供相关服务的商业形态。按照交易主体的不同具体细分为：企业（或其他组织机构）之间（Business to Business，简称 B2B）、企业（或其他组织机构）和消费者之间（Business to Consumer，简称 B2C）、消费者之间（Consumer to Consumer，简称 C2C）。商务部《第三方电子商务交易平台服务规范》将电子商务界定为交易当事人或参与人利用现代信息技术和计算机网络（包括互联网、移动网络和其他信息网络）所进行的各类商业活动，包括货物交易、服务交易和知识产权交易。

从上述立法或者规定来看，联合国国际贸易法委员会《电子商务示范法》界定电子商务的范围最为广泛，不仅涵盖销售商品，也包括提供服务。联合国国际贸易法委员会《国际合同使用电子通信公约》从“合同”和合同所依赖的“通讯手段”两个核心要点界定电子商务；欧盟《电子商务》指令的特点在于明确排除了单纯的信息服务；泰国《电子交易法》突破了商事活动的界限，把通过互联网进行的民事活动也涵盖进来。国内的相关规定基本上围绕“网络”“销售商品和提供服务”“经营活动”这三个核心要素界定电子商务。

（三）电子商务的法律界定

法学界对电子商务的理解与经济学界基本一致，但又有不同的侧重点。法学界侧重点在电子商务行为的法律属性。广义说将电子商务的范围拓展至民商事活动，狭义说将电子商务限定为商事行为。通过比较经济学界和法学界对电子商务的界定，二者均有广义与狭义之分，虽然表述不同，但均认可电子商务的核心是通过信息网络进行的商事活动。

法学的基本原理告诉我们，法律不调整企业的内部管理活动，因此企业的客户管理、合作伙伴管理以及人力资源管理、会计、财务管理、生产管理、质量控制等公司内部管理，不属于法律调整的范围，所以不纳入电子商务的范畴；同时电子政务、电子军务分别属于行政法和军事法调整的范畴，亦不宜纳入电子商务法调整的范围；此外，不是所有利用网络进行的活动都纳入电子商务的范畴，如利用网络提供的新闻信息服务。为使电子商务名副其实，电子商务应限于商事活动的范畴，从而避免电子商务法包罗万象，便于法律调整电子商务活动，也有利于厘清电子商务法与其他部门法之间的界限。通过梳理依托平台进行的各种电子商务活动，我们发现具体的电子商务活动可以分为两类：一是销售商品；二是提供服务。

在草案征求意见的过程中，有部门提出，考虑今后与国际规则接轨，避免我国在参与国际规则谈判时处于被动地位的需要，电子商务法的调整范围宜在草案现有规定的基础上拓宽；有部门希望电子商务法的调整范围适当收窄。电子商务法的具体调整范围，不宜过宽，也不宜过窄，应在正确处理电子商务理论与实践、中国国情与国际接轨、电子商务法与其他法律法规衔接的基础上确定。依照上述思路，宜将电子商务法的调整对象界定为“通过互联网等信息网络销售商品或者提供服务的经营活动”。

（四）电子商务的内涵和外延

电子商务法的调整对象是立法面临的核心问题，直接关系到促进发展、规范秩序和保障权益的立法目标顺利实现，并决定电子商务法的总体框架和具体制度设计。合理确定电子商务法的调整对象及其范围，应综合考虑我国电子商务发展实践、中国的现实国情并与国际接轨、与国内其他法律法规的衔接等，具体从电子商务所依托的技术、电子商务交易行为和法律属性三个维度界定。

1. 互联网等信息网络

“互联网等信息网络”包括互联网、移动互联网、电信网、物联网等。将电子商务所依托的技术界定在信息网络而非仅限于互联网，既着眼于网络技术发展的现实，也考虑了网络技术和应用的未来发展，遵循技术中立原则，确保了电子商务法的开放性，把通过移动客户端或移动社交圈进行的经营活动纳入电子商务法的调整范围。

2. 销售商品和提供服务

商品交易既包括有形产品交易，也包括无形产品交易，如数字音乐、电子书和计算机软件的复制件等数字产品交易。有部门提出，应将技术交易作为独立部分纳入电子商务法的调整范围。商品的本质是劳动产品，服务的本质是劳动本身（劳务），在此意义上，技术交易无论是技术转让还是技术许可，都属于销售商品（数字商品）的范畴。因此，技术交易在事实上已经纳入电子商务法的调整范围，不必单独列明。

提供服务是指在线提供的服务，如滴滴打车、在线租房、在线旅游等；或者是网上订立服务合同，在线下履行，如家政服务。此外，对销售商品和提供服务进行支撑的相关服务，如电子支付、物流快递、信用评价、网店装潢设计等，也应纳入电子商务法的调整对象。

服务种类繁多且差异较大，电子商务法只调整具有普遍性的服务交易和相关支撑服务。对于特殊类型的服务，如金融类产品和服务，单纯的信息发布（如提供新闻信息服务、问答服务）等涉及内容管理，以及利用信息网络播放音视频节目、网络出版等涉及意识形态安全的服务领域，考虑到监督管理的专业性和特殊性，不纳入电子商务法的调整范围。

3. 经营活动

电子商务的落脚点应为经营活动，这里的经营活动是指以营利为目的的持续性业务活动，即商事行为。“经营”的法律属性是电子商务活动的重要特征，是区别是否构成电子商务活动的关键要素，因此自然人利用网络临时、偶尔出售二手物品、闲置物品，因其不具有经营属性，所以不属于电子商务的范畴，可适用合同法以及其他民商事法律的相关规定。需要指出的是，自然人以营利为目的且持续销售商品或提供服务，应纳入电子商务法的调整范围。此外，单纯的公司内部管理行为，如生产管理、质量控制、人力资源管理和财务管理等，不属于法律意义上的经营活动，不宜纳入电子商务法的调整范围。

需要指出的是，各方对电子商务定义的内涵意见一致、普遍赞同，但是对其外延即具体包括哪些范围存在不同认识，比如争议较大的微商问题，共享经济或者分享经济，如网约车、共享单车、网络游戏和音视频节目等。基于互联网的应用比较复杂，商业模式也在不断创新中，对此问题应结合具体的商业模式和实践进行具体分析，诸如微商、社交媒体电商、共享经济或者分享经济，其本质特征仍为利用网络销售商品或者提供服务的经营活动，只是商业模式或者依托的技术、平台不同，因此应将上述活动界定为电子商务并适用电子商务法。电子商务法应尽可能涵盖电子商务的实际领域，尽量不留法律空白；同时，有些电子商务的具体业态和模式，难以在本法中统一规范，可以由有关法规作出具体规定，并与电子商务法有效衔接。

二、适用范围

电子商务法的调整对象和适用范围是否科学合理，直接关系到立法目的能否实现。根据电子商务法对电子商务的定义，在信息网络包括互联网、移动互联网上销售有形产品和无形产品（如数字产品）、提供服务均属于电子商务活动。在立法过程中，电子商务定义的内涵并无重大争议，但是对于其外延与法律的适用范围则存在不同的看法。经过反复论证与征求各方意见，最终形成了电子商务法第二条第一款与第三款的内容，分别界定电子商务法适用范围、除外情形和与其他法律、行政法规的关系三个部分内容。

（一）境内电子商务活动

电子商务法第二条第一款规定，中华人民共和国境内的电子商务活动，适用本法。电子商务法第二条第二款规定，电子商务是指通过互联网等信息网络销售商品或者提供服务的经营活动。经营活动是指以营利为目的的商务活动，包括上述销售商品、提供服务和相关辅助经营服务活动。经营活动是区别电子商务活动与其他网络活动的关键，构成电子商务法基本的适用范围。

国外、国际立法在界定适用范围时也采用类似的做法，突出电子商务经营性的特征。例如，联合国国际贸易法委员会《国际合同使用电子通信公约》第一条规定，本公约适用于经营地在不同成员国的当事人订立与履行合同所使用的电子通信；《联合国国际贸易法委员会电子商务示范法》（1996 年）第一条规定，本法适用于在商业活动方面使用的、以一项数据电文为形式的任何种类的信息；菲律宾《电子商务法》第四节规定，本法适用于商业和非商业活动中各种类型的数据信息和电子文件，包括国内和国际交易、贸易、布局、协议、合同以及信息的交换和存储等活动；韩国《电子商务基本法》（1999 年）第三条规定，本法适用于所有使用电子讯息的贸易和交易。

电子商务法第二条第一款规定的法律适用范围，除了经营性之外，还有境内性的特征。经营活动属于民事活动。根据《中华人民共和国民法总则》第十二条规定，中华人民共和国领域内的民事活动，适用中华人民共和国法律。法律另有规定的，依照其规定。因此，电子商务法第二条第一款的规定与民法总则的规定是一致的。

在立法过程中，电子商务法适用于境内电子商务活动的同时，能否适用于跨境电子商务活动，存在很大的争议。在最初提交审议的草案中，法律适用范围规定为“在中华人民共和国境内发生或有境内电子商务主体参与的电子商务活动”。其后经过审议，出于审慎的考虑，将电子商务法适用范围仅限于境内的电子商务活动。但是对此不应作僵化的理解。我国在努力建设网络强国，并提出要推动网络空间互联互通、共享共治，共同构建网络空间命运共同体。电子商务法对于我国参与全球网络空间治理、主导国际规则制定等方面具有重大意义。因此，如何理解该款中“境内”的电子商务活动、如何处理跨境电子商务活动，是正确适用电子商务法的关键法律问题。

境内的电子商务活动涉及境内经营者与境外经营者两种情况，电子商务法适用范围与条件有所不同，以下分述之。

1. 境内经营者

电子商务法适用于我国境内经营者的电子商务活动，当无疑义。但跨境电子商务并未被排斥于本法适用范围之外。电子商务法第二十六条规定，电子商务经营者从事跨境电子商务，应当遵守有关进出口监督管理的法律、行政法规和国家有关规定。电子商务法第五章“电子商务促进”中规定了国家促进跨境电子商务发展的制度与措施。上述章节、条文足以说明，我国电子商务经营者从事跨境电子商务活动，应当遵守电子商务法及进出口监管的法律、行政法规的规定。

电子商务法第九条规定，电子商务经营者包括电子商务平台经营者、平台内经营者以及通过自建网站、其他网络服务销售商品或者提供服务的电子商务经营者四类。根据我国法律建立、经我国市场登记、取得我国相关行政许可（如经营者网站登记）的法人、非法人组织或者自然人，不论属于何种类型，均属我国境内的经营者。此解释与《中华人民共和国涉外民事关系法律适用法》第十四条规定的适用登记地法律的原则完全一致。《中华人民共和国涉外民事关系法律适用法》第十四条规定，法人及其分支机构的民事权利能力、民事行为能力、组织机构、股东权利义务等事项，适用登记地法律。

根据国务院于2000年颁布的《互联网信息服务管理办法》，通过互联网向上网用户有偿提供信息或者网页制作等服务活动从事经营性互联网信息服务，应当向省、自治区、直辖市电信管理机构或者国务院信息产业主管部门申请办理互联网信息服务增值电信业务经营许可证。因此，在我国获得经营性互联网信息服务许可证的电子商务网站与平台，从事电子商务活动，不论其实际投资人或者所隶属的企业是否在我国境内，均应适用我国电子商务法。

在我国境内建立的外资企业、中外合资企业、中外合作企业（三资企业），系根据我国法律成立的企业。根据全国人大常务委员会 2016 年 9 月 3 日发布的《全国人大常委会关于修改〈中华人民共和国外资企业法〉、〈中华人民共和国中外合资经营企业法〉、〈中华人民共和国中外合作经营企业法〉的决定》，依照中国有关法律在中国境内设立的全部资本由外国投资者投资的企业（不包括外国的企业和其他经济组织在中国境内的分支机构）；外国公司、企业和其他经济组织或个人按照平等互利的原则，经中国政府批准，在中华人民共和国境内，同中国的公司、企业或其他经济组织共同举办合营企业；以及外国的企业和其他经济组织或者个人按照平等互利的原则，同中华人民共和国的企业或者其他经济组织在中国境内共同举办中外合作经营企业；三类企业都必须遵守中国的法律、行政法规，不得损害中国的社会公共利益。《中华人民共和国外资企业法》《中华人民共和国中外合资经营企业法》规定，外资企业与中外合资企业为中国法人；《中华人民共和国中外合作经营企业法》规定，合作企业符合中国法律关于法人条件的规定的，依法取得中国法人资格。总之，三资企业（如亚马逊公司在中国建立的子公司卓越亚马逊）与我国公民、法人、其他组织之间或者相互之间进行的电子商务活动，属于我国境内的电子商务活动。

我国自 2013 年起建立了多个自由贸易试验区（以下简称自贸试验区）。自贸试验区内进行的电子商务活动属于我国境内的电子商务活动。但是，根据《中国（上海）自由贸易试验区管理办法》第三条、第二十六条的规定，自贸试验区需要按照国际化、法治化的要求，建立高效便捷的管理和服务模式，促进投资和贸易便利化。因此，电子商务法中有关行政监管的规定在适用于自贸试验区之时可加以必要的调整，以满足扩大开放与创新监管的实际需要。电子商务法在立法之初就充分考虑到国际化的要求，在制定过程中也多次征求国际社会的意见，总体上与我国法治发展的趋势与方向保持高度一致，具备适用于自贸试验区的条件与优势。而且，电子商务法第七十一条、第七十二条为促进跨境电子商务发展创设的一系列法律制度（例如单证电子化、单一窗口制度等贸易便利化措施），也与自贸试验区先试先行的各种举措完全契合，为自贸试验区的跨境电子商务活动提供了有力的法律支持与保障。

另外，跨境电子商务的出口贸易中，我国经营者为了提高效率与节约成本深入海外买家所在国家，在当地建立储存商品的海外仓。这些仓储设施处于我国境外，应当遵守所在国家或者地区的法律。

2. 境外经营者

电子商务活动天然具有全球性的特点，难以依据国家地域而截然分割。因此，境外电子商务经营者的活动在我国境内产生影响的，可视情况决定是否扩展适用电子商务法。电子商务法扩展适用可分三类，即电子商务平台服务导致的扩展适用，保护我国消费者的扩展适用以及依据国际条约或者协定的扩展适用。

（1）电子商务平台服务导致的扩展适用

根据电子商务法第九条的规定，电子商务平台经营者，是指在电子商务中为交易双方或者多方提供网络经营场所、交易撮合、信息发布等服务，供交易双方或者多方独立开展交易活动的法人或者非法人组织。电子商务平台是我国电子商务发展的重要特征，承载平台（或者系统）内数量众多的经营者，在电子商务活动中处于核心与枢纽的地位。平台内经营者虽然独立开展交易活动，但是必须遵守平台等媒介的交易规则，并且必须使用平台提供的自动信息系统达成交易，平台等媒介的所在地（登记地）实际上决定着电子商务活动的发生地。我国电子商务平台经营者应当依法取得有关的主体登记与网站许可。

由此，境外法人或者非法人组织使用我国电子商务平台服务从事经营活动的，即便依据外国法律建立、也并未在我国取得市场主体登记、经营性网站许可证，但是仍应受电子商务法的管辖，除非境外经营者与我国平台经营者明确协议约定排除我国法律的适用。反之，我国公民、法人、其他组织之间进行的电子商务活动，即便通过在国外的网站或者使用国外平台服务进行，亦应视为境内的电子商务活动而适用本法，除非交易双方明确约定排除我国法律的适用（但在消费者贸易的情况下，此种协议排除受到限制）。

电子商务法因电子商务平台服务适度扩展适用，符合实际情况，也与域外法律发展趋势相一致。2018 年 5 月实施的欧盟《统一数据保护条例》为了保护欧盟国家公民的个人数据，适用范围不仅及于在欧盟成员国境内设立的个人数据控制者，而且扩展到未在欧盟境内设立、但是为了处理个人数据而使用了设置在欧盟成员国境内的自动或者非自动设备（除非该设备仅为运输而穿越欧盟领域）的个人数据控制者。同理，天猫、京东等大型的电子商务平台，已经成为重要的电子商务基础设施，方便为数众多的外国企业在中国市场从事经营活动，这些企业即便在我国境内没有分支机构或者代表机构，但是使用了在我国建立与登记的电子商务平台的服务，也应当遵守中国的电子商务法律。

（2）保护我国消费者的扩展适用

电子商务是通过互联网等信息网络进行的经营活动，方便跨越距离与物理空间的局限，经营者可以面对全球性市场提供商品与服务，消费者也可以在全球各地购买与消费。我国消费者受惠于电子商务的发展，已经成为“全球购”的主力，但是一旦在跨境交易中发生争议或者合法权益受到损害，则难以维权。绝大部分我国消费者缺乏应用外国法、在境外寻求法律救济的能力，高昂的维权成本也令人望而却步。

电子商务法在消费者权益保护方面不仅与《中华人民共和国消费者权益保护法》等现有法律、行政法规保持一致，而且根据电子商务特点对有关法律、行政规范作出了调整、澄清或者补充，为电子商务消费者提供了进一步的法律保障。例如，电子商务法第五十八条规定，国家鼓励电子商务平台经营者建立有利于电子商务发展和消费者权益保护的商品或者服务质量担保机制。消费者要求电子商务平台经营者承担先行赔偿责任以及电子商务平台经营者赔偿后向平台经营者的追偿，适用《中华人民共和国消费者权益保护法》的有关规定。又如，电子商务法第三十九条规定，电子商务平台经营者不得删除消费者对其平台内提供商品与服务的评价；第十七条规定，电子商务经营者不得以虚构交易、编造用户评价等方式进行虚假或者引人误解的商业宣传，欺骗、误导消费者；第十九条规定，不得将搭售商品或者服务作为消费者的默认同意选项；第二十条规定，电子商务经营者承担商品运输中的风险与责任；第四十条规定，电子商务平台经营者应当根据商品或者服务的价格、销量、信用等以多种方式向消费者显示商品或者服务的搜索结果；第六十一条规定，电子商务平台经营者协助消费者维权。我国消费者如能在跨境消费中适用电子商务法，则其合法权益能够得到比较充分、有效的保障。

为了保护消费者的合法权益，境外经营者与境内消费者之间的民事关系适用消费者所在地法律，已经成为国际社会普遍接受的法律适用的原则。涉外民事关系法律适用法第四十二条明确规定，消费者合同，适用消费者经常居所地法律。因此，经常居所地为我国的消费者与境外电子商务经营者之间的购买商品与服务的合同，应适用电子商务法的规定。

在传统的国际消费者贸易中，适用消费者所在地法律的原则存在两种例外情形：(1) 经营者在消费者经常居所地没有从事相关经营活动的，适用商品、服务提供地法律；(2) 消费者选择适用商品、服务提供地法律，适用商品、服务提供地法律。涉外民事关系法律适用法第四十二条也规定，消费者合同，适用消费者经常居所地法律；消费者选择适用商品、服务提供地法律或者经营者在消费者经常居所地没有从事相关经营活动的，适用商品、服务提供地法律。

但是，随着跨境电子商务的发展，上述例外情形也需要重新解释。在传统贸易活动中，如果我国消费者在国外旅行期间消费有关的商品或服务，相关经营者在我国没有从事相关经营活动的，有关的消费合同适用经营者提供商品、服务地的法律并无不妥。但是，在跨境电子商务中，外国法人及非法人组织，即便在我国没有登记注册、没有建立境内的机构，也没有使用境内的电子商务平台服务，但是仍然可以通过互联网等信息网络（例如自建网站、使用境外交易平台或者社交媒体）极其方便、直接地从境外向我国消费者提供商品与服务。因此，外国经营者是否在我国从事相关电子商务活动、是否通过网络向我国消费者提供商品与服务，应当根据实际情况加以判断。如果境外电子商务经营者（包括自建网站经营者、平台经营者与平台内经营者）使用的语言文字、支付货币与配送方式等交易诸方面均明确指向中国境内的消费者，应当视为面向我国消费者从事相关电子商务活动，属于我国境内的电子商务活动，应适用电子商务法。

在跨境电子商务中，根据契约自由与意思自治的原则，电子商务主体可以合同约定适用的法律。因此，理论上，消费者如果选择适用商品、服务提供地法律，则从其约定。但是，在现实生活中，消费者常常受制于经营者提供的格式条款或者格式合同，被动选择商品、服务提供地的法律为合同使用的法律。在此情况下，法律有必要给予消费者必要的保护与救济，以弥补消费者在缔约能力上的不足。因此，如果境外经营者在格式条款中或者订立合同的自动信息系统中明确规定合同适用商品、服务提供地法律，排除电子商务法等我国法律的适用，损害消费者利益的，我国消费者可以对该条款不知情、不同意为由到我国有管辖权的法院起诉，主张适用外国法的条款无效，维护自身的合法权益。法院根据消费者的主张与证据认定有关适用外国法条款是否有效。

（3）依据国际条约或协定的扩展适用

跨境电子商务是我国对外贸易重要组成部分。电子商务法第七十一条、第七十二条在单证电子化、单一窗口建设、跨境电子商务综合服务等方面均有创新性的法律制度设计。电子商务法第七十三条规定，国家推动建立与不同国家、地区间跨境电子商务国际交流合作，参与电子商务国际规则的制定；国家促进电子签名、电子身份等国际互认；国家推动建立与不同国家、地区之间的跨境电子商务争议解决机制。因此，我国与其他国家、地区所缔结或参加的国际条约、协定规定跨境电子商务活动适用电子商务法的，应从其规定。

随着我国“一带一路”等国际化经济倡议的实施及我国电子商务企业的全球化经营活动的开展，我国已经或者正在发起或者参与多个国际双边（例如，我国与韩国、澳大利亚签订的双边自由贸易协定）、国际多边（例如，我国参与了世界贸易组织服务贸易协定的谈判）、区域性贸易协定（例如，我国正在与东盟十国、澳大利亚、新西兰、印度、日本、韩国16个国家进行“区域性全面经济伙伴关系协定”的谈判）或者国际投资协定（例如，我国与非洲国家签署的投资协定），以维护我国的经济贸易利益，保障我国企业走出国门后的合法权益，保护我国消费者的合法权益，并彰显全球第二大经济体的国际经济贸易影响力。在这些国际双边、多边、区域性国际条约、协定中，我国及其他国家与地区本着互利互惠的原则，规定在相关跨境电子商务活动适用我国电子商务法的，自当适用。

三、例外情形

电子商务法第二条第三款规定，金融类产品和服务，利用信息网络提供新闻信息、音视频节目、出版以及文化产品等内容方面的服务，不适用本法。

在立法过程中，上述除外情形的规定并非没有争议。有观点认为金融类产品和服务、利用信息网络播放音视频节目和提供互联网文化产品不应排除于适用范围之外。但是经多方考量，仍然保留了上述除外情形的规定。但是，对于这些被排除在电子商务法适用范围之外的情形，需要正确解读，避免不适当地扩大与扩展。

1. 有关网络内容的服务

关于提供网络新闻信息、播放网络音视频节目、提供网络出版与互联网文化产品等内容方面的服务，国家有专门的法律、行政法规与部门规章加以管理与规范，不属于电子商务法管辖。

有关行政法规及规章包括：

（1）根据国务院于2000年颁布的《互联网信息服务管理办法》的规定，从事新闻、出版、教育、医疗保健、药品和医疗器械等互联网信息服务，依照法律、行政法规以及国家有关规定须经有关主管部门审核同意的，在申请经营许可或者履行备案手续前，应当依法经有关主管部门审核同意。

（2）2017年5月2日国家互联网信息办公室公布《互联网新闻信息服

务管理规定》，于 2017 年 6 月 1 日起实施。

（3）2016 年 2 月 4 日国家新闻出版广电总局（经工业和信息化部同意）公布《网络出版服务管理规定》，自 2016 年 3 月 10 日起施行。

（4）修订后的《互联网等信息网络传播视听节目管理办法》自 2015 年 8 月 28 日起施行。文化部于 2017 年 12 月 15 日修订《互联网文化管理暂行规定》，自 2017 年 12 月 15 日起施行。

电子商务法第五十一条第二款规定了采用在线传输方式交付合同标的之情形（即合同的标的为采用在线传输方式交付的，以合同标的进入对方当事人指定的特定系统并且能够检索识别的时间为交付时间），按照一般的理解，能够以此方式交付的标的系指数据信息、虚拟财产、知识产权等数字产品，包括：

（1）网络音视频节目［根据《互联网等信息网络传播视听节目管理办法》的规定，以互联网协议（IP）作为主要技术形态，以计算机、电视机、手机等各类电子设备为接收终端，通过移动通信网、固定通信网、微波通信网、有线电视网、卫星或其他城域网、广域网、局域网等信息网络，从事开办、播放（含点播、转播、直播）、集成、传输、下载视听节目服务等活动，属于该办法管辖的互联网等信息网络传播视听节目］。

（2）网络出版（根据《网络出版服务管理规定》的规定，通过信息网络向公众提供网络出版物，包括原创数字化作品、原有作品的数字化、网络数据库及其他数字化作品，均属于该规定管辖的网络出版的范围之内）。

（3）互联网文化产品［根据《互联网文化管理暂行规定》，网络原创音乐娱乐、网络游戏、网络演出剧（节）目、网络表演、网络艺术品、网络动漫等文化产品，或者将上述原有的文化产品数字化并于互联网上传播的文化产品，均属于该规定所管辖的互联网文化产品］。

（4）网络新闻信息（根据《互联网新闻信息服务管理规定》，所规定的新闻信息，包括有关政治、经济、军事、外交等社会公共事务的报道、评论，以及有关社会突发事件的报道、评论）。

因此，电子商务合同的交易标的为在线传输的网络音视频节目、网络出版物、互联网文化产品或者网络新闻信息的，其合同成立、履行等交易行为应可适用电子商务法的相关规定；但是，前提条件是这些交易标的符合国家相关网络内容服务管理的规定，具备合法性，可以依法采用网络传输。否则，电子商务经营者就违反了电子商务法关于交易标的合法性的规定，应依法承担法律责任、受到相应的行政处罚。电子商务法第十二条、第十三条、第七十五条规定，电子商务经营者不得销售或者提供法律、行政法规禁止交易的商品或者服务；否则，应依照有关法律、行政法规的规范处罚。

2. 金融类产品和服务

为了保障国家经济安全与公民、法人的财产安全，国家应当对互联网金融类产品与服务加强监管与规范。这方面的监管法律、制度与措施正在逐步建立与完善的过程中，将来时机成熟，国家有可能对此专门立法。因此，根据人民银行等十部门于2015年发布的关于促进互联网金融健康发展的指导意见，互联网支付、网络借贷、股权众筹融资、互联网基金销售、互联网保险、互联网信托和互联网消费金融等为互联网金融主要业态。除互联网支付之外，将互联网金融类产品与服务排除于电子商务法适用范围之外，是与现阶段互联网经济发展水平、法律需求及电子商务法的能力与体量相适应的。

值得注意到的是，电子商务法将金融类产品和服务（例如P2P服务）排除于交易标的之外，但是并未排除电子支付在电子商务合同履行中的作用。电子商务法第五十三条允许电子商务当事人约定采用电子支付方式支付价款。电子支付虽然广义上属于金融类服务，但是乃支撑电子商务正常运行所必需的服务。因此，电子商务法非但没有将电子支付排除在外，而且在第三章“电子商务合同的订立与履行”中用五个条文（第五十三条至第五十七条）对电子支付服务提供者对于用户的义务与责任、用户使用电子支付的注意义务以及错误支付与非授权支付的风险与责任加以专门的规定。

总之，电子商务法第二条第三款中关于除外情形的规定，应当结合具体情况加以判断，不应作过于僵化的理解。

四、电子商务法与其他法律、行政法规的关系

电子商务法第二条第三款规定，法律、行政法规对销售商品或者提供服务有规定的，适用其规定。该条款界定了电子商务法在适用中与其他法律、行政法规的关系。

电子商务立法系综合性与基础性立法，涵盖了一系列与网络销售商品与提供服务相关的法律问题与法律关系，包括电子商务经营者、电子商务合同的订立与履行、电子支付、物流快递、争议解决、知识产权、数据保护、市场竞争、消费者权益保护、进出口管理、政府监督管理、法律责任等。综合性的电子商务法涉及众多法律部门与法律规范。为了保证我国法律体系的统一性，尽量避免电子商务法与其他相关法律、行政法规发生冲突，电子商务法第二条第三款作此规定。但是，该条款并非意味着只要其他法律、行政法规对于销售商品或者提供服务有规定，《电子商务法》就被排除适用。

电子商务法的法律规范，与现有法律规范相比，依其创新程度，可以大致分为创新性、补充性与更新性三类规范。在处理与其他法律、行政法规的关系上，电子商务法三类规范的适用有所不同。

1. 创新性规范

在现有的法律、行政法规尚付阙如的方面，电子商务法创造性地创立了新的法律制度与规范。例如，关于电子商务平台经营者、电子支付、物流快递、网上争议解决、信用评价、电子商务市场竞争、跨境电子商务监管等问题，现有法律、行政法规并无明确、系统的规定，仅散见于大量层级较低的部门规章中，电子商务法则填补了在这些方面法律上的空白，创设了新的法律制度与规范，不仅发展了我国现有的法律体系，而且为后续的法律发展奠定了基础（例如电子支付将来或可以专门立法）。电子商务法中的创新性规范，与其他法律、行政法规没有任何冲突与矛盾，应予适用。

2. 补充性规范

电子商务法虽然是综合性法律，但是无意成为各类法律的汇编。对于

某些法律问题，现有法律、行政法规中已经存在比较全面、系统、成熟的法律规范的，电子商务法不再赘述，尽量与之衔接，建立互操作性，保障我国法律体系的和谐统一。与此同时，针对电子商务的特点与实际需要，电子商务法对于现有法律、行政法规进行了适度的补充。

数据流动与保护是电子商务中的重要法律问题，鉴于《中华人民共和国网络安全法》等现有法律、行政法规已经对于个人信息保护作出规定，电子商务法第二十三条规定，电子商务经营者收集、使用其用户的个人信息，应当遵守法律、行政法规规定的个人信息保护规则。同时，电子商务法第二十四条规定了电子商务经营者查询、更正、删除用户信息的义务及相应措施、第二十五条规定了电子商务经营者依法向国家有关部门提供电子商务数据信息的义务、第六十九条规定了国家保障电子商务数据依法有序自由流动、电子商务数据开发应用等机制，作为网络安全法个人信息保护制度的补充。

电子商务法第二十六条规定，电子商务经营者从事跨境电子商务，应当遵守有关进出口监管的法律、行政法规。同时，电子商务法第七十一条至第七十三条则规定了适应单证电子化、单一窗口等新的法律制度以补充我国进出口监管体系，并适应跨境电子商务特点与需求。

电子商务法还在与合同法、电子签名法、消费者权益法等有机协调的前提下，规定了相应的补充性规范，以适应电子商务的需要。例如，电子商务法第四十七条规定，电子商务当事人订立和履行合同，适用本章和《中华人民共和国民法总则》《中华人民共和国合同法》《中华人民共和国电子签名法》等法律的规定。

电子商务法补充性规范，基本上与相关法律、行政法规相互配合、彼此补充，并无法律适用上的冲突。就此，电子商务法应与相关法律、行政法规共同适用。

3. 更新性规范

电子商务法在某些方面修改并更新了现有的法律规范。在电子商务法中，更新性规范的比重不大，但是确实存在。例如电子商务法在《中华人民共和国侵权责任法》第三十六条第二款（即网络用户利用网络服务实施侵权行为的，被侵权人有权通知网络服务提供者采取删除、屏蔽、断开链接等必要措施。网络服务提供者接到通知后未及时采取必要措施的，对损害的扩大部分与该网络用户承担连带责任）的基础上，发展与完善了《信息网络传播权保护条例》规定的法律制度，建立了关于电子商务平台知识产权治理措施的法律规范体系，由知识产权保护规则、治理措施及法律责任几个部分构成。电子商务法规定的电子商务平台知识产权治理措施适用于著作权、商标权、专利权等各类知识产权。《信息网络传播权保护条例》第十四条至第十七条规定的同类法律制度则仅适用于著作权及表演、录音录像等邻接权。又如，电子商务法第五十一条第二款规定，在线提供数字产品的合同，标的交付时间为数字产品发送至接收交付方指定系统且能够检索识别的时间。该规定与电子签名法第十一条第二款规定了数据电文接收时间的两种情况：第一种情况，收件人指定了特定系统接收数据电文，数据电文进入该特定系统的时间，视为该数据电文的接收时间；第二种情况，收件人未指定特定系统，数据电文进入收件人的任何系统的首次时间，视为该数据电文的接收时间。电子商务法第五十一条第二款更新了上述第一种情况下的数据电文接收时间的规定。相比，采用了更为合理与明确的法律表述、更加符合电子商务的实际情况。

《中华人民共和国立法法》第九十二条规定，同一机关制定的法律、行政法规、地方性法规、自治条例和单行条例、规章，特别规定与一般规定不一致的，适用特别规定；新的规定与旧的规定不一致的，适用新的规定。根据上述法律适用原则，新法规定与现有法律原规定不一致的，适用新法规定。因此，在电子商务领域，更新性规范应当优于原有法律规范，得到适用。电子商务法第二条第三款的规定不应被解释为排除本法更新性规范的适用。

总之，电子商务法关于法律适用范围的规定不应仅依据字面含义加以僵化与狭义的解释，而是应当结合立法目的、现实需要与法律规范之间的关系，综合判断，让电子商务法得以发挥应有的作用。

第三条 【电子商务新业态、新技术、新模式】

国家鼓励发展电子商务新业态，创新商业模式，促进电子商务技术研发和推广应用，推进电子商务诚信体系建设，营造有利于电子商务创新发展的市场环境，充分发挥电子商务在推动高质量发展、满足人民日益增长的美好生活需要、构建开放型经济方面的重要作用。

【条文研析】

电子商务发展的生命力在于创新。中国已成为世界领先的电子商务市场，积累了丰富的创新发展经验。为贯彻落实党中央提出的“创新是引领发展的第一动力”的要求，充分发挥立法的引领和推动作用，保障并支持电子商务创新发展，应以技术为基础，以诚信建设为保障，使市场在资源配置中起决定性作用，更好地发挥政府作用，构建有利于电子商务创新发展的法律、政策、监管、市场竞争等营商环境，以此促进电子商务业态、商业模式创新，不断激发新动能，使电子商务在推进供给侧结构性改革、激发社会创新创业活力、满足人民日益增长的美好生活需要等方面发挥积极、重要作用。

一、新技术、新业态、新模式

（一）发展新业态

新业态是指基于不同产业间的组合、企业内部价值链和外部产业链环节的分化、融合、行业跨界整合以及嫁接信息及互联网技术所形成的新型企业、商业乃至产业的组织形态。信息技术革命、产业升级、消费者需求倒逼是推动新业态产生和发展的三大重要因素。近年来，移动互联网、物联网、大数据、云计算、人工智能、虚拟现实等数字技术为电子商务创造了丰富的应用场景，不断催生新营销模式和商业业态，包括农村电子商务、直播、分享经济、智慧零售、新兴服务业、互联网精准扶贫等。

（二）创新商业模式

商业模式是企业与企业之间、企业的部门之间乃至与顾客之间、与渠道之间都存在各种各样的交易关系和连结方式。电子商务新业态以新技术为基础，表现为新的商业模式，共同聚焦于创新。随着移动支付的深入应用，互联网逐渐渗透到消费者的出行、就餐、就医等应用场景。以农村电子商务为例，依托移动互联网进行的在线旅游、在线餐饮、家居生活在近年来获得迅猛发展，移动支付为农村电子商务发展注入了新的活力，提升了农村消费升级的速度，惠及了亿万农民。

（三）促进电子商务技术研发和应用

电子商务是信息技术与商务活动融合的产物，以在线化、数字化、智能化为主要特征，具有开放、低成本和高效率等优势，代表着新的生产力和发展方向。2017 年我国电子商务延续快速发展态势，呈现出在线化、数字化、智能化特征，具有开放、低成本和高效率等优势，带动了我国经济供给侧结构性改革和消费升级，引领着数字经济发展，拉动了消费升级，创造出大量就业新岗位。

电子商务领域的创新既包括技术创新，也包括经营内容和经营方式的创新。上述创新对于电子商务的发展有着举足轻重的作用，应得到国家法律和政策上的支持和保障。电子商务法通过创设公平的竞争环境和市场秩序，平等地保护包括消费者、电子商务经营者等各方主体的合法权益，以促进电子商务技术研发、创新和在电子商务各领域的广泛应用。

二、创造良好的营商环境

（一）诚信体系建设

网络空间是现实生活的延伸和扩展。现实生活中诚信缺失的现象反映到电子商务领域体现为，电子商务活动中欺诈、假冒伪劣、不当收集和使用个人信息等违背诚信的行为，已成为制约电子商务高质量发展的瓶颈。电子商务诚信建设是一项复杂的社会系统工程，不仅需要增强电子商务经营者、消费者的诚信观念，而且需要建立健全电子商务诚信机制，完善立法、强化司法、加强政府监管和行业自律，促进电子商务健康持续发展。

（二）政府最小干预原则

电子商务法要为电子商务持续健康发展提供法制保障，营造宽松环境，鼓励发展创新，关键点在于充分发挥市场配置资源的决定性作用和更好发挥政府作用。按照《中共中央关于全面深化改革若干重大问题的决定》中有关加快完善现代市场体系的要求，政府应为电子商务创造有利于发展的宽松市场环境，发挥市场在资源配置中的决定性作用，鼓励电子商务业态、商业模式创新，推动电子商务在民生服务、商贸流通、工业生产组织、网络金融等新兴领域的发展，进一步释放电子商务发展潜力。

为保障电子商务技术、业态和模式持续创新，应坚持政府最小干预原则，具体而言，政府必须科学有效地运用经济手段和资源，为电子商务充分的发展和创新，创造更好的环境，留有足够的空间。政府最小干预，并不是否定政府监管的作用，而是要厘清政府和市场的界限，政府的作用在于保障安全、弥补市场失灵，而非具体介入交易特别是不能利用自身的权力主导、决定资源的配置。同时政府监管要考虑成本，通过创新监管模式和手段，提升监管效率，既体现规范，又给电子商务创新发展留有一定空间。

三、推动经济结构调整，实现经济提质增效转型升级

（一）推动经济高质量发展

进入21世纪后，我国强调国家发展模式由粗放型向创新型的转变。在此大背景下，创新成为国家发展的动力和基石，电子商务是商务活动在互联网时代的创新，也是国家经济社会发展的最新推动力。同时，创新是电子商务发展的动力和基石，正是由于创新，我国的电子商务产业才有机会跻身于世界前列。

电子商务自身的高质量发展就是推动经济高质量发展的重要表现。从全球范围看，我国电子商务经过十几年的发展，已经从“跟跑”阶段进入了“并跑”阶段，在部分领域，比如市场规模、技术应用等方面已经处在“领跑”角色。从数量上看，2010年至2017年，我国电子商务年平均增长速度超过30%；从质量上看，我国电子商务业态模式创新层出不穷，质量和服务水平不断提高，线上线下的融合日益紧密。具体而言：（1）网络零售的品质化趋势日趋明显，消费者对高品质商品的需求增长较快。（2）物

流配送的效率大幅提升。由于大数据、云计算、人工智能等新技术的广泛应用，发货延迟、快递堆积等问题越来越少。(3) 线上线下融合发展，由相互竞争向合作共赢加速转变。我国零售业数字化转型正在加快，电子商务高质量发展的态势初步显现。

(二) 推动构建开放型经济

跨境电商是当今互联网时代发展最为迅速的贸易方式为更多企业、更多群体带来了新的发展机遇，是构建开放型世界经济的重要支撑。加紧推进跨境电子商务的发展，是事关开放型经济发展全局的前瞻性战略。具体而言，电子商务经营者应积极参与“一带一路”建设，国家积极创造条件，鼓励和支持有实力、信誉好的电子商务企业走出去，以“一带一路”建设为引领，以国际产能和装备制造合作为重点，开展对外投资合作，为企业提供好的条件、好的环境、好的服务，培育企业竞争的新优势，促进产业的转型升级，提升对外开放水平。

第四条 【线上线下一致与融合发展】

国家平等对待线上线下商务活动，促进线上线下融合发展，各级人民政府和有关部门不得采取歧视性的政策措施，不得滥用行政权力排除、限制市场竞争。

【条文研析】

目前在我国的电子商务产业实践中，政府有关部门对电子商务创新性的应用采用与线下相同或类似的规制模式，忽视了电子商务活动与传统线下商务活动的差异性。党的十九大报告指出，“转变政府职能，深化简政放权，创新监管方式，增强政府公信力和执行力，建设人民满意的服务型政府”。各级人民政府应当按照完善社会主义市场经济体制，建立统一、开放、竞争、有序的市场体系的要求，积极转变政府职能，把维护公平竞争的市场环境，保障市场经济健康发展，作为政府工作的重要方面。为此，各级人民政府要积极采取各种措施，制止各类不正当竞争行为，切实维护好公平竞争的市场秩序，为经营者创造良好、宽松的竞争环境和条件，使市场主体处于同一起跑线，在市场竞争中真正做到公平竞争。

电子商务（线上）与传统商务（线下）的关系是共生、竞争的关系，不存在谁取代谁的问题。中国电子商务立法在借鉴功能等同原则、技术中立原则合理成分的基础上，回应中国现实问题的需要，创立了线上线下一致原则，即电子商务各方主体的法律地位平等，电子商务主体与其他民商事主体的法律地位也平等，因此国家应平等对待线上和线下商务活动，此即线上线下一致原则。

一、技术中立

技术有其自身的发展模式和逻辑，因此法律原则上不对技术进行评价，而是平等的对待各种技术，并保障技术按照自身的逻辑和规律进行发展。“技术中立原则”又称“非歧视”原则，即国家制定法律、政策和标准时，应对各种技术同等对待，由电子商务经营者自主选择各种电子商务技术，国家鼓励各种新技术应用和推广，给予各种电子商务技术公平竞争的机会。

国际上早期的电子商务立法主要聚焦于赋予电子商务行为（电子合同、电子签名）自身的法律效力，借助于功能等同原则，电子商务法实现了上述目的。例如，联合国国际贸易法委员会《电子商务示范法》第五条规定：“不得仅仅以某项信息采用数据电文形式为理由而否定其法律效力、有效性或可执行性。”联合国国际贸易法委员会《国际合同使用电子通信公约》第八条规定：“对于一项通信或一项合同，不得仅以其为电子通信形式为由而否定其效力或可执行性。”功能等同原则背后蕴含着技术中立原则，即只有在平等对待各种电子商务技术的前提下，才能赋予各种电子商务行为与传统商事行为同等的法律效力。纵观各国政府和国际组织在电子商务立法过程中，大多数都将技术中立原则作为立法的基本原则。

根据技术中立原则，应当依法承认电子票据、电子合同、电子检验检疫报告和证书、各类电子交易凭证等的法律效力，认可其作为处理相关业务的合法凭证；逐步推行电子发票和电子会计档案，完善相关技术标准和规章制度；建立完善电子商务统计制度，扩大电子商务统计的覆盖面，增强统计的及时性、真实性；制定适合电子商务特点的投诉管理制度与纠纷解决机制。

二、平等对待

“技术中立”原则在价值取向上是尊重和鼓励平等和公平的技术竞争，平等对待各种技术，可以引申为平等对待各种依托于各种技术的商务活动。具体而言，“平等对待”要求各级政府和有关部门平等对待电子商务和其他商务活动，使其与其他商务活动处于同一起跑线上，既不能歧视电子商务，也不得歧视其他商务活动。电子商务活动的跨地域性、跨行业特征，要求各级政府和有关部门不得实施条块分割、地方保护主义。

三、创新监管模式

线上线下一致原则的核心是“线上线下法律精神一致性”和“线上线下技术差异适配性”，不能简单地理解为线上线下完全相同，这是平等原则的应有之义，相反，应针对线上的特征，创新监管方式，营造有利于电子商务发展的环境。电子商务领域的诚信问题虽然突出，但可以利用互联网、大数据技术解决电子商务领域的诚信问题。具体而言，电子商务平台应积极利用自身的网络信用体系和大数据平台，对接政府联合征信系统，建立健全政府、企业和个人信用评价制度，扩大信用体系征信范围和应用领域，完善社会信用体系。只要利用好了这些技术，电子商务自身的诚信要比线下做得更好。

四、促进线上线下融合

线上线下虽然不仅需要共生，更重要的是促进线上线下融合。电商平台与线下商超应尽快实现优势互补，联动发展，由相互竞争向合作共赢加速转变。具体而言，电子商务经营者应与线下门店实现“用户、门店、库存”三者互通。用户互通是指双方将用户引入彼此的平台，实现线上线下用户相互引流；门店互通是指电子商务经营者和线下的店铺与商品相互入驻对方的平台，消费者不仅可以在线上利用 VR 等技术体验商品和服务而进行线下购买，还可以在线下体验商品和服务而在线上进行购买。此外，在线上畅销的网红商品应尽快登录线下门店的货架，让更多不会网购的消费者享受到线上线下融合的好处；库存互通则是指线上线下双方后台系统打通，实现线上线下订单和结算的流转，实现线上线下库存信息共享、商品存量打通。消费者在线上购买的商品，快递人员可以从距离下单顾客最近的线下门店取货，从而提高配送效率，缩短配送路径，同时提升线下商品库存周转率。通过线上全面赋能线下，在“知人、知货、知场”的基础上重构零售的成本、效率、体验，打通线上线下双方资源，对人、货、场关系进行的重要探索和重构，探索线上线下融合，从而全面推进产业转型升级。

第五条　【电子商务经营者义务和责任】

电子商务经营者从事经营活动，应当遵循自愿、平等、公平、诚信的原则，遵守法律和商业道德，公平参与市场竞争，履行消费者权益保护、环境保护、知识产权保护、网络安全与个人信息保护等方面的义务，承担产品和服务质量责任，接受政府和社会的监督。

【条文研析】

电子商务活动究其本质，是传统商务活动与现代信息通信技术结合的产物。传统商务与电子商务的核心区别在于从事商务活动各方的信息沟通方式。传统商务的信息沟通方式的特点是可面对面的或可感知的，而电子商务的信息沟通方式的特点是无须见面和不可感知。与传统商务相比，电子商务在客观上加大了交易各方的风险，特别是信用风险。在电子商务交流中，交易的虚拟性使信用成为刻画所用网络交易主体的维度，成为电子商务展开的媒介。良好的诚信体系是一切商务正常发展的基础。特别是在互联网环境下，买卖双方由于空间上的隔离，无法像传统贸易环境下通过“眼见为实”的方式建立互信，而越是虚拟的环境，就越需要真实的信息，越需要诚实守信行为。因而，完善、可靠的互联网诚信体系的建设是“互联网＋”可持续发展的重要基石。市场主体在从事电子商务活动中亦应坚持诚信原则，按照自愿、公平的基本理念确定主体之间的权利和义务。依法履行反垄断法、反不正当竞争法、消费者权益保护法、专利法、商标法、著作权法、产品质量法、网络安全法等法律规定的义务。

一、自愿、平等、公平诚信原则

自愿、平等、公平诚信原则是指电子商务经营者在电子商务活动中，其法律地位一律平等；要求电子商务经营主体从事电子商务活动，应当遵循自愿原则，按照自己的意思设立、变更、终止电子商务法律关系，合理确定各方的权利和义务，秉持诚实，恪守承诺。此外，电子商务经营者应当接受商业道德规范的约束，通过正当合理公平公正的手段进行竞争，不得以违反公平诚信原则和商业道德的手段进行不正当竞争。

二、履行消费者权益保护义务

履行消费者权益保护是指电子商务经营者应依照消费者权益保护法的规定，保护消费者在购买、使用商品和接受服务时享有人身、财产安全不受损害的权利，具体而言，应当依法保护消费者的知情权、自主选择权、公平交易权、依法获得赔偿权、建立消费者组织的权利、监督批评权、人身财产安全权、受尊重权等。具体而言，电子商务经营者向消费者提供商品或者服务，应当恪守社会公德，诚信经营，不得设定不公平、不合理的交易条件，不得强制交易，接受消费者的监督，履行安全保障义务，对可能危及人身、财产安全的商品和服务，应当向消费者作出真实的说明和明确的警示，并说明和标明正确使用商品或者接受服务的方法以及防止危害发生的方法，履行七天无理由退货义务，履行消费者个人信息保护义务。

三、履行环境保护义务

履行环境保护义务是指电子商务经营者在生产、销售、运输等整个电子商务流程中，要依照《中华人民共和国环境保护法》《中华人民共和国节约能源法》《中华人民共和国循环经济促进法》《中华人民共和国可再生能源法》《中华人民共和国水法》《中华人民共和国水污染防治法》《中华人民共和国海洋环境保护法》《中华人民共和国大气污染防治法》《中华人民共和国森林法》《中华人民共和国野生动物保护法》等法律法规的规定，履行保护和改善环境的义务，防治污染和其他公害，保障公众健康，推进生态文明建设，促进经济社会可持续发展。

四、履行知识产权保护义务

电子商务经营者应当依照专利法、商标法和著作权法的规定，不得生产、销售侵害知识产权的商品以及提供侵害知识产权的服务。电子商务平台经营者应当建立知识产权保护规则，与知识产权权利人加强合作，共享信息，及时查找平台内存在的侵害知识产权的商品或者服务，并严格按照电子商务法以及其他法律法规的规定进行及时处置。

五、履行网络安全和个人信息保护义务

电子商务经营者应当依照法律、行政法规的规定和国家标准的强制性要求，采取技术措施和其他必要措施，保障网络安全、稳定运行，有效应对网络安全事件，防范网络违法犯罪活动，维护网络数据的完整性、保密性和可用性。同时，电子商务经营者应当建立健全用户信息保护制度，收集、使用个人信息，应当遵循合法、正当、必要的原则，公开收集、使用规则，明示收集、使用信息的目的、方式和范围，并经被收集者同意，对其收集的用户信息严格保密，采取技术措施和其他必要措施，确保其收集的个人信息安全，防止信息泄露、毁损、丢失。不得泄露、篡改、毁损其收集的个人信息，对用户更正、删除其个人信息的合法请求，应当采取措施予以删除或者更正。

六、承担产品和服务质量责任

电子商务经营者不得以不合格产品冒充合格产品，所售商品应当符合下列要求：（1）不存在危及人身、财产安全的不合理的危险，有保障人体健康和人身、财产安全的国家标准、行业标准的，应当符合该标准；（2）具备产品应当具备的使用性能，但是，对产品存在使用性能的瑕疵作出说明的除外；（3）符合在产品或者其包装上注明采用的产品标准，符合以产品说明、实物样品等方式表明的质量状况。由于销售者的过错使产品存在缺陷，造成人身、他人财产损害的，销售者应当承担赔偿责任。销售者不能指明缺陷产品的生产者也不能指明缺陷产品的供货者的，销售者应当承担赔偿责任。

第六条 【电子商务发展促进与监督管理】

国务院有关部门按照职责分工负责电子商务发展促进、监督管理等工作。县级以上地方各级人民政府可以根据本行政区域的实际情况，确定本行政区域内电子商务的部门职责划分。

【条文研析】

一、监管部门设置

监管体制是完善电子商务监管的首要问题。监管体制是履行政府监管职能的机构设置、管理权限划分及其相互关系的组织结构与制度。目前，我国中央政府参与电子商务监管的部门主要是国家发改委、工信部、公安部、财政部、交通运输部、商务部、文化和旅游部、中国人民银行、国家市场监督管理总局、国家互联网信息办公室、国家税务总局、海关总署、国家邮政局等部门。电子商务的本质仍然是商务活动，因此现有商务活动的监管体制仍可以延伸至电子商务领域。对电子商务交易、网络安全保障、信息服务市场秩序、电子商务的行业发展和规范制定等电子商务发展促进、监督管理等工作，上述部门按照各自职责，以电子商务整个流程中的若干环节或具体电子商务行为为落脚点，单独或者与其他部门配合开展电子商务发展促进、监督管理工作。

考虑到各地方电子商务发展的水平不一致，地方各级人民政府可以单独设置电子商务主管部门，或者授权某一部门或者多个部门行使电子商务的监督管理权力。以深圳市为例，深圳市市场和质量监督管理委员会负责市场交易（含网络商品等虚拟交易）行为和有关服务行为的监督管理。

二、监管部门职责

电子商务并没有改变商务的本质，改变的只是形式，是量变而非质变。我国现有的对商务活动的行政监管机制仍可以在一定程度上延伸并适用于电子商务领域。电子商务涉及广告发布、合同成立、电子支付、快递物流等诸多环节，现实状况难以由统一的部门进行监管，因此电子商务法规定国务院有关部门按照各自职责分别负责电子商务发展促进、监督管理等工作。依照国务院“三定”方案的规定，各有关部门的职责如下：

（一）国家发展和改革委员会

国家发展和改革委员会负责拟订电子商务产业政策，协调电子商务产业发展的重大问题并衔接平衡相关发展规划和重大决策，拟订现代物流业发展战略、规划，组织拟订与电子商务相关的高新技术产业发展、产业技术进步的战略、规划和重大政策。

（二）工业和信息化部

工业和信息化部门负责制定并组织实施工业、通信业的行业规划、计划和产业政策，统筹推进国家信息化工作，组织制定相关政策并协调信息化建设中的重大问题，推进跨行业、跨部门的互联互通和重要信息资源的开发利用、共享，承担通信网络安全及相关信息安全管理的责任，负责协调维护国家信息安全和国家信息安全保障体系建设，指导监督政府部门、重点行业的重要信息系统与基础信息网络的安全保障工作，协调处理网络与信息安全的重大事件。

（三）商务部

商务部负责推动流通产业结构调整，推动流通标准化和连锁经营、商业特许经营、物流配送、电子商务等现代流通方式的发展，牵头协调整顿和规范市场经济秩序工作，拟订规范市场运行、流通秩序的政策，推动商务领域信用建设，指导商业信用销售，建立市场诚信公共服务平台，按有关规定对特殊流通行业进行监督管理，制定进出口商品、加工贸易管理办法和进出口管理商品、技术目录，拟订并执行对外技术贸易、进出口管制以及鼓励技术和成套设备进出口的贸易政策，推进进出口贸易标准化工作，依法监督技术引进、设备进口、国家限制出口技术的工作，牵头拟订服务贸易发展规划并开展相关工作，会同有关部门制定促进服务出口和服务外包发展的规划、政策并组织实施，推动服务外包平台建设，依法对经营者集中行为进行反垄断审查等。

（四）中国人民银行

中国人民银行的主要职责是起草有关法律和行政法规草案，完善有关金融机构运行规则，发布与履行职责有关的命令和规章，组织制订金融业信息化发展规划，负责金融标准化的组织管理协调工作，指导金融业信息安全工作，制订全国支付体系发展规划，统筹协调全国支付体系建设，会同有关部门制定支付结算规则，负责全国支付、清算系统的正常运行，管理征信业，推动建立社会信用体系。

（五）国家市场监督管理总局

国家市场监督管理总局负责市场综合监督管理，规范和维护市场秩序，营造诚实守信、公平竞争的市场环境；负责市场主体统一登记注册；负责反垄断统一执法；负责监督管理市场秩序。依法监督管理市场交易、网络商品交易及有关服务的行为。组织指导查处价格收费违法违规、不正当竞争、违法直销、传销、侵犯商标专利知识产权和制售假冒伪劣行为。指导广告业发展，监督管理广告活动。指导查处无照生产经营和相关无证生产经营行为。

（六）国家互联网信息办公室

国家互联网信息办公室的主要职责是落实互联网信息传播方针政策和推动互联网信息传播法制建设，指导、协调、督促有关部门加强互联网信息内容管理。

（七）海关总署

海关总署的基本职责是进出境监管、征收关税和其他税费、查缉走私、编制海关统计，并承担口岸管理、保税监管、海关稽查、知识产权海关保护、国际海关合作等职责，十三届全国人大一次会议审议通过的《国务院机构改革方案》明确“原国家质量监督检验检疫总局的出入境检验检疫管理职责和队伍划入海关总署"，目前转隶组建正式完成，机构职能、组织机构相关信息待新"三定"方案后公布。

（八）国家邮政局

国家邮政局负责快递等邮政业务的市场准入，依法监管邮政市场，负责邮政行业安全生产监管，负责邮政行业运行安全的监测、预警和应急管理，保障邮政通信与信息安全，依法监督邮政行业服务质量。

第七条 【电子商务的协同管理与市场共治】

国家建立符合电子商务特点的协同管理体系，推动形成有关部门、电子商务行业组织、电子商务经营者、消费者等共同参与的电子商务市场治理体系。

【条文研析】

电子商务监督管理机制是电子商务治理机制的基础与核心内容。电子商务跨行业、跨领域的特征，决定了需要多个部门对其进行监督管理。考虑到现行各部门的职责分工实际，电子商务法尊重现有监管格局和各部门职责，不具体规定电子商务主管部门。为防止出现有利益相互争抢、无利益互相推脱的局面，促进和保障电子商务协调发展，需要各有关部门之间协同以弥补监管漏洞、提升监管效率，所以电子商务法明确建立"电子商务的协同管理体系"。同时根据电子商务发展的需要，本法确定了共管共治的电子商务市场治理体系。

一、电子商务协同管理体系

在我国电子商务监管中，各部门分工虽然相对明确，但也存在职责重叠或疏漏，各部门之间的行政沟通和协作机制不完善的问题，需要建立有效的协同管理体系。协同管理体系针对电子商务发展面临管理方式不适应、诚信体系不健全、市场秩序不规范等问题，统筹建设适应电子商务发展需求的软硬环境，协调推进国内电子商务产业发展及其国际化进程，在促进电子商务发展部际综合协调工作组的统筹下，加强国家各部门之间、各部门与各地地方政府、电子商务示范城市的协调，在完善顶层设计的基础上，根据各有关部门和地方职责分工，共同推进电子商务健康发展。

《国务院办公厅关于加快电子商务发展的若干意见》（国办发〔2005〕2 号）提出加强统筹规划和协调配合。加紧编制电子商务发展规划，明确电子商务发展的目标、任务和工作重点。建立健全相互协调、紧密配合的组织保障体系和工作机制；《国务院关于大力发展电子商务加快培育经济新动力的意见》（国发〔2015〕24 号）提出发展改革委、中央网信办、商务部、工业和信息化部、财政部、人力资源社会保障部、人民银行、海关总署、税务总局、工商总局、质检总局等部门要完善电子商务跨部门协调工作机制，研究重大问题，加强指导和服务。

（一）电子商务发展部际综合协调工作组

2016 年我国成立由国家发展改革委、中央网信办、商务部等 32 个部门组成的电子商务发展部际综合协调工作组，统筹协调解决我国电子商务发展过程中出现的重大问题。根据《促进电子商务发展三年行动实施方案(2016—2018 年)》，电子商务发展部际综合协调工作组按照“软硬结合、内外并举、纵横协同、政企合作”的方针，建设有利于电子商务发展的法规政策环境，完善电子商务基础信息设施，深化国家电子商务示范城市建设，促进重点区域电子商务发展。加强与“一带一路”沿线国家的电子商务合作，切实发挥电子商务对促进经济增长、产业升级和脱贫攻坚的作用，带动大众创业和万众创新，加快培育新动能。

（二）电子商务跨部门协调联动机制

除电子商务发展部际综合协调工作组外，《网络交易管理办法》规定了跨部门协调联动机制：在网络商品交易及有关服务活动中违反工商行政管理法律法规规定，情节严重，需要采取措施制止违法网站继续从事违法活动的，工商行政管理部门可以依照有关规定，提请网站许可或者备案地通信管理部门依法责令暂时屏蔽或者停止该违法网站接入服务；工商行政管理部门对网站违法行为作出行政处罚后，需要关闭该违法网站的，可以依照有关规定，提请网站许可或者备案地通信管理部门依法关闭该违法网站；工商行政管理部门在对网络商品交易及有关服务活动的监督管理中发现应当由其他部门查处的违法行为的，应当依法移交相关部门。

根据2018年《国务院机构改革方案》，将国家工商行政管理总局的职责并入新组建的国家市场监督管理总局。根据党的十九届三中全会审议通过的《中共中央关于深化党和国家机构改革的决定》《深化党和国家机构改革方案》和第十三届全国人民代表大会第一次会议批准的《国务院机构改革方案》制定的《国家市场监督管理总局职能配置、内设机构和人员编制规定》明确了市场监督管理部门与有关部门的跨部门协调联动机制。

（1）公安部。国家市场监督管理总局与公安部建立行政执法和刑事司法工作衔接机制。市场监督管理部门发现违法行为涉嫌犯罪的，应当按照有关规定及时移送公安机关，公安机关应当迅速进行审查，并依法作出立案或者不予立案的决定。公安机关依法提请市场监督管理部门作出检验、鉴定、认定等协助的，市场监督管理部门应当予以协助。

（2）农业农村部。两部门要建立食品安全产地准出、市场准入和追溯机制，加强协调配合和工作衔接，形成监管合力。

（3）国家卫生健康委员会。国家卫生健康委员会负责食品安全风险评估工作，会同国家市场监督管理总局等部门制订、实施食品安全风险监测计划。国家卫生健康委员会对通过食品安全风险监测或者接到举报发现食品可能存在安全隐患的，应当立即组织进行检查和食品安全风险评估，并及时向国家市场监督管理总局通报食品安全风险评估结果，对于得出不安全结论的食品，国家市场监督管理总局应当立即采取措施。国家市场监督管理总局在监督管理工作中发现需要进行食品安全风险评估的，应当及时向国家卫生健康委员会提出建议。

（4）海关总署。两部门要建立机制，避免对各类进出口商品和进出口食品、化妆品进行重复检验、重复收费、重复处罚，减轻企业负担。海关总署负责进口食品安全监督管理。进口的食品以及食品相关产品应当符合我国食品安全国家标准。境外发生的食品安全事件可能对我国境内造成影响，或者在进口食品中发现严重食品安全问题的，海关总署应当及时采取风险预警或者控制措施，并向国家市场监督管理总局通报，国家市场监督管理总局应当及时采取相应措施。

两部门要建立进口产品缺陷信息通报和协作机制。海关总署在口岸检验监督中发现不合格或者存在安全隐患的进口商品，依法实施技术处理、退运、销毁，并向国家市场监督管理总局通报。国家市场监督管理总局统一管理缺陷产品召回工作，通过消费者报告、事故调查、伤害监测等获知进口产品存在缺陷的，依法实施召回措施；对拒不履行召回义务的，国家市场监督管理总局向海关总署通报，由海关总署依法采取相应措施。

（5）国家知识产权局。国家知识产权局负责对商标专利执法工作的业务指导，制定并指导实施商品商标权、专利权确权和侵权判断标准，制定商标专利执法的检验、鉴定和其他相关标准，建立机制，做好政策标准衔接和信息通报等工作。国家市场监督管理总局负责组织指导商标专利执法工作。

二、共管共治

共管共治是互联网治理理念在电子商务领域的具体体现。互联网治理的基本原则是多方共治。电子商务治理需要自律与监督相结合，通过政府部门监督、经营者和行业自律以及社会他律形成合力，让市场机制和利益导向共同生效，进而形成政府部门、行业协会、经营者和消费者的社会共治格局，可以更加有效地提高对电子商务市场的监管和治理效率，降低行政管理成本，具体而言：

（1）加强各级政府部门、行业协会与各类电子商务企业、研究院所等社会团体的合作，共同开展电子商务理论研究、技术攻关、模式创新；

（2）政府有关部门依照其职责对电子商务市场进行监管，惩治电子商务违法行为，维护电子商务市场秩序；

(3) 电子商务行业组织依照其章程提供服务并约束其会员的行为，加强行业自律，促进行业规范发展；

(4) 电子商务经营者特别是电子商务平台经营者通过制定交易规则和信用管理制度，实现对电子商务交易当事人的管理和约束；

(5) 消费者组织对消费者进行电子商务交易安全的宣传教育，并按照消费者权益保护法的规定维护电子商务消费者的合法权益。

第八条 【行业自律与规范】

电子商务行业组织按照本组织章程开展行业自律，建立健全行业规范，推动行业诚信建设，监督、引导本行业经营者公平参与市场竞争。

【条文研析】

一、行业自律的必要性

行业组织是经依法登记，具有法人资格的社会组织，包括各种协会和联盟等。在市场经济条件下，市场的健康发展离不开政府的监督管理。同时，行业组织通过加强会员间的沟通与交流，进行自我约束、有效规范，及时向政府反映市场发展的意见和建议、会员面临的困难和问题，维护会员的合法权益，是政府监督管理的重要补充和辅助。相对于传统线下市场，电子商务市场具有虚拟性、复杂性、不确定性的特征，这大大增加了对电子商务市场监管和治理的难度。如果完全依靠有关行政部门实行监管和治理，则需要较高的行政管理和执法成本。通过行业自律，降低管理的刚性，减少行政管理的成本，提升效率。

电子商务的健康、快速发展，在依赖法律制度他律的同时，行业自律的作用亦不容忽视。目前，电子商务行业组织在规范电子商务市场的过程中还存在诸多问题，影响力较弱、自身机制不健全等制约了行业组织的发展，难以有效约束组织成员的经营行为。电子商务是个新兴的行业，我们需要为电子商务乃至整个互联网行业的发展创造良好的发展空间，但伴随着电子商务的快速发展，新的问题不断涌现，给法律的适用带来了巨大挑战，依靠行业自律的灵活性优势可以缓冲技术对法律提出的挑战的压力。行业自律相对于立法而言其有更大的灵活性，包括在保护电子商务经营者、用户的权益和对电子商务市场进行监管的过程中，依据市场的发展情况及时调整监管的范围、方式以及相关标准等事项，行业自律制度设计上的灵活性、高效性更加有利于电子商务的发展。

行业自律是对政府行政管理体制的配合与补充，通过发挥电子商务行业组织的社会职能，推动企业与行业的自律与诚信建设，逐步形成政府监管、行业组织监督和引导、电子商务经营者自律、消费者监督等共同参与、多元共治的格局。

二、行业组织

各级人民政府应当加强培育和引导行业协会的发展，为行业组织依法开展活动提供支持和帮助，发挥行业组织在政府与企业间的桥梁作用，引导企业公平竞争、守法经营。有关部门应当确立与电子商务行业组织沟通协调、信息共享制度。在必要时授权电子商务行业组织制定相关标准，根据行业组织对企业或会员的信用评级和处理措施，确定重点监管对象。

三、行业组织职责

电子商务行业组织应当履行行业自律职责，制定行业标准或者规范，指导和监督电子商务经营者依法生产和经营、公平竞争，保护消费者和商家的合法权益。建立行业内电子商务信用评价制度，推进电子商务信用评价的互联、互通和互认。参与和推动电子商务行业标准建设并组织实施。为会员提供信息、技术、管理、咨询等服务，向政府有关部门提供工作建议和意见。

四、行业规范

行业规范是指行业组织依法制定的章程、自律公约等自律规范，对其成员具有约束力。成员违反自律规范的，行业组织有权依照其章程和自律公约等进行处理。

在电子商务这个极具创新力和活跃度的市场中，很多问题需要群策群力，由电子商务行业组织、市场各方主体用自律规范、电子商务交易习惯或者惯例等行业规范来解决问题。这些规范的制定充分扎根电子商务实践，运用舆论、道德等综合手段保证规范的执行，可以很快适应产业发展的情况并作出改变，更适于规制快速多变的电子商务产业。

第二章　电子商务经营者

本章是关于电子商务经营者的规定，分为两节。第一节关于电子商务经营者的一般性规定，第二节关于电子商务平台经营者的规定。之所以采取这样的结构设计，主要是考虑到以下两个方面的因素。第一，对于普通的电子商务经营者而言，他们与传统的经营者的区别主要在于其从事经营活动的媒介的电子化、网络化、在线化，由此催生出了一些特殊类型和特殊性质的问题。对于这些问题适用关于电子商务经营者的一般性规定。因此本章第一节针对电子商务经营主体做出一般性的规定，主要处理电子商务经营者的主体身份制度、税收问题、销售商品与提供服务的合法性要求、电子发票、营业执照的公示等问题。第二，与传统的经营主体相比，真正具有特殊性，应该成为本法重点规范对象的是电子商务平台经营者。为此本章第二节设置了针对平台经营者的相对明确具体的规范。以调整电子商务平台经营者与相关主体之间的权利义务关系以及与政府相关的监管部门之间的关系。

关于电子商务经营者的分类体系问题，在立法过程中，曾经有学者提出各种不同的分类方法。有人主张应该将电子商务经营主体划分为自建网店经营者、平台内经营者、第三方平台经营者以及相关服务经营者。这样的分类具有一定的合理性，在第九条中部分予以采纳。考虑到现在利用社交网络以及其他网络从事商品销售与服务提供的经营者也为数不少，本法在界定电子商务经营者的过程中，也将其包括在内。

第一节　一般规定

第九条　【电子商务经营主体定义与划分】

本法所称电子商务经营者，是指通过互联网等信息网络从事销售商品或者提供服务的经营活动的自然人、法人和非法人组织，包括电子商务平台经营者、平台内经营者以及通过自建网站、其他网络服务销售商品或者提供服务的电子商务经营者。

本法所称电子商务平台经营者，是指在电子商务中为交易双方或者多方提供网络经营场所、交易撮合、信息发布等服务，供交易双方或者多方独立开展交易活动的法人或者非法人组织。

本法所称平台内经营者，是指通过电子商务平台销售商品或者提供服务的电子商务经营者。

【条文研析】

电子商务经营者的主体身份制度是本次立法的基础性内容。本法在规范设计上突出了电子商务平台经营者的特殊地位，但是在定义上，又保持了相当程度的开放性。之所以采用这种规范方法，其实是试图为电子商务主体类型在未来的发展保留最大的空间。

电子商务产业的兴起，最重要的特征和最核心的因素就是电子商务第三方平台的兴起。由于一般的电子商务经营者没有能力也没有必要自己建立自己的网站来销售商品或者提供服务网，为此就采取入驻的方式，进入到第三方平台上去进行经营活动。由此产生也了大量的平台内经营者。平台内经营者相对于普通经营者而言，既具有共性也具有自己的特殊性。从共性的角度看，平台内经营者所具有的电子商务经营者的身份，与普通的线下的经营者相比，并没有很多的特殊之处。他们需要遵守相同的法律，同样要照章纳税。但由于平台内经营者在很大程度上依托于平台而生存，所以会产生比较明显的依附性。如何平衡平台经营者与平台内经营者的这种关系，是电子商务时代的一个重要课题。

真正具有特殊性的是第三方平台。在立法过程中，对于这种类型的电子商务主体，最初的表述是“第三方平台”，以此来强调其在交易过程中的第三方身份。在最后的条文表述中，没有出现“第三方”这样的字样，而是用“电子商务平台经营者”这样的概念。但需要注意到，在实质上，平台经营者就是第三方平台经营者。这两个概念的内涵是一致的。关于第三方平台，在立法过程中，有人主张对其给出明确的类型界定。也有学者对其进行详细的分类列举。但考虑到信息技术与互联网技术的飞速发展，第三方平台呈现的形态会越来越多元化，其形态也处于快速的发展演变之中。如果立法中对第三方平台的类型进行明确界定，很可能导致未来出现的新形态的第三方平台（如已经开始出现的微商、购物 App 以及微信小程序等）无法纳入本法规范的范围，或者会引发法律适用上的困惑。考虑到第三方平台的界定与类型划分是一个必须伴随技术发展而与时俱进的问题，因此本法不拟对电子商务第三方平台的类型给出明确界定。这样做一方面可以为未来的进一步发展预留空间，另一方面可以让学理和司法通过个案的具体分析来解决第三方平台的认定问题。从这个意义上说，本条为平台经营者所提供服务的列举只是一种示范性质的列举。

电子商务平台，由于需要运营一定的网站，同时在电子商务交易中发挥着非常关键的作用，因此不宜由自然人个体来进行，而必须是法人或非法人组织。由于平台所提供的服务同时也属于电信与信息服务业务，根据电信条例以及其他相关法律的规定，必须获得相应的互联网经营许可证。

本条对电子商务经营者的内涵和基本类型进行界定，是电子商务法的关键和核心条文。大体而言，电子商务经营者包括两类，一类是电子商务平台经营者，另一类是除平台经营者之外的其他的电子商务经营者，包括自建网站经营者、平台内经营者、通过其他网络进行电子商务经营活动的经营者。所谓的电子商务平台经营者，是指在电子商务中为交易双方或者多方提供网络经营场所、交易撮合、信息发布等服务，供交易双方或者多方独立开展交易活动的法人或者非法人组织。而其他电子商务经营者，是指除电子商务平台经营者以外，通过互联网等信息网络销售商品或者提供服务的经营活动的自然人、法人和非法人组织。

从另外一个角度看，关于电子商务经营者，有广义与狭义两种理解。广义的理解包括了所有类型的与电子商务活动有关的经营者。但这样的界定无法明确地区分一般的电子商务经营者与电子商务平台经营者。为了将二者明确地区分开来，针对各自的特点予以规范，本章划分为两节，分别为一般规定与电子商务平台经营者。这样区分主要是考虑到普通的电子商务经营者与电子商务平台经营者，这二者具有不同的特点，应该设置不同的具有针对性的法律规则。基于这一考虑，本条第二款专门针对电子商务平台经营者给出定义。与平台经营者这种类型相适应，本条第三款专门针对平台内经营者给出了定义。这样的定义和分类方法有助于厘清各类电子商务经营者在规范模式以及权利义务配置上的侧重点。以下分别来分析本条各款所界定的各种类型的电子商务经营主体。

1. 本条第一款首先界定了一般意义上的电子商务经营者，其中包含几个要素。第一，“通过互联网等信息网络”，这是针对电子商务赖以进行的媒介手段的界定。这里的互联网应该做广义的理解，包括各种类型的信息网络，也包括未来可能出现的其他形态的信息网络交互系统。电子商务之所以有其自身的特点，就在于交易过程中借助于电子化、网络化的媒介进行信息交流和互动，这也就决定了在通常情况下，交易双方不在同一现场，而是通过事先注册的网络账号进行互动，交易互动全程会产生电子数据留痕，对交易所涉及的商品与服务，获取方主要借助于提供方以文字、图片、视频等方式所作描述来获得认知，作出决定。第二，电子商务的内涵是“从事销售商品或者提供服务”，就这一定义而言，可以认为我国电子商务立法采取了广义电子商务的概念，不是局限于网络商品零售，也包括了通过网络提供服务。因此通过网络提供诸如交通出行、文化娱乐、餐饮外卖、教育培训等各种形态的服务，都属于电子商务的范畴，也都属于本法调整的范围。第三，电子商务是一种“经营活动”。所谓经营活动，是指以营利为目的，持续进行的经营行为。从事经营活动的主体，不论其是自然人还是法人抑或是非法人组织，都因其经营行为而具有经营者的身份，因此在法律规则的适用，相应的法律义务的承担上，产生与其经营者身份相适应的要求。经营活动区别于偶发性的在网络上从事商品销售或服务提供的非经营行为。并非任何通过网络销售商品或者提供服务的活动都构成经营活动，经营活动与非经营性质的活动之间的界限，需要参考国家有关法律法规的界定。

2. 本条还列举了电子商务经营者的主要类型，包括电子商务平台经营者、自建网站经营者、平台内经营者、通过其他网络销售商品或者提供的电子商务经营者等几种类型。关于电子商务平台经营者以及平台内经营者下文予以详细的讨论。这里主要讨论自建网站经营者以及通过其他网络服务销售商品或者提供服务的电子商务经营者。

自建网站经营者，是指自己搭建网站，然后在自建的网络上从事销售商品或者提供服务的经营者。自建网站经营者，除了在经营渠道和媒介上与传统商务活动有所区别之外，并无其他特殊问题。但需要注意的是，现在很多企业建有自己的门户网站或者叫作官方网站，在网站上介绍、宣传、推广自己的企业以及其生产的商品和提供的服务。如果只是建立这样的网站，但是不通过相关的网站来实际销售商品或者提供服务，那么尚不能称之为自建网站经营者。相关网站上对有关产品和服务的介绍，在通常的情况下也不构成要约。但是如果相应的内容明确具体，并且对相对人是否订立合同产生了实质性的影响，则应该构成合同的内容。至于相关的介绍是否构成互联网广告的一种形态，则取决于其是否符合我国相关的立法中对互联网广告形态的具体界定。对于企业设立的公众号，也应该作同样的认定。

通过其他网络服务销售商品或者提供服务的电子商务经营者，这一表述是在电子商务法第三次审议稿中出现的。在先前的审议稿中没有出现。之所以出现这种表述，主要是考虑到随着电子商务模式和渠道的发展变化，很多人依托于社交网络来从事商品销售或服务的提供，这被称为社交电商。这种类型的电子商务主体当然也属于本法所称的电子商务经营者。这种类型的主体既非自己建立独立的网站来从事电子商务经营行为，也不是通过入驻电子商务平台，从而成为平台内经营者，而是依托于其他网络来从事电子商务活动。对于这种类型的主体，主要依据其行为的性质，也即持续地通过互联网等信息网络来从事销售商品或者提供服务的经营活动，来认定其是否具有电子商务经营者的身份。一旦认定其具有此种身份，本法关于电子商务经营者的相关规定即应该予以适用。

本条第二款对电子商务平台经营者进行了界定。这种类型的电子商务主体是本法规范的主要对象。要理解该款所界定的电子商务平台经营者的概念，需要注意以下几个方面的因素。(1) 电子商务平台经营者，最主要的内涵在于搭建交易平台，供他人独立开展交易活动，自己并不直接接入到交易活动之中去。正是这个意义，平台经营者通常也叫做第三方或者第三方平台。本条的定义中之所以没有出现“第三方平台”这个表述，是因为“平台”这个概念本身就已经包含了第三方的内涵。(2) 要被认定为构成一个“平台经营者”，需要具备哪些条件，对此本条的界定中提到了“提供网络经营场所、交易撮合、信息发布等服务”。需要注意的是，这并不是说，要成为一个法律意义上的电子商务平台，就必须提供所有这些服务，或者只要提供这些服务就一定构成平台经营者。本条中提到的这些内容只是示例性质的列举。在现实生活中，对应着不同类型的商品销售或者服务提供，有不同类型的平台。有些类型的电子商务平台只提供信息发布类的服务，并不提供具体的交易规则，这并不影响其属于电子商务平台的认定。总的来说，对于电子商务平台的认定，应该从宽掌握。电子商务平台的最基本的特点是为他人从事电子商务活动而搭建了一个电子化的网络空间。在相关平台上聚集了大量的主要从事经营活动的平台内经营者，也是认定其电子商务平台属性的重要标准。电子商务平台必须要有电子商务经营者入驻，成为稳定的平台内经营者，而且电子商务平台与平台内经营者之间通过服务协议等方式，建立稳定的联系。符合这些条件的，可界定为电子商务平台。就此而言，电子商务平台不同于社交媒体平台。因为在社交媒体平台上从事活动的主要目的是社会交往行为而不是经营行为，不能因为在现实生活中有少数人利用社交媒体来从事与经营有关的信息沟通与交易磋商，就认为在这种场景之下，社交媒体本身就成了电子商务平台。当然，如果社交媒体平台同时开放了类似的经营者入驻功能，允许这些经营者稳定地开展经营活动，成为平台内经营者，那么在这种应用场景下，也可以认为社交媒体兼具有电子商务平台的属性。(3) 平台经营者所经营的平台实际上是一个虚拟的网上交易空间，平台经营者通过为相关的网络空间使用者提供相应的服务来获得收益，这种服务就是通常所称的网络服务（internet service），在这种情况下，平台经营者具有“网络服务提供者”（ISP）的身份。但是平台经营者另外也可能直接以一方面当事人的身份，直接参与到相关的经营活动之中，为当事人提供支付服务，提供商品或服务的广告服务，提供物流服务等等。在这种情况下，平台经营者在性质上就如同普通的经营者一样。因此，对于平台经营者的平台属性，以及因为其平台属性而产生的法律层面上的后果应该具体情况具体分析。(4) 平台经营者应该是法人或非法人组织，而不能是自然人。

本条第三款所规定的平台内经营者，是指通过入驻他人搭建的电子商务平台，来从事销售商品或者提供服务的经营活动的经营者。随着电子商务的兴起，平台内经营者占据了电子商务经营者中的绝大多数。这是因为平台的双边市场属性，决定了绝大多数的电子商务经营者必须入驻到某个大型的电子商务平台上去，才能够获得相应的交易机会。对于这种类型的经营者，需要予以特别的关注。由于平台内经营者依托于他人搭建的平台来进行经营活动，因此其相应的经营自主权在很大程度上受到电子商务平台经营者的约束。平台内经营者与电子商务平台经营者之间的关系，一方面是通过服务协议建构起来的契约型关系。就此而言，二者之间的权利义务关系的调整主要依托于服务协议的约定。但是电子商务平台这种组织架构模式，也是一种新型的一体化组织形态，平台经营者会借助于搜索排名、信用评价、算法控制、内部惩戒、服务协议等各种手段来对平台内经营者施加强大影响，进行事实上的管理。法律上对于这种新的一体化组织形态需要特别予以关注，一方面是保护平台内经营者的正当权益，另一方面也是回应平台这种新型的组织形态所提出的现实需求。法律层面上一方面要认可平台经营者对平台内经营者的组织管理权限，并且基于这一点来理解和处理平台经营者与平台内经营者之间的关系。在另外一方面也要注意平台内经营者面对平台经营者时所处的弱势地位所带来的问题，并且平台经营者滥用其优势地位来过度限制平台内经营者的经营自主权以及其他合法权益。对此，本法在其他条文中专门予以处理。

在理解和适用本条规定的时候，还需要注意区分电子商务平台经营者与其他形态的经营者，特别是互联网广告经营者之间的界限。现在不少门户网站，在新闻资讯、分享视频之下提供链接，用户点击链接之后，即可以进入到某个网站购买商品或服务。在这种商业模式之下，可以说门户网站提供的是一种互联网广告服务，而具体发生交易的网站，则可以根据具体情况，分析是自建网站经营者抑或平台内经营者。

随着移动互联网的兴起，很多传统的电子商务活动，通过 App 的形式来展开。虽然在很多情况下，App 都必须依托于一个大的应用软件系统（例如 IOS 或 Android），但是从法律属性上看，App 本身仍然是一种形式的自建网站。所以利用 App 自己从事电子商务活动的，应该界定为自建网站经营者。但是如果是利用嵌套性的小程序，来从事电子商务活动，那么小程序基础架构的提供者应该被视为电子商务平台，承担相应的法律责任。

第十条 【电子商务经营者办理市场主体登记的不同情形】

电子商务经营者应当依法办理市场主体登记。但是，个人销售自产农副产品、家庭手工业产品，个人利用自己的技能从事依法无须取得许可的便民劳务活动和零星小额交易活动，以及依照法律、行政法规不需要进行登记的除外。

【条文研析】

本条规定了电子商务经营主体的主体身份管理制度。电子商务经营者与普通的作为商事主体的经营者一样，在从事经营行为时，应当办理相应的市场主体登记，这是经营者必须履行的基本义务，并不因为某种商业活动系通过网络进行，就应该得到豁免。但在特定情况下，例如将从事家庭手工业所生产的产品在网络上进行销售，农产品自产自销，个人利用自己的技能从事依法无须取得许可的便民劳务活动和从事零星小额交易活动等等，不需要进行工商登记。需要强调的是，根据本条的规定，上述这些活动必须是通过互联网等信息网络来进行，才不需要进行市场主体登记。因为该条规定涉及的是电子商务活动，并不涉及线下的相关活动。

在我国目前商事制度改革的大背景之下，市场主体登记的准入制、许可制的色彩趋于淡化，而主要具有主体身份确认以及信息披露的意义。为此没有必要针对电子商务经营者建立特别的市场准入制度。换言之，任何电子商务经营者，只要进行了通常意义上的市场主体登记，即可从事电子商务经营活动。因此本条第一句所谓的市场主体登记，不是针对电子商务经营活动这种特殊的经营方式进行的营业方式登记，而是指从事电子商务经营活动的经营者应当办理市场主体登记。如果相关的经营者此前没有从事电子商务活动，而只是进行传统的线下经营活动，但已经办理了市场主体登记（也就是传统意义上的工商登记）。在这种情况下，如果该经营者决定从事电子商务，则无须另外再办理市场主体登记，先前的登记即已经足够。如果有关的主体决定开始从事电子商务经营活动，而此前没有办理市场主体登记，那么则需要办理市场主体登记。总而言之，本条第一句是对任何经营者从事经营活动应当办理市场主体登记这一原则的确认，并非对电子商务从业者施加某种特别的限制，提出某种额外的要求。

自然人网店的工商登记（现在称为市场主体登记），在电子商务法的立法过程中引发了比较多的讨论。有观点认为，自然人网店在入驻电子商务平台的时候，平台经营者会对其身份证号码、户籍地址、经常住所等信息进行登记备案。由平台所进行的这种主体身份管理制度，对于规范平台内经营者的相关行为，就已经足够，因此并不需要对自然人网店进行市场主体登记。此外，考虑到强制要求自然人网店普遍进行登记也会产生额外的经营成本，特别是有些地方的市场登记的主管机构，强制性要求申请登记的主体必须置备有特定的经营场所才可以办理登记，为此自然人必须出资租赁经营场所，这些费用对于本来就本小利薄的自然人网店经营者是一笔不小的开支。因此普遍性地强制要求自然人网店进行市场主体登记，并不利于鼓励大众创新、万众创业，也不利于电子商务灵活解决就业等优势的发挥。

这种观点值得商榷。一方面，不能混淆电子商务平台经营者出于自身经营的目的，对平台内经营者所进行的身份信息收集和登记等管理措施与国家出于管理、税收等其他目的所进行的身份管理这二者之间的差别。在现实生活中，平台经营者为了增加自己的市场竞争力，获得更多的经营利润，往往倾向于吸引更多的经营者入驻自己的平台从事经营活动，以此吸引市场更多的使用者，产生更大的访问流量，提高自己的运营的平台的商业估值。基于这样的考虑，平台经营者对于进入平台内从事经营活动的主体的身份审查往往流于形式。曾经被曝光的事实表明，有从事餐饮外卖服务的平台经营者为了吸引更多的餐饮外卖经营者入驻其平台，纵容甚至变相地帮助入驻者造假，以达到在形式上满足国家对餐饮行业所设定的特别要求。这些例子说明，在满足特定要求的前提下，要求平台内经营者进行市场主体登记有其现实的必要性。平台经营者自己建立的平台内经营者的身份登记和管理制度，并不能取代国家层面上的市场主体登记制度的价值。另一方面，在电子商务时代，“自然人网店”这个概念本身并不是一个合适的分析对象。就其本质而言，网店是平台经营者为平台内从事活动的主体所搭建的网络交易空间。在电子化的时代，在后台操作、运营相关网络空间，在其中从事经营活动的究竟是自然人还是法人还是非法人组织，其实并不重要，重要的是相关的主体通过网店在网络上所进行的活动究竟表现出何种特征。如果相关主体的行为表现出持续、稳定的、活跃的经营性质的行为特征，那么相应的网店的运行者就具有了经营者的商事主体特征，在这种情况下，就应当办理市场主体登记，而根本不需要考虑，网店后台究竟是自然人在操作还是其他主体在操作。事实上，任何网络上的操作行为，都必然是由具体的自然人实际进行的，法人或非法人组织不可能去做这样的事情。如果相关主体通过平台经营者所提供的网络空间，在网络上所从事的活动，不具有上述经营性的特点，在这种情况下，只需要向平台经营者提交其姓名、地址、身份证明、联系方式等真实信息，以达到备案和信息披露的目的即可。

当然，电子商务法也并非一概要求所有类型的电子商务经营者都必须办理市场主体登记，而是规定了特定情况下的登记豁免的。根据本条的规定，登记豁免主要分为三类。

第一，是个人销售自产农副产品、家庭手工业产品。对于这类行为需要把握相关的行为特征。一方面必须是自然人的行为，另一方面销售的是自己生产的农副产品以及家庭手工业产品，而不能是从其他农户那里收购过来，然后集中通过网络进行转卖。另外还必须是通过互联网等信息网络进行销售。在通常情况下，符合上述条件的，虽然也可能是一种持续的经营活动，但由于是小额的而且数量也不会太大，因此基于立法政策的考虑，不要求此类经营者进行市场主体登记。

第二，个人利用自己的技能从事依法无须取得许可的便民劳务活动。这种类型的活动主要包括诸如钟点工、修理工、生活护理、老年人照顾、餐饮服务、出行服务等各种形式的便民劳务活动。需要注意的是，相关的活动必须属于依法无须取得许可的便民劳务活动，另外也必须是通过网络来提供。如果依据有关法律的规定，从事相关的活动必须要取得许可，例如幼儿教育等，就必须要以取得相关的许可为前提条件。

第三，个人从事零星小额交易活动。将这一种类型的行为列入登记豁免，在立法讨论中存在较大的争议。反对的主要意见是“零星小额交易”的认定标准在实践中并不容易掌握。本条最终将其纳入，主要还是考虑到对于偶发地，非持续性地，在网络上从事小额商品销售和服务提供的主体，强制要求市场主体登记并无必要。至于在实践中如何把握零星小额的认定标准，可以留待配套规章的进一步明确。有观点将小额的界定与小规模纳税人的标准相统一，也就是月销售额在3万元以下为小额。对此也需要未来的法律法规进一步明确。关于“零星”的认定，因为涉及经营行为与偶发性质的分享行为以及兼职行为的界限的认定，需要结合不同领域加以具体认定。

最后一种类型是依照法律、行政法规不需要进行市场主体登记的，也不需要办理市场主体登记。这一规定主要是对接于相关的诸如《无证无照经营管理办法》之类的规定。

从整体思路上，从主体身份管理的角度看，本法对电子商务经营主体的监督和管理标准，遵循线上线下一致的原则，不将电子商务活动看作一个需要特殊准入许可的特种行业，以此体现从主体制度角度对电子商务发展的鼓励和促进。但在另外一方面，也不因为某种经营活动采取线上方式来进行，就对其完全放任不管。互联网不是法外之地，电子商务活动同样是一种经营活动，当然也需要遵守我国法律关于经营活动的一般性的规定。

关于这一条的立法，有着比较复杂的背景因素。考虑到此前一般把市场主体登记叫作工商登记，因此在下文介绍立法背景的时候也以工商登记来指称市场主体登记。在论述中将二者作为相同的概念，在使用上可以互换。

我国现行法律框架下，自然人同样可以从事经营活动，1986年制定的民法通则即确认了个体工商户、农村经营承包户等公民（自然人）从事经营活动的法律身份。在目前，关于自然人网店的管理依据是原国家工商总局（根据国务院最近的机构改革，国家工商总局已经与国家质检总局、国家食药总局合并组建大的统一的国家市场监督管理总局）于2014年制定的《网络交易管理办法》。该管理办法第七条第二款规定从事网络商品交易的自然人，应当通过第三方交易平台开展经营活动，并向第三方交易平台提交其姓名、地址、有效身份证明、有效联系方式等真实身份信息。具备登记注册条件的，依法办理工商登记。根据这一规定，当前自然人网店并不需要强制进行工商登记，主要是向其所在平台进行实名登记。

以淘宝网为例，根据统计，经过认证的企业店铺占比不到3%，绝大部分是传统意义上的自然人网店，但不排除自然人网店背后有企业实体的存在。自然人向淘宝网平台申请开店，需要注册淘宝账户并绑定实名认证的支付宝账户。平台要求会员如实填写身份证信息、真实联系地址（经营地址）、有效联系手机，并按照页面要求上传清晰的身份证照片及其他图片，如手持身份证照片、特殊手势照片等，以确保开店会员身份的真实性、有效性、一致性。若认证通过并满足支付宝实名认证绑定要求，即可开店。对于会员身份信息的认证主要依赖于支付宝与公安、银行卡机构搭建的实名认证体系，支付宝对自然人信息的认证系统与公安网和银行卡机构的自然人信息系统对接，通过系统自动比对与人工比对相结合的方式，在多系统同步核实卖家所提供的自然人身份信息。在开店经营之后，平台还将实施周期性的动态化管理，反复验证认证信息的真实有效性。

在电子商务法的起草过程中，关于自然人网店登记，出现了集中具有代表性的意见和建议。财政部、国家税务总局、原国家工商总局电子商务法课题组等认为，自然人网店应当全部进行工商登记。公司法、合伙企业法、个人独资企业法、农民专业合作社法、个体工商户条例等法律法规规定，自然人、法人及其他组织进入市场从事经营活动应当进行市场主体准入登记。自然人网店与实体商店均为自主经营、自负盈亏的营利性经营主体，如果一方需要登记，另一方无须登记，不但破坏了法律的完整性和统一性，也影响了社会的公平正义，甚至在无形中将网络空间变成了其他法律法规的“法外之地”。

原国家工商总局之所以在2010年规定具备条件的需要登记，而未要求普遍性的登记，主要是因为当时网络购物还不够普及，注册制度对经营场所又有比较具体的要求，对网络业态经营灵活的特点不够适应。但在立法讨论过程中，客观的形势和条件都发生了重大转变。一是商事制度改革后，个体工商户登记已实现了零收费。二是网络市场已形成巨大规模，特殊的政策照顾已无必要。三是不规范的自然人网店更容易产生销售假冒伪劣等违法行为，且在涉嫌侵权行为、发生消费争议时，消费者、权利人和执法部门常常难以查找到涉嫌违法的行为人。四是受冲击的实体商业呼唤公平竞争的声音越来越高。

同时随着我国商事制度改革的深入推进，将实现个体工商户营业执照和税务登记的整合，规定工商登记豁免将在事实上排除这部分经营者办理税务登记的法定义务，这与现行的税务登记制度相悖，难以对未办理工商登记的个人网店实施有效税收管理。据调研，浙江义乌电子商务经营户达10万以上，但税务登记户仅5000余户，登记率不足5%；浙江海宁市7000多家电子商务经营户中登记率仅为7.3%。此外，缺少获取电子商务第三方涉税信息的法制保障。电子商务是信息流、资金流、物流“三流”信息高度集中的领域，但根据现行法律规定，税务机关难以从相关部门有效获取电子商务信息，又缺乏对交易平台、支付平台等三方报送涉税信息的强制性规定，失去了获取电子商务涉税信息的有力依据。我国社会信用制度建设比较滞后，纳税人失信成本小、代价低，加之电子商务隐蔽性的特点，助长了电子商务经营者的偷漏税行为，人为增加了税收管理的成本和难度。

基于以上考虑，相关部门提出，实行自然人网店登记有利于减少违法行为，保护消费者合法权益和知识产权；有利于通过全国企业信用信息公示系统等政府信用平台，提升电子商务品质；有利于依据登记信息查找违法网店，实施有效监管；有利于获取民事主体身份，保护经营者权利。

与此同时，也有部门通过调研，建议采取鼓励创业、分类监管的办法，对符合条件的自然人网店进行工商登记。这部分观点认为，大部分自然人网店属于兼职或偶然经营的自然人。以淘宝网为例，自然人经营者中长期无成交及偶然经营的卖家数超过全网总卖家的70%，真正从事持续经营的活跃卖家不足5%（含企业店铺），活跃卖家的营业额占全网营业额的60%以上，要求所有自然人网店工商登记会将登记负担不合理地加到没有从事营利性活动的自然人身上，既无必要，也不经济。

相关部门通过调研，了解到现有的商事登记程序仍然给自然人工商登记带来较高成本。例如，工商登记的经营场所问题，虽然国务院和工商总局都强调要尽量放宽限制，并把放宽登记手续的权限放给了各省、区、市人民政府，但实际上各地的步伐依然不大，也不统一，在界定符合要求的经营场所时，大多数地区仍将住宅排除在外，“一址多照”的做法也只限制在特定区域和特定企业才被允许。对绝大部分自然人经营主体而言，由于不存在自有的营业场所，必须采用租赁或挂靠的形式来获取。仅以挂靠论，挂靠有真实地址的营业场所费用，广州、北京为4000～6000元/年。同时，登记后所产生的合规费用（记账、年报等）一般也会超过3000元/年。这个规模的成本对于自然人经营者是较高的。

有关税收的问题，自然人网店经营者偷税漏税的现象的确存在，但税收流失情况并不像通常认为那样严重。从经营类型看，有大量自然人网店属于兼职经营，本身不产生增值税税源。从营业额看，按照2014年财政部、国家税务总局的通知，对月销售额3万元以下的增值税小规模纳税人免征增值税，而以阿里巴巴为例，产生实际支付交易的1000余万卖家中，94%的卖家全年销售额不足36万元，大部分自然人网店都是在免征增值税范围的。

从国际立法实践看，对于自然人参与商事活动普遍设定了豁免登记制度。比如在德国，从事农业、林业及其从属业的经营者以及小商人均属于任意商人，他们可以自由选择是否申请登记；在日本、美国、澳大利亚、我国台湾地区等，在立法上也有类似的规定。基于以上分析，有些专家学者建议，可以将自然人网店的管理分为三个层次。一是对于偶然有成交或长期无成交的非活跃卖家，仅需向电商平台提交信息登记，由平台来履行相应的主体信息管理职责。二是对于已达到持续经营的活跃卖家，由电商平台将其向平台提交的信息登记内容报送行政主管部门，并且督促其进行市场主体登记。三是对于持续经营且成交销售额达到一定规模的活跃卖家，可基于其自身需求向行政主管部门登记为个体工商户或注册登记为企业。此外，对于具有行业特性需要特定行业主管部门监管的商品或服务品类，由其专属的行业主管部门管理，但卖家经营信息由平台报送。

综合以上意见，电子商务法起草组认为自然人开设网店从事电子商务，是否需要市场主体登记，需要具体情况具体分析。解决这一问题，要从我国电子商务发展的实际出发，按照完善市场经济的法律制度要求，结合全面深化改革总体部署和进展进行研究设计。

目前，自然人开设网店，大部分属于兼职或偶然经营，要求所有自然人网店进行市场主体登记既无必要，也不经济。按照原国家工商总局的现行规定，这部分电子商务经营者也并不需要办理工商登记，仅需要由第三方平台核验真实身份信息，另外，要求上千万的自然人网店全部办理工商登记实际上也难以操作。从税收征收角度看，我国对部分经营者是有税收免征政策的，如《中华人民共和国增值税暂行条例》规定，“农业生产者销售的自产农产品”属于免征增值税的项目。因此，对一部分不以持续经营为目的、小规模的经营者豁免市场主体登记符合我国国情和电子商务发展具体实际，有利于国家创新创业大局，可以保持线上线下一致，也与国际通行做法接轨。但具体的免除登记范围及实施办法的确十分复杂，电子商务法中只能作出原则性规定，具体的操作性的细则宜由国务院另行规定。

当前我国正在深入推进商事制度改革，2016 年 10 月 14 日召开的国务院常务会议，就持续深化商事制度改革，更大降低创业创新制度性成本进行了部署。会议认为，从 2016 年 10 月起全面实施“五证合一、一照一码”登记制度改革基础上，进一步深化商事制度改革，扫除妨碍创业创新的制度羁绊，可以更大激发社会创造活力，促进扩大就业。会议提出，要更加便利群众办事创业，运用“互联网 +”，在全国推进企业登记网上办理，鼓励有条件的地方对企业登记全程电子化先行先试，创新事中事后监管，推动企业信息共享交换和互认互用。相信随着改革的深化，商事登记将更加便利，自然人网店登记的问题也将随着改革和市场化的进程逐步解决。

就自然人网店工商登记问题，电子商务法起草组专门组织调研，并与有关部门和相关各方反复多次沟通协调。根据全国人大常委会法工委提出的意见和建议，起草组 2016 年 12 月再次召开协调会，请财政部、国家税务总局、原国家工商总局参加，就此问题又进行了研究讨论。各部门一致认为，工商登记是经营者的法定义务，但鉴于我国的国情和现实做法，按照线上线下一致原则，可以对一部分小规模经营者免予登记。对于免予登记的具体条件，经过讨论各部门基本达成了一致。经过反复调研、论证，形成了目前的条文的表述。

第十一条　【依法履行纳税义务与办理纳税登记】

电子商务经营者应当依法履行纳税义务，并依法享受税收优惠。

依照前条规定不需要办理市场主体登记的电子商务经营者在首次纳税义务发生后，应当依照税收征收管理法律、行政法规的规定申请办理税务登记，并如实申报纳税。

【条文研析】

本条第一款是关于电子商务经营者纳税义务的确认。电子商务经营者，因为其从事经营活动，根据国家税收相关的法律规定，同样必须承担纳税义务。这种纳税义务与从事线下传统的经营者是平等的、一致的。至于电子商务经营者具体的需要缴纳的税收的类型和税率，基于税收法定原则，应该适用税收征收管理法及其实施细则的相关规定。电子商务经营主体在依法纳税的同时，当然也依法有权享受国家规定的税收优惠政策。

这一款的规定体现了在税收问题上的线上线下平等原则。网络空间中进行的经营活动，同样也产生纳税的义务，这是不言自明的要求。对于同样性质的经营活动，如果线上经营不交税或者少交税，那么对于其他的经营者而言显然构成一种不公平的税收歧视，这也不符合公平竞争的要求。

为了使税收工作能够得以进行，电子商务平台经营者有义务配合，在需要的时候，提供平台内经营者在经营方面的真实完整的信息，以确定相应的税收基础数据。平台内经营者也有如实申报和纳税的义务。这是任何一种类型的经营者都必须履行的税法上的基本义务。

本条第二款的规定主要是与第十一条的规定进行衔接，规定了不需要办理市场主体登记的电子商务经营者的纳税义务问题。在这个问题上，需要强调的是，不需要办理市场主体登记并不必然意味着不发生纳税义务。这是两个不同层面上的问题。对于不需要进行市场主体登记的电子商务经营者，如果其营业额达到首次纳税义务的基准，应当办理税务登记。在这种情况下，相关的经营主体虽然没有市场主体登记，但也应当如实申报纳税。至于相关的税种与税率，则应当根据我国税收征管的相关法律规定。

关于电子商务经营主体的纳税的问题，一直受到较多的关注。税负公平是现代社会经济的基本前提之一。电子商务经营主体应该与传统的线下经营者同样地缴纳税收，这是税法的基本原则。本法通过这一条对此特别予以确认，其实也是为了强调电子商务这种业态本身不能成为所谓的特权区域。平等纳税，营造公平的市场竞争环境，是中国电子商务发展的基础条件。

对于电子商务经营活动征税，在不同的国家因为不同的历史背景，表现为不同的性质的问题。在美国，由于联邦以及不同的州的税收政策，曾经基于实体商业存在的标准，对于电子商务事实上是免税的。但这一问题，在中国并不存在。2018 年 6 月 21 日，美国最高法院以 5∶4 的票数裁定，互联网零售商在其没有实体店的州，也被要求缴纳消费税。这意味着美国消费税体系正式全线覆盖电商领域，美国电商的税收红利期正式结束，他们将步入与实体零售商平等竞争的时代。但是对于我国而言，情况有所不同。我国没有针对电子商务的专门的税收方面的法律法规，但是这并不带代表我国从事电商的企业或者个人不需要纳税。首先 2017 年底最新修订的增值税暂行条例第一条规定，在中国境内销售货物或者劳务、服务等的单位和个人，均为增值税的纳税人，应当依照本条例缴纳增值税。另外，为了支持小微企业的发展，2018 年 1 月 1 日起实施的《国家税务总局关于小微企业免征增值税有关问题的公告》规定，在 2018 年至 2020 年间免除了月销售额不超过 3 万元的增值税小规模纳税人。当然，这样的规定也适用于电商经营者。我国不存在电子商务企业无须纳税的规定，如果非说免税的话，也只是对增值税小规模纳税人的阶段性优惠措施，但是值得注意的是，这样的优惠措施同样适用于线下企业。

第十二条　【电子商务经营者依法取得行政许可】

电子商务经营者从事经营活动，依法需要取得相关行政许可的，应当依法取得行政许可。

【条文研析】

我国对部分特定的商品与服务的交易实行许可制，要求经营主体在从事相关的交易之前应办理相应的行政许可。我国对经营主体在从事电子商务活动中过程中办理相应的行政许可始于 2000 年国务院公布实施的《互联网信息服务管理办法》，在该办法中，互联网信息服务区分为经营性和非经营性的，其中经营性的互联网信息服务采取许可制，非经营性的互联网信息服务采取备案制。以此为起点，我国政府各部门从各自管理职责出发要求电子商务经营者在从事相关业务时应申请行政许可。根据本法的规定，原则上对于电子商务这种经营方式是不需要特别许可的，只是针对某种特定的经营活动需要行政许可的，而相关的经营者通过电子商务进行相关的活动时，才需要取得行政许可。针对线下经营所获得的许可，原则上可以延伸到线上经营。除非法律对此有特别的不同规定。

本条要求电子商务经营者应当依法从事经营活动。针对特定商品的销售与服务的提供，依照法律的规定，如果需要获得特别的许可，那么有关的销售行为或服务的提供如果通过网络进行，同样需要获得行政许可。

这一规定主要是为了解决线上线下在涉及特殊行业的经营时，相关的行政监管与许可的需要的线上线下的一致性问题。总的来说，应该维持线上线下规范和管理措施的一致性，以避免形成监管上的落差，从而产生规避现象。对于在线下从事特定的经营活动，如果需要获得许可的，相应的要求应该自动地延伸到线上经营活动。但需要明确的是，这里所说的行政许可并不是指与电子商务这种经营形式相联系的许可。换言之，某一经营主体如果针对相关的特殊行业的营业活动已经获得了行政许可，那么如果利用互联网等信息网络来从事相关的经营活动，除非法律有特殊规定，并不需要另外获得一个特殊的针对网络经营方式的单独的行政许可。

现实生活中出现的所谓“大门票”与“小门票”的现象，也就是一个普通的许可，套着另外一个针对通过电子商务方式进行经营这种营业方式的许可的情况，原则上应该予以避免。除非法律对此有明确具体的规定和要求。举例来说，传统的提供餐饮服务的企业，根据现行有效的食品安全法的规定，需要事先获得“食品经营许可证”。如果相关的饭店，通过网络来提供餐饮外卖服务，那么不需要额外获得一个针对通过网络提供餐饮经营的许可证。但是如果相关的企业此前并没有获得食品经营许可证，而是直接通过网络来提供餐饮外卖服务，那么就必须获得经营许可证，才可以从事相关的经营行为。

但是如果相关的经营行为从线下走到线上会产生一些特殊的问题，那么上面所论述的一个许可证贯穿线上与线下的原则就不再适用。例如，我国先前的法律规定了从事药品销售需要有相应的资质和许可。如果相关的药店试图通过互联网来销售药品，还需要获取《互联网药品交易服务机构资格证》和《互联网药品信息服务资格证》。之所以有这样的特殊要求，主要与药品销售这种行为本身的特殊性相关。

第十三条　【不得从事法律禁止的商品或者服务交易】

电子商务经营者销售的商品或者提供的服务应当符合保障人身、财产安全的要求和环境保护要求，不得销售或者提供法律、行政法规禁止交易的商品或者服务。

【条文研析】

本条规定体现了在禁止或者限制销售的商品或提供的服务问题上，“线上线下相一致”的原则。对于线下被限制或者禁止销售的物品或提供的服务，在网络上通过电子商务的形式来经营，也受到同样的规制。

这一条是关于销售商品与提高服务的安全性与合法性的规定。从内容上看，这一条的规定涉及两个层面上的问题。首先是关于提供的商品与服务的安全性的要求。这里所指的安全性，是指电子商务经营者销售的商品或者提供的服务不得存在可能危害消费者人身和财产安全的缺陷。对于传统的线下经营活动而言，经营者销售的商品或者提供的服务在安全性方面的要求，主要遵守产品质量法等法律所界定的安全性。这些法律的规定，对于电子商务经营者而言同样适用。如果不符合相关安全性的要求，电子商务经营者需要采取产品质量法与缺陷产品相关的法律规定的召回等措施，避免发生产质量责任。如果相应的商品或服务导致消费者的人身、财产损害的，需要承担相应的产品责任和其他法律责任。

本条规定的另外一个问题是，电子商务经营者不得销售或者提供法律、行政法规禁止交易的商品或者服务。遵守法律上关于禁止或者限制特定商品或服务的提供，是经营者的普遍义务。这一义务自然也应该延伸到电子商务经营主体。这是不言而喻的，体现了各种经营方式对于法律规则的普遍遵守。

在实践中，无论是平台经营者还是平台内的经营者来遵守国家法律所规定的禁止或者限制销售的商品或者提供的服务的时候，存在不少困惑。相关的问题主要分为两种类型。第一种类型的问题是，国家对于何种物品属于禁止或者限制在网络上进行销售的物品，往往并没有一个清晰的目录，执法者往往在出现了问题之后，倒过来追究电子商务经营者这方面的责任，使得后者感觉无所适从。为此就必须建构一个良好的信息沟通机制，使得主管机构及时将某些应该被禁止或者限制在网络上销售的物品的名录，反馈给平台经营者，并且通过平台经营者通知到每一个平台内经营者。第二种类型的问题是，某种完全可以合法销售，未被列入禁止销售名单的物品，可能被加工或者组装成为一个违法的物品，例如在网络上销售钢管完全是合法的，但是该种钢管很可能被用来作为私自制造的枪支的枪管。那么在这种情况下，钢管的销售行为究竟是否合法，销售者是否应该对后续的不合理的使用承担责任？应该说，对于这一问题，电子商务经营者不应该承担过重的责任，尤其不能被认为违反了本条的规定。但是电子商务经营者有义务保留好相应的交易数据，在后续的调查中，予以积极的配合。如果电子商务经营者知道或者应当知道自己销售的商品或者提供的服务，在后续的环节上存在违法的情形，也有法律上的义务予以举报，揭发存在的违法犯罪行为。

媒体曝光的某少女网购银环蛇结果被咬致死的事件，如果参考本条的规定，就可以发现，出卖毒蛇的平台内经营者首先违反了关于珍稀动物保护相关法律的规定，其次由于毒蛇具有很大的危险性，因此也不符合保障人身财产安全方面的要求。对于平台经营者而言，也有一般性的审查义务，通过关键词过滤等技术，来避免自己经营的平台上出现类似的违法违规的物品的销售。

第十四条　【电子发票与纸质发票具有同等法律效力】

电子商务经营者销售商品或者提供服务应当依法出具纸质发票或者电子发票等购货凭证或者服务单据。电子发票与纸质发票具有同等法律效力。

【条文研析】

在传统线下的交易中，经营者和消费者通常在经营者的固定或临时经营场所发生交易行为，经营者一般以纸质的方式出具消费凭证，消费者可在交易完成后即时获得交易凭证。但在电子商务交易环境中，经营者和消费者的交易行为以虚拟化的方式发生，消费者通常情况下很难在交易完成后及时取得交易凭证。这种情况下，必须对电子商务交易过程中经营者出具消费凭证的义务做出具有针对性的规定。本条的规定就是处理这一问题。

本条的立法宗旨在于鼓励经营者提供电子化的购物凭证或者服务单据。这是本法的一个重要的制度发展。如果说电子签名法所规定的数据电文在法律上被等同于传统的书面形式，从而完成了一次电子化的突破，那么本法关于电子发票与纸质发票具有同等法律效力的规定，则实现了在电子商务领域的另外一个重要的突破。承认电子发票具有与纸质发票同等的法律效力，符合电子商务产业发展的需要，亦能起到保护消费者权益的作用。

考虑到这一点，在电子商务法制定中，通过法律的形式明确包括电子发票在内的电子购货凭证或者服务单据的法律效力，鼓励电子化凭证或者单据在电子商务交易活动中的应用。此举既符合了电子商务交易无纸化的基本特点，又能降低交易成本，促进信息流通的便利顺畅。

消费者权益保护法规定，经营者提供商品或者服务，应当按照国家有关规定或者商业惯例向消费者出具发票等购货凭证或者服务单据；消费者索要发票等购货凭证或者服务单据的，经营者必须出具。购货凭证或者服务单据不但是经营者和消费者之间存在交易关系的证明，而且是消费者向经营者主张权利的依据。

本条第一句的规定，是从电子商务的角度，对电子商务经营者在销售商品或者提供服务时出具购物凭证或者服务单据的义务的确认。这种义务是经营者的从给付义务，既是合同义务也是法定义务。如果经营者不履行此种义务，相对人可以主张同时履行抗辩权，从而中止自己一方的对待给付义务的履行。

本条第二句确认了纸质发票与电子发票具有同等的法律效力。该处所指的同等效力，主要是指可以同样被视为有效的交易证据和财务账册资料。任何人和机构不得仅仅以发票的形式是电子发票为由，否认发票的效力。

需要注意的是，电子商务经营者提供了电子发票的，应当视为已经履行了开具发票的从给付义务。相对人在没有正当理由的情况下，不得拒绝接受以电子发票方式提供的发票。但是，如果相对人有正当的理由，例如自己所在单位尚不能接受电子发票作为报销凭证，或者电子发票的形式对于自己一方的权利的行使、主张和证明存在明显的不便，从而要求电子商务经营者出具纸质发票，在这种情况下，电子商务经营者不得拒绝。这也体现了对于相对人的合理正当权益的保护。

第十五条　【电子商务经营者亮照经营义务】

电子商务经营者应当在其首页显著位置，持续公示营业执照信息、与其经营业务有关的行政许可信息、属于依照本法第十条规定的不需要办理市场主体登记情形等信息，或者上述信息的链接标识。

前款规定的信息发生变更的，电子商务经营者应当及时更新公示信息。

【条文研析】

经营者对其通过市场主体登记的经营信息的公示义务，是经营者需要承担的一种公法上的义务，也即所谓亮照经营。这种义务对于线下的经营者而言，一直存在。例如《公司登记管理条例》第五十九条第三款就规定，《企业法人营业执照》正本应当置于公司住所或者分公司营业场所的醒目位置。《企业法人登记管理条例实施细则》第五十六条第一款、《个体工商户登记管理办理》第二十五条、《农民专业合作社登记管理条例》第十七条第二款、《外国企业常驻代表机构登记管理条例》第十八条都规定了类似的亮照义务。消费者权益保护法第二十一条第一款也从保护消费者的角度明确规定了经营者应当标明其真实名称和标记。

经营者出示其营业执照的义务主要具有信息披露的功能。这一义务在网络时代仍然有存在的必要性。在立法过程中有观点认为，与企业登记有关的信息现在已经可以快捷地通过国家主管部门的网站来查询，因此没有必要继续要求电子商务经营者在首页公示其营业执照。另外这也是对非常宝贵的网页资源的浪费，但这种观点值得商榷。由于网络环境的特殊性，电子商务经营者的亮照义务仍然有现实的必要性。对相对人而言，通过查询对方主动提供的营业执照信息，可以了解自己潜在的交易对象的基本情况。在发生纠纷的时候，可以便捷地确定相对人。另外由于本条明确规定可以通过替代性的链接的方法来履行这一义务，也已经注意到网页资源的有效利用问题。本条规定要么在主页面显著位置公示，要么通过提供有关链接标示可以快捷访问相关的信息。考虑到页面是宝贵的资源，而经营信息公示主要是预防性的措施，因此允许采用链接替代的做法是合理的。

由于电子商务经营者从事的经营活动是在网络空间中进行，这与线下的实体店铺存在区别，因此其相关的营业执照的公示方法也应该有所调整。在主页面显著之处公示营业执照信息，可以让交易相对人了解其营业登记的信息。这可以起到信息披露，保障交易相对人知情权的作用。另外对于相关的市场监管部门而言，也可以通过相关信息所提供的线索，进行相应的审查，采取有效的监管措施。

考虑到网络页面是一个非常重要的资源，允许经营者采取提供链接的方法来公示其营业执照的信息，但相关的链接必须是有效的链接，点击相关链接能够直接跳转到载有其营业执照信息的网络页面。这就是所谓的链接替代。如果有链接，但是点击之后无法打开，或者无法正常显示，那么不能认为履行了相应的公示义务。

由于互联网技术的发展，在有些形态的电子商务平台上已经没有所谓的主页的概念，在这种情况下，经营者应当在交易相对人获取商品或服务的网络资源入口处提供相应的营业执照信息。

对于需要获得行政许可才可以从事的经营活动，相应的行政许可信息的公示方法与营业执照信息的公示方法是相同的。这样便于相对人和监管机构查询了解经营者是否获得了必要的行政许可。

本条提到的“属于依照本法第十条规定的不需要办理市场主体登记情形”，应该理解为一种对自身属性的声明。换言之，如果相关的经营者根据本法属于不需要进行市场主体登记的类型，应该在网页上的相关位置说明自己的具体属性，例如声明自己属于自然人销售自产农副产品，因此根据国家法律属于不需要进行市场主体登记的类型。这种类型的声明也需要明确作出。

如果营业执照上载明的信息或者有关的行政许可的信息发生变更的，经营者应当及时变更，以使得登记信息与实际公示的信息状态相吻合。

如果相关的经营者在公示其营业执照信息的问题上不遵守相关的规定，应当承担本法第七十六条以及相关法律规定的责任。

第十六条 【电子商务经营者自行终止业务的信息公示义务】

电子商务经营者自行终止从事电子商务的，应当提前三十日在首页显著位置持续公示有关信息。

【条文研析】

电子商务交易在网络上进行，没有实体的店铺，所以一旦关闭，相关的消费者和其他主体，往往没有有效的渠道维护自己的合法的利益。因此在电子商务经营者退出机制上设定一个程序性的要求，可以起到维护正常的市场交易秩序，维护消费者权益，预防相应的交易纠纷发生的作用。但从法律效果来看，即使电子商务经营者按照本条的规定履行了相应的信息公示义务，也不意味着其在法律责任的承担上会产生某种减责的效果。在公示之后，相关的经营者与其他主体发生法律上的往来的，仍然要承担相应的法律责任。

此条规定了电子商务经营者的退出机制。这里所指的电子商务经营者一般主要是指除电子商务平台经营者之外的其他各种类型的经营者。对于电子商务平台经营者而言，由于涉及大量入驻其平台的平台内经营者的权益保护问题，以及大量的平台上注册用户的权益保护问题，所以在停止提供平台服务这个问题上，需要遵循更加严格的要求，在时间上更提前将相关的消息予以公示，便于其他相关主体做出安排。

在线下实体店的经营中，关门歇业往往表现为一个直观的事实，通过张贴告示等形式即可起到公示的效果。但在网络上从事经营活动的主体，就必须提前一定的时间公告自己即将终止相应的经营活动，以提醒相关的当事人及时主张权利，了结现务，并且避免在将来继续产生法律上的交往。本法在这个问题上规定，电子商务经营者必须提前三十日就其即将终止从事电子商务的事实进行公告，这主要是为了保护潜在的交易相对人的权益，避免不必要的纠纷。商务部《第三方电子商务交易平台服务规范》第5.9条，《网络交易管理办法》第三十一条都有类似的规定。电子商务法在起草过程中参考了相关的做法。

从具体的理解与适用的角度看，需要注意以下几点因素。首先，本条规定的是电子商务经营者自行终止从事电子商务，而非因为其他原因终止。如果是因为从事了违法行为被依法取缔，或者是因为违反了电子商务平台经营者确定的规则而被强制性地关店，那么就不适用本条的规定。其次，电子商务经营者终止从事电子商务活动，而非暂时停止。如果只是暂停从事相关的活动，那么不需要进行相应的公示。再次是电子商务经营者终止的是电子商务活动，而非终止其从事的一切经营活动。事实上，很多经营者既从事线上的电子商务经营行为，也同时从事线下的传统意义上的经营行为，相关的经营者终止线上的经营行为，并不意味着也同时终止线下的经营行为。在这种情况下，本条的规定只针对线上的电子商务经营行为。最后，公示相关信息的应该是在首页显著位置。相关的公示方法也显著、醒目，能够使得相对人容易注意到作为基本的要求。

第十七条　【全面、真实、准确、及时地披露商品、服务信息】

电子商务经营者应当全面、真实、准确、及时地披露商品或者服务信息，保障消费者的知情权和选择权。电子商务经营者不得以虚构交易、编造用户评价等方式进行虚假或者引人误解的商业宣传，欺骗、误导消费者。

【条文研析】

一、信息披露的必要性、重要性

本条是关于电子商务经营者对其所销售商品或提供服务的信息披露义务的规定。

电子商务属于典型的非“面对面”交易，交易双方信息严重失衡是其主要特征之一。消费者一般只能通过经营者一方在网络上披露的商品或服务信息，单向获取相关信息，从而作出判断和选择。在电子商务活动中，信息披露的多与少，是由经营者单方决定的，这与传统交易中消费者可以在实体店通过双向、反复询问沟通，直接、全面获取信息，乃至可以观看实物，阅读相关说明，甚至试用、体验等，有巨大差别。因此在电子商务交易中，电子商务经营者正确、全面披露商品或服务信息，是保证消费者知情权、选择权和电子商务交易秩序的重要基础。要解决这种信息严重不对称的问题，有必要规定电子商务经营者应当承担全面、真实、准确披露商品或者服务信息的义务。

国外及国内法律关于电子商务经营者对商品或者服务的信息披露义务均有相应规定。例如，欧盟《消费者权益保护指令》(2011/83/EU) 规定，与消费者订立远程合同的经营者应以清晰的方式先行向消费者提供商品或服务的主要特征信息、经营者的身份、商品或服务的含税总价格或者价格的计算方式、邮寄费用、付款安排、交货安排、经营者承诺的发货时间或者服务时间以及投诉处理政策等信息。

我国消费者权益保护法第二十条规定，经营者向消费者提供有关商品或者服务的质量、性能、用途、有效期限等信息，应当真实、全面，不得作虚假或者引人误解的宣传。该法第二十八条还规定，采用网络、电视、电话、邮购等方式提供商品或者服务的经营者，以及提供证券、保险、银行等金融服务的经营者，应当向消费者提供经营地址、联系方式、商品或者服务的数量和质量、价款或者费用、履行期限和方式、安全注意事项和风险警示、售后服务、民事责任等信息。该条是在 2013 年修订时增加的条款，系根据经营者通过信息网络销售商品或者提供服务的特点，为保障消费者的知情权而新增加的内容。

在电子商务活动中，部分电子商务经营者通过“刷销量”“刷好评”等方式进行虚假或者引人误解的商业宣传，以此吸引、诱导消费者选择其所销售的商品或者提供的服务进行交易。具体包括以下三种情况：

第一，部分电子商务经营者利用“刷销量”“刷好评”等方式提升其在电子商务平台中的排名。

根据本法的规定，电子商务平台经营者应当根据商品或者服务的价格、销量、信用评价情况等以多种方式向消费者显示商品或者服务的搜索结果。实践中，电子商务平台往往可以按照价格、销量高低或者评价好坏等方式的排序展示相关商品或服务，广大消费者也经常按上述排序方式浏览选择商品或服务，因此一些经营者通过“刷销量”“刷好评”等方式将其排序提前，达到宣传推广的目的，以此增加商品或者服务被消费者浏览、选择的可能。

第二，对于消费者通过其他渠道直接浏览电子商务经营者的商品或者服务销售页面的，经营者的上述“刷销量”“刷好评”等行为，也会增加消费者对该电子商务经营者以及其所销售商品或者提供服务的信任度，提升消费者的购买信心，吸引消费者选择购买。

第三，“刷销量”“刷好评”等方式获得的信息，也会被电子商务经营者在开展广告宣传活动时所利用。实践中，很多电子商务经营者在进行广告宣传或者开展其他商业推广活动时，往往会突出介绍其商品或者服务的销量、客户满意度等方面的内容，并以此作为自己的优势。但如果经营者发布的销量、用户评价等信息不真实，则构成对消费者的欺诈、误导。

我国广告法第四条规定，广告不得含有虚假或者引人误解的内容，不得欺骗、误导消费者。广告法第二十八条进一步规定，广告中含有商品或者服务销售状况等信息与实际情况不符、对购买行为有实质性影响的信息，以及虚构使用商品或者接受服务的效果的信息，均属于虚假广告。

上述“刷销量”的行为，就属于该法中禁止的提供虚假的销售状况信息的行为，是典型的虚构交易行为。而“刷好评”的行为，则属于该法中虚构使用商品或者接受服务效果信息的行为，亦是典型的编造用户评价的行为。这两种违法行为不但误导了消费者，也扰乱了电子商务经营者之间公平竞争的市场秩序。因此本法对上述欺骗、误导消费者的行为进行禁止性规定，这对于规范经营者对商品或者服务的信息披露义务，保障消费者的合法权益，具有积极意义。

二、电子商务经营者对商品或服务信息的披露义务

商品或服务信息，不仅直接关系到消费者的正确选择和购买决定，也直接关系到消费者正确使用商品和接受服务。而这些信息一般均是由电子商务经营者单向提供和控制的，因此有必要将全面、真实、准确地披露相关信息作为经营者的义务加以规定。

（一）关于全面的主要内容

本条规定的“全面”，主要包括三个方面的内容：一是保证消费者在选择购买商品或接受服务时做出正确判断所需要知悉的所有信息，包括商品的基本技术数据、成分、性能、功效、特点、不适用人群、有害成分或者服务范围、限定事项、除外事项等信息；二是保证消费者正确使用商品或接受服务时所应当知悉的所有信息，包括商品的使用方法、注意事项以及接受服务过程中的注意事项等信息；三是与交易有关的其他信息，例如支付方式、交付方式、售后服务、是否适用“七日无理由退货”的规定等信息。

（二）关于真实的基本含义

本条规定的“真实”，包括两方面含义：一是所披露信息不得有歪曲、虚假或者引人误解等内容；二是所披露信息要与客观事实相符，能够反映商品或者服务的客观、实际情况。

（三）关于准确的基本含义

本条规定的“准确”，包括两层含义：一是表达范围要确切，既不能超出商品或服务的客观范围，也不能缩小客观范围，更不能夸大其词、虚构性能、功效、效果等等；二是表达的语言要确切，要使用普通消费者能够正确理解的语言，不可以用模糊性语言或者容易使人产生误解、歧义的语言。

（四）关于及时的基本含义

“及时”是电子商务经营者披露商品或者服务信息的时间要求。“及时”要求电子商务经营者在商品或者服务上架时，应当同步上传商品或者服务的成分、功能、使用方式、可能存在的风险等商品或者服务信息；如果商品或者服务的信息发送变化时，应当立即无迟延地补充或者更改相关的信息；当商品或者服务出现质量问题或者其他危及消费者人身和财产安全的情形时，应通过网站公告、电话、短信、邮件等形式毫不迟延地将上述事实及其减轻或者消除危险的措施等情况告知消费者。

三、保障消费者的知情权和选择权

电子商务活动中，知情权和选择权是消费者的基础性权利。

（一）电子商务消费者的知情权

传统交易中，商品、服务的信息交流具有互动性、直观性的特点，消费者可以充分了解所需要的信息，这些信息对消费者的消费行为具有决定性作用。而在电子商务交易中，商品、服务信息一般是由经营者单向提供的，经营者有时会有选择地提供信息，消费者往往只能被动接受。如果消费者所需要了解的具体信息存在缺失，就不可能正确行使权利。如果在电子商务立法中不强化经营者的信息披露义务，则经营者在披露信息时，就可能会有选择性地保留，就不能对消费者的知情权给予充分保护，因此本法相对于其他法律，在保障消费者知情权方面对电子商务经营者规定了更高的要求。

电子商务经营者所应当尊重和保障消费者的知情权，可以从两个方面来理解：

1. 本法中规定的消费者的知情权，当然包括消费者权益保护法第八条所规定的消费者有知悉所购买、使用的商品或者接受的服务的真实情况的权利，具体包括商品的价格、产地、生产者、用途、性能、规格、等级、主要成分、生产日期、有效期限、检验合格证明、使用方法说明书、售后服务，或者服务的内容、规格、费用等有关情况。

消费者权益保护法规定的消费者知情权是1993年立法时，为规范传统交易、保障消费者权益而确立，对其定义和范围已经沿用二十余年没有变化。

2. 电子商务活动是通过互联网等信息网络进行的交易，存在很多与传统交易活动不同的情况，针对这些新情况，消费者的知情权也需要相应的给予特别保护。例如，消费者还有权知悉交易规则、电子合同、电子支付、在线交付、是否适用“七日无理由退货”的规定等方面的信息。

（二）电子商务消费者的选择权

电子商务经营者所应当保障的消费者选择权，亦可称为消费者自主选择权，是指消费者有权自主选择提供商品或者服务的经营者，自主选择商品品种或者服务方式，自主决定购买或者不购买任何一种商品、接受或者不接受任何一项服务。为了保障消费者选择权的行使，消费者权益保护法规定，消费者在自主选择商品或者服务时，有权进行比较、鉴别和挑选。具体而言，在电子商务活动中，消费者选择权的行使首先受到电子商务经营者对商品或者服务的信息披露情况的影响，也存在容易被电子商务经营者通过技术手段或者其他方式进行干扰或限制等情况。因此，在电子商务活动中，消费者的自主选择权，至少包括以下7方面：

1. 有权自主选择交易的电子商务平台。

2. 有权自主选择交易的平台内经营者。

3. 有权对商品和服务进行比较、鉴别和挑选。

4. 有权自主选择商品品种或者服务方式。

5. 有权自主决定是否购买商品或者接受服务。

6. 有权拒绝被搭售的商品或者服务。

7. 有权拒绝以技术手段或者其他方式的干扰或限制。

另外，电子商务活动是多环节的交易过程，往往会有多个参与方（主体），因此对消费者权利的保护不应仅限于电子商务的经营者，电子商务相关主体在交易过程中也都应当履行本条规定的信息披露义务，保障消费者的知情权和选择权。

四、关于虚假或者引人误解的商业宣传

本条规定的“虚构交易、编造用户评价”等行为，不但是对消费者的欺诈、误导，也干扰了电子商务公平竞争的市场秩序。此类虚构销售状况、虚构使用商品或者接受服务的效果，以及其他以虚假或者引人误解的内容欺骗、误导消费者的行为，是典型的虚假宣传行为。

虽然广告法对虚假宣传（广告）等问题已有规定，例如，广告中不得含有虚假或者引人误解的内容，不得欺骗、误导消费者。但在电子商务活动中，新型的虚假宣传行为是否构成违法，容易产生争议，为了加强对消费者权益的保护，本法对其中的两个典型问题进行了专门规定。

本条规定的“虚构交易”，是指电子商务活动参与方本无真实交易之目的，经过事前串通，订立了双方并不需要真正履行的电子商务合同，经营者以此达到增加销量、提高可信度、提升排名等目的。

本条规定的“编造用户评价”，是指没有交易事实或者违背事实做出的用户评价，包括故意虚构事实、歪曲事实等做出的好评或者负面评价等不真实评价。

电子商务活动中的售假、以次充好的经营者，往往是通过虚构交易来“刷销量”，以及编造用户评价来“刷好评”等方式进行宣传和推广。本条对虚构交易、编造用户评价这类典型的欺诈、误导消费者的行为进行了明确禁止，同时该条对禁止行为作了开放性规定，即只要属于虚假或者引人误解的商业宣传，本法均加以禁止。这既是进一步对消费者知情权和选择权的保障，也是对电子商务市场环境的净化和维护。

第十八条 【搜索与广告规制】

电子商务经营者根据消费者的兴趣爱好、消费习惯等特征向其提供商品或者服务的搜索结果的，应当同时向该消费者提供不针对其个人特征的选项，尊重和平等保护消费者合法权益。

电子商务经营者向消费者发送广告的，应当遵守《中华人民共和国广告法》的有关规定。

【条文研析】

互联网强大的数据收集和处理能力，使电子商务经营者能够准确地分析消费者的兴趣爱好、消费习惯等。基于上述分析结果，电子商务经营者可以搜索结果或者定向广告的方式向用户推销商品或者服务，从而提高交易成功率。精准营销、针对用户提供定制化的搜索结果，向消费者发送各种定向广告，在一定程度上侵害了消费者的知情权和选择权，并出现了明显的负面效果，对很多消费者已造成困扰。为此本条针对上述行为做出专门规定。

本条第一款规定的是关于精准营销以及消费者平等对待权的问题。随着大数据技术的发展，电子商务经营者可以基于自己过往收集的数据，精确地对每个用户进行画像，根据消费者的兴趣爱好、消费习惯、消费能力对其进行相关的信息推送。这种做法在一些情况下，对消费者并不一定存在不利，因为商家推送的信息与消费者具有更高的相关性，可以节约消费者的信息收集成本。但在更多的情况下，由于平台内商品和服务的信息量巨大，再加上平台经营者提供的竞价排名服务，这种“精准”的信息推送可能会在事实上限制消费者的知情权与选择权。

为此本条规定，电子商务经营者（主要是指电子商务平台经营者）在提供搜索结果的时候，必须提供另外一个选项，该选项所展示的结果是不针对个人特征的自然搜索结果，任何人来进行搜索都得到相同的结果。通过这种方法来保障消费者的知情权与选择权。

随着数据画像技术的发展，电子商务经营者经常以各种方式对消费者投放精准的广告。这些广告投放行为，在有些情况下对消费者的生活构成很大的困扰，因此本条第二款规定，电子商务经营者发送广告，应当遵守广告法的规定。特别是需要遵守广告法第四十三条、第四十四条的规定，未经当事人同意或者请求不得向其住宅、交通工具等发送电子广告，也不得以电子信息方式向其发送广告。以电子信息方式发送广告的，应当明示发送者的真实身份和联系方式，并向接受者提供拒绝继续接受的方式。

第十九条 【搭售商品或者服务规制】

电子商务经营者搭售商品或者服务，应当以显著方式提请消费者注意，不得将搭售商品或者服务作为默认同意的选项。

【条文研析】

知情权和选择权是消费者的两项重要权利。国内曾出现过消费者在电子商务平台上预订机票、火车票时，平台经营者通过“默认勾选”搭售保险、机场贵宾室休息、接送机等服务。上述行为侵害了消费者的知情权和选择权，电子商务法针对上述行为为消费者提供了救济途径。

本条规定的是搭售商品或者服务的相关问题。考虑到电子商务活动的特殊性，将相关的商品或者服务在同一个页面上进行销售，是一种比较常见的商业模式，这本身也不能认为构成了严格意义上的搭售。但是当消费者购买某种产品或者服务的时候，电子商务经营者以隐秘的方式，将其他的商品或服务作为默认同意的选项提供给消费者，这就构成搭售行为，侵犯了消费者的知情权与选择权，应该予以制止。为了避免这种行为，本条在两个方面提出了要求。首先是电子商务经营者将相关商品与服务一并提供时，必须以显著方式提请消费者注意。这是提示通知义务，保障消费者的知情权。其次是不得将相关的商品或者服务作为默认同意的选项。是否一并购买相关商品或服务，应该由消费者主动勾选同意。通过这两个方面的要求，对目前存在比较多问题的强制搭售的现象应该可以起到遏制的效果。

需要注意的是，在适用本条规定的时候，如果电子商务经营者违反本款的规定，以默认同意作为选项，欺骗消费者购买相关的商品或服务，消费者可以要求撤销相关部分的交易，返还多支付的款项。电子商务经营者为此还应当承担消费者权益保护法上规定的欺诈消费者的法律责任。

第二十条 【电子商务经营者交付商品和服务的在途风险和责任】

电子商务经营者应当按照承诺或者与消费者约定的方式、时限向消费者交付商品或者服务，并承担商品运输中的风险和责任。但是，消费者另行选择快递物流服务提供者的除外。

【条文研析】

本条规定了电子商务经营者履行电子商务合同交付义务，商品运输中风险和责任承担问题。

一、电子商务合同交付

电子商务交易的标的物通常是实物商品、数字产品、服务等。电子商务交易与传统实物交易相比，存在时间、空间上的非同步性。电子商务交易的买方通过信息网络接收卖方商品的基本信息，在交易过程中，买卖双方将对具体的交付方式、时限、地点等合同核心条款达成一致。电子商务中实物商品的交付较常见的是采用快递物流的方式送达，还有上门自提等等；交付时限则包括了发货时间和商品运输在途时间；交付地点大多为买方所在地的指定地点。按照意思自治原则，电子商务经营者对交付事项有承诺，买方均接受的，按照合同履行交付。

交付是完成电子商务交易的关键环节，随着科技的不断发展，可能产生新的交付方式，从而影响对交付时间等问题的认定。对此，本法赋予当事人自由约定的权利，既维护平等民事主体之间的真实意思表示，又为电子商务科学技术发展留有空间。

二、电子商务商品的运输风险和责任承担

按照本法的规定，电子商务经营者包括电子商务平台经营者、平台内经营者以及通过自建网站、其他网络服务销售商品的经营者，通常情况下他们与特定的快递物流服务提供者建立了长期的投递运输合作关系。为加强商品在物流环节的管理，双方往往合作搭建快递物流数据信息系统，实现商品全流程可查询、可追踪，同时保障了消费者的知情权。以快递形式投递运输为例，经营快递业务的企业受电子商务经营者委托，长期、批量提供快递服务，双方需要签订安全协议明确商品快件的安全保障义务。电子商务经营者委托快递物流企业对实物商品进行投递运输时，实物商品在投递运输过程中的所有权还在电子商务经营者的控制之下，由电子商务经营者承担运输过程中的风险和责任。

三、运输风险的转移

根据本条的规定，电子商务的交易过程包含了实物商品的投递运输事项，包括交付的方式、交付的期限、特定的快递物流服务提供者、运费、收货地点以及收货人等内容，由电子商务经营者指定的快递物流服务提供者完成实物商品投递运输的，商品在途的风险和责任由电子商务经营者承担。

本法所确立的“交付原则”是以电子商务实物商品的交付时间来确定风险转移的时间，而不把风险转移问题与所有权转移问题联系在一起。由消费者指定其他快递物流服务提供者完成实物商品投递运输的情况下，电子商务经营者不得拒绝，其可以要求消费者补偿合理的运费差价或者采取收货时支付运费的方式。此种情况下，商品在运输过程中的所有权在消费者控制之下，由消费者承担运输中的风险和责任，但是电子商务经营者不免除商品发货阶段应当承担的义务。

这样的规定保障了消费者对快递物流服务提供者的选择权，消费者可以根据自己的实际情况选择服务项目、服务质量更符合自身个性化需求的

快递物流服务提供者；另外，也考虑到电子商务经营者对快递物流服务供应商的选择问题，合理认定运输风险和责任。

第二十一条 【电子商务经营者收取和退还押金规范】

电子商务经营者按照约定向消费者收取押金的，应当明示押金退还的方式、程序，不得对押金退还设置不合理条件。消费者申请退还押金，符合押金退还条件的，电子商务经营者应当及时退还。

【条文研析】

一、关于押金规范的必要性、重要性

本条是关于电子商务经营者向消费者收取和退还押金的规定。

随着共享经济的发展，共享单车、共享汽车等以收取押金（担保）为提供服务前置条件的新业态层出不穷，在便捷人们工作、生活和学习的同时，较为突出的押金难以顺利退还等损害广大消费者合法权益的事件也随之出现。

以“共享单车”为例，其运营公司往往会向单个消费者收取小额押金作为对车辆的担保，但由于消费者群体庞大，运营公司往往会收取到总额非常巨大、甚至超过投放的车辆总体价值的押金。这些押金进入到运营公司的账户，公司往往会将其作为公司的资金进行支配和使用。当用户要求退还押金时，曾经出现过程序复杂、条件不公平、退款不及时以及其他难以退还的情形，严重损害了广大消费者的合法权益。

为了规范和促进“共享单车”行业的发展，2017 年 8 月 1 日，交通运输部等十部门出台了《关于鼓励和规范互联网租赁自行车发展的指导意见》，针对押金问题进行了专门规定，加强了对消费者押金资金安全的监管，主要包括五个方面的措施：

1. 鼓励互联网租赁自行车运营企业采用免押金方式提供租赁服务。

2. 企业对用户收取押金、预付资金的，应严格区分企业自有资金和用

户押金、预付资金，在企业注册地开立用户押金、预付资金专用账户，实施专款专用，接受交通、金融等主管部门监管，防控用户资金风险。

3. 企业应当建立完善用户押金退还制度，加快实现“即租即押、即还即退”。

4. 互联网租赁自行车业务中涉及的支付结算服务，应通过银行、非银行支付机构提供，并与其签订协议。

5. 互联网租赁自行车运营企业实施收购、兼并、重组或者退出市场经营的，必须制订合理方案，确保用户合法权益和资金安全。

虽然相关部门已经认识到互联网企业在向消费者收取押金后，可能会出现押金被企业擅自使用以及退款难等问题，并出台了相关意见，但该意见仅为指导性文件，并没有法律强制力，也不能成为相关部门作出行政处罚的依据。

自2017年下半年起，已有多家运营共享单车企业宣布停止营业，甚至已出现运营企业破产的情况。据媒体报道，上述情况预计造成用户的押金损失超过十亿元。例如，经营规模较大的某共享单车，2017年下半年倒闭前就出现大量用户的押金退还难的问题，有用户申请退还押金后迟迟得不到运营企业的答复，还出现运营企业在倒闭后“人去楼空”的情况，维权难的问题困扰着广大消费者。

究其原因，一是法律法规没有明确具体的规定；二是共享单车企业退还押金的机制不健全，不能够及时高效地将用户押金退回；三是押金的性质不明确，存在争议；四是没有相应的保管和监管机制，运营企业可以自行支配押金。以上问题使消费者权益无法得到有效保障，因此有必要通过立法对此类用户押金的收取及退还作出专门规定。

二、关于押金的概念及性质

（一）押金的基本概念

本条规定的“押金”是电子商务经营者按照合同约定向消费者收取的，作为担保其履行合同义务（该义务在不同类型的合同中表现为不同的形态。在网络租车的情况下，是归还租赁的车辆的义务）的一定金额的货币。消费者未违反法定或者约定义务，在约定期限到来时或者约定条件成就时，有权要求电子商务经营者退还押金；消费者未履行法定或者约定义务，需要给付费用或者承担赔偿责任时，电子商务经营者有权从押金中优先扣除或受偿。

（二）押金的性质

押金具有担保性质，属于履约保证金，但其如何存管和被有效监管、是否属于企业财产、企业是否可以自行支配和使用，目前法律没有统一和明确的规定。

例如，在我国招标投标法中就有对于履约保证金的专门规定。该法第四十六条第二款规定，招标文件要求中标人提交履约保证金的，中标人应当提交。中标人不履行与招标人订立的合同的，履约保证金不予退还，给招标人造成的损失超过履约保证金数额的，还应当对超过部分予以赔偿；没有提交履约保证金的，应当对招标人的损失承担赔偿责任。

电子商务经营者（运营企业）向消费者收取押金并非根据法律的规定，而是由运营企业单方决定，押金额度、退还方式和程序等也是由运营企业自行决定和制订。同时，由于交易所使用的往往是由运营企业单方制订的电子格式合同，其中可能存在对消费者不利的条款，从而导致“付款易，退款难”的现象出现。甚至当电子商务经营者资不抵债而破产时，消费者的押金会被作为企业自有资金按照破产法的规定优先用于清偿破产清算费用、共益债务等，最后消费者才能与普通债权人共同分配剩余破产财产，从而导致消费者难以取回或者难以足额取回押金的现象出现。

以上问题导致实践中消费者权益无法得到有效保护，而我国目前并没有法律对此类问题进行调整和规范，因此在本法中进行规定，有利于保障消费者的合法权益。

三、电子商务经营者的押金退还义务

电子商务经营者有权按照约定向消费者收取押金，则其对消费者的押金也有义务制订公平合理的收取和退还的方式、程序、安全保管、依约及时退还等方面的规则。电子商务经营者的义务至少包括以下几方面：

1. 明示押金退还的方式和程序。

2. 设定合理的押金退还条件。

3. 依照消费者申请及时退还押金。

（一）关于明示退还的方式、程序

电子商务经营者不仅应当建立公平合理的退款规则、设置便捷的退还程序，更应当在消费者签订合同或收取押金前明示相关规则、方式和程序。

本条规定的“明示”即明确表示，具体指以口头或书面形式作出意思表示的行为。其中口头形式指以对话的方式作出的意思表示，例如，经营者的客服人员与消费者的电话沟通，这是不要式的民事行为，一般具有简便直接的优点；书面形式指以文字形式作出的意思表示，例如，经营者提供的电子格式合同，这是要式的民事行为。本条规定的“押金退还的方式、程序”，包括押金的退还形式、方法、流程和时限等方面。电子商务经营者有义务事先明确提示消费者注意押金退还的方式和程序，并且不得对押金退还设置不合理条件。

（二）关于不得设置不合理条件

本条规定的“不得对押金退还设置不合理条件”是指电子商务经营者在押金退还规则和程序中，应当设定明确、具体、可行的退款规则和条件，不得预设不合理的障碍或者变相阻碍消费者退款的条件。

（三）关于及时退还押金

电子商务经营者的“及时退还”义务是指电子商务经营者在收到消费者退款申请后，经核实符合押金退还条件的，电子商务经营者不得拖延退款，更不得设置条件障碍或者变相阻碍退款，而应当按照消费者的申请退还押金。

本条规定的“符合押金退还条件”是指符合法律规定或者电子商务经营者与消费者约定退款条件。具体包括以下几个方面：

1. 法律对押金的退还有规定时，电子商务经营者应当按照法律规定退款。

2. 在法律没有（强制性）规定时，电子商务经营者应当按照约定向消费者退款。对于该退款条件的约定，既可能是消费者在电子商务平台上注册时通过与电子商务经营者所订立的合同中的约定（条款内容），也可能是消费者在注册后又与电子商务经营者达成的新约定。

3. 若在约定退款条件外，电子商务经营者单方作出更有利于消费者的承诺，则其应当按照承诺退款。

在消费者要求退还押金时，符合退还条件的，电子商务经营者应当在扣除相关未结清费用、商品损失费用及其他约定费用后，及时将剩余押金退还消费者。电子商务经营者退还押金时扣除的费用，应当仅为按照法律规定或者约定而确定的应当由消费者支付的费用，电子商务经营者不得自行增加费用项目。

随着电子商务的迅猛发展，今后必然还会有新的需要先收押金的经营项目出现。本条规定也为行政机关制订规范押金退还的有关具体规定提供了上位法依据。

第二十二条　【电子商务经营者不得滥用市场支配地位】

电子商务经营者因其技术优势、用户数量、对相关行业的控制能力以及其他经营者对该电子商务经营者在交易上的依赖程度等因素而具有市场支配地位的，不得滥用市场支配地位，排除、限制竞争。

【条文研析】

一、禁止滥用市场支配地位的必要性

随着技术进步的驱动和市场扩大的拉动，我国电子商务的发展保持快速发展态势，经营规模不断扩大，网络零售渗透不断深化，新业态不断涌现。同时，随着消费者收入的不断提升和消费心理的日趋成熟，电子商务直接推动消费形态从实物型消费向服务型消费转变，消费品质从低端到中高端转变，消费升级趋势明显。近年，我国的电子商务发展呈现品牌化、

移动化、绿色化以及智能化的特性。与此同时，基于电子商务平台双边市场的经营模式，平台借助于买家对平台的高依赖性以及商家退场的巨额沉没成本等优势，致使服务费用不断高涨，受到社会各界关注。如果电子商务平台出现滥用市场支配地位等行为，将严重损害其他企业和消费者的合法权益，破坏良好的竞争秩序。因此，在本法中明确反垄断条款是市场经济法治的必然要求。

二、相关法律法规衔接

反垄断法第十八条规定了认定经营者具有市场支配地位，应当依据下列因素：（1）该经营者在相关市场的市场份额，以及相关市场的竞争状况；（2）该经营者控制销售市场或者原材料采购市场的能力；（3）该经营者的财力和技术条件；（4）其他经营者对该经营者在交易上的依赖程度；（5）其他经营者进入相关市场的难易程度；（6）与认定该经营者市场支配地位有关的其他因素。第十九条规定，有下列情形之一的，可以推定经营者具有市场支配地位：（1）一个经营者在相关市场的市场份额达到二分之一的；（2）两个经营者在相关市场的市场份额合计达到三分之二的；（3）三个经营者在相关市场的市场份额合计达到四分之三的。该规定为认定电子商务经营者是否具备市场支配地位的相关考量要素提供了参考意义。在电子商务行业，市场结构问题变得更为复杂。在传统经济领域，获得了市场支配地位的经营者很容易就能利用该地位实施各种限制竞争行为并获得高额利润，但电子商务企业即便取得了较高的市场份额，其通过抑制竞争来获得高额利润会非常困难。竞争压力和用户争夺导致电子商务企业即便具有市场支配地位也不敢轻易滥用这种地位。因此，适用本法认定电子商务企业占据市场支配地位，需要关注行业自身的特性。

根据《工商行政管理机关禁止滥用市场支配地位行为的规定》（国家工商行政管理总局令第 54 号）第十条的规定，认定经营者具有市场支配地位，应当依据下列因素：（1）该经营者在相关市场的市场份额，以及相关市场的竞争状况。市场份额是指一定时期内经营者的特定商品销售额、销售数量等指标在相关市场所占的比重。分析相关市场竞争状况应当考虑相关市场的发展状况、现有竞争者的数量和市场份额、商品差异程度以及潜在竞争者的情况等。(2) 该经营者控制销售市场或者原材料采购市场的能力。认定经营者控制销售市场或者原材料采购市场的能力，应当考虑该经营者控制销售渠道或者采购渠道的能力，影响或者决定价格、数量、合同期限或者其他交易条件的能力，以及优先获得企业生产经营所必需的原料、半成品、零部件及相关设备等原材料的能力。(3) 该经营者的财力和技术条件。认定经营者的财力和技术条件，应当考虑该经营者的资产规模、财务能力、盈利能力、融资能力、研发能力、技术装备、技术创新和应用能力、拥有的知识产权等。对于经营者的财力和技术条件的分析认定，应当同时考虑其关联方的财力和技术条件。(4) 其他经营者对该经营者在交易上的依赖程度。认定其他经营者对该经营者在交易上的依赖程度，应当考虑其他经营者与该经营者之间的交易量、交易关系的持续时间、转向其他交易相对人的难易程度等。(5) 其他经营者进入相关市场的难易程度。认定其他经营者进入相关市场的难易程度，应当考虑市场准入制度、拥有必需设施的情况、销售渠道、资金和技术要求以及成本等。(6) 与认定该经营者市场支配地位有关的其他因素。本条为认定电子商务经营者是否占据市场支配地位提供了详细的参考标准。

三、促进电子商务市场竞争秩序健康发展

(一) 概念解析

本法第二十二条是对从事电子商务活动的电子商务经营者滥用市场支配地位，排除、限制竞争行为的禁止条款，作为一个宣示性条款，电子商务经营者的经营活动受到反垄断法的规制，电子商务领域中的其他垄断行为也是如此，而并非仅仅调整滥用市场支配地位这一种行为。企业通过合法手段在激烈的市场竞争中获胜，最终取得市场支配地位本身并不为本条所禁止。但如果企业滥用市场支配地位则可能对竞争造成损害，需要法律对其加以规制。电子商务经营者在具备法律所规定的条件后可能被认定为具有市场支配地位，其相关行为对竞争产生的影响也需予以关注。

1. 技术优势：在相关市场内，技术优势能够给经营者带来巨大的竞争

优势，尤其是在数字经济时代，经营者之间的竞争在很大程度上与技术的竞争密不可分。如果经营者率先掌握了该领域的先进技术，即使该经营者并未占有较大的市场份额，也可能在相关市场占据支配地位。通过考察经营者的技术条件，可以判断其在相关市场是否具有市场支配地位。

2. 用户数量：在电子商务领域，用户数量主要表现为电子商务经营者的市场份额，即在一定时期内经营者的特定商品销售额、销售数量等指标在相关市场内所占的比重。然而，市场份额可以有很多表现，以往主要是看具体的营业额、销售量等来判断，因为虽然用户数量和市场份额并不是直接挂钩的，有很多的不确定性，但是它可以作为一个市场份额的参考指标，不同的行业地域背景下的数量标准体系也是不同的。所以，事实上该指标一直可以作参考，但很少可以作为一个单独直接的判断标准，一定要确定时间维度并结合具体的地域、行业等背景谨慎判断。

3. 对相关行业的控制能力：在相关市场，如果经营者具有控制市场的能力，作为买方就可以不断要求交易相对人降低价格，作为卖方就可以不断提高销售价格。即经营者在相关市场内具有能够控制商品价格、数量或者其他交易条件，或者能够阻碍、影响其他经营者进入相关市场能力的市场地位，通常就会被认定为该经营者具有对相关行业的控制能力。

4. 其他经营者对该电子商务经营者在交易上的依赖程度：该经营者在生产、销售等方面的依赖性，从供求关系角度而言，经营者之间在市场交易中形成的依赖性，也可能使某个经营者较其他经营者而言具有市场支配地位。依赖性表现在产品、特定经营者等方面。一般而言，如果一个经营者与其上下游的经营者之间的联系越密切，那么该经营者在相关市场中的竞争优势越明显。

（二）判定要点

判断电子商务经营者是否滥用市场支配地位，主要涉及三个方面的问题：一是界定相关市场；二是该电子商务经营者是否具有市场支配地位；三是是否构成反垄断法所禁止的滥用市场支配地位行为。本条的主要内容阐释了电子商务经营者是否具有市场支配地位的判断标准。

界定相关市场的直接目的是将竞争者识别出来，然后考察其力量对比状况，并认定其有无支配地位。在传统产业中，这一考察的首要指标是当事人的市场份额，即当事人的销售额与相关市场上全体经营者（包括当事人自身）的销售额总和的比值，为保证这一算式中分母的准确性，应尽可能将所有的竞争者识别出来，因此相关市场的界定需要十分精确。反垄断法通过规定市场结构标准以及其他相关因素来认定市场支配地位。传统行业中业已形成一套普遍认可的认定标准，但在电子商务领域却会陷入认定困境，因为该行业中市场支配地位的形成具有特殊性。

其一，电子商务行业具有网络效应。企业产出越大，在达到某个临界点后，产品对顾客的价值就越大，此种网络效应可能引发正向反馈循环，出现滚动的累积效应，这对于强化电子商务企业的竞争优势、市场支配地位的形成具有一定的促进作用，用户数量也便成了判断市场支配地位的考量因素之一。但需要注意的是，电子商务市场高度的动态性、技术性特征使得企业很难单独凭借用户数量维持竞争优势，市场集中度越高反而越会激励企业向消费者提供低价高质的产品，对于消费者福利与经济效率的提高都有正面的影响。因此，还应结合具体的相关市场、进入壁垒等因素综合考量企业对于市场竞争秩序的影响。

其二，正是由于电子商务行业具有网络效应，经营者的转移成本较传统行业更高，对于平台的依赖也严重影响了电子商务经营者对于市场的支配力，且基础技术与底层系统等必要设施的存在更加重了其对竞争的影响，因此有必要就其他经营者对该电子商务经营者在交易上的依赖程度对该经营者是否具有市场支配地位加以考量。

其三，具有动态创新性。传统产业如钢铁、石油等制造业，其发展壮大主要依靠资源优势，但在电子商务领域，一方面，受高新技术、快速创新的影响，一些垄断企业的产品即使占有再大的市场份额都可能是暂时性的。这种动态创新的特征意味着企业的市场势力不可能仅仅取决于市场份额和市场集中度；另一方面，因为核心技术是企业获得市场优势地位的撒手锏，尽管其目前市场占有率不高，但其在将来取得市场地位几乎是可以预期的。基于此，需要对“技术优势”加以分析。

其四，电子商务领域的平台化经营。区别于传统产业，电子商务产业大多具有双边市场特征，对相关行业的控制能力之考量则具有特殊性。在单边市场中，假定垄断者测试在价格与需求的互动机制中具有适用空间，但是，在双边市场中，平台企业的竞争范式为价格与交易关联，其面临着来自双方市场需求和不对称的定价结构，使得市场界定问题以及支配地位认定问题变得更加复杂。因此，电子商务反垄断的实践将会充满期待与挑战。

市场份额在认定市场支配力方面的地位必须根据案件具体情况确定。在电子商务领域，由于相关商业模式的技术性、双边市场的特殊性、互联网环境下竞争的高度动态性等特征，市场份额只是判断市场支配地位的一项依据，仅依靠市场份额可能会造成误判。在此情况下，应当脱离市场份额的单一指示作用，市场进入壁垒、用户对竞争行为的反应等均应纳入考量。

即便电子商务经营者已经占据了市场支配地位，法律本身并不禁止支配地位的存在，而是禁止其滥用市场支配地位，排除、限制竞争的行为。但支配地位存在的本身表明相关市场上已不存在有效的竞争压力，如果其行为对竞争产生进一步的排除与限制效果，则一般具有高度的可疑性与危险性，必须进行审查，当事人如果无法提出合理的理由，应予以禁止。尽管本法并未列明具体的滥用市场支配地位的类型行为，但是依据特殊法与一般法之间的关系，具体可以直接适用反垄断法中的相关规定，如垄断价格、掠夺性定价、强制交易、搭售、差别待遇以及其他滥用市场支配地位的行为。同时，经营者同样可以根据反垄断法进行抗辩，执法机关和司法机关对竞争效果的分析也是如此。

无论是最高人民法院发布的奇虎诉腾讯滥用市场支配地位纠纷案，还是反垄断执法机关处理调查的多个案件，均明确了需从市场份额、相关市场的竞争状况、被诉经营者控制商品价格、数量或者其他交易条件的能力、该经营者的财力和技术条件、其他经营者对该经营者在交易上的依赖程度、其他经营者进入相关市场的难易程度等方面，对其是否具有市场支配地位进行分析。

第二十三条 【电子商务经营者的个人信息保护义务】

电子商务经营者收集、使用其用户的个人信息，应当遵守法律、行政法规有关个人信息保护的规定。

【条文研析】

一、用户个人信息保护的必要性

计算机网络所具有的强大信息处理能力使网络社会中个人信息的收集与交换出现了爆炸式增长的趋势，人类社会因此进入了大数据时代。大数据将会对社会的运行方式带来跨越式变革。个人信息在大数据时代已成为一种重要的经济资源，在利益的驱动下，各种非法收集、买卖、窃取等滥用个人信息的行为屡禁不绝，不仅给网民造成了财产损失，甚至还威胁着网民的生命安全。2017 年 3 月，公安部破获一起盗卖我国公民信息的特大案件，犯罪团伙通过入侵社交、游戏、视频直播、医疗等各类公司的服务器，非法获取用户账号、密码、身份证、电话号码、物流地址等重要信息 50 亿条。2018 年 7 月，山东省破获一起特大侵犯公民个人信息案，共抓获犯罪嫌疑人 57 名，查处涉案公司 11 家，涉案公司在 8 个月时间内，日均传输公民个人信息 1 亿 3000 万余条，累计传输数据压缩后约为 4000G。

个人信息安全问题并非网络出现后产生的新问题，但这一问题确因网络的广泛应用而被无限放大。今天，世界上 90% 以上的信息是数字形式的，国家、企业或个人借助计算机网络能够迅速地收集、储存、传送有关个人的各种数据，以不同的方式加以组合或呈现，可以用来预测个人的行为模式和消费习惯，并可作为一种资源或商品加以利用。大数据虽然赋予了我们洞察未来的能力，但分散和分布式网络环境给个人信息保护带来了新的挑战，大量的个人信息不仅可能在今天被滥用，在几年甚至几十年后仍然可能被滥用，网民随时都生活在“信息阴影”之下。

二、用户个人信息保护的法律适用

本条是电子商务经营者收集、使用个人信息的原则性规定。目前，我国个人信息保护立法散见于《中华人民共和国刑法》《中华人民共和国网络安全法》《中华人民共和国民法总则》《中华人民共和国消费者权益保护法》《中华人民共和国居民身份证法》《全国人民代表大会常务委员会关于加强网络信息保护的决定》等法律法规中。上述立法明确了个人信息收集、存储和利用的基本规则，电子商务经营者在收集和使用其用户的个人信息时，应遵守上述法律法规的规定。

（一）民法总则

民法总则第一百零九条至第一百一十二条是自然人人身权的规定，第一百十一条是有关个人信息的规定，这是我国立法首次将个人信息权益纳入民法保护，使个人信息权在民法层面得以确立。从第一百一十一条所处的位置看，民法总则将个人信息权界定为人身权。民法总则第一百零九条规定：“自然人的人身自由、人格尊严受法律保护”。本条是一般人格权的规定。一般人格权为人格关系的法律表现，其标的为受法律保护的人格利益之总和。一般人格权确定了应受法律保护的人格利益之基本属性，即凡属人格所生之合法利益，均受法律保护。同时，一般人格权为特别人格权的渊源。民法总则第一百一十条规定了自然人享有生命权、身体权、健康权、姓名权、肖像权、名誉权、荣誉权、隐私权、婚姻自主权等具体人格权利的同时，在第一百一十一条新增关于自然人的个人信息受法律保护的规定：“自然人的个人信息受法律保护。任何组织和个人需要获取他人个人信息的，应当依法取得并确保信息安全，不得非法收集、使用、加工、传输他人个人信息，不得非法买卖、提供或者公开他人个人信息。”（以下简称个人信息专条）

个人信息利益已经成为信息社会发展中的新生利益，其所有和分配规则亟须法律做出回应。将“个人信息”纳入民法保护，在价值层面符合我国民法典制定过程中对人格尊严的关照和对社会现实的尊重。个人信息专条主要是宣示对个人信息予以法律保护的原则，并为人民法院裁判侵害个人信息的案件提供裁判基准。通过民法总则确立个人信息权，进而建立个人信息保护法律体系，有利于在立法层面引导对个人信息商业性使用和开发进入合法轨道，有利于建立个人信息权利保护和利用的平衡机制，进而构建契合时代要求的个人信息保护法律体系。

（二）网络安全法

网络安全法第四十一条规定了网络运营者收集、使用个人信息的基本原则和具体要求：网络运营者收集、使用个人信息，应当遵循合法、正当、必要的原则，公开收集、使用规则，明示收集、使用信息的目的、方式和范围，并经被收集者同意。网络运营者不得收集与其提供的服务无关的个人信息，不得违反法律、行政法规的规定和双方的约定收集、使用个人信息，并应当依照法律、行政法规的规定和与用户的约定，处理其保存的个人信息。

“安全”是网络安全法中个人信息条款的核心，因此网络安全法第四十条确立了安全的基本要求：网络运营者应当对其收集的用户信息严格保密，并建立健全用户信息保护制度。第四十二条进一步细化了网络运营者的安全保障义务，即网络运营者不得泄露、篡改、毁损其收集的个人信息；未经被收集者同意，不得向他人提供个人信息。但是，经过处理无法识别特定个人且不能复原的除外。网络运营者应当采取技术措施和其他必要措施，确保其收集的个人信息安全，防止信息泄露、毁损、丢失。在发生或者可能发生个人信息泄露、毁损、丢失的情况时，应当立即采取补救措施，按照规定及时告知用户并向有关主管部门报告。除明确网络运营者的安全保障义务外，第四十三条通过赋予用户更正请求权和删除请求权来维护个人权利，即个人发现网络运营者违反法律、行政法规的规定或者双方的约定收集、使用其个人信息的，有权要求网络运营者删除其个人信息；发现网络运营者收集、存储的其个人信息有错误的，有权要求网络运营者予以更正。网络运营者应当采取措施予以删除或者更正。

（三）刑法

刑法第二百五十三条之一规定："违反国家有关规定，向他人出售或者提供公民个人信息，情节严重的，处三年以下有期徒刑或者拘役，并处或者单处罚金；情节特别严重的，处三年以上七年以下有期徒刑，并处罚金。违反国家有关规定，将在履行职责或者提供服务过程中获得的公民个人信息，出售或者提供给他人的，依照前款的规定从重处罚。窃取或者以其他方法非法获取公民个人信息的，依照第一款的规定处罚。单位犯前三款罪的，对单位判处罚金，并对其直接负责的主管人员和其他直接责任人员，依照各该款的规定处罚。"

依照《最高人民法院、最高人民检察院关于办理侵犯公民个人信息刑事案件适用法律若干问题的解释》第二条规定，刑法第二百五十三条之一规定的"违反国家有关规定"是指"违反法律、行政法规、部门规章有关公民个人信息保护的规定"；第五条规定，刑法第二百五十三条之一规定的"情节严重"包括以下情形：（1）出售或者提供行踪轨迹信息，被他人用于犯罪的；（2）知道或者应当知道他人利用公民个人信息实施犯罪，向其出售或者提供的；（3）非法获取、出售或者提供行踪轨迹信息、通信内容、征信信息、财产信息五十条以上的；（4）非法获取、出售或者提供住宿信息、通信记录、健康生理信息、交易信息等其他可能影响人身、财产安全的公民个人信息五百条以上的；（5）非法获取、出售或者提供第三项、第四项规定以外的公民个人信息五千条以上的；（6）数量未达到第三项至第五项规定标准，但是按相应比例合计达到有关数量标准的；（7）违法所得五千元以上的；（8）将在履行职责或者提供服务过程中获得的公民个人信息出售或者提供给他人，数量或者数额达到第三项至第七项规定标准一半以上的；（9）曾因侵犯公民个人信息受过刑事处罚或者二年内受过行政处罚，又非法获取、出售或者提供公民个人信息的；（10）其他情节严重的情形。具有下列情形之一的，应当认定为刑法第二百五十三条之一第一款规定的"情节特别严重"：（1）造成被害人死亡、重伤、精神失常或者被绑架等严重后果的；（2）造成重大经济损失或者恶劣社会影响的；

(3) 数量或者数额达到前款第三项至第八项规定标准十倍以上的；(4) 其他情节特别严重的情形。

（四）其他法律、行政法规

消费者权益保护法第十四条规定，消费者在购买、使用商品和接受服务时，享有个人信息依法得到保护的权利。第二十九条规定，经营者收集、使用消费者个人信息，应当遵循合法、正当、必要的原则，明示收集、使用信息的目的、方式和范围，并经消费者同意。经营者收集、使用消费者个人信息，应当公开其收集、使用规则，不得违反法律、法规的规定和双方的约定收集、使用信息。经营者及其工作人员对收集的消费者个人信息必须严格保密，不得泄露、出售或者非法向他人提供。经营者应当采取技术措施和其他必要措施，确保信息安全，防止消费者个人信息泄露、丢失。在发生或者可能发生信息泄露、丢失的情况时，应当立即采取补救措施。经营者未经消费者同意或者请求，或者消费者明确表示拒绝的，不得向其发送商业性信息。第五十条规定，经营者侵害消费者的人格尊严、侵犯消费者人身自由或者侵害消费者个人信息依法得到保护的权利的，应当停止侵害、恢复名誉、消除影响、赔礼道歉，并赔偿损失。第五十六条规定，经营者侵害消费者人格尊严、侵犯消费者人身自由或者侵害消费者个人信息依法得到保护的权利的，除承担相应的民事责任外，其他有关法律、法规对处罚机关和处罚方式有规定的，依照法律、法规的规定执行；法律、法规未作规定的，由工商行政管理部门或者其他有关行政部门责令改正，可以根据情节单处或者并处警告、没收违法所得、处以违法所得一倍以上十倍以下的罚款，没有违法所得的，处以50万元以下的罚款；情节严重的，责令停业整顿、吊销营业执照，处罚机关应当记入信用档案，向社会公布。

居民身份证法第十九条规定：国家机关或者金融、电信、交通、教育、医疗等单位的工作人员泄露在履行职责或者提供服务过程中获得的居民身份证记载的公民个人信息，构成犯罪的，依法追究刑事责任；尚不构成犯罪的，由公安机关处10日以上15日以下拘留，并处5000元罚款，有违法所得的，没收违法所得。单位有前款行为，构成犯罪的，依法追究刑事责任；尚不构成犯罪的，由公安机关对其直接负责的主管人员和其他直接责任人员，处10日以上15日以下拘留，并处10万元以上50万元以下罚款，有违法所得的，没收违法所得。有前两款行为，对他人造成损害的，依法承担民事责任。

快递暂行条例第三十四条规定：经营快递业务的企业应当建立快递运单及电子数据管理制度，妥善保管用户信息等电子数据，定期销毁快递运单，采取有效技术手段保证用户信息安全。具体办法由国务院邮政管理部门会同国务院有关部门制定。经营快递业务的企业及其从业人员不得出售、泄露或者非法提供快递服务过程中知悉的用户信息。发生或者可能发生用户信息泄露的，经营快递业务的企业应当立即采取补救措施，并向所在地邮政管理部门报告。第四十四条规定：经营快递业务的企业有下列行为之一的，由邮政管理部门责令改正，没收违法所得，并处1万元以上5万元以下的罚款；情节严重的，并处5万元以上10万元以下的罚款，并可以责令停业整顿直至吊销其快递业务经营许可证：（1）未按照规定建立快递运单及电子数据管理制度；（2）未定期销毁快递运单；（3）出售、泄露或者非法提供快递服务过程中知悉的用户信息；（4）发生或者可能发生用户信息泄露的情况，未立即采取补救措施，或者未向所在地邮政管理部门报告。

第二十四条　【用户信息的查询、更正、删除等】

电子商务经营者应当明示用户信息查询、更正、删除以及用户注销的方式、程序，不得对用户信息查询、更正、删除以及用户注销设置不合理条件。

电子商务经营者收到用户信息查询或者更正、删除的申请的，应当在核实身份后及时提供查询或者更正、删除用户信息。用户注销的，电子商务经营者应当立即删除该用户的信息；依照法律、行政法规的规定或者双方约定保存的，依照其规定。

【条文研析】

一、赋予用户个人信息权利的意义

在大数据时代，无论是社会管理者，还是网络服务商，都发现了隐藏在数据背后的巨大价值，因此信息存储主体会长期保留这些数据并重复使用这些数据。数据存储的时间以及使用的频次与信息被滥用的几率是成正比的。当数据使用威胁到权利人的财产甚至人身安全时，就需要新的方式使权利人能够有效地选择和控制自己的信息。作为权利客体的个人信息具有以下特殊性：与物权人可以通过物理措施控制权利客体不同，个人信息被他人收集和利用后，权利人无法通过物理手段控制自己的个人信息，只能通过法定或约定的义务约束收集人。显而易见，义务手段远不如物理措施有效。此外，个人在实践中很难确定信息泄露源和恰当的诉讼对象。为恢复权利人对个人信息的控制，降低个人信息被滥用的风险，信息控制权应进行扩张，使权利人可以选择“遗忘”网上行为数据，即可以要求收集人删除、停止处理、利用或者销毁相关个人信息。

日本《个人信息保护法》第二十五条规定，经本人提出申请，个人信息收集人应依法及时公开其个人信息，但存在以下情形之一时，可以对全部或部分不予公开：（1）可能损害本人或第三人的生命、身体、财产及其他权益的；（2）对收集人的业务开展可能带来显著的妨碍；（3）违法其他法律的。收集人按照前款规定作出全部或部分不予公开的决定时，必须及时将决定内容通知本人。第二十六条规定，经本人申请，除法律有特别规定外，收集人应按照本人提出的修改、增删要求，及时地对个人信息进行核对，并根据核对结果进行更正。收集人按照前款的规定对个人信息进行更正或作出不予更正的决定时，必须及时将结果通知本人。

韩国《个人信息保护法》第三十五条规定，信息主体可以向信息处理者要求查询其个人信息。除第一款规定情形之外，当信息主体申请向公共机构查询其个人信息时，可直接向该机构申请，或者根据总统令通过公共管理和安全部长间接提出。信息主体依照前两款规定查询个人信息时，收集人应当在总统令规定的期限内提供。如果有合理理由无法在规定期限内提供的，收集人可以在通知信息主体后推迟提供。但无法提供的理由消失后，应立即提供。存在以下情形时，收集人在通知信息主体后，可限制或推迟提供查询：

（一）法律禁止或限制提供查询；

（二）查询可能对他人的生命或身体造成损害，或不当地侵害他人的财产或其他利益；或

（三）给公共机构履行下列职责造成严重障碍：

1. 征税或退税；

2. 根据中小学教育法案和高等教育法案设立的学校、根据终身教育法设立的终身教育设施、根据其他法律设立的高等教育机构的学术成果评估或录取事务；

3. 关于学术能力、技术能力和雇佣的测试和资格考试；

4. 关于赔偿或资助评估的正在进行中的评价或决策；

5. 根据其他法律正在进行中的审计或检查。

根据第一款至第四款查询的方式和程序、查询的限制、通知等相关的必要事项应当由总统令规定。

第三十六条规定个人信息更正和删除的权利，根据第三十五条有查询权的信息主体可以向收集人要求更正或删除其个人信息，但依照特定的法律要求收集，不得删除。收集人在收到信息主体的更正或删除请求时，应立即进行调查和核对，并采取必要措施按照信息主体的要求更正或杀出，除非其他法律对更正或删除有特别要求。收集人应当将处理结果通知信息主体。依照前款删除个人信息时，收集人应当采取措施防止恢复。第一款的但书规定，收集人应当立即将但书内容通知信息主体。收集人根据第二款调查或核对个人信息时，收集人可以在必要时要求信息主体提供更正或删除个人信息所需的证据。根据第一款、第二款、第四款规定更正、删除和通知的方式和程序等相关事项，应当由总统令规定。

我国台湾地区“个人资料保护法”第十一条规定，“公务机关或非公务机关”应维护个人资料之正确，并应主动或依当事人之请求更正或补充之。个人资料正确性有争议者，应主动或依当事人之请求停止处理或利用。但因执行职务或业务所必需并注明其争议或经当事人书面同意者，不在此限。个人资料收集之特定目的消失或期限届满时，应主动或依当事人之请求，删除、停止处理或利用该个人资料。但因执行职务或业务所必需或经当事人书面同意者，不在此限。违反“本法”规定收集、处理或利用个人资料者，应主动或依当事人之请求，删除、停止收集、处理或利用该个人资料。因可归责于“公务机关或非公务机关”之事由，未为更正或补充之个人资料，应于更正或补充后，通知曾提供利用之对象。第十四条规定查询或请求阅览个人资料或制给复制本者，“公务机关或非公务机关”得酌收必要成本费用。

上述规定均从保护消费者自身权益和保障交易安全的角度规定用户的查询权、更正请求权和删除权。之所以如此，是因为个人信息与特定自然人身份的识别信息相关，信息的准确、完整对于经营者和消费者都有重要意义。对经营者而言，个人信息的真实性有助于其为消费者提供精准的个性化服务，并对市场做出准确的定位；对消费者而言，个人信息的真实性是消费者个人信息权的题中应有之义。要求经营者对个人信息的真实性负担一定的义务有利于电子商务交易活动的顺利进行。

二、用户个人信息权利的内容

本条赋予信息主体查询权、更正补充请求权和删除权，以保证电子商务交易信息完整、正确与最新。

（一）查询权与更正补充请求权

查询权与更正补充请求权，是信息品质原则的具体体现，是信息主体控制权的核心权利，有学者将其称之为“信息保护的大宪章”“关键性之权利”。电子商务交易信息的品质问题，可能给信息主体带来不利影响，同时也很可能给收集、使用人造成损失。若电子商务信息存有品质瑕疵，收集人应当主动更正，信息主体当然也有权要求更正，但是事实上信息控制人主动更正的情形很少，大多数情形还需由信息主体本人或其代理人要求更正。信息主体有权向信息管理者查询其个人信息被收集、处理和利用的情况。收集人在收到查询通知后，应及时答复，这里的“及时”以5个工作日为宜，有正当理由时，可适当延长，但应当将理由告知查询人；当信息主体发现电子商务交易信息错误、过时或不完整时，有权请求收集人更正、更新或补充。

查询权和更正补充请求权并非绝对，依个人信息保护法的基本原理，存在以下情形时，不得行使查询权：（1）接受查询可能危及公共部门履行职责的；（2）接受查询可能危及公共安全或公共秩序的；（3）接受查询可能危及他人重大利益的。存在以下情形时，不得行使更正请求权：（1）电子商务交易信息因时间推移而造成不正确时，考虑到原始信息（历史信息）的正确性，将视信息主体行使更正权是否具有正当性而确定其更正权；（2）如果信息涉及价值判断，鉴于价值判断的主观性，该信息不应当成为更正请求权行使的对象；（3）对于鉴定报告之说明、说明书等，信息主体不得行使更正请求权。

（二）删除权

删除权是个人信息控制权的重要内容。删除权保护的是自然人个人的人格，其功能是防止个人信息被无休止地利用、保障权利人自由控制个人信息。作为权利客体的个人信息具有以下特殊性：与物权人可以通过物理措施控制权利客体不同，个人信息被他人收集和利用后，权利人无法通过物理手段控制自己的个人信息，只能通过法定或约定的义务约束收集人。显而易见，义务手段远不如物理措施有效。此外，个人在实践中很难确定信息泄露源和恰当的诉讼对象。为恢复权利人对个人信息的控制，降低个人信息被滥用的风险，权利人可以选择“遗忘”网上行为数据，即删除权。

存在以下情形之一，权利人可以要求存储人删除其个人信息：（1）个人信息控制者违反法律法规规定，收集、使用个人信息的；（2）个人信息控制者违反了与个人信息主体的约定，收集、使用个人信息的；（3）个人信息控制者违反法律法规规定或违反与个人信息主体的约定向第三方共享、转让个人信息，且个人信息主体要求删除的，个人信息控制者应立即停止共享、转让的行为，并通知第三方及时删除；（4）个人信息控制者违反法律法规规定或与个人信息主体的约定，公开披露个人信息，且个人信息主体要求删除的，个人信息控制者应立即停止公开披露的行为，并发布通知要求相关接收方删除相应的信息；（5）用户注销账号时，此时个人信息控制者不再具有存储和处理个人信息的基础，个人信息控制者应在用户注销账号的同时删除用户的个人信息。

权利人原则上可随时请求存储人删除其个人信息，但存在以下例外：（1）基于证据保存的需要。如《互联网信息服务管理办法》第十四条第二款规定互联网信息服务提供者和互联网接入服务提供者的记录备份应当保存60日，在上述期限内，权利人不得请求删除其信息。（2）基于维护权利人基本权利的需要。（3）基于维护公共利益的需要，如基于防治严重的传染病、公共健康的需要而进行的药物试验以及其他科学研究的需要。（4）基于与用户的约定。个人信息控制者与用户的约定往往是以格式合同的形式呈现，因此该约定不得违反合同法有关格式合同的强制性规定。

第二十五条　【电子商务数据信息提供义务与安全保护】

有关主管部门依照法律、行政法规的规定要求电子商务经营者提供有关电子商务数据信息的，电子商务经营者应当提供。有关主管部门应当采取必要措施保护电子商务经营者提供的数据信息的安全，并对其中的个人信息、隐私和商业秘密严格保密，不得泄露、出售或者非法向他人提供。

【条文研析】

行政机关在电子商务活动中所担负的职能主要体现为事前准入备案、事中事后监管。交易过程中产生的交易数据和个人信息是行政机关实施监管行为的前提和依据。但实践中，监管部门基于监督管理的需要调取电子商务数据信息时，经常被电子商务经营者以涉及自身商业秘密或者用户个人隐私为由拒绝。2015 年 4 月，重庆、上海、山西、沈阳、贵州、河南等超 30 个省、市卫生和社保系统出现大量高危漏洞，数千万用户的社保信息可能因此被泄露。鉴于监管部门调取电子商务数据信息的正当执法需要以及保障电子商务经营者提供的电子商务数据信息安全的必要性，本条规定了电子商务经营者提供电子商务数据信息的义务以及有关主管部门对所收集信息的保密义务。

一、电子商务数据信息提供义务

基于市场监管、保护消费者的需要，有关主管部门有权要求电子商务经营者提供相关电子商务交易数据信息。这里的“有关主管部门”包括国家发改委、工信部、公安部、财政部、交通运输部、商务部、文化和旅游部、中国人民银行、国家市场监督管理总局、国家互联网信息办公室、国家税务总局、海关总署、国家邮政局等部门。此处的“电子商务经营者”包括电子商务交易平台经营者、平台内经营者以及不依赖于电子商务交易平台独立开展电子商务交易的经营者。电子商务数据信息是指基于电子商务活动产生的交易数据和个人信息，包括经营者身份信息、经营者资质信息、商品或者服务信息、交易记录、消费者个人信息等。例如，平台经营者应当积极协助市场监管部门查处网上违法经营行为，提供在其平台内涉嫌违法经营的经营者的登记信息、交易数据等资料。此外，电子商务平台内出现传播暴力、淫秽色情的商品或者服务信息，或者出现侵害知识产权的商品信息，公安、网信或者知识产权保护部门依法要求电子商务平台经营者提供的，电子商务平台经营者应当将电子商务经营者的身份信息、违法商品或者服务信息提供给上述部门。

二、保密义务

有关主管部门作为收集人，与商业机构一样，同样负有保障电子商务数据信息安全的义务。经营者所提供的交易数据和个人信息关乎经营者和消费者的合法权益，如果发生泄露、丢失、毁损，有可能侵害经营者和消费者的商业秘密或其他合法权益。因此，有关主管部门在获取相关信息后，应采取必要的保护措施，防止所获取的交易数据和个人信息发生泄露、丢失、毁损。此外，有关部门依法获取的电子商务数据信息，原则上只能用于电子商务监督管理的需要，除依法公开或者依法与其他部门共享外，不得出售或者非法向他人提供。

第二十六条 【跨境电子商务的法律适用】

电子商务经营者从事跨境电子商务，应当遵守进出口监督管理的法律、行政法规和国家有关规定。

【条文研析】

一、我国进出口监管法律制度

近年来，我国跨境电子商务快速发展，已经形成了一定的产业集群和交易规模，发展跨境电子商务，有利于完善我国对外开放战略布局和对外贸易优化升级，有利于推进“一带一路”建设和实施自由贸易区战略，形成对外开放新体制、全面开放新格局。为支持、促进和保障跨境电子商务发展，电子商务立法对此作出专门规定。国家鼓励促进跨境电子商务的发展，推动建立适应跨境电子商务活动需要的监督管理体系，促进贸易便利化，推动建立有关国际合作交流。同时，跨境电子商务的经营者也必须遵守有关进出口监管的法律与行政法规的规定，合法经营。

《中华人民共和国对外贸易法》《中华人民共和国海关法》《技术进出口管理条例》等法律与行政法规规定，从事进出口贸易应当接受有关部门的监管，依法办理有关的进出境手续。

对外贸易法第二条规定，本法适用于对外贸易以及与对外贸易有关的知识产权保护。本法所称对外贸易，是指货物进出口、技术进出口和国际服务贸易。第十二条规定，对外贸易经营者可以接受他人的委托，在经营范围内代为办理对外贸易业务。

海关法第九条规定，进出口货物，除另有规定的外，可以由进出口货物收发货人自行办理报关纳税手续，也可以由进出口货物收发货人委托海关准予注册登记的报关企业办理报关纳税手续。进出境物品的所有人可以自行办理报关纳税手续，也可以委托他人办理报关纳税手续。第十条规定，报关企业接受进出口货物收发货人的委托，以委托人的名义办理报关手续的，应当向海关提交由委托人签署的授权委托书，遵守本法对委托人的各项规定。报关企业接受进出口货物收发货人的委托，以自己的名义办理报关手续的，应当承担与收发货人相同的法律责任。委托人委托报关企业办理报关手续的，应当向报关企业提供所委托报关事项的真实情况；报关企业接受委托人的委托办理报关手续的，应当对委托人所提供情况的真实性进行合理审查。第十一条规定，进出口货物收发货人、报关企业办理报关手续，必须依法经海关注册登记。报关人员必须依法取得报关从业资格。未依法经海关注册登记的企业和未依法取得报关从业资格的人员，不得从事报关业务。报关企业和报关人员不得非法代理他人报关，或者超出其业务范围进行报关活动。第二十四条规定，进口货物的收货人、出口货物的发货人应当向海关如实申报，交验进出口许可证件和有关单证。国家限制进出口的货物，没有进出口许可证件的，不予放行，具体处理办法由国务院规定。进口货物的收货人应当自运输工具申报进境之日起 14 日内，出口货物的发货人除海关特准的外应当在货物运抵海关监管区后、装货的 24 小时以前，向海关申报。进口货物的收货人超过前款规定期限向海关申报的，由海关征收滞报金。第三十五条第三款规定，经电缆、管道或者其他特殊方式输送进出境的货物，经营单位应当定期向指定的海关申报和办理海关手续。第三十六条第一款规定，过境、转运和通运货物，运输工具负责人应当向进境地海关如实申报，并应当在规定期限内运输出境。第四十七条规定，进出境物品的所有人应当向海关如实申报，并接受海关查验。海关加施的封志，任何人不得擅自开启或者损毁。第八十五条规定，个人携带、邮寄超过合理数量的自用物品进出境，未依法向海关申报的，责令补缴关税，可以处以罚款。第八十六条规定，进出口货物、物品或者过境、转运、通运货物向海关申报不实的，可以处以罚款，有违法所得的，没收违法所得。

根据对外贸易法与海关法的上述规定，进出口经营主体都必须履行如实申报并提供数据信息的义务。跨境电子商务的经营主体从事技术或者数字产品进出口的，根据海关法的规定，属于经电缆、管道或者其他特殊方式输送进出境货物，也应依法如实申报并提供有关的数据信息。这些法律规定均适用于跨境电子商务的经营者。不论进出境的是货物还是物品，不论采用传统进出口还是自贸区保税、直购进口等形式，跨境电子商务经营者均应当如实向海关、检验检疫、支付结算、关税等进出口监督管理部门提供订单、物流、支付以及其他交易数据信息；否则，有关部门有权依照相关法律追究其法律责任。

跨境电子商务与传统对外贸易相比，在经营者、交易额、贸易方式等方面均有自身特点。为了适应跨境电子商务经营者中小微企业众多、交易额分散、普遍使用平台服务等特点，实现跨境电子商务的贸易便利化，电子商务法第七十一条、第七十二条规定了一系列改革与调整我国有关海关、税收、进出境检验检疫、支付结算等管理制度的措施，包括：推进跨境电子商务海关申报、纳税、检验检疫等环节的部门协调管理，优化监管流程，推动实现信息共享、监管互认、执法互助的单一窗口机制，认可进出口单证的电子化，支持跨境电子商务平台经营者等提供新型的包括代理报关报检等综合服务等，与现行进出口监管法律、行政法规一起适用于跨境电子商务。

二、自由贸易区

我国自 2013 年起建立了多个自由贸易试验区（即自贸试验区）。自贸试验区是在我国境内指定的特殊区域，进入该区域的任何货物，就进口关税而言，实施免税或者保税。虽然自贸试验区内进行的电子商务活动仍属于我国境内的电子商务活动，与“电子商务”有关的行政监管规定仍适用于自由贸易区，但是为了推进我国服务业扩大开放和投资管理体制改革，推动贸易转型升级，深化金融领域开放，根据《中国（上海）自由贸易试验区管理办法》（已于 2015 年 4 月 1 日被废止）第三条、第二十六条等规定，自贸试验区创新监管服务模式，探索建立与国际投资和贸易规则体系相适应的行政管理体系，按照国际化、法治化的要求，建立高效便捷的管理和服务模式，促进投资和贸易便利化。因此，电子商务法中有关行政监管的规定在适用于自贸试验区之时可加以必要的调整，以满足扩大开放与创新监管的实际需要。而且，电子商务法第七十一条、第七十二条为促进跨境电子商务发展创设的一系列法律制度（如单证电子化、单一窗口制度等贸易便利化措施），也与自贸试验区先试先行的各种举措完全契合，为自贸试验区的跨境电子商务活动提供了有力的法律支持与保障。

三、国际规则与协议

我国在积极参与关于跨境电子商务的国际谈判，并签订了有关的国际条约与协定。关于跨境电子商务的监管，应考虑到有关国际法律规则与我国依据国际条约、协议所承担的国际义务等因素，电子商务法第二十五条规定，有关主管部门依照法律、行政法规的规定要求电子商务经营者提供有关电子商务数据信息的，电子商务经营者应当提供。在跨境电子商务中，我国有关主管部门要求我国经营者提供跨境电子商务数据或者要求外国经营者提供电子商务数据的，在遵守国内法律、行政法规的同时，应当考虑到相关国际规则与国际协定的规定。

第二节　电子商务平台经营者

第二十七条　【平台经营者对平台内经营者的身份和信息管理】

电子商务平台经营者应当要求申请进入平台销售商品或者提供服务的经营者提交其身份、地址、联系方式、行政许可等真实信息，进行核验、登记，建立登记档案，并定期核验更新。

电子商务平台经营者为进入平台销售商品或者提供服务的非经营用户提供服务，应当遵守本节有关规定。

【条文研析】

本条规定电子商务交易平台经营者对于入驻平台的平台内经营者身份的核验与登记问题。之所以有这一规定，一方面是确保消费者或者交易相对人在平台上发生交易，如果出现了纠纷，能够及时快速地确定相关的当事人。这是对交易相对人的重要保障措施；另一方面，电子商务平台经营者对平台内经营者的身份信息的核验和登记义务的履行，也是国家建立对电子商务有效监管的前提条件。如果电子商务平台经营者不认真履行相应的义务，会给监管机构职责的履行以及相对人权益的保障产生不利的影响。因此，本法在相应的法律责任部分，也对电子商务平台经营者不履行此项义务规定了相应的法律责任。

本条分为两款，分别规定了电子商务平台经营者对于入驻平台的电子商务平台内经营者，以及非经营用户的主体身份信息的核验和登记义务。

根据我国消费者权益保护法第四十四条第一款规定："消费者通过网络交易平台购买商品或者接受服务，其合法权益受到损害的，可以向销售者或者服务者要求赔偿。网络交易平台提供者不能提供销售者或者服务者的真实名称、地址和有效联系方式的，消费者也可以向网络交易平台提供者要求赔偿；网络交易平台提供者作出更有利于消费者的承诺的，应当履行承诺。网络交易平台提供者赔偿后，有权向销售者或者服务者追偿"。这就意味着如果平台经营者不能提供平台内经营者的身份信息和有效联系方式，就要对入驻在其运营的平台上的相关主体侵害他人权益的行为承担不真正连带责任。

为了能够提供有效的联系方式，必须要求电子商务平台经营者对于入驻平台的经营者的主体信息和经营信息进行核验、登记，建立登记档案，并定期核验更新。

需要注意的是，本条规定的平台的核验义务在性质上接近于实质审查义务。本款条文表述的意思是，平台经营者必须确保经营者提供的相关信息是真实的信息，平台对于相关信息有核验的义务。所谓核验，就是确保相关信息的真实性。如果平台内经营者提供的相关信息不是真实的而是虚假的、相关证件是无效的，那么平台仍然应该承担消费者权益保护法第四十四条所规定的不真正连带责任。在实践中，一些自然人以虚假的身份证或者借用他人的真实的身份证或者用非法购买来的他人遗失或被盗的身份证来开网店，对于这种情况，平台应该采取必要的措施，进行严格审查，避免相应的情况发生。如果因为平台审核不严，导致相关主体权益受损，平台经营者应该承担相应的法律责任。

根据本款的规定，平台经营者为了确保平台内经营者相关信息的持续的真实性，还需要承担定期核验更新的义务。这是因为平台内经营者的相关经营资质或者行政许可往往带有时间限制。在入驻平台的那一时刻，相关信息是真实有效的，但这并不意味着在经过了一定的时间以后，相关证书仍然是有效的。为了解决这一问题，本款针对平台设立了定期核验更新相关信息的义务。至于“定期”这一概念在实践中应该如何把握、这一期限是多久，应该视具体情况而定。随着平台的技术能力的提升，在首次登记平台内经营者相关信息的时候，可以备注存在有效期的相关文件的到期情况。在期限届满之时，平台应该及时提醒平台内经营者对相关文件进行续期。

平台对于平台内经营者信息的核验义务，是平台经营者需要履行的重要法定义务，也是防范平台经营者法律风险的重要举措。考虑到平台这一义务的履行对于相关政府主管部门（包括但不限于公安部门、市场监督管理部门、税收部门等）公共职能的有效发挥以及监管措施的有效性具有基础性的意义，在可能的前提下，应该推动建立平台与相关主管部门的配合和协助制度。具体来说，对于身份证、市场主体登记文件、相应的行政许可文件的真实性，需要借助于与国家相关主管机构（如市场监督管理部门以及公安的户籍管理机构）的数据对接以及交叉验证技术来更加高效和低成本地完成。

本条第二款规定的是平台经营者针对进入平台销售商品或者提供服务

的非经营用户，同样应该承担本节关于平台的义务性的规定。经营性的用户与非经营性的用户之间的区别主要在于二者的行为是否表现出从事持续的营业行为的特点。国家的法律对于这二者确立了不同的管理制度，这主要体现在是否需要办理市场主体登记等相关的问题上。但对于买方而言，无论卖方是否属于经营者，其都从事了商品的销售与服务的提供行为，因此平台也应该对这些非经营性的用户的主体身份以及相应的行为的合法性合规性进行监督和管理，履行平台应该承担的义务。不能因为在平台上从事活动的是非经营性的用户，就可以减轻平台的责任。

从理解与适用的角度，本条需要注意以下几个方面的问题：(1）本条规定的是平台经营者对于进入平台从事经营活动的经营者的主体身份信息的收集义务。条文中提到身份、地址、联系方式等，只是一种不完全的列举。如果相关的市场主体已经进行了市场主体登记，那么相应的信息应该包括营业执照中包含的企业名称、经营范围、注册地址、企业法人代表的身份信息、联系方式等。如果相关的主体是自然人主体，那么主要是提供身份证载明的相关信息以及手机号码等联系方式。(2）本条提到的行政许可信息，主要是在有关的行为需要获得许可才可以从事的情况下，平台经营者必须要求入驻者提供相应的行政许可文件。至于在平台上从事哪些行为需要事先获得行政许可，从合规的角度考虑，平台经营者应该事先研判清楚，并且在服务协议中明确将获得相关行政许可作为开店的必不可少的前提条件。(3）本条所提到的登记档案，在性质上属于平台经营者的内部信息资料，包括政府机构在内的其他主体，在没有法定授权的情况下，不能要求平台经营者提供全量数据。(4）从法律责任的角度看，如果平台经营者没有履行相应的平台内经营者和非经营用户的身份信息的核验、登记义务，除了需要承担上文提到的不真正连带责任之外，还将承担另外的行政法层面上的责任。

第二十八条　【平台内经营者的身份信息和纳税信息报送】

电子商务平台经营者应当按照规定向市场监督管理部门报送平台内经营者的身份信息，提示未办理市场主体登记的经营者依法办理登记，并配合市场监督管理部门，针对电子商务的特点，为应当办理市场主体登记的经营者办理登记提供便利。

电子商务平台经营者应当依照税收征收管理法律、行政法规的规定，向税务部门报送平台内经营者的身份信息和与纳税有关的信息，并应当提示依照本法第十条规定不需要办理市场主体登记的电子商务经营者依照本法第十一条第二款的规定办理税务登记。

【条文研析】

电子商务经济中的最大的特点是平台经营者掌握着大量的关于平台内经营者的数据信息。这些数据对于相关的市场监督管理机构以及税收征管机构履行职责是不可或缺的。因此本条规定平台经营者向相关部门报送数据的义务。但需要注意的是，本条规定的数据报送义务是有严格的限定的。首先是限于平台内经营者的身份信息，其次是与纳税有关的信息。平台的数据提供义务不是无限的，而只是在为配合有关部门履行职责所必要的范围内才承担相应的数据提供义务。

还需要注意的是，对于平台提供的数据，特别是经营数据，也属于平台所享有的数据资产，相关的主管部门必须保密，只在为管理所需要的目的范围内使用，不得向第三方披露。

本条的规定是配合本法第十条、第十一条的规定。既然电子商务经营者在一些特殊情况之外都有义务进行市场主体登记，而有关平台内经营者的情况往往只有电子商务平台经营者才可能全面掌握，因此本条规定了电子商务平台经营者向市场监督管理部门报送平台内经营者的身份信息的义务。如果相关的平台内经营者属于已经办理市场主体登记（也就是先前的工商登记）的经营者，那么报送的内容主要限于相应的市场主体登记信息。如果有关的平台内经营者先前没有办理过市场主体登记，平台根据其掌握的数据信息，特别是相关的平台内经营者的经营信息数据，识别出相应的经营者属于根据法律的规定应当办理市场主体登记的经营者类型，那么平台经营者有义务提示相应的平台内经营者依法办理登记。如果不履行相应的提示义务，那么在性质上构成隐瞒相关的事实，需要承担相应的法律责任。

本条还规定，平台经营者需要配合市场监督管理部门，针对电子商务的特点为应当办理市场主体登记的经营者办理登记提供便利。这里的"便利"，主要是指协助提供相应的数据材料，提供相应的可以用来注册登记的网络经营场所，以及在可能的情况下，统一代为办理市场主体登记等其他便利。

需要注意的是，这里特别强调了"针对电子商务的特点"，这就意味着平台经营者的配合义务也主要是与其作为平台经营者的身份的特点相联系的。这种配合义务不一定要无限放大到代为办理。因为从逻辑上来说，平台内经营者才是相应的办理登记的义务主体。

本条第二款规定的是平台经营者向税务部门报送平台内经营者的身份信息以及与纳税有关的信息。平台内经营者与线下的经营者一样需要承担纳税义务。对此本法第十一条已经有明确的规定。但由于相关的能够用来确定平台内经营者的纳税义务的基本数据资料都掌握在平台经营者手中，因此本条确定了平台经营者的信息报送义务。平台经营者需要向税务部门提供的主要包括平台内经营者的身份信息，这一部分信息主要是与市场主体登记信息相联系的纳税主体信息。平台经营者另外需要报送的是与纳税有关的信息，这主要包括经营数据，例如经营收入等信息。一般而言，为实现税收所需要的信息，都属于这里所说的与纳税有关的信息的范围，平台经营者都需要向税务部门报送。但平台经营者的信息报送义务也限于这一特定目的。任何超出这一目的范围之外的数据信息，相关部门在没有法律的明确规定和授权的情况下，都不得要求平台经营者报送。

本条第二款还提到，平台经营者还应当提示不需要办理市场主体登记的电子商务经营者，在符合法定的前提条件的情况下，依法办理税务登记。这一规定包括几层含义。首先，有些经营者需要办理市场主体登记，包括税务登记。在这种情况下，平台经营者提示平台内经营者办理税务登记的义务与提示其办理市场主体登记的义务是联系在一起的；而有些电子商务经营者属于依照法律的规定不需要办理市场主体登记的类型，但是这并不意味着相应的经营者也当然地不需要进行税务登记，不需要纳税。某个电子商务的经营者不需要办理市场主体登记，但根据我国税法的规定需要纳税，因此需要进行税务登记，这是完全有可能的。在这种情况下平台经营者就需要就平台内经营者依法办理税务登记进行单独的提示。如果不履行相应的提示义务，也需要承担相应的法律责任。

就本条的法律适用而言，需要注意以下问题：首先本条的规定构成平台经营者向相关的主管部门承担信息报送义务的特别规定。本条与第二十五条构成了特别规定与一般规定的关系。虽然本条中没有提到，但是第二十五条关于保护数据信息的安全，对涉及个人信息、隐私和商业秘密严格保密，不得泄露、出售或者非法向他人提供的规定，仍然应该适用。其次，平台经营者履行信息报送义务的方式以合目的性为界限。相应的义务的履行必须全面，完整，也就是说平台报送的信息必须全面、完整、真实，不得经过篡改。最后，平台为履行该报送义务所发生的费用原则上应该由平台承担。但是监管部门应注意以减少平台经营者负担的方式来要求平台履行这一义务。

第二十九条　【平台经营者对商品或者服务信息的审查、处置和报告】

电子商务平台经营者发现平台内的商品或者服务信息存在违反本法第十二条、第十三条规定情形的，应当依法采取必要的处置措施，并向有关主管部门报告。

【条文研析】

电子商务平台经营者不是普通的经营者，而是大规模的电子商务活动的组织者、协调者与控制者。因此平台经营者也要承担与其在电子商务活动中重要的角色相符合的管理性的职能。

在本法的起草中，有一种观点认为平台经营者就是一种纯粹的私人性质的市场主体，不可能也不应该承担某种意义上的“管理性的”职能。我们认为，这种观点有所偏颇。首先，平台经营者的管理其实是对其搭建的网络空间的管理，既然相关的网络交易空间为平台经营者所建构，要求平台经营者履行相应的管理职能就是合理的。其次，大规模的平台型组织体制的出现，也要求我们突破传统的观念。平台具有明显的准公共属性，而且“以网管网”也是平台经济时代不可回避的问题，所以平台经营者的一般性的监督和检查职责，也具有合理性。

【释义】

本条所规定的是电子商务第三方平台经营者对于平台内经营者的经营活动所必须承担的一般性的检查与监控义务。根据传统民法理论，第三方平台相当于开启了一个供公众进行交往的空间，因此平台运营者对于在该网络空间内发生的相关行为具有一般性的监控义务。这种监控义务的范围和强度应该以平台经营者现有的技术条件和能力来判断，不能过分高于其实际的能力，但也不应该流于形式。平台运营者如果发现平台内销售的商品或者提供服务的信息存在违法情形，应当依法采取必要的处置措施，并向有关主管部门报告。

这里所指的必要的处置措施，包括但不限于要求相关的平台内经营者将违法违规的产品或者服务下架，断开链接，甚至暂停其在平台内的全部的经营活动。与此同时，平台经营者还应该留存平台内经营者从事相关经营行为的全部的原始数据以及相关的页面信息，便于后续处理措施的展开。具体采取何种措施需以实际情况来判断，且应该与相关违法行为的严重程度相称。

关于平台运营者对于平台内活动的一般性的监控检查责任，难点在于这种责任的性质。我们认为这种责任不同于所谓的场所运营者的安全保障义务，应该是基于平台的技术能力和条件的具体的监督管理责任。

本条在理解与适用中需要特别注意以下几个方面的问题。首先，平台经营者对于平台内经营者从事需要特别的许可才可以从事的活动，需要事先审核其是否获得了相应的许可，以及许可是否真实有效。在这方面，平台必须把好“入门关”。其次，关于法律、行政法规禁止交易的商品或者禁止提供的服务，原则上以法律有明确的规定为前提。这也符合私人营业自由，法律的限制构成例外，而例外需要明示的原则。为此，国家有关部门必须明确相应的禁止或者限制销售的商品的目录，并且提供给平台。相关的目录发生变化的时候，平台在得到相应的通知之后应当及时采取措施，确保法律规则得到适用。再次，关于相关的商品或者提供的服务应当符合保障人身、财产安全的要求，这主要是指相关的产品和服务不存在不合理的、可能导致消费者人身财产损失的缺陷。与此相适应的应该是不低于国家强制性的质量标准。对于这一点，平台主要是基于自己建立的监控措施以及消费者投诉信息来实现其监控。最后，这里所提到的“发现”，包括事实上已经明知或者根据平台的技术能力应该可以察觉这两种情况。在这两种情况下，平台都必须采取措施。至于向有关部门报告，则主要是针对不同类型的行为，向有管理职责的部门提供相应的信息咨询。这也是平台配合国家相应的主管部门履职的表现之一。

第三十条　【网络安全与交易安全保障】

电子商务平台经营者应当采取技术措施和其他必要措施保证其网络安全、稳定运行，防范网络违法犯罪活动，有效应对网络安全事件，保障电子商务交易安全。

电子商务平台经营者应当制定网络安全事件应急预案，发生网络安全事件时，应当立即启动应急预案，采取相应的补救措施，并向有关主管部门报告。

【条文研析】

计算机网络是电子商务的技术基础，网络安全问题自然映射到电子商务活动中：计算机设备发生故障、网络攻击、钓鱼网站、计算机病毒引发的盗用身份、非授权访问、信息泄露、丢失或者被窃取贯穿于注册、合同订立和履行（支付和物流）以及信用评价等电子商务的整个流程。外卖客户个人信息在网上被公开售卖；如家、七天等酒店个人信息在淘宝网上被公开出售；京东商城在2014年曾发生“撞库”事件，用户账号和密码被盗；2014年8月，支付宝用户因黑客“撞库”导致账户内32万元被转走。电子商务交易安全不仅涉及电子商务各方主体的人身和财产安全，还直接影响到国家的经济安全。如果不能保障电子商务交易安全，我们不仅无法享受信息化带来的便利和利益，而且会直接影响到以经济安全为重要内容的国家安全。因此，电子商务法明确规定电子商务平台经营者应当采取技术措施和其他必要措施保证其网络安全、稳定运行，防范网络违法犯罪活动，有效应对网络安全事件，保障电子商务交易安全。

一、电子商务交易安全

电子商务交易安全涉及电子商务活动中信息的完整性、保密性、可用性以及不可抵赖性。为保障电子商务信息的完整性、保密性、可用性以及不可抵赖性，电子商务平台经营者应采取以下措施保障网络免受干扰、破坏或者未经授权的访问，防止网络数据泄露或者被窃取、篡改：（1）制定内部安全管理制度和操作规程，确定网络安全负责人，落实网络安全保护责任；（2）采取防范计算机病毒和网络攻击、网络侵入等危害网络安全行为的技术措施；（3）采取监测、记录网络运行状态、网络安全事件的技术措施，并按照规定留存相关的网络日志不少于六个月；（4）采取数据分类、重要数据备份和加密、身份认证等措施；（5）提供的产品或者服务，应当符合相关国家标准的强制性要求。不得设置恶意程序。发现其网络产品、服务存在安全缺陷、漏洞等风险时，应当立即采取补救措施，按照规定及时告知用户并向有关主管部门报告。应当为其产品、服务持续提供安全维护；在规定或者当事人约定的期限内，不得终止提供安全维护；（6）法律、行政法规规定的其他义务。

依照网络安全法第三十一条第一款的规定，关键信息基础设施是指公共通信和信息服务、能源、交通、水利、金融、公共服务、电子政务等重要行业和领域，以及其他一旦遭到破坏、丧失功能或者数据泄露，可能严重危害国家安全、国计民生、公共利益的基础设施、信息系统等。在电子商务平台经营者符合关键信息基础设施认定的条件时，应当履行以下保障电子商务交易安全的义务：（1）建设关键信息基础设施，应当确保其具有支持业务稳定、持续运行的性能，并保证安全技术措施同步规划、同步建设、同步使用；（2）设置专门的安全管理机构和安全管理负责人，并对该负责人和关键岗位的人员进行安全背景审查。定期对从业人员进行网络安全教育、技术培训和技能考核；（3）对重要系统和数据库进行容灾备份；（4）制定网络安全事件应急预案，并定期进行演练；（5）采购网络产品和服务，应当按照规定与提供者签订安全保密协议，明确安全和保密义务与责任；可能影响国家安全的，应当通过国家网信部门会同国务院有关部门组织的国家安全审查；（6）在中华人民共和国境内运营中收集和产生的个人信息和重要数据应当在境内存储。因业务需要，确需向境外提供的，应当按照国家网信部门会同国务院有关部门制定的办法进行安全评估；（7）自行或者委托网络安全服务机构对其网络的安全性和可能存在的风险每年至少进行一次检测评估，并将检测评估情况和改进措施报送主管监管部门；（8）法律、行政法规规定的其他义务。

二、网络安全事件应急处置

网络安全应急处置制度作为网络安全事件发生后采取的首要措施，对减轻网络安全事件引发的损害具有重要意义。网络安全事件应急处置包括在采取措施动态识别网络安全风险的前提下，制定网络安全事件应急预案，并定期进行演练。在发生网络安全事件时，应当立即启动应急预案，并采取相应的措施恢复由于网络安全事件而受损的功能或服务，并按照规定向主管部门报告。

（一）网络安全事件应急预案

电子商务平台经营者应按照规定制定网络安全事件应急预案，该应急预案应：（1）明确组织机构与职责；（2）确立组织范围内的预警监测、预警研判和发布、预警响应、预警解除等流程；（3）对事件报告、应急响应、应急结束等程序作出规定；（4）对事件调查、评估等事项作出安排；（5）对预案演练、宣传、培训等工作进行规划；（6）落实技术支撑队伍、专家队伍、社会资源、经费等保障措施。

电子商务平台经营者应组织专业人员对网络安全事件应急预案进行评估，并将网络安全事件应急预案向相关人员或部门进行通报，定期评估修订网络安全事件应急预案；当电子商务平台经营者的管理架构、信息系统或运行环境发生变更时，要及时更新网络安全事件应急预案。如系统发生变更或在实施、执行或测试中遇到问题，要及时修改网络安全事件应急预案并向相关人员或部门及用户进行通报。

（二）网络安全事件处置

1. 及时报告主管部门

电子商务平台经营者的员工发现可疑的安全事件时，应当及时向本单位的事件处理部门报告。当发生影响较大的网络安全事件时，应当按规定及时将事件信息报送电子商务平台安全保护工作部门，报告内容包括事件描述、处置措施、当前态势、需要的外部支持等信息。

2. 事件处理

电子商务平台经营者在网络安全事件发生后立即启动应急预案，通过落实事件处理所需的各类资源和管理支持，并与相关外部组织（如供应链中的外部服务提供商等）进行协调，能够在必要时获得外部组织的协助，及时处置系统漏洞、计算机病毒、网络攻击、网络侵入等安全风险，在关键信息基础设施信息系统遭到破坏或发生故障后，及时恢复信息系统的业务功能。要做到系统恢复后能够对信息系统进行重构，包括使信息系统回到已知的全面运行状态，还包括停用在恢复操作期间任何可能需要的临时信息系统功能，评估完全恢复的信息系统能力，重新建立连续的监测活动。必要情况下，可以对信息系统重新授权，以及为防止未来的中断或失败而准备系统。同时可以为信息系统中基于事务的系统（如数据库管理系统和事务处理系统等）执行事务恢复，包括事务回滚、事务日志等，并在指定的恢复时间内根据完整保存了受控配置和代表部件安全运行状态的磁盘影像重构信息系统部件的功能。

电子商务平台经营者应具备一定的事件溯源能力，能够为监管部门和有关执法部门提供可靠的日志，包括网络访问日志、物理访问日志、审计日志等，日志内容应至少包括访问 URL、IP 地址、操作时间等信息。电子商务平台经营者应当将以往事件处理活动的经验纳入事件处理、培训及演练计划，并进行相应的调整，利用在分析和解决网络安全事件中得到的知识来减少未来事件发生的可能性和影响。

第三十一条 【商品和服务信息、交易信息记录和保存】

电子商务平台经营者应当记录、保存平台上发布的商品和服务信息、交易信息，并确保信息的完整性、保密性、可用性。商品和服务信息、交易信息保存时间自交易完成之日起不少于三年；法律、行政法规另有规定的，依照其规定。

【条文研析】

电子商务时代同时也是大数据的时代。电子商务中的大数据作为一种重要的具有商业价值的资产，已经引起了高度的关注。但本条所关注的重点不是大数据的利用问题，而是平台的服务信息和交易记录的记录与保存义务。由于电子商务是一种无纸化的交易形式，所有的交易环节都是以数据的方式留存于平台经营者的服务器上。在这种情况下，必须强化平台对于信息和交易信息的记录与保存义务。

本条规定了电子商务平台经营者的交易信息的记录与保存义务。由于平台汇集了平台内经营者发布的商品信息以及经营者与购买者之间的交易过程的完整的记录。因此保存相关信息，对于保护以及协助相关当事人保障其合法权益，保存和固定相关的交易的具体情况的证据，都具有基础性的意义。

从需要记录与保存的信息的范围来看，原则上所有的信息都应该予以保存。本条规定重点提到的是在平台上发布的商品和服务信息以及交易信息。关于商品与服务信息，应当包括何人在何时以何种方式发布了何种商品与服务的信息。这些信息应当有助于完整地还原平台内经营者在平台上的活动轨迹。关于交易信息，应当包括平台内经营者向何人，在何时，以何种交易条件，提供了何种数量的商品与服务。

本条规定，相关记录保存的期限是从交易完成之日起不少于 3 年的时间。之所以规定是不少于 3 年的时间，是为了设置一个信息保存的时间下限。这也与民法总则中新规定的诉讼时效为 3 年的规定相呼应。在该期限之内，如果发生了有关的争议，可以基于法律的规定或者相应的司法机关的命令，要求平台协助提供相应的数据，证明相关事实。当然平台也可以保存更长时间。

本条还要求平台在承担交易数据保存义务的同时，必须确保原始数据的完整、保密与可用性。如果平台擅自改变有关的数据，或者提供虚假数据，则需要依据法律的规定承担责任，如承担消费者权益保护法第四十四条所规定的责任。

需要指出的是，本条规定了平台经营者的数据保存义务，但是相关数据的权利主体者如果根据法律的规定主张数据删除权，要求平台删除有关数据，应该如何处理？关于这一问题，涉及相关数据的控制以及财产性权益的归属问题，需要平衡权益保护的位阶予以解决。如果是出于个人信息保护方面的需要，个人可以要求平台经营者删除在平台内公开的、可以被第三方查阅和检索的、并因此可能会对个人信息安全产生影响的交易信息。但这并不影响平台经营者可以在后台以加密的方式留存有关交易的原始信息。平台经营者因此需要注意对其保存的信息的保密性负责，不得向第三方泄露。

在适用本条的时候，需要注意以下问题。首先，平台经营者的数据记录和保存义务必须与其他条文中规定的平台责任结合起来予以理解。例如，数据提供义务与特定情况下的信息披露义务联系起来，才能够准确理解这一义务的不履行会产生何种法律后果。其次，关于数据的完整性、保密性和可用性，是平台履行数据保存义务的要求。完整性对应的是数据的真实性和未被篡改。保密性对应的是平台必须建立相应的数据信息安全机制，避免被第三方不法窃取或者发生泄露。可用性对应的是数据通过一定的格式被进行了整理，便于查询和调取。如果相关的数据未经过任何处理，根本不具有有效读取和理解的可能性，那么也就不符合可用性的要求。

第三十二条　【平台经营者的服务协议和交易规则制定】

电子商务平台经营者应当遵循公开、公平、公正的原则，制定平台服务协议和交易规则，明确进入和退出平台、商品和服务质量保障、消费者权益保护、个人信息保护等方面的权利和义务。

【条文研析】

平台经营者实现其平台型的经营活动和对平台内经营者进行管理的主要依据是平台服务协议与交易规则。这也是电子商务活动得以展开的最主要的法律层面上和合同层面上的依据。对于这两种文件，需要在立法上予以重点的关注。本条以及本法其他相关条文，体现了电子商务法对该问题的高度关注。

本条所规定的是电子商务平台经营者在制定平台服务协议和交易规则方面的义务。这里涉及两种不同类型的法律文件：一是服务协议，二是交易规则。服务协议主要规范和调整平台经营者与平台内经营者之间的法律关系。二者之间主要是服务合同关系，平台经营者为平台内经营者提供包括技术服务、广告发布服务、支付服务在内的各种服务。而交易规则主要是平台内经营者与交易相对人之间如何开展交易活动的规则，主要涉及合同如何订立、合同主要权利义务的分配、个人信息保护、纠纷解决机制等问题。服务协议与交易规则在性质上是典型的格式条款，需要受到我国法律上关于格式条款规制制度的约束。例如法律上要求保障消费者七天无理由退换货，那么相应的格式条款的规定就不能规避该制度或者弱化其适用。另外需要注意的是，随着平台交易规则的复杂化，平台交易规则已经逐渐成为一个系统的、覆盖全面的规则体系，逐渐具有了所谓的软法的特征。平台经营者所提供的服务协议和交易规则，也是平台经营者对平台内各种行为进行治理的主要依据，所以相应的服务协议和交易规则的制定要引入民主决议的机制，以保证相关规则体系的公平与合理。

平台经营者在制定服务协议和交易规则的过程中应当遵循公平、公开和公正的原则。这是因为随着交易平台在电子商务中发挥越来越重要的作用，自然垄断的现象就会产生。在这种情况下，平台经营者与平台内经营者签订服务协议的时候，就必须公开其协议条件，并且公平对待所有的平台内经营者，在没有正当理由的情况下，不应该采取差别待遇和歧视的待遇。就此而言，电子商务平台逐渐具有了准公共产品的特征。平台不能滥用自己的在交易中的优势地位，欺压中小电子商务经营者，而是必须依据公平与公正的原则，来确定其与平台内经营者的权利义务，特别是进入和退出平台的条件。

因为服务协议同时具有平台经营者与平台内经营者之间的合同条款（并且该条款还具有格式条款的属性）以及平台经营者对平台内经营者的行为规范之要求的双重特点，所以需要结合这些特点来对相关条款的妥当性以及效力做出判断。比如说，平台经营者在服务协议中针对平台经营者设立诸如假一罚十之类的处罚条款，就需要综合当事人之间的地位的平等性、平台的管理者属性以及比例原则予以综合的考量。

平台经营者为平台上发生的交易活动制定交易规则是平台的重要工作。由于平台内经营者与相对人会在平台上进行各种类型的交易活动。为了提高交易效率，规范参与交易的各方主体的权利义务与责任，平台经营者往往通过交易规则予以明确。随着平台经营者所制定的交易规则覆盖的范围扩大，交易规则也日益发展成为一个丰富的体系，进一步发展成为所谓的“网规”。

根据本条的规定，交易规则主要涉及平台内经营者提供的商品和服务的质量如何予以保障的问题、消费者权益保护的问题、个人信息保护的问题。在实践中往往还涉及合同成立的时间问题、退换货问题、纠纷解决机制等问题。这些规则合在一起形成一个严密的交易规则体系。

从性质上来说，平台服务协议与交易规则属于民法上的格式条款的范畴，也应该适用民法上的格式条款制度。但由于各种平台的类型和商业模式区别很大，因此本法在这里不可能给出具体的指示，只能原则地要求平台经营者在形成相关的服务协议与交易规则的时候，必须遵循公开、公平和公正的要求。这就意味着，在相关的部分上还必须建立更加细致和具有可操作性的格式条款控制规则。还需要注意的是，实务中往往将这一部分内容作为网规来进行研究。但网规往往被认为是可以由平台经营者单方面制定的。严格来说，平台经营者并不能单方面地来决定服务协议和交易规则的内容。相关主体参与其内容的形成仍然是必要的，也是确保其内容能够体现各方利益的保障。

还需要说明的是，对于服务协议的公开性的要求，在一些特殊的情况下，需要根据商业实践的需要来予以理解和适用。由于入驻平台进行经营活动的平台内经营者的性质和类型差别很大，平台经营者完全可能也必然会对这些平台经营者采取个性化的对待，因此平台与他们签署的服务协议，在某些情况下属于不适合予以公开的商业秘密的范畴。在这种情况下，本条所规定的公开，更多的是指作为平台经营者与平台内经营者的商业基础内容的协议应当是公开的，而当事人根据具体需要进行的补充与细化的内容，可以不公开。

第三十三条 【平台经营者的服务协议和交易规则的公示】

电子商务平台经营者应当在其首页显著位置持续公示平台服务协议和交易规则信息或者上述信息的链接标识，并保证经营者和消费者能够便利、完整地阅览和下载。

【条文研析】

本条是平台经营者对其单方面拟定的服务协议与交易规则的公示义务的规定，相关的背景与其制定服务协议与交易规则的相关条文类似，主要是为了约束和规范平台经营者在这一问题上的单方面的决定权以及保障相对人的知情权。

平台服务协议和交易规则，必须以合理的方式予以公示，只有这样才能够确保相关的条款能够被相对人所知悉，相应地，才能够适用于相关的主体。这一方面是保障了消费者和中小经营者的知情权，另一方面也与格式条款控制制度相衔接。因为根据格式条款订入制度，如果格式条款的提供者没有以显著的方式对于格式条款的相关内容提请相对人注意，或者相对人无法便捷地了解格式条款的相关内容，那么相关内容视为未订入合同之中，也不具有约束力。

在实务中，平台经营者在用户通过注册成为平台用户时，往往就已经对相关的交易规则的内容进行了提示，并且要求相对人对其表示同意，才能够完成注册程序。但由于交易规则的内容非常复杂，实际上相对人并不会认真去浏览。这一事实的存在就要求平台针对交易规则和服务协议的核心关键内容，尤其是对相对人的权利和义务有重大影响的内容，如合同何时成立并具有约束力、出现纠纷时相应的管辖法院等问题，进行特别的提醒和通知。这种提醒与通知可以采取特别勾选同意或者弹窗的方式，以进一步向用户披露服务协议与交易规则的关键性的内容。只有符合了这些条件，才能认为是完成了提醒和通知义务，也才可以使交易规则成为确定交易双方的权利义务和法律责任的有效依据。

第三十四条　【平台经营者的服务协议和交易规则修改】

电子商务平台经营者修改平台服务协议和交易规则，应当在其首页显著位置公开征求意见，采取合理措施确保有关各方能够及时充分表达意见。修改内容应当至少在实施前七日予以公示。

平台内经营者不接受修改内容，要求退出平台的，电子商务平台经营者不得阻止，并按照修改前的服务协议和交易规则承担相关责任。

【条文研析】

在实务中，平台为了提高服务的效率、改善服务质量，修改平台服务协议的情况比较多。但也不排除在一些情况下，平台会利用自己的优势地位单方面修改服务协议与交易规则。由于平台内经营者和消费者处于相对弱势的地位，他们往往对这种单方面的修改行为无力抵抗。为此，必须对平台经营者进行限制。这里的限制主要是一种程序性的限制，也即要求其公开征求意见，采取合理措施确保各方能够充分表达意见。另外还必须提前予以公示。

在实务中还有人提出，平台应该将相关的修改通知给相关的经营者和消费者。但经过讨论，本法没有采纳这样的要求。这不仅是因为技术上难以做到确保通知到每个人，而且就实际效果来说，要求平台进行公示基本上可以达到告知相关主体的目的。

本条规定了电子商务平台经营者单方面修改服务协议和交易规则时应该遵守的程序方面的问题。根据本条规定，如果平台经营者要修改相关的服务协议和交易规则，应当在其主页显著位置公开征求意见。一般来说，征求意见这个程序涉及的是一般性的规则的制定过程。对于服务协议和交易规则，也要求征求意见，说明服务协议与交易规则不只是当事人之间的协议，也在一定程度上具有了普遍规则的属性，因此必须引入民主讨论，多方参与决策。为了避免征求意见流于形式，本条还规定平台经营者需要采取合理措施确保有关各方能够及时充分表达意见。这里所说的措施，一般来说包括针对特定用户发送调查问卷、群发征求意见函、在合适的位置说明修改的主要内容以及修改的意图、对于有关当事人可能产生的影响以及修改是否具有法律层面上的依据。只有当相对人阅读完简洁明了的修改说明之后，才可以有针对性地发表意见。平台经营者还应该建立意见收集和反馈机制，公开收到的各种意见，说明采纳以及不予以采纳的主要理由。

本条规定，修改内容如果要确定予以实施，必须至少提前7日予以公示。从法律关系的角度看，这种修改服务协议和交易规则的行为，属于单方面提出来的修改合同的要约。对此电子商务经营者可以同意，也可以不同意。如果不同意，则可以申请退出。在这种情况下，平台经营者应当依据修改之前的服务协议或交易规则，承担由于其违约行为给经营者所产生的所有损害的赔偿责任。

这一条规定体现了契约必须严守的原则。平台经营者不能利用其强势地位，随意修改平台服务协议和交易规则，而是必须尊重事前订立并且为当事人所接受的协议。但在这个问题上，也必须照顾到平台经营者业务活动具有的格式化、规则化的特点。因为平台的确需要借助于高度格式化、规则化的服务协议和交易规则来展开其经营活动。

第三十五条　【不得进行不合理限制、附加不合理条件、收取不合理费用】

电子商务平台经营者不得利用服务协议、交易规则以及技术等手段，对平台内经营者在平台内的交易、交易价格以及与其他经营者的交易等进行不合理限制或者附加不合理条件，或者向平台内经营者收取不合理费用。

【条文研析】

一、规制不合理交易行为的必要性

电子商务成为数字经济时代的重要商业模式之一，为经营者提供了广阔的市场，竞争程度较传统商业模式下的市场也更为激烈。市场经济以竞争机制作为配置资源的决定性手段，部分电子商务平台经营者为了在市场中更好地发展而采取不正当竞争手段获得眼前的短期利益，从而扰乱了整个市场经济的竞争秩序。电子商务平台利用规模经济形成的聚合效应，在交易过程中可能会对平台内经营者施加不合理限制或者妨碍相关市场竞争，进而形成恶劣的竞争环境，扭曲互联网新兴市场的发展机制与创新机制。

2015 年“双十一”前夕，部分电子商务平台经营者要求平台内经营者进行“二选一”，该问题已经引起了国家的重视，各方都在积极探索解决之道。原国家工商总局制定并于 2015 年 10 月 1 日起施行的《网络商品和服务集中促销活动管理暂行规定》明确禁止“二选一”行为。《网络商品和服务集中促销活动管理暂行规定》还规定，网络集中促销组织者不得违反反垄断法、反不正当竞争法等法律、法规和规章的规定，限制、排斥平台内的网络集中促销经营者参加其他第三方交易平台组织的促销活动。市场监管部门在网站上授权开设网络监管窗口，通过多重途径约束不正当竞争行为。因此，本条对从事电子商务活动的电子商务平台经营者进行不正当竞争、扰乱正常市场竞争秩序进行禁止性规定。

二、相关法律法规情况

《网络商品和服务集中促销活动管理暂行规定》第十一条规定：“网络集中促销组织者不得违反《反垄断法》《反不正当竞争法》等法律、法规、规章的规定，限制、排斥平台内的网络集中促销经营者参加其他第三方交易平台组织的促销活动。”该规定对网络集中促销组织者的行为做出了限制，需要遵守相关法规，尤其是“限制、排斥平台内的网络集中促销经营者参加其他第三方交易平台组织的促销活动”对于本条具有借鉴意义。相较于网络集中促销组织者，电子商务平台经营者作为主体界定更为科学严谨。因为，网络集中促销经营者是指在网络集中促销中向消费者销售商品或提供服务的企业、个体工商户、其他经济组织、已在交易平台办理实名登记的自然人，而本法第三十五条仅仅规制电子商务平台经营者对平台内经营者的行为，而对于除此之外的其他主体并不归属本条调整。

三、核心要义与判断要点

利用服务协议、交易规则以及技术等手段。电子商务平台经营者是一个网络碎片化资源的聚合器，也是一个自身利益最大化的市场主体。但是由于网络技术的发达，平台在追求自身利益最大化的过程中，制定、发布和执行着大量针对内部市场的规则，网络平台利用其技术的便利，在规则的制定与发布上具有先天的优势。电子商务平台经营者的“立法权”，就是规制的“规则制定权”，电子商务平台经营者通过规则的制定、发布与执行，对相关市场主体的行为予以引导、规范与惩戒。网络平台具有了类似于其他市场规制主体的“立法权”“执法权”“司法权”，并创制了各种新型的规制措施。但是当平台在市场规制中的作用越来越明显，规制的力量越来越强大的时候，其也可能会滥用此种地位，让平台内经营者负担不公平的义务，影响市场正常的竞争秩序。因此，需要对电子商务平台的权利予以严格的限制。

对平台内经营者在平台内的交易、交易价格以及与其他经营者的交易等进行不合理限制是指电子商务平台经营者通过格式条款、格式合同等方式签订服务合同、设定交易规则或利用技术等手段，在网络平台上销售商品或提供服务的同时，就商品或服务的价格、销售对象、销售地区等进行不合理的限制。市场交易的主体附加不合理条件的行为是电商经营者对购买者的纵向控制行为。这种行为不符合自愿原则，也有悖于公平原则。

对平台内经营者附加不合理条件包括但不限于上述与交易相关的不合理限制，是指电子商务平台经营者利用其地位，通过格式条款、格式合同等方式签订服务合同、设定交易规则或利用技术等手段，迫使其签订独家销售协议、接受不合理的入驻条件等，或者增加特定的不利条件，如削减活动资源、搜索降权、屏蔽等。一方面，侵害了平台内经营者的自主经营权及交易自由；另一方面，阻碍了电子商务平台间的公平竞争，最终对消费者权益及公共利益造成损害。

向平台内经营者收取不合理费用主要是指电子商务平台经营者通过服务协议、交易规则以及技术等手段对其他市场主体进行的横向控制行为。

收取不合理费用会产生如下不利影响：第一，平台内经营者倾向于仅在特定电子商务平台从事销售，如签订独家销售协议；第二，通过转嫁自身交易成本，扩大电子商务平台市场份额。进行以排挤竞争对手为目的的销售行为或利用独占地位，限制其他经营者交易自由的行为，构成对市场结构和竞争公平性的威胁和破坏。

平台内经营者需要借助电子商务平台进行推广宣传以销售商品，形成对电子商务平台的依赖，从而难以转向其他平台经营者。因此，电子商务平台在平台内的交易过程中具有优势地位，本条旨在约束其在平台内从事的竞争行为和交易行为。

电子商务平台经营者在附加不合理条件进行交易时，利用的一般是服务协议、交易规则以及技术等手段，其他诸如胁迫、强制等不正当手段进行的交易不属于本条所规制的范畴。

四、本条与第二十二条之间的关系

第二十二条的主体是电子商务经营者，包括平台经营者、平台内经营者等。第三十四条的主体仅指平台经营者。具言之，第二十二条是反垄断条款（滥用市场支配地位行为），规制电子商务经营者之间的法律关系，即反垄断法在电子商务领域的重申。然而，第三十五条规制的是电子商务平台经营者和平台内经营者之间的关系。

按照第二十二条之表述，适用此条款必须先判断这几类主体在具体交易关系中是否具备了“市场支配地位”，而第三十五条的“不得利用服务协议、交易规则以及技术等手段”，并未提到支配地位问题，与反垄断法所调整的四种垄断行为关联不大。由于电子商务平台经营者和平台内经营者是非竞争关系，也很难理解为上下游关系，所以也不能归属为不正当竞争。只能理解为平台经营者不得利用其特殊地位状态或优势损害平台经营者的利益。适用第三十五条则并不需要该条件（市场支配地位）的限制，只要平台经营者有实施列举的情形，即可直接适用本法调整。

因此，二者规制的法律关系不一样，涉及法律规范也不一样，调整的是不同主体的不同法律行为。

第三十六条 【违法违规行为处置信息公示义务】

电子商务平台经营者依据平台服务协议和交易规则对平台内经营者违反法律、法规的行为实施警示、暂停或者终止服务等措施的，应当及时公示。

【条文研析】

交易平台经营者在实际的运营中往往会承担一定的管理性质的职能。这些职能包含关闭平台内经营者店铺、进行公示警告和查封账户等。这些事项往往意味着平台内经营者的经营行为违法或者违反商业道德。这些信息不只是关涉平台经营者与被处罚的平台内经营者，也涉及其他经营者和消费者的知情问题。所以规定对此类特定信息予以公示，其实是加大违法成本，促进诚实经营。

本条规定的是电子商务平台经营者对平台内经营者采取相关措施的信息公示义务。通常来说，与平台内经营者相关的一般的信息和数据应该被平台经营者通过妥当的方式予以保存，没有必要而且也不可能允许第三方自由查询。本条所规定的则是涉及平台内经营者的特定行为信息的公示义务。

这里所指的特殊信息，主要涉及平台经营者对平台内经营者实施的处罚性质的措施。对于这些信息予以公示，有助于利益相关者及时知情，并且采取相应的补救措施。从另外一个角度来看，将相关的信息予以公示，有助于警示其他的平台内经营者诚实守信地开展经营活动，也能够提醒消费者或者其他交易相对人在选择交易对象的时候给予必要的注意。

本条规定相关的信息如果涉嫌违法，还应当报送有关管理部门。这也是平台的一项重要的执法配合义务。

还需要注意的是，平台内经营者面对平台经营者所实施的处罚措施也应该有相应的救济渠道。在现实中由于平台经营者处于强势地位，往往使得平台内经营者无法针对平台经营者做出的不当的行为进行申诉。为此需要建立相应的投诉机制，以保护作为中小企业的平台内经营者。如果平台内经营者认为平台做出的措施存在问题，可以向法院起诉来保障自己的权益。举例来说，平台经营者规定平台内经营者假一罚十，但是在认定何为假货的问题上却比较随意，从而导致平台内经营者蒙受不应该有的损失，在这种情况下平台内经营者可以基于服务协议或者法律的规定起诉要求平台经营者退还相关的款项。

本条所提到的公示的具体位置、方式以及公示的时间，可以根据本条的规范目的，结合具体情况加以处理。一般来说，应该便于相关主体查阅，相关公示的方式应该清晰、显著，公示相关信息的持续时间应该具有一定的跨度。只有符合了这些条件，本条所规定的制度目的才能够实现。

第三十七条 【自营业务的区分标记】

电子商务平台经营者在其平台上开展自营业务的，应当以显著方式区分标记自营业务和平台内经营者开展的业务，不得误导消费者。

电子商务平台经营者对其标记为自营的业务依法承担商品销售者或者服务提供者的民事责任。

【条文研析】

在电子商务发展中，很多电子商务交易平台呈现出混合型的特征，也就是既为第三方交易提供平台服务，另一方面自己也直接作为当事人一方参与交易。这两种交易模式存在根本的差别，法律上设置的权利义务也存在重要差别。对于买方来说，知道究竟是谁与自己在进行直接的交易非常重要。因此本条的目的就是要让相关的法律关系的主体更加明确。

电子商务平台经营者既可以搭建网络交易空间供他人开展交易活动，也可以在其运营的交易平台上自己从事商品和服务的活动。在这样的情况下，其法律上的身份就发生了重要的变化，与平台仅仅作为网络服务提供者的身份存在重大差别。为此，本条规定，平台经营者如果有自营业务，必须要以显著方式标明其自营业务，以此与平台内经营者的业务予以区分。如果因为相关的区分不够清晰，导致消费者被误导，平台应当承担商品销售者或者服务提供者的法律责任。换言之，作为合同一方当事人，平台经营者应当承担法律责任，而不能主张以平台的身份免责。

需要注意的是，在没有足够清晰地标明其系自营业务抑或他营业务的情况下，应该如何判断相关主体的责任。总的来说，应该基于信赖保护的原则，通过合理的方法确定。在此种情况下，一个具有正常判断能力的人如何理解相关营业的归属，从而决定相关的责任主体。如果在通常情况下，一个正常的理性的人仍然不能判断相关的业务究竟是自营还是第三方经营的，应该推定是平台自营业务，由平台承担商品销售者和服务提供者的法律责任。

还需要注意的是，对于自营的理解不能狭义、机械地理解为就是运营平台的公司本身从事相关的经营活动。因为在现实生活中，运营平台本身通常是互联网技术服务公司，不可能从事大规模的商品或者服务的提供。自营指的是包括运营电子商务平台在内的整个具有关联性质的公司整体从事营业活动，如果属于这种情况就符合自营的定性。换言之，运营平台的互联网技术服务公司必须与从事自营的公司同属于一个商业意义上的整体。在这种情况下，是属于该整体的公司对相关的交易承担责任，而不一定必须是严格意义上的运营平台的公司承担责任。

就本条的理解与适用而言，需要注意以下问题。首先，标记的方式并无特别要求，只要能够提醒相对人，并且相对人能够识别相关的交易属于自营还是平台内经营者的业务即可。其次，本条规定具有强制性，不能被平台经营者通过相反的服务协议或交易规则的约定所改变。

第三十八条 【平台经营者的连带责任与相应责任】

电子商务平台经营者知道或者应当知道平台内经营者销售的商品或者提供的服务不符合保障人身、财产安全的要求，或者有其他侵害消费者合法权益行为，未采取必要措施的，依法与该平台内经营者承担连带责任。

对关系消费者生命健康的商品或者服务，电子商务平台经营者对平台内经营者的资质资格未尽到审核义务，或者对消费者未尽到安全保障义务，造成消费者损害的，依法承担相应的责任。

【条文研析】

侵权责任法第三十六条第三款规定，网络服务提供者知道网络用户利用其网络服务侵害他人民事权益，未采取必要措施的，与该网络用户承担连带责任。侵权责任法第三十七条规定，宾馆、商场、银行、车站、娱乐场所等公共场所的管理人或者群众性活动的组织者，未尽到安全保障义务，造成他人损害的，应当承当侵权责任。因第三人的行为造成他人损害的，由第三人承担侵权责任；管理人或者组织者未尽到安全保障义务的，承担相应的补充责任。消费者权益保护法第四十四条第二款规定，网络交易平台提供者明知或者应知销售者或者服务者利用其平台侵害消费者合法权益，未采取必要措施的，依法与该销售者或者服务者承担连带责任。

以上两部法律的规定，都是与消费者权益保护紧密相关的。相比之下可以看出，二者有一个共同点，即均确立了平台经营者在一定情况下，要对平台内经营者的违法行为承担连带责任或者相应的补充责任。但二者对平台内经营者承担法律责任主观条件的规定又有不同。侵权责任法的规定是仅以“知道”为条件，消费者权益保护法的规定是以“明知或者应当知道”为条件。

法律上的“知道”是一种主观心理状态，很多情况下难以证明和认定，但对于“知道”，又是必须以直接证据加以证明的，由此造成消费者举证难，法院认定难，使平台经营者容易逃避责任。而“应当知道”则是可以根据某些客观事实来推定认定的，这就比证明“知道”容易得多。因此在《中华人民共和国侵权责任法释义》（法律出版社 2013 年版）中将“知道”进行了扩大解释，“从法解释学角度来讲，‘知道’可以包括‘明知’和‘应知’两种主观状态”。在司法实践中，司法机关在适用侵权责任法时，普遍采纳了“知道”还包括“应当知道”的标准。在电子商务立法过程中，关于电子商务平台经营者是否承担责任以及承担何种责任，理论界和实务界中存在多种不同的意见：

一是电子商务平台经营者应当对其平台内交易中的明显违法行为承担连带责任。

二是电子商务平台经营者应当对平台内的交易行为进行监控和管理，对于平台内经营者的违法行为均应承担连带责任，而不论违法行为是否明显。

三是电子商务平台经营者在知道或者应当知道平台内经营者存在违法行为时，有制止违法行为的义务，如其不作为，则应承担连带责任。

根据电子商务实践及立法调研，在平衡电子商务平台责任承担及消费者权益保护后，对平台经营者在一定条件下应承担连带责任已争议不大，同时考虑到将“知道或者应当知道”在本法中规定，有利于消费者的举证，也有利于促使电子商务平台经营者尽到管理之责，因此作出了本条第一款关于连带责任的规定。

本条第二款是关于电子商务平台经营者因不作为承担相应责任的规定。这也是理论界及实务界一直关注和争议较大的问题：

一是应当参照食品安全法，规定电子商务平台经营者承担连带责任。理由在于，虽其一般不参与交易，但其对于平台内经营者，相对于消费者而言更具有优势地位，其有条件并应当审核平台内经营者的相关资格和资质，特别是对于关系消费者生命健康的商品或者服务，如果平台内经营者不具备相关资格资质而进行经营，给消费者造成损害的，电子商务平台经营者明显存在过错。

二是应当比照广告法中关于广告发布者责任的规定，确定平台责任。广告法第五十六条第二款规定，关系消费者生命健康的商品或者服务的虚假广告，造成消费者损害的，其广告经营者、广告发布者、广告代言人应当与广告主承担连带责任。因此电子商务平台经营者应当承担连带责任。

三是电子商务平台经营者应当承担补充责任，因其仅是管理者，不参与交易。

综上所述，考虑到关系消费者生命健康的商品和服务种类多、领域广，所涉及的情况比较复杂，需要具体情况具体分析，具体案例具体解决。应根据不同情况，具体认定电子商务平台经营者所应承担的法律责任，因此作出了本条第二款关于相应责任的规定。

明确电子商务平台经营者的责任承担具有重要的现实意义，不仅使电子商务平台经营者积极履行对平台内经营者相关资质资格的审核义务和对消费者的安全保障义务，也促进电子商务平台经营者加强对平台内经营者及相关交易的管理，有利于加强对消费者权益的保护。

一、电子商务平台经营者的连带责任

本条第一款是关于电子商务平台经营者对平台内经营者销售涉及人身、财产安全的商品或服务，或者其他侵害消费者合法权益行为承担连带责任的规定。平台经营者承担连带责任的构成要件如下：

（一）平台内经营者存在特定违法行为

平台内经营者存在的特定违法行为有以下两种情形：一是平台内经营者销售的商品或者提供的服务不符合保障人身、财产安全的要求；二是有其他侵害消费者合法权益行为。只要存在上述两种情形之一，电子商务平台经营者知道或者应当知道上述违法行为，未采取必要措施的，与该平台内经营者承担连带责任。

1. 平台内经营者销售的商品或者提供的服务不符合保障人身、财产安全的要求

（1）消费者的人身、财产安全权

消费者在购买、使用商品和接受服务时享有人身、财产安全不受损害

的权利，这是消费者最基本的权利。人身、财产安全权主要有两方面内容：一是消费者的人身安全权，即消费者的生命健康不受损害的权利。因此，在电子商务活动中，消费者有要求经营者销售的商品或提供的服务符合保障人身安全要求的权利。二是消费者的财产安全权，是指消费者在购买、使用商品和接受服务时享有财产安全不受损害的权利。因此，在电子商务活动中，消费者有要求经营者销售的商品或提供的服务符合保障财产安全要求的权利。

（2）平台内经营者销售的商品及服务应当符合保障人身、财产安全的要求

平台内经营者作为销售者和交易合同相对方，应当保证其提供的商品或者服务符合保障人身、财产安全的要求，这也是对平台内经营者的最低要求。

我国产品质量法第十三条规定，可能危及人体健康和人身、财产安全的工业产品，必须符合保障人体健康和人身、财产安全的国家标准、行业标准；未制定国家标准、行业标准的，必须符合保障人体健康和人身、财产安全的要求。禁止生产、销售不符合保障人体健康和人身、财产安全标准和要求的工业产品。

平台内经营者销售的商品或者提供的服务应当符合保障消费者人体健康和人身、财产安全的要求，至少包括以下几个方面：（1）所销售的商品或者提供的服务应当符合相关国家标准或者行业标准，禁止销售或者提供不符合保障人体健康和人身、财产安全标准的商品或服务；（2）在没有国家标准或者行业标准时，所销售的商品或者提供的服务应当符合保证人体健康和人身、财产安全的要求；（3）对可能危及人体健康和人身、财产安全的商品或服务，应当向消费者作出真实的说明和明确的警示，并说明和标明正确使用商品或者接受服务的方法以及防止危害发生的方法；（4）发现提供的商品或服务存在严重缺陷的，即使消费者采用正确使用方法仍可能导致危害的，应及时告之，并采取切实可行的措施。

2. 关于其他侵害消费者合法权益的行为

其中“其他侵害消费者合法权益的行为”是指平台内经营者销售的商

品或者提供的服务有其他违反法律法规规定或者当事人约定等情形，而损害消费者合法权益的行为。包括在不损害消费者人身、财产安全权的前提下，平台内经营者所销售的商品数量不足、伪造产地、价格欺诈、未履行（高于法定标准的）交易合同约定或者其他损害消费者合法权益的情形。

（二）电子商务平台经营者知道或者应当知道平台内经营者具有上述违法行为

"知道"是指电子商务平台经营者已经知晓平台内经营者的相关违法事实。知晓上述违法行为，既可以是平台经营者履行相应的审核义务而发现的，也包括接到特定主体通知或者举报存在上述违法行为的情形；"应当知道"是法律上的推定。判断平台经营者是否"应当知道"，应综合考虑以下因素，如平台经营者提供服务的性质、危险程度，平台经营者对上述违法行为的控制能力以及采取的相关管控措施，平台经营者对同一经营者的重复违法行为采取的管控措施等。需要指出的是，平台经营者的管控能力和管控措施应随着技术进步而不断提升，这对平台经营者的注意义务提出了更高的要求。

（三）电子商务平台经营者未采取必要措施

"必要措施"是指电子商务平台经营者对平台内经营者采取删除、屏蔽、断开链接、暂时中止对该平台内经营者提供服务等限制交易、停止交易的足以控制违法行为和阻止损害发生的有效措施，还包括提醒消费者注意等附随义务。

二、电子商务平台经营者承担相应的责任

本条第二款的规定体现了本法对保护消费者生命健康权的重视，包括两方面内容：一是对于关系消费者生命健康的商品或者服务，电子商务平台经营者对平台内经营者的资质资格未尽到审核义务，造成消费者损害的，应当承担相应的责任。二是对于关系消费者生命健康的商品或者服务，电子商务平台经营者对消费者未尽到安全保障义务，造成消费者损害的，应当依法承担相应的责任。

（一）关系消费者生命健康的商品或者服务

生命健康权是消费者的最重要权利。生命权是自然人保障和维持自然生命的权利，是以生命安全和生命维持为客体，以维护人的生命活动延续为基本内容。健康权是指自然人维护身体机能正常运转、器官功能正常发挥和心理健康的权利。本法对电子商务交易中关系消费者生命健康的商品或者服务问题作了专门规定，体现了本法对消费者基础权利的重视。因为不论是侵害消费者生命权，还是损害消费者健康权的行为，一旦发生损害，其后果有时是不可逆转、无法恢复的，因此本法对此类问题的责任承担进行专门规定。

关系消费者生命健康的商品种类非常多，例如日用工业产品、食品、药品、保健品、健身用品、易燃易爆物品、含有有毒有害物质以及其他能够损害消费者生命健康的商品。而关系消费者生命健康的服务领域也非常广泛，例如医疗、美容、护理、餐饮、旅游、交通、劳务等各个方面。

电子商务平台经营者对平台内经营者资质资格没有尽到审核义务，或者对消费者没有尽到安全保障义务，造成消费者损害的，电子商务平台经营者应当依法承担相应的责任。这一规定有利于督促电子商务平台经营者加强对平台内经营者的管理，加强对平台内经营者相关资质资格审核和积极采取安全保障措施。

（二）电子商务平台经营者的审核义务

本条中的审核义务，是指电子商务平台经营者对进入平台的经营者的资质资格应当尽到审查、登记及定期核验的义务。具体包括两方面：一是对申请进入平台的经营者相关资质资格进行核验、登记；二是对平台内经营者的相关资质资格定期审查核实。

本法第二十七条规定电子商务平台经营者应当对平台内经营者的行政许可等进行登记并定期核验，但是对于关系消费者生命健康的商品或者服务，对电子商务平台经营者规定更为严格的审查核实义务和相应的法律责任，能够促使其积极履行审核义务，加强对平台内相关经营者的管控，也更有利于对消费者权益的保护。

（三）电子商务平台经营者的安全保障义务

一般而言，经营者的“安全保障义务”，是指经营者作为义务人负有在合理范围和限度内保护消费者人身和财产安全的义务。电子商务平台经营者是网络经营场所的提供者和管理者，对关系消费者生命健康的商品或者服务，要求其对消费者尽到安全保障义务是为了加强对消费者权益的保护。与之相关的法律是消费者权益保护法和侵权责任法的规定。消费者权益保护法第十八条第二款规定，宾馆、商场、餐馆、银行、机场、车站、港口、影剧院等经营场所的经营者，应当对消费者尽到安全保障义务。侵权责任法第三十七条第二款则规定，因第三人的行为造成他人损害的，由第三人承担侵权责任；管理人或者组织者未尽到安全保障义务的，承担相应的补充责任。

因此，本法有必要规定电子商务平台经营者对消费者承担相应的安全保障义务和法律责任。

（四）相应的责任

实践中，电子商务平台经营者未履行资质资格审核义务和对消费者的安全保障义务的情况比较复杂，应遵循“具体问题、具体分析；具体案例、具体解决”的原则，根据实际情形依法来具体地认定其相应的法律责任。从民事责任来看，相应责任包括多种责任，如连带责任、补充责任、按份责任等。相应责任还超越了民事责任的范畴，既包括民事责任，也包括行政责任与刑事责任。

1. 属于特别法规定的情形

若特别法对电子商务平台经营者的责任有专门规定，应当适用该规定。

当平台经营者为网络食品交易第三方平台时，依照特别法优于一般法的原则，应依照食品安全法第一百三十一条确定其法律责任，即网络食品交易第三方平台提供者未对入网食品经营者进行实名登记、审查许可证，或者未履行报告、停止提供网络交易平台服务等义务的，由县级以上人民政府食品药品监督管理部门责令改正，没收违法所得，并处五万元以上二十万元以下罚款；造成严重后果的，责令停业，直至由原发证部门吊销许可证；使消费者的合法权益受到损害的，应当与食品经营者承担连带责任。

当平台经营者从事了广告经营或者发布服务时，其法律责任应依照广告法第五十六条第二款的规定确定，即关系消费者生命健康的商品或者服务的虚假广告，造成消费者损害的，其广告经营者、广告发布者、广告代言人应当与广告主承担连带责任。

当平台经营者既不是网络食品交易第三方平台，也未从事广告经营或者发布服务时，消费者可以依照消费者权益保护法第四十四条的规定请求救济，即当平台经营者不能提供销售者或者服务者的真实名称、地址和有效联系方式的，消费者可以要求平台经营者进行赔偿，此时平台经营者承担的是垫付责任或者先行赔付责任；平台经营者作出更有利于消费者的承诺的，应当履行承诺。

2. 不属于特别法规定的情形

当平台经营者未尽到上述义务，且不属于上述特别法规定的情形时，应当按照侵权责任法等法律，构成共同侵权的，应与平台内经营者承担连带责任。如果不构成共同侵权时，可以适用侵权责任法第三十七条的规定，由平台经营者承当相应的补充责任。如果电子商务平台经营者作出比法律规定更有利于消费者的承诺，则其应当依照承诺承担责任。

需要特别说明的是，确定平台经营者的相应责任，应结合本法其他条款与相关的法律法规确定。在电子商务实际纠纷处理中，如果特别法有规定的，从其规定；如果特别法未作出明确规定，可根据本法规定的指导原则，综合考虑电子商务平台经营者的责任性质、过错程度、损害后果、因果关系等因素进行民事责任认定与追责。除了上述民事责任以外，电子商务法还规定，如果平台有相关的违法行为，还要依法承担行政责任和刑事责任。行政责任可以依照本法第八十三条、网络安全法、消费者权益保护法、广告法、食品安全法等法律法规确定。违反本法规定，构成违反治安管理行为的，依法给予治安管理处罚；构成犯罪的，依法追究刑事责任。

确定电子商务平台经营者的审核义务、安全保障义务及相应法律责任，能够推动电子商务平台经营者积极、审慎地履行对平台内经营者的审核义务，也能够促进电子商务平台经营者加强对平台内有关商品和服务进行监控。因此，本款的规定有利于加强对消费者权益的保护。

综上，本条两款中，电子商务平台经营者的过错均源于不作为或者作为不充分、不到位。对于主观过错的形态（表现形式）和承担责任的形式，本条两款的规定各不相同：

对于第一款，电子商务平台经营者的主观过错是“知道或应当知道”，且又未采取必要措施，这是事后责任，承担责任的形式是连带责任。

对于第二款，电子商务平台经营者的主观过错是未尽审核或者安全保障义务，这是事前责任，承担责任的形式是相应的责任。“相应的责任”可以由司法解释或者行政法规等予以进一步明确。

电子商务经营者作为新兴市场主体，需要在立法实践中不断完善其权利、义务和责任的规范。特别是如何处理平台与消费者的关系、平台与平台内经营者的关系、平台与相关权利人的关系等，都需要立法不断地探索、研究和解决。本法规定的相应责任有利于搁置争议，体现了立法针对性、灵活性和前瞻性的统一。以电子商务法出台为契机，可以倒逼电子商务平台经营者更加注重消费者权益保护，切实履行资质资格审核义务和安全保障义务，加强对平台内经营者的监督和管理。

第三十九条 【信用评价制度与信用评价规则】

电子商务平台经营者应当建立健全信用评价制度，公示信用评价规则，为消费者提供对平台内销售的商品或者提供的服务进行评价的途径。

电子商务平台经营者不得删除消费者对其平台内销售的商品或者提供的服务的评价。

【条文研析】

平台内经营者往往基于其良好的信用状况而获得相应的交易机会。在这种情况下，客观公正的信用评价机制的建立，就是平台的重要责任。平台不仅要建立相应的信用评价机制，而且要确保相关的规则公平、合理。平台还必须对其平台内发生的各种炒作信用、扭曲信用、制造虚假信用的行为进行查处和制裁。

由于信用以及用户评价对于平台内经营者获取商业机会具有重大的影响，因此还需要考虑平台开放第三方信用评价机制。在确保相关的信息不泄露的情况下，引入第三方信用评价机制以及企业外部信用信息的汇集机制，便于用户更加全面地了解交易相对人的信用状况。

本条分为两款。第一款是关于电子商务平台经营者建立信用评价体系方面的要求。这一要求进一步分为几个方面。第一方面的要求是平台经营者应当建立信用评价体系。相应的评价体系必须健全，运作良好，对于平台内经营者的相关行为有积极的引导功能。第二方面的要求是平台经营者必须公示信用评价规则。该公示的要求主要针对平台经营者如何设立相应的评价标准、对相关的事项如何赋值、如何确保信用评价体系客观、公正和合理。第三个方面的要求是平台必须为消费者和用户提供对平台内销售的商品或者提供的服务进行评价的途径。一般来说，相关的评价应该是公开的，可以被其他用户查询和作为参考，没有合理理由不得屏蔽和删除评价。

本条第二款规定的是平台经营者对消费者评价的处理问题。原则上电子商务平台经营者不得删除消费者对其平台内销售的商品或者提供的服务的评价。这一规定是强制性的规定，主要目的是确保消费者评价能够发挥良好的作用，促进平台经营者以及平台内经营者诚实经营。但是，如果相关的信息依照法律、行政法规属于禁止发布或者传输的信息，那么即使予以删除，平台也应当依照其信息记录和保留的义务，在后台记录和保存信息，便于在必要时查询。

在实践中，哪些信息属于依照法律、行政法规禁止发布或者传输的信息，需要依照相关法律的规定予以认定。在立法过程中曾经提到的明显的侮辱、诽谤性质的信息以及违反公序良俗的信息，属于本条提到的违法的信息的类型。

第四十条　【竞价排名业务的广告标注义务】

电子商务平台经营者应当根据商品或者服务的价格、销量、信用等以多种方式向消费者显示商品或者服务的搜索结果；对于竞价排名的商品或者服务，应当显著标明“广告”。

【条文研析】

竞价排名机制已经成为平台经营者获取利润的重要的甚至核心的来源。为此，本法必须对这种经营行为进行规范。本条只是对其作出了初步的规范，提出了基础性的要求。对于竞价排名问题上各方主体之间的权利义务关系具体如何配置，仍然需要更加明确具体的规定。

本条是关于电子商务平台上的垂直搜索相关问题的规范。由于平台是典型的双边市场，因此在一方面聚集了大量的用户，在另外一方面聚合了大量的平台内经营者。平台内的经营者之间的竞争也因此在很大的程度上成为获取流量和关注度的竞争。平台经营者因此相对于平台内经营者获得了巨大的话语权和控制力。本条规定在目的上是为了平衡与限制平台经营者利用其干预搜索结果的方式来施加影响力。

首先，本条规定要求平台经营者采取多种方式来排列搜索结果。这里所指的搜索结果，应该是指自然搜索的结果，是根据客观的算法进行的搜索排序。对此本条列举了三种搜索排序方法，分别是价格排序法、销量排序法、信用排序法。需要强调是，平台经营者在设定相应的搜索算法时，必须遵循本法的规定，至少必须向用户提供这三种搜索排序方法。至于说平台经营者是否另外提供综合排序法，这属于平台经营者的自主决定的范围。

其次，如果平台经营者采取竞价排名的方法来干预搜索结果，需要受到特别的规制。对于竞价排名这种行为的属性，曾经有过很多讨论，现在已经明确其属于互联网广告行为的一种形态。如果采用竞价排名机制对搜索结果进行排序，那么需要对被干预后的搜索结果，显著标明“广告”。区分标志是为了使得用户清楚相应的搜索结果的性质，对于其判断和决策会起到有益的信息披露功能。因此，根据本条的规定，必须是显著标明，而是否显著，需要根据一般人的判断标准来做出判断，另外标明的必须是“广告”二字，不能标记为内涵不是特别清晰的“推广”二字。

当然，还需要注意的是，标明“广告”，并不一定意味着电子商务平台经营者在这种情况下就需要承担传统的广告发布者的责任。因为竞价排名作为互联网广告的一种特殊形态，与传统的广告形态存在很大的差别。很多情况下，竞价排名是一种自动化的广告投放机制，平台经营者对于相关内容不可能进行预先的审核。就此而言，需要根据互联网广告的具体情况，对平台经营者采取竞价排名机制推广特定的经营者的链接应该承担何种法律责任进行具体的判断。对于这一问题，国家互联网信息办公室发布的《互联网信息搜索服务管理规定》第十一条以及市场监督管理总局发布的《互联网广告管理暂行办法》第三条值得参考。

第四十一条 【知识产权保护规则】

电子商务平台经营者应当建立知识产权保护规则，与知识产权权利人加强合作，依法保护知识产权。

【条文研析】

一、电子商务平台知识产权保护制度

电子商务法第四十一条至四十五条规定了电子商务平台知识产权保护制度，由平台经营者知识产权保护规则、治理措施与法律责任组成。这些法律规范仅适用于电子商务平台经营者，其他经营者保护知识产权的义务

与责任适用知识产权保护的一般性法律规定。电子商务法中的知识产权保护制度虽然建立在侵权责任法等现有法律法规的基础之上，但是针对电子商务的特点，电子商务法有所更新与发展，不仅澄清了实践中一些模糊问题（如平台经营者收到知识产权权利人通知后是否需要进行法律上的判断、平台是否采取删除等必要措施与其侵权责任之间的关系等），而且创造性地发展了我国知识产权法律规范（如平台经营者建立知识产权保护规则的制度）。

电子商务法的五个知识产权条文中，关于平台经营者侵权责任的条文仅有一条（第四十五条），主要的法律规范与法律机制并非在平台内发生知识产权侵权之后如何追责、制裁，而是促进与规范平台治理，通过平台经营者与有关各方加强合作，制定与实施知识产权保护规则、采取有关的保护措施，以避免、预防、及时制止平台内知识产权侵权行为。电子商务法将知识产权保护从单纯的事后责任制度，发展到事前、事中的治理与事后的责任并重的制度，是对我国知识产权法律制度的重要发展。治理与责任的相互作用表现在两个方面：一方面，知识产权侵权责任制度具有威慑作用，督促平台经营者在平台内进行有效的知识产权治理；另一方面，平台经营者加强平台知识产权治理，就能降低、甚至消除知识产权侵权责任的风险。从节约社会成本、提高执法效率的目的看，电子商务法建立的知识产权保护制度具有合理性与可行性。

二、电子商务平台知识产权保护规则

电子商务法第四十一条至第四十五条规定的电子商务平台知识产权保护制度分为保护规则、治理措施与侵权责任三个部分。电子商务法第四十一条规定的是保护规则，即：电子商务平台经营者应当建立知识产权保护规则，与知识产权权利人加强合作，依法保护知识产权。

根据电子商务法上述条文的规定，电子商务平台经营者建立知识产权保护规则是履行保护知识产权法律义务的重要体现。电子商务平台经营者制定知识产权保护规则，实施知识产权治理措施，既是其治理权力，也是其法定义务。建立知识产权保护规则成为平台经营者的法定义务，足以说明规则在平台知识产权保护中的重要性与必要性。

（一）知识产权保护规则与交易规则的关系

知识产权保护规则是平台经营者为履行法定义务而制定与实施的规则，但是并非简单重复有关法律规定或者要求，而是将法律规范应用于平台的环境，并使之具体化与细致化。平台的知识产权保护规则界定平台内经营者保护知识产权的义务、知识产权治理措施的条件与程序、违反规则的后果及相关争议解决方式等内容。

知识产权保护规则属于电子商务法规定的交易规则的一种。交易规则是电子商务平台经营者制定与实施的规章制度，通过服务协议成为对所有使用平台服务的经营者与消费者具有约束力的合同条款，甚至可以影响到平台外的知识产权权利人等利益相关方。

交易规则及其衍生的服务协议是平台经营者实现平台治理的基本途径。交易规则的种类很多，包括平台用户进入与退出平台的条件、商品和服务质量保障、消费者权益保护、个人信息保护与知识产权保护等诸多方面。电子商务法已经将交易规则纳入法律规范的体系，平台经营者违反有关规定的，应当依法受到行政处罚。例如，电子商务法规定，电子商务平台经营者违反本法规定，修改交易规则未在首页显著位置公开征求意见，未按照规定的时间提前公示修改内容，或者阻止平台内经营者退出的，由市场监督管理部门责令限期改正，可以处以二万元以上十万元以下的罚款；情节严重的，处十万元以上五十万元以下的罚款。

（二）知识产权保护规则的基本特征

为了规范平台治理，电子商务法对于平台制定与实施的交易规则提出一系列要求，包括：交易规则的制定应当遵循公开、公平、公正的原则（第三十二条），交易规则的修改应当公开征求意见并不得强行适用于用户（第三十四条），交易规则应当充分有效地公开（第三十三条），交易规则应具有合法性（第三十五条），交易规则一旦实施对于平台用户具有强制性（第三十四条）。

作为交易规则的组成部分，电子商务平台经营者制定与实施的知识产权保护规则同样应符合上述法定的要求，具有合法性、公开性、公共性与强制性的特征。

1. 合法性

平台的知识产权保护规则必须符合相关知识产权法律、行政法规的规定，不得降低法定的知识产权保护水平或者为知识产权保护设置不合理的条件或者障碍。平台能否通过规则提高法定的知识产权保护水平，则需斟酌。理论上，平台自愿提高知识产权保护水平，不违反法律规定。但是，知识产权法律制度在权利保护的同时设置了有关的权利限制与例外作为社会公共利益的保障。平台规则如果自行扩大知识产权权利的范围、缩小相应的权利限制与例外，则可能妨碍公众获取知识与信息的自由，损害他人技术进步与创新的权利。因此，平台知识产权保护水平过高，亦不可取。

2. 公开性

平台知识产权保护规则的公开性表现在制定中、形成后、修改过程与实施处罚四个环节。根据电子商务法的规定，规则的制定应当遵循公开、公平、公正的原则，明确平台与其用户（经营者与消费者）的权利和义务；制定后付诸实施的规则应当在平台首页显著位置持续公示，并保证用户能够便利、完整地阅览和下载；规则的修改应当在平台首页显著位置公开征求意见，采取合理措施确保有关各方能够及时充分表达意见，修改内容在实施前应当公示七日。平台经营者依据规则与服务协议对违反法律、行政法规的平台内经营者实施处罚措施的，应当及时公示。

3. 公共性

平台的知识产权保护规则规定的是适用于所有同类用户的一般性与共通性的问题。平台经营者与其用户依据规则订立服务协议之时，会根据每个用户的具体情况将规则转换为有约束力的合同条款。平台经营者基于相应的合同关系对用户加以约束。

4. 强制性

平台内经营者违反知识产权保护规则，等于违反了相关法律、行政法规的规定，平台经营者虽然没有执法权力，但是有权依照服务协议的约定，对违约用户实施警示、暂停或者终止服务等措施。平台知识产权保护规则因服务协议的约束力，对于平台内经营者具有强制性。

（三）平台经营者与知识产权权利人加强合作

电子商务法第四十一条在规定平台经营者有义务建立知识产权保护规则的同时，还规定平台经营者应当与知识产权权利人加强合作。此项规定是针对知识产权保护规则的特殊性作出的。

交易规则中的商品和服务质量保障规则、消费者权益保护规则、个人信息保护规则等仅适用于平台内的用户，但是知识产权规则不仅影响平台内用户的权益，而且影响到平台外知识产权权利人的权益。

电子商务法关于交易规则的规定实质上肯定了平台之外主体参与平台治理的可能。例如，电子商务法第三十四条第一款规定，电子商务平台经营者修改交易规则应公开征求意见，采取合理措施确保有关各方能够及时充分表达意见。其中，“有关各方”应不限于平台内的用户，包括平台外的公众。

知识产权保护规则的特殊性在于，平台外的知识产权权利人不同于普通公众，对于规则的制定、修改与实施有切身利益及更为迫切的参与需求。因此，平台经营者应当保障所有相关知识产权权利人（包括平台之外的知识产权权利人）参与知识产权保护规则的制定、修改与实施的途径与机会。对于平台外的知识产权权利人，平台经营者尤其应当创造条件使之在知识产权保护规则的制定、修改中能够充分表达意见，实施中能够监督与反馈。平台经营者应当依法给予平台内外的知识产权权利人同等的待遇，不应歧视平台外的知识产权权利人或者为其权利保护设置障碍。

平台外的知识产权权利人如果与平台经营者没有直接的合同关系，在具体的联系方式与参与渠道方面，不可避免地面临实际的困难。因此，许多知识产权权利人虽然没有成为平台内经营者，但是与平台经营者签订了知识产权保护协议（如阿里巴巴集团的多个电子商务平台已经与200多家品牌企业订立品牌合作协议），提供权利信息给平台，平台经营者则依据规则预防、避免或者及时制止与处罚平台内侵权行为。当然，平台外知识产权权利人不论是否与平台经营者签订合作协议，平台经营者都应与之合作，构建知识产权保护规则系统，否则平台经营者就涉嫌违反电子商务法的法定义务。

总之，根据电子商务法的规定，平台经营者与知识产权权利人加强合作，就应当保障平台内外的知识产权权利人平等参与规则的制定与修改，并保证规则实施中平台内外的知识产权权利人都能得到同等保护。平台内经营者无论侵犯的是平台内或外的知识产权，平台经营者均应及时采取制止或者处罚的措施，不得偏私。

（四）平台经营者与其他有关各方的合作

平台经营者知识产权保护规则不仅应与知识产权权利人加强合作，而且应与平台内经营者、消费者等其他利益相关方合作。保障平台内经营者在规则的制定、修改和实施中参与发声，可以增强其对规则的认同，从而提高规则实施的效率。鼓励消费者参与规则的制定、修改和实施，可以更有效地保护消费者免受假冒商品的损害。

平台经营者还应在规则的构建中与相关执法机构加强合作，积极配合有关的执法活动。例如，根据电子商务法第六十二条的规定，平台经营者应为知识产权维权提供有关的交易记录，以便有关执法机构查清事实、追究责任。

总之，以知识产权保护规则为核心的平台知识产权治理系统需要知识产权权利人、平台内经营者与消费者等有关各方共同参与、共同构建，从而形成共管、共治与共赢的局面。

第四十二条 【知识产权权利人的通知与平台经营者的删除等措施】

知识产权权利人认为其知识产权受到侵害的，有权通知电子商务平台经营者采取删除、屏蔽、断开链接、终止交易和服务等必要措施。通知应当包括构成侵权的初步证据。

电子商务平台经营者接到通知后，应当及时采取必要措施，并将该通知转送平台内经营者；未及时采取必要措施的，对损害的扩大部分与平台内经营者承担连带责任。

因通知错误造成平台内经营者损害的，依法承担民事责任。恶意发出错误通知，造成平台内经营者损失的，加倍承担赔偿责任。

【条文研析】

一、知识产权治理措施的发展历程

世界知识产权组织1996年《世界知识产权组织版权条约》和《世界知识产权组织表演与录音制品条约》（“互联网条约”）谈判的主要领袖、时任总干事的费舍尔博士在撰写的《版权条约》指南中，提出了限制网络服务提供者责任的几项原则。其核心是，不能随意限制网络服务提供者的责任，如要限制，也要附条件，督促网络服务提供者与版权人“合作”。在世界上应用最为广泛的关于中介责任的限制是从美国的“数字化千年版权法”开始的“避风港”制度。由于其中的“通知—移除”机制影响最大，一度成为避风港制度的代称。

美国《数字化千年版权法》将网络服务分成传输管道、系统缓存、主机存储和定位搜索4类，分别规定了减免网络服务提供者中介责任的条件。我国的《信息网络传播权保护条例》基本上采用了上述类型化的责任限制制度。对比两国避风港制度，细微的区别在于美国法律对于第2类系统缓存的网络服务提供者也适用通知和移除的机制，而我国的条例对此没有规定。

“通知—删除”制度虽然发端于网络服务提供者的“避风港”制度，是一种网络服务提供者为求自保，规避、减轻侵权责任风险的制度，但是随着电子商务的发展，“通知—删除”早已不限于侵权责任限制制度或者抗辩的理由，而是融入互联网治理的框架内。电子商务法中关于“通知—删除”的规范是互联网治理在电子商务平台上的反映。互联网治理以利益有关各方共同参与制定实施有关的规则为特征。在互联网治理的宏观体系之中，平台采取的知识产权措施性质上不同于单纯的知识产权侵权责任的限制或者抗辩机制，而是前所未有的互联网治理的新举措。因此，电子商务法第四十二条至第四十四条建立的法律制度的更加合适的名称为“电子商务平台知识产权治理措施”。

电子商务法第四十二条至第四十四条构成平台知识产权治理措施的完

整规范，分别由知识产权权利人的通知、平台内经营者的声明、电子商务平台经营者采取的措施、信息公示及各方法律责任几个部分构成。电子商务法规定的平台知识产权治理措施与侵权责任法第三十六条第二款的规定保持一致（即：网络用户利用网络服务实施侵权行为的，被侵权人有权通知网络服务提供者采取删除、屏蔽、断开链接等必要措施；网络服务提供者接到通知后未及时采取必要措施的，对损害的扩大部分与该网络用户承担连带责任），没有降低原有的法律要求与标准，而且参考《信息网络传播权保护条例》关于著作权、邻接权的规定，丰富与发展了原有的“通知—删除”法律制度。

电子商务法中的知识产权制度是一个有机的整体，第四十二条至第四十四条规定的知识产权治理措施是与第四十一条规定的知识产权保护规则相对应的。知识产权保护规则是治理措施实施的前提与依据。根据电子商务法第四十二条至第四十四条的规定，知识产权权利人发出通知的内容与程序、平台经营者实施措施的内容与程序、平台内经营者提交声明的内容与程序、各方法律责任与相关争议解决机制等大量的规则（包括实施细则）均应当根据第四十一条的规定事先制定，并在平台上予以公示。而且，知识产权保护规则应当特别表明，平台经营者采取有关的删除、屏蔽等知识产权治理措施的，平台内经营者不得追究平台经营者的违约责任。电子商务平台经营者还应当建立有关的自动信息系统，接收、转递、处理来自知识产权权利人的通知与平台内经营者的声明。有关自动信息系统的使用步骤、注意事项、下载方法等，也应当在规则中明示。

因此，为了治理措施的顺利实施，电子商务平台经营者应当在有关规则的制定、修改与实施的过程中，与平台内经营者、消费者、平台内外知识产权权利人加强合作、密切沟通，努力达成各方共识，形成有关各方共同接受的知识产权保护规则。在规则形成过程，平台经营者应当特别给予平台外知识产权权利人充分表达意见的机会。

二、知识产权权利人的通知

电子商务法第四十二条第一款规定，知识产权权利人认为其知识产权受到侵害的，有权向电子商务平台经营者发出通知，要求电子商务平台经营者采取删除、屏蔽、断开链接、终止交易和服务等必要措施。通知应当包括构成侵权的初步证据。

知识产权权利人发出通知是治理措施的第一步。根据最高人民法院有关的司法解释，第四十二条第一款规定的知识产权权利人通知至少应当包括身份证明、知识产权权属证明、侵权初步证据、要求平台实施的措施、通知真实性的保证等内容。知识产权保护规则应对每项内容加以明确与细化，并体现在自动信息系统的指令与程序之中，例如，如何证明知识产权权利人身份、何为侵权初步证据，等等。

三、电子商务平台经营者采取的措施

电子商务法第四十二条第二款规定，电子商务平台经营者接到通知后，应当及时采取必要措施，并将该通知转送平台内经营者。

本条款与本法第三十六条本质上相一致，都是平台规则对于平台内经营者强制性的体现。但是，本条款仅限于平台经营者依据知识产权权利人的通知而采取的措施；第三十六条则适用于更广泛的领域（不限于知识产权保护）。电子商务平台经营者自行发现的平台内经营者违反法律、法规（包括知识产权法律、法规）而采取的处罚措施，应依照第三十六条处理。

根据本条款，电子商务平台经营者通过自动信息系统收到知识产权的通知后，仅需通过系统进行形式审查，无须对通知内容进行法律上的判断，也无须对通知指控内容进行调查，应当及时根据通知要求，对平台内经营者采取删除、屏蔽、断开链接、终止交易和服务等必要措施。有人主张因著作权、商标权、专利权等知识产权类型的不同，而对其通知区别对待。此种观点显然是对平台经营者的地位与作用的误解。平台经营者不能以缺乏实质审查的资源或者侵权判断的能力为借口，拒绝依照通知及时采取措施。

在实践中，电子商务平台经营者由于与平台内经营者存在服务协议等利益关系，经常寻找各种借口，虚与委蛇，不愿按照通知要求采取必要措施。如果发出通知的知识产权权利人虚假通知、错误通知或者滥用知识产

权，自当依法承担相应的责任。但是，平台经营者不应以此担忧为借口拒绝采取措施。否则，根据本法第八十四条规定，平台经营者违反本法第四十二条的规定，对平台内经营者实施侵犯知识产权行为未采取必要措施的，由有关知识产权行政部门责令限期改正；逾期不改正的，处五万元以上五十万元以下的罚款；情节严重的，处五十万元以上二百万元以下的罚款。上述规定的行政罚款的上限远高于现行知识产权法的规定，足以说明平台经营者比其他经营者承担更大的知识产权保护义务。

本条另外一个重要特点在于进一步强化了对于错误通知者的法律责任的承担。因通知错误造成平台内经营者损害的，依法需要承担民事责任。这种责任在性质上是一种过失侵权行为。但是本法进一步强调，如果恶意发出错误通知，造成平台内经营者损失，加倍承担赔偿责任。这是法律规定的特殊的、例外的惩罚性赔偿责任。这一责任适用的前提是故意侵权。

第四十三条　【平台内经营者的声明及平台经营者采取措施的终止】

平台内经营者接到转送的通知后，可以向电子商务平台经营者提交不存在侵权行为的声明。声明应当包括不存在侵权行为的初步证据。

电子商务平台经营者接到声明后，应当将该声明转送发出通知的知识产权权利人，并告知其可以向有关主管部门投诉或者向人民法院起诉。电子商务平台经营者在转送声明到达知识产权权利人后十五日内，未收到权利人已经投诉或者起诉通知的，应当及时终止所采取的措施。

【条文研析】

一、电子商务平台内经营者的声明

根据侵权责任法第三十六条第二款的规定，网络用户利用网络服务实

施侵权行为的，被侵权人有权通知网络服务提供者采取删除、屏蔽、断开链接等必要措施。网络服务提供者接到通知后未及时采取必要措施的，对损害的扩大部分与该网络用户承担连带责任。侵权责任法并未规定平台经营者在按照知识产权权利人的通知采取必要措施之后，平台内经营者是否还有机会进行申辩、请求平台经营者终止所采取的措施。电子商务法则弥补了这方面的不足，进一步平衡了知识产权权利人与平台内经营者的双方利益，参考了《信息网络传播权保护条例》的有关制度设计，丰富与扩展了平台知识产权治理措施的范围与手段。

电子商务法第四十三条第一款规定，平台内经营者接到电子商务平台经营者转递的知识产权的通知后，可以向电子商务平台经营者提交保证不存在侵权行为的声明。声明应当包括不存在侵权行为的初步证据。

参考最高人民法院有关的司法解释，本条款中平台内经营者提交的保证不存在侵权行为的声明至少应当包括身份证明、不存在侵权行为的初步证据、要求平台终止的措施、声明真实性的保证等内容。知识产权保护规则应对每项内容加以明确与细化，并体现在自动信息系统的指令与程序之中，例如，何为不存在侵权行为的初步证据等。

二、电子商务平台经营者终止所采取的措施

电子商务法第四十三条第二款规定，电子商务平台经营者接到声明后，应当将相关经营者的声明转送发出通知的知识产权权利人，并告知权利人可以向有关主管部门投诉或者向人民法院起诉。在转送声明到达知识产权权利人后十五日内，未收到权利人已经投诉或者起诉通知的，应当及时终止所采取的措施。

根据上述规定，平台经营者将平台内经营者的声明送达知识产权权利人后有十五日的期限，权利人可以在此期限内寻求法律救济。权利人提交投诉或者起诉的，平台经营者应当维持所采取的措施。但是，权利人未在此期限内投诉或者起诉的，平台经营者应当及时终止所采取的措施。平台经营者应当为知识产权寻求法律救济提供必要的支持与方便。平台经营者自动信息系统中记录的通知、声明、处理结果等，均可作为知识产权权利人投诉或者起诉的证据。根据电子商务法第六十二条的规定，如知识产权权利人需要有关记录作举证之用，平台经营者应当予以提供。

另外，根据电子商务法第六十三条的规定，平台经营者可以建立争议在线解决机制，制定并公示争议解决规则，根据自愿原则，公平、公正地解决当事人的争议。因此，如果知识产权权利人与平台内经营者均同意，也可以使用平台在线解决机制解决双方的争议。

第四十四条　【知识产权权利人的通知、平台内经营者采取的措施以及平台内经营者声明的公示】

电子商务平台经营者应当及时公示收到的本法第四十二条、第四十三条规定的通知、声明及处理结果。

【条文研析】

一、信息公示义务

电子商务法第四十四条规定，电子商务平台经营者应当及时公示收到的知识产权权利人通知、平台内经营者的声明及处理结果。本条款与电子商务法第三十六条规定的及时公示要求相一致。电子商务平台经营者公示有关的通知、声明及处理结果，是治理措施的重要组成部分，目的是保证平台治理的公开透明，接受有关各方的监督，避免出现平台经营者收到通知、声明后予以隐匿，或者采取的措施不符合规则等情况。当然，如果涉及个人信息、秘密信息等内容，平台公示时可以适当方式加以保护，可以采取公示节略信息或者统计性信息等方式。

平台知识产权保护规则的公开性，与平台所有交易规则一样，不仅表现在制定与修改的过程中，而且必须在规则实施环节予以体现。电子商务法第三十六条规定，平台经营者依据平台服务协议与交易规则对平台内经营者实施警示、暂停或者终止服务等措施的，应当及时公示。因此，平台经营者依据知识产权保护规则，对平台内经营者采取必要的知识产权治理措施的，也必须及时公示。

二、电子商务平台知识产权治理措施中各方法律责任

电子商务法第四十二条至第四十四条所规定的平台知识产权治理措施，涉及平台经营者、平台内经营者、知识产权权利人等各方权利与义务。任何一方违反相关义务的，应承担相应的法律责任。此种责任不同于电子商务法第四十五条规定的平台经营者的侵权责任。

（一）知识产权权利人

根据电子商务法第四十二条第三款的规定，知识产权权利人因通知错误给平台内经营者造成损失的，依法承担民事责任。

该条款规定的知识产权“通知错误”，应当以客观后果而非知识产权权利人主观心理状态来判断，只要通知内容被证明为与事实不符，给平台内经营者造成损失，知识产权权利人就应当承担民事责任。如果知识产权权利人故意发出虚假通知或者滥用知识产权损害竞争者利益，应加重其责任的范围与程度，包括赔偿因通知给平台内经营者所造成的损失。电子商务平台经营者可以在法律允许的范围内，在知识产权保护规则中规定知识产权权利人恶意通知损害平台内经营者的合法权益、扰乱正常经营活动的，应当承担加倍赔偿的责任。知识产权权利人使用平台的自动信息系统提交通知，应视为同意平台的知识产权保护规则；规则中关于恶意通知承担赔偿责任的内容，应对知识产权权利人有约束力。

（二）平台内经营者

平台内经营者如提交错误声明，给知识产权权利人造成损失的，是否承担民事责任，电子商务法未予规定。但是，如平台内经营者提交与事实不符的声明，导致知识产权保护措施被终止、侵权行为被恢复及知识产权权利人损失的扩大，应为通知后的知识产权侵权行为承担责任；如恶意声明，更应承担加重责任。

（三）电子商务平台经营者

根据电子商务法的规定，平台经营者承担制定知识产权保护规则、及时实施知识产权治理措施、通过有关自动信息系统及时转送与公示信息等

一系列职责，对知识产权权利人与平台内经营者双方均负有义务。平台经营者违反信息转送与公示义务、未能及时采取或者终止有关治理措施的，均须承担相应的责任。

电子商务法第四十二条第二款规定，电子商务平台经营者接到通知后，未及时采取必要措施制止平台内经营者知识产权侵权行为，导致知识产权权利人遭受的损失扩大的，应当对损害的扩大部分与平台内经营者承担连带责任。此外，平台经营者还应受相应的行政处罚。根据电子商务法第八十四条的规定，电子商务平台经营者违反本法第四十二条规定，对平台内经营者实施侵犯知识产权行为未依法采取必要措施的，由有关知识产权行政部门责令限期改正；逾期不改正的，处以五万元以上二十万元的罚款；情节严重的，处以二十万元以上五十万元以下的罚款。

电子商务平台经营者收到平台内经营者提交的保证不侵权的声明后，不及时终止有关的治理措施，给平台内经营者造成损失的，应按照平台规则及服务协议承担相应的责任。

第四十五条　【平台经营者知识产权侵权责任】

电子商务平台经营者知道或者应当知道平台内经营者侵犯知识产权的，应当采取删除、屏蔽、断开链接、终止交易和服务等必要措施；未采取必要措施的，与侵权人承担连带责任。

【条文研析】

一、电子商务平台经营者知识产权侵权责任

电子商务平台经营者属于侵权责任法规定的网络服务提供者。侵权责任法第三十六条第一款与第三款规定的责任适用于平台经营者，即平台经营者利用网络侵害他人民事权益的，应当承担侵权责任；平台经营者知道网络用户利用其网络服务侵害他人民事权益，未采取必要措施的，与该网络用户承担连带责任。电子商务法第四十五条的规定与侵权责任法第三十

六条第三款几乎完全一致。由于电子商务法在很大程度上丰富与发展了平台经营者知识产权治理措施的内容，因此理清平台治理措施与侵权责任的关系，就成为正确适用本条的关键。

（一）平台经营者的过错责任

电子商务法第四十五条规定了电子商务平台经营者知识产权侵权责任的标准，即电子商务平台经营者为平台内经营者的知识产权侵权行为承担过错责任（仅在“知道或者应当知道”的情况下方才承担责任），而非严格责任（即只要平台内有侵犯行为就承担责任）。该条规定的是平台经营者的中介责任。过错是平台中介责任的核心内容，是责任体制的安全阀，保证该负责的负责、该免责的免责，直接决定责任的成立和范围。

1. 中介责任

电子商务法第四十五条规定的平台经营者的责任属于侵权责任法第三十六条第三款规定的中介责任。网络服务提供者的侵权责任可以被分为独立责任和中介责任两类。独立责任是因网络服务提供者自身独立的行为产生的责任。中介责任则是因网络服务提供者的中介地位或者作用产生的责任。

网络服务提供者与其他主体一样，未经版权人允许，擅自以复制、传播等方式使用作品的，应当按照有关的版权侵权规则承担民事责任。网络服务提供者直接、独立实施的版权侵权行为，应当承担严格责任。各国法律在追究网络服务提供者独立责任方面的差异并不大。我国对网络服务提供者的独立责任也有法律规定。侵权责任法第三十六条第一款规定，网络服务提供者利用网络侵害他人民事权益的，应当承担侵权责任。这与其他国家的做法没有本质区别。以往认为，我国的侵权责任体系中没有明确的关于严格责任的规定，但是侵权责任法作出了有建设性的尝试。

关于中介责任，在普通法体系中，以英国法为代表的体系（包括澳大利亚、新加坡、中国香港等）采用的是“次级责任”的概念和“授权性侵权”的判断原则。简单地说，如果网络服务提供者知道用户的侵权行为，有能力控制侵权行为的发生，却没有采用行动防止侵权行为的发生，就构成了“授权性的侵权”。以美国法为代表的体系则采用了帮助性侵权和替代责任的概念。前者的突出特征是知道用户的侵权行为仍然参与其中；后者的突出特征是对用户的侵权行为有控制能力，而且从中获利。随着网络文件共享系统的普及应用，又出现了一种针对共享系统软件、平台提供者的所谓“引诱性侵权”责任，即因用积极的语言或者行动促进用户的侵权行为而导致的责任。

在大陆法中，比较典型的中介责任是由于帮助、教唆他人侵权而产生的责任。例如，在韩国轰动一时的 Soribada 案件中，开发和发行计算机程序、供用户分享 MP3 音乐文档的网络服务提供者，由于直接或者间接地辅助侵犯版权的行为，有过失地协助、帮助和教唆侵权行为，而被判决承担侵犯版权的责任。我国也属于同一责任体系，我国相关司法解释也有类似规定。在共同责任的体系下，我国法律对于网络服务提供者的中介责任的追究也与其他法域的做法有充分的可比性。例如，国外学者认为韩国、中国法院审理的文件共享系统提供者的案件与澳大利亚、美国同类案件的中介责任的本质上是相通的。

随着侵权责任法的颁布实施，关于帮助、教唆性侵权是否是共同侵权的问题，答案已经很清晰了。侵权责任法第八条至第十条分别规定了共同侵权、教唆、帮助性侵权和共同危险行为的侵权。这是我国侵权责任体制的精细化的体现。虽然上述三种侵权行为均采取了连带责任的形式，但是已经各自具有了相当独立性，不必混为一谈了。

2. 平台的过错

电子商务法第四十五条规定的平台经营者的过错分为两种情形。第一种是平台经营者有意为之、明知故犯的情形（例如，欧盟的“电子商务指令”在前序的说明中指出，如果一个服务提供者故意与其服务对象配合从事非法活动，则超出了单纯传输管道或者系统缓存的范围，因此不能受惠于有关的责任豁免；美国判例法也认定，网络服务提供者构成故意引诱性侵权的，不适用避风港规则），即平台经营者确切地“知道”平台内经营者的侵权行为，但不采取必要措施予以制止，平台经营者应与侵权人承担连带责任。

第二种是平台内侵权行为明显而平台经营者应当注意到的情形（例如，欧盟“电子商务指令”规定，主机服务提供者对违法活动或者信息不明确知道，而且不属于因违法活动或者信息明显而注意到这些事实或者情形，是免除其赔偿责任的条件之一；美国《数字化千年版权法》规定，减免主机存储和搜索定位服务的提供者责任的条件之一是，对侵权行为不明确知道，而且不属于因侵权行为明显而注意到这些事实或者情形），即平台经营者“应当知道”平台内经营者的侵权行为，却视而不见、听之任之，不采取必要措施予以制止，属于有重大过失的情形，平台经营者也应与侵权人承担连带责任。根据世界贸易组织《与贸易有关的知识产权协定》第五十一条注释的规定，假冒商标商品是指侵权地使用与他人注册商标相同或者几近相同的标志的商品；盗版版权商品则是指未经版权人许可复制的版权商品或者侵权性地直接或者间接翻版的版权商品。因此，电子商务平台内经营者销售盗版或者假冒商品的，就属于平台内侵权行为明显而平台经营者应当注意到的情形。

电子商务法第三十八条第一款规定，电子商务平台经营者知道或者应当知道平台内经营者销售的商品或者提供的服务不符合保障人身、财产安全的要求，或者有其他侵害消费者合法权益行为，未采取必要措施的，依法与该平台内经营者承担连带责任。该条款中的“知道或者应当知道”也应作上述两种情形解释。

此外，电子商务法第四十五条虽然没有明确规定，但是还可能隐含第三种情形，即平台内经营者的侵权行为不容易发现（如未经专利权人许可在所经营的商品中实施有关的专利技术）、不够明显，平台经营者仅有一般过失的，不应与侵权人承担连带责任。但是，即便在此情况下，平台经营者如果收到知识产权权利人的通知，则“知道”了平台内经营者的侵权行为，仍不采取必要措施的，根据第四十二条第二款的规定，应对知识产权损害的扩大部分与侵权人承担连带责任。

（二）平台的过错与治理措施中的通知

电子商务法第四十五条规定的过错责任，其基础在于电子商务平台经营者是平台的治理者，负有制止平台内知识产权侵权的一般性注意义务，违反此义务，则有过错（包括故意与重大过失），均应承担法律责任。

根据上述条文的规定，平台经营者的一般性注意义务是依法始终存在的，独立于第四十二条至第四十四条规定的知识产权治理措施的义务。电子商务法的规定与侵权责任法第三十六条第三款的规定保持一致，即网络服务提供者知道网络用户利用其网络服务侵害他人民事权益，未采取必要措施的，与该网络用户承担连带责任。侵权责任法第三十六条也是分两款分别规定被侵权人的通知与删除机制（第三十六条第二款）与网络服务提供者“知道”而不采取必要措施的（不论有无通知）的责任（第三十六条第三款）。

平台经营者拥有平台的治理权，有权依据平台服务协议与交易规则对平台内经营者违反知识产权保护的法律、法规的行为予以制止与处罚。平台经营者不论是否收到知识产权权利人的通知，均应尽一般性注意义务，否则就有过错。

知识产权权利人的“通知”固然可以让平台经营者“知道”平台内侵权行为的存在，但是没有“通知”并不等于平台经营者就可以逃避一般性注意义务，对平台内的侵权行为视而不见、置之不理。

因此，根据电子商务法第四十五条的规定，知识产权权利人没有发出通知或者平台经营者收到通知之前，知识产权权利人如能证明平台经营者未尽一般性注意义务，知道或者应当知道平台内的侵权行为而不采取必要措施予以制止，则知识产权权利人仍然可以追究平台经营者与平台内实施侵权行为的经营者的连带责任。但是，如果平台经营者在收到知识产权权利人通知之后，采取了必要措施制止平台内经营者的侵权行为，则属于有所悔过，其连带侵权责任截止到采取必要措施时为止。反之，本来就有过错的平台经营者，收到知识产权权利人的通知后仍不及时采取必要措施，则还要为知识产权权利人由此扩大的损害与平台内经营者承担连带责任。

总之，如果将电子商务法第四十五条规定的平台知识产权侵权责任与第四十二条至第四十四条规定的平台知识产权治理措施结合起来，平台经营者的责任有如下情形：

1. 平台经营者不知道、不应当知道平台内侵权行为的，收到知识产权权利人通知，应当及时采取必要措施；否则，就知识产权权利人扩大部分的损害，平台经营者与侵权人承担连带责任；

2. 平台经营者一旦知道或者应当知道平台内侵权行为，即便没有知识产权权利人通知，也应依法采取必要措施；否则，平台经营者与侵权人承担连带责任；

3. 平台经营者知道或者应当知道平台内侵权行为，未采取必要措施，但是在收到知识产权权利人的通知后，及时采取了必要措施的，应为采取必要措施之前的知识产权权利人的损害，与侵权人承担连带责任；

4. 平台经营者知道或者应当知道平台内侵权行为，未采取必要措施，而且在收到知识产权权利人的通知后，仍未及时采取必要措施的，应就知识产权权利人遭受的全部损害，与侵权人承担连带责任。

二、电子商务平台经营者的侵权责任与治理措施

电子商务法规定的电子商务平台经营者的侵权责任制度与知识产权治理措施是两种并行的法律制度，各自有其构成要素与标准。过错是平台经营者侵权责任的核心要素。治理措施则有其自身的逻辑结构与程序安排。两相对比，平台经营者的侵权责任制度是更根本的制度，也是知识产权治理措施的外在压力与法律制约。平台经营者的治理措施则可以根据电子商务的发展不断调整与完善。

两种法律制度存在着微妙的共存和交叉的关系，但是既不能相互取代，也不应相互混淆。厘清两者关系，对于本法的正确适用有重大意义。

三、行政处罚

电子商务平台经营者除了承担侵权民事责任之外，还应承担相应的行政处罚。根据电子商务法第八十四条规定，电子商务平台经营者违反本法

第四十五条规定，对平台内经营者实施侵犯知识产权行为未依法采取必要措施的，由有关知识产权行政部门责令限期改正；逾期不改正的，处五万元以上五十万元以下的罚款；情节严重的，处五十万元以上二百万元以下的罚款。

第四十六条　【合规经营与不得从事的交易活动】

除本法第九条第二款规定的服务外，电子商务平台经营者可以按照平台服务协议和交易规则，为经营者之间的电子商务提供仓储、物流、支付结算、交收等服务。电子商务平台经营者为经营者之间的电子商务提供服务，应当遵守法律、行政法规和国家有关规定，不得采取集中竞价、做市商等集中交易方式进行交易，不得进行标准化合约交易。

【条文研析】

一、电子商务平台经营者基本服务范围

本条目的在于明确电子商务业务界限，防范金融风险，维护社会稳定。本条制度设计借鉴了《国务院关于清理整顿各类交易场所切实防范金融风险的决定》（国发〔2011〕38号）和《国务院办公厅关于清理整顿各类交易场所的实施意见》（国办发〔2012〕37号）的相关精神。

金融交易场所是一类非常特殊的市场主体，是重要的金融基础设施，事关国家金融安全与稳定，需要一系列特别的专门法律法规加以详细规定，其设立与运营都有专门特别规定，并接受国家有关部门的特别监管。本法禁止电子商务平台经营者提供类金融交易场所的服务，目的是防止经营业务异化，影响正常金融秩序。

二、相关法律法规衔接

本条规定在具体实施中可以参照《国务院关于清理整顿各类交易场所切实防范金融风险的决定》（国发〔2011〕38号）和《国务院办公厅关于

清理整顿各类交易场所的实施意见》（国办发〔2012〕37号）等有关规定。如《国务院办公厅关于清理整顿各类交易场所的实施意见》第二条规定，违反下列规定之一的交易场所及其分支机构，应予以清理整顿：(1) 不得将任何权益拆分为均等份额公开发行。任何交易场所利用其服务与设施，将权益拆分为均等份额后发售给投资者，即属于“均等份额公开发行”。股份公司股份公开发行适用公司法、证券法相关规定；(2) 不得采取集中交易方式进行交易。本意见所称的“集中交易方式”包括集合竞价、连续竞价、电子撮合、匿名交易、做市商等交易方式，但协议转让、依法进行的拍卖不在此列；(3) 不得将权益按照标准化交易单位持续挂牌交易。本意见所称的“标准化交易单位”是指将股权以外的其他权益设定最小交易单位，并以最小交易单位或其整数倍进行交易。“持续挂牌交易”是指在买入后5个交易日内挂牌卖出同一交易品种或在卖出后5个交易日内挂牌买入同一交易品种；(4) 权益持有人累计不得超过200人。除法律、行政法规另有规定外，任何权益在其存续期间，无论在发行还是转让环节，其实际持有人累计不得超过200人，以信托、委托代理等方式代持的，按实际持有人数计算；(5) 不得以集中交易方式进行标准化合约交易。本意见所称的“标准化合约”包括两种情形：一种是由交易场所统一制定，除价格外其他条款固定，规定在将来某一时间和地点交割一定数量标的物的合约；另一种是由交易场所统一制定，规定买方有权在将来某一时间以特定价格买入或者卖出约定标的物的合约；(6) 未经国务院相关金融管理部门批准，不得设立从事保险、信贷、黄金等金融产品交易的交易场所，其他任何交易场所也不得从事保险、信贷、黄金等金融产品交易。

三、电子商务平台经营者基本服务范围

本条规定了电子商务平台经营者基本服务范围，并原则禁止电子商务平台经营者从事类交易场所业务。

本条以列举的方式规定了除本法第九条第二款规定的服务外，电子商务平台经营者可以依照平台服务协议和交易规则从事的基本服务范围。本条所列举的仓储、物流、支付结算、交收等服务都是加强电子商务服务能

力、提高整体竞争力经常需要涉及的服务范围，与电子商务平台经营者本职业务有相当的联系，在实践中电子商务平台经营者提供该类服务也颇为常见。

电子商务平台经营者所从事的服务业务不限于上述几种，遵循商业自由的原则，也可依法从事其他业务，但必须遵守相关法律法规和基本商业习惯及道德，不得经营法律法规禁止的业务，不得从事与本法第九条第二款所规定的服务相冲突的业务，不得有损消费者合法利益、违反法律法规及商业道德。

四、依法禁止电子商务平台经营者从事类交易场所业务

电子商务平台经营者应当遵守法律、行政法规和国家有关规定，不得采取集中竞价、做市商等集中交易方式进行交易，不得进行标准化合约交易。

对此，《国务院关于清理整顿各类交易场所切实防范金融风险的决定》(国发〔2011〕38 号）第一条规定，交易场所是为所有市场参与者提供平等、透明交易机会，进行有序交易的平台，具有较强的社会性和公开性，需要依法规范管理，确保安全运行。其中，证券和期货交易更是具有特殊的金融属性和风险属性，直接关系到经济金融安全和社会稳定，必须在经批准的特定交易场所，遵循严格的管理制度规范进行。目前，一些交易场所未经批准违法开展证券、期货交易活动；有的交易场所管理不规范，存在严重投机和价格操纵行为；个别交易场所股东直接参与买卖，甚至发生管理人员侵吞客户资金、经营者卷款逃跑等问题。这些问题如发展蔓延下去，极易引发系统性、区域性金融风险，甚至影响社会稳定，必须及早采取措施坚决予以纠正。

电子商务平台经营者不得违反法律法规规定擅自从事大宗现货、期货等以及其他类交易场所业务，前述交易具有特殊的金融属性和风险属性，直接关系到经济金融安全和社会稳定，必须在经批准的特定交易场所，遵循严格的管理制度规范进行。

本法所称的“集中交易”包括集合竞价、连续竞价、电子撮合、匿名交易、做市商等交易方式。

本法所称“做市商”是指由具备一定实力和信誉的独立经营法人作为交易商，不断向公众投资者报出某些特定标的的买卖价格（即双向报价），并在该价位上接受公众投资者的买卖要求，以其自有资金和标的物与投资者进行交易。此类交易是典型的金融行为，具有较高风险，受到法律的严格管制。

本法所称“标准化合约交易”，包括由电子商务平台经营者统一制定的两种合约：除价格外其他条款固定，规定在将来某一时间和地点交割一定数量标的物的合约；或规定买方有权在将来某一时间以特定价格买入或者卖出约定标的物的合约。

第三章　电子商务合同的订立与履行

电子商务法第三章以电子商务合同订立与履行为核心，以物流快递及电子支付为两翼，创新、丰富与发展了我国法律规范体系。本章除第四十七条（电子商务合同的法律适用）外，由电子交易法、物流快递法及电子支付法三个部分构成。

第四十八条（自动信息系统的法律效力及电子商务当事人的行为能力推定）、第四十九条（电子商务合同订立及格式条款）、第五十条（使用自动信息系统的经营者的义务）与第五十一条（电子商务合同标的交付）构成电子交易法。该部分的条文虽然数量不多，但是针对电子商务合同的特点对我国现有合同法、电子签名法等法律规范进行了重要补充与修正。其中，关于电子商务合同自动信息系统的规定对于我国方兴未艾的区块链、智能合同等技术的发展应用提供了极为重要的法律支持，奠定了我国数字经济环境下新型交易法的基础，对我国整个民商法体系而言亦有重大的法律意义。关于电子商务合同当事人的行为能力推定、标的交付时间的规定，也是维护电子交易安全的重要法律规范。

第五十二条（物流快递服务提供者的义务）构成第二部分，弥补我国物流快递方面法律规范的不足。

第五十三条（电子支付服务提供者的义务）、第五十四条（支付安全）、第五十五条（错误支付的法律后果）、第五十六条（支付确认）与第五十七条（非授权支付）构成第三部分，规定了电子支付服务提供者的义务与责任，规范了电子支付指令各方的行为，明确了错误支付、非授权支付的法律后果。在我国尚无电子支付相关法律、行政法规的情况下，电子商务法这部分规定是对我国法律体系的重大发展与补充，为我国电子商务的健康发展提供了重要的法律支撑。

第四十七条 【电子商务合同的法律适用】

电子商务当事人订立和履行合同，适用本章和《中华人民共和国民法总则》《中华人民共和国合同法》《中华人民共和国电子签名法》等法律的规定。

【条文研析】

一、法律适用原则

电子商务法是数字经济领域的综合性、基础性法律。对于某些法律问题，现有法律、行政法规中已经存在比较全面、系统、成熟的法律规范的，电子商务法不再赘述，尽量与之衔接，建立互操作性，保障我国法律体系的和谐统一。与此同时，针对电子商务的特点与实际需要，电子商务法对于现有法律、行政法规进行了适度的补充。电子商务法在与合同法、电子签名法、民法总则等法律有机协调的前提下，规定了适应电子商务的特点的补充性法律规范，与合同法、电子签名法、民法总则等法律一起，共同适用于电子商务合同订立与履行的场合。

根据《中华人民共和国电子签名法》第九条第一款的规定，数据电文由发件人的信息系统自动发送的，视为发件人发送。电子商务法第四十八条结合《中华人民共和国电子签名法》第九条第一款规定，明确了自动信息系统在电子商务合同的订立与履行中的法律效力。

电子商务法关于电子商务合同的订立与履行的规定建立在现有法律规范的基础上，但针对电子商务合同的特点，补充、更新与适度调整了现有合同法律规范而形成了新的法律规范。

《中华人民共和国立法法》规定了法律适用原则，即同一机关制定的法律、行政法规、地方性法规、自治条例和单行条例、规章，特别规定与一般规定不一致的，适用特别规定；新的规定与旧的规定不一致的，适用新的规定。因此，根据电子商务法第四十七条的规定，本法生效之后，民法总则、合同法、电子签名法等现有法律中已有关于合同主体、订立、效力、履行、变更和转让、权利义务、终止及违约责任等相关的法律规范，特别是关于“数据电文”“电子签名”等规定的，除本法明确补充或者修订更新之外，均继续适用；但电子商务法关于电子商务合同制定的新的法律规范，则优先于现有规范适用。

上述条文的规定既避免电子商务法重复现有的法律规范，又保证我国交易法律体系的统一性、避免法律规范之间发生冲突。电子商务法关于交易法的条文虽数量寥寥，但均是在民法总则、合同法、电子签名法基础上的点睛之笔。

二、电子商务合同的含义

电子商务法没有定义电子商务合同。电子商务合同指合同法所规定的采用数据电文方式的合同。根据合同法第十条、第十一条的规定，当事人订立合同，包括合同书、信件和数据电文（包括电报、电传、传真、电子数据交换和电子邮件）等可以有形地表现所载内容的书面形式。电子签名法第二条第二款定义数据电文为以电子、光学、磁或者类似手段生成、发送、接收或者储存的信息。

为了保障立法的技术中立性，电子商务合同表现为利用互联网等信息网络生成、发送、接收或者储存关于商品或者服务交易的合同，至于具体采用的是何种电子、光学、磁或者其他类似的技术手段，均不受影响。技术中立原则来源于《联合国国际合同使用电子通信公约》的规定，即：当事人在其所选择的手段符合相关法律规则的目的的限度内享有采用适当媒介和技术的自由，法律不倚重或者偏袒任何技术。电子签名法对于数据电文或者电子签名所使用的技术也未加限定，仅规定了法律认可的条件与程序，原则上对于所有应用技术采取平等与开放的态度，遵守技术中立的原则。例如，基于区块链技术开发的智能合同，通过计算机系统设定交易各方共同同意的通信与互动的规则，能够为交易各方自动订立、执行合同并保障交易安全，即属于电子商务合同。

电子商务法第五十一条规定了合同标的采用在线传输方式交付的情形，因此合同虽非以数据电文形式订立，但以在线传输形式交付合同标的或者以电子支付方式支付价款的，亦在电子商务合同之列。例如，消费者虽然在实体超市购物，但使用电子支付（如扫描二维码支付）付款，消费者与超市之间的合同属于电子商务合同。

电子商务合同并非都是书面合同。根据合同法第十条、第十一条的规定，合同书、信件和数据电文（包括电报、电传、传真、电子数据交换和电子邮件）都属于书面形式。数据电文属于以有形地表现所载内容的书面形式，故以数据电文形式订立的合同属于书面合同。但是，在电子商务法中，数据电文既可以用于订立合同，也可以用于履行合同。一部分合同虽然并非以书面形式订立，但是以在线传输形式交付标的或者采用电子支付履行付款义务仍然属于电子商务合同。

电子商务合同并不等同于远程合同。随着移动互联网的普及，电子商务合同早已不限于缔约方分隔两地、仅通过互联网联系的情形。即便缔约方近在咫尺但是彼此通过互联网等信息网络达成交易、订立合同，也属于电子商务合同。否则，以缔约方物理距离区分电子商务合同，难免有武断之嫌。例如，消费者无论在网络上还是在餐馆内电子点餐所订立的合同，均属电子商务合同，不应因消费者距离餐馆的远近而有性质上的差别。

第四十八条 【自动信息系统的法律效力与行为能力推定】

电子商务当事人使用自动信息系统订立或者履行合同的行为对使用该系统的当事人具有法律效力。

在电子商务中推定当事人具有相应的民事行为能力。但是，有相反证据足以推翻的除外。

【条文研析】

一、自动信息系统的含义

电子商务为自动信息系统的应用提供了前所未有的广阔空间。电子商务合同，除非特殊情况（如当事人特别约定签署传统纸面方式的确认书）

或者特殊领域（如法律、行政法规有禁止性规定），都是采用自动信息系统订立的。使用自动信息系统是电子商务合同最突出的特点，如要规范电子商务合同，保障其依法成立、生效，就必须承认自动信息系统的法律地位、明确有关各方的权利与义务并确定相应的法律后果。

电子商务法第四十八条中的自动信息系统，是指按照事先设定的程序指令、算法、运行参数与条件，在无自然人确认或者干预的情况下，交易双方为了订立或者履行合同进行信息互动的计算机信息系统。自动信息系统发送、接收信息与相对方互动，可以导致当事人之间合同关系的发生、变更与终止。基于技术中立性的原则，自动信息系统设计与运行所采用的技术手段及方式不受限制。例如，已经广泛应用的投币式自动售货机、游戏机等都可以视为简化的自动信息系统。在电子商务中，基于区块链技术开发出的分布式自动信息系统（即所谓智能合同）具有保障交易安全、防止信息篡改、反欺诈等突出的优势。

在电子商务中，既可能一方当事人提供自动信息系统，另一方的自然人输入信息、触摸或者点击计算机屏幕上的某一指定图标或位置等方式与之互动，从而订立或者履行合同；又可能双方当事人均使用各自的自动信息系统，计算机系统之间按照商定的通讯标准自动交换数据电文，从而订立或者履行合同。

二、自动信息系统的使用者

自动信息系统的使用者是指预先设定系统的程序指令、算法、运行参数与条件与对方互动的一方当事人。为了避免主体混淆，与自动信息系统互动的对方当事人，称之为相对方。如果当事人双方均使用自动信息系统，则分别为各自系统的使用者，对方系统的相对方。自动信息系统的使用者有可能与系统的实际开发者、提供者并非同一主体。例如，平台提供自动信息系统，平台内经营者则是该系统的使用者。在平台内经营者与相对方之间的合同关系中，除非有协议约定或者法律规定，一般并不延及实际开发及提供自动信息系统的平台经营者。但是，如果自动信息系统因开发、提供者的原因造成技术故障、错误运行，自动信息系统的使用者在向相对方承担相应合同责任之后，可以依据与开发、提供者之间的合同关系，向其追偿。

三、自动信息系统非人工智能

虽然某些自动信息系统的应用被俗称为“智能合同”，但是在现有技术发展阶段，自动信息系统是基于电子商务主体预先设定的程序指令、算法及参数条件运行的，属于电子商务主体订立与履行合同的工具，与具有独立学习、判断、决策与执行能力的人工智能（如 AlphaGo Zero）仍然有本质的区别。但是未来有可能发展出具有人工智能的自动信息系统，有自主认知、思维能力，能够对其程序指令、算法、运行参数与条件自行修改或甚至加以创造。若果真如此，人类法律制度乃至整个文明体系都将有可能面临重大挑战。但是，电子商务法应当立足现实并适度前瞻，并未付诸商业性应用的科学实验、理论、假说及有科学依据的幻想尚不足以纳入立法范围之中。总之，电子商务合同中的自动信息系统不涉及人工智能问题。

四、自动信息系统的基本特征及法律效力

电子签名法第九条实质上已经提及自动信息系统，即：数据电文由发件人的信息系统自动发送的，视为发件人发送。电子商务法第四十八条第一款在电子签名法原有规定的基础上，明确了自动信息系统的法律效力，清除对其不必要的法律限制与障碍。

电子商务法第四十八条第一款规定，电子商务当事人使用自动信息系统订立或者履行合同的行为对使用该系统的当事人具有法律效力。该条文揭示自动信息系统的重要特征，即自动性。使用自动信息系统的电子商务主体，一旦预先设定好有关的程序指令、算法、运行参数与条件，就不再对其所生成、发送与接收的数据电文进行干预、审核或者确认。某些自动信息系统可能并非全程自动，其中某些环节仍保留人工复查或干预的程序，但是系统整体上具有自动性。

电子商务法第四十八条第一款从两个方面明确了自动信息系统在电子商务合同的订立与履行中的效力。

第一个方面，电子商务法消除了法律障碍，承认自动信息系统自动性的法律效力。因此，通过自动信息系统发送或者接收数据电文与对方自然人或者对方系统之间进行信息交互，不得仅仅因其自动性（即无自然人确认或者干预系统发出与接收的每一信息）而否定订立或者履行合同的法律效力。电子商务法第四十八条第一款参考了《联合国国际合同使用电子通信公约》第十二条的规定，即：自动电文系统在合同订立中的使用通过自动电文系统与自然人之间的交互动作或者通过若干自动电文系统之间的交互动作订立的合同，不得仅仅因为无自然人复查或干预这些系统进行的每一动作或由此产生的合同而被否定效力或可执行性。

第二个方面，自动信息系统未经人工直接干预而自动生成、发送、接收的数据电文，属于使用该系统的法律主体（包括自然人、法人或者其他组织）实施的行为，并由该法律主体承担相应的法律后果。在电子交易中，虽然自动信息系统被俗称为“电子代理人”，但是并不同于法律上的代理人及代理关系，也不能适用民法总则、合同法关于代理的法律规定。自动信息系统仅是一种工具，并非法律上的权利和义务的主体，其使用者应当对其生成、发送、接收的任何数据电文承担责任。

在缔结或者履行电子商务合同过程中，如果自动信息系统发生技术故障，未按照预先设定程序指令、算法、参数与条件运行，导致数据电文未按时传递、传递不完整或内容不真实，使用自动信息系统的一方当事人应承担相应的法律后果；给对方当事人造成损失的，应当予以赔偿。现阶段的自动信息系统不涉及人工智能的问题，使用者应当能够预设程序指令、算法、运行参数与条件，完全控制该系统。除非出现不可抗力，自动信息系统所采用的软硬件存在的问题、程序指令设计存在的漏洞与缺陷或使用者操作不当所导致的故障，都应是使用者能够预见的风险，由此给相对方造成的损失，使用者不应免责。

五、电子商务合同当事人的行为能力

电子商务法第四十八条第二款规定，当事人在电子商务中推定其具有相应的民事行为能力。但是，有相反证据足以推翻的除外。

上述条款是针对电子商务远程交易的特点新增的行为能力推定以及补充适用民法总则、合同法关于民事行为能力的规定。

在缔结电子商务合同的过程中，一方当事人通常只能依赖对方当事人提供的信息与作出的意思表示判断对方的行为能力。在实践中，未成年人、精神疾病患者在网络上购买大额商品、使用电子支付的情况屡屡发生。电子商务经营者作为交易对方通常难以在网络环境下、通过自动信息系统认定消费者无行为能力或者无与其年龄、智力、精神健康状况相符合的行为能力。

合同法第四十七条规定，限制民事行为能力人订立的合同，经法定代理人追认后，该合同有效，但纯获利益的合同或者与其年龄、智力、精神健康状况相适应而订立的合同，不必经法定代理人追认。相对人可以催告法定代理人在一个月内予以追认。法定代理人未作表示的，视为拒绝追认。合同被追认之前，善意相对人有撤销的权利。撤销应当以通知的方式作出。如果按照合同法上述规定，限制民事行为能力人的法定代理人、监护人有权决定是否追认限制民事行为能力人订立的合同，则对方当事人不得不暴露于交易风险之中。

电子商务法第四十八条第二款的法律推定则能够保障交易安全与善意相对人的利益，维护电子商务合同的有效性，同时防止无民事行为能力人、限制民事行为能力人的监护人推脱、逃避监护责任，维护电子交易秩序。

但是，无民事行为能力人、限制民事行为能力人的法定代理人、监护人如能证明缔约相对人知情，则上述条款关于行为能力的推定可以被推翻。随着电子身份、实名制等技术与规则的发展，电子商务经营者识别与验证对方当事人身份的能力不断加强。社交电商、网络直播等新型电子商务的发展，也使电子商务经营者可以从更多渠道、以更直观的方式获得消费者行为能力的信息。因此，电子商务经营者及时发现对方当事人属于无完全行为能力人的可能性增大。如果电子商务经营者通过视频对话、身份认证等方式，足以知道缔约对方无完全民事行为能力，则属于电子商务法

第四十八条第二款规定的相反证据，可以推翻该条款规定的行为能力推定，法定代理人有权依据合同法的规定决定是否追认所订立的合同。

很多电子商务经营者已经采用技术手段、大数据分析等方式分析、判断消费者的行为能力，防止无完全行为能力的消费者不适当地进行电子商务活动。例如，2018年6月，腾讯游戏宣布试行未成年人游戏消费提醒服务，对于旗下游戏中疑似未成年人的高额消费主动介入，提醒用户关注可能存在的未成年人非理性消费的情况。该提醒服务可以保护少年儿童，及时限制与制止未成年人使用父母电子支付账户进行高额游戏消费的行为。腾讯自愿采取的措施有一定积极效果，试运行以来，初步估算可识别未成年人消费占比25%。但是，这也意味着75%的被提醒者是成年用户，技术手段识别出来的未成年人比例不高。由于目前的技术手段仍然无法完全识别消费者的行为能力，因此电子商务法第四十八条第二款规定的行为能力推定仍然具有现实意义。

第四十九条　【电子商务合同成立】

电子商务经营者发布的商品或者服务信息符合要约条件的，用户选择该商品或者服务并提交订单成功，合同成立。当事人另有约定的，从其约定。

电子商务经营者不得以格式条款等方式约定消费者支付价款后合同不成立；格式条款等含有该内容的，其内容无效。

【条文研析】

一、自动信息系统与传统信息发布的不同

在传统交易环境中，报纸、广播电视、商品目录、产品手册、价目表或其他媒体上的广告，或者商店橱窗中、自选货架上陈列货物，只要面向公众（包括某一特定顾客群体）而非针对特定的人发布，一般都视为要约邀请，发布广告的人不受约束。同理，在网站公开发布有关商品或者服务

的信息，访问该信息的互联网用户如仅可浏览该信息，则与传统广告一般无二，也应视为对访问网站的人提出的要约邀请，而不应被认定为有约束力的要约。但是，在电子商务中，使用自动信息系统发布信息则与传统广告有很大的不同。自动信息系统具有互动性，可以与相对方互通信息，接收相对方的询问、报价、订单，可与之谈判并导致合同订立（直至交付合同标的），远非传统的单向信息发布所能比拟。从这个意义上看，电子商务中的自动信息系统亦类似于经营者设立的自动售货机，消费者按照经营者预先设定的条件投币付款，有可能导致相关消费合同的订立与履行。

电子商务经营者使用自动信息系统发布商品或者服务信息，究竟应被视为要约还是要约邀请，能否通过格式条款予以限定，在实践中争议很大，需要电子商务法予以规范。正确理解与适用电子商务法中新的法律规范，具有重要意义。

二、自动信息系统的互动性

电子商务法第四十九条第一款规定，电子商务经营者发布的商品或者服务信息符合要约条件的，当事人选择该商品或者服务并提交订单，合同成立。当事人另有约定的，从其约定。

上述条文虽然并未明示在网上使用互动性的自动信息系统发布信息，但是使用了"订单"一词。如果当事人既可以浏览、访问经营者网上发布的信息，又可以选择有关的商品或者服务"并提交订单"，就说明该条所指的是经营者使用自动信息系统发布互动性的商品或服务信息的情形。

自动信息系统的互动性是指当事人得以使用预先设定的程序指令、算法、运行参数及条件与相对方交换信息，可以导致合同订立或者履行。

三、符合要约条件的信息发布

电子商务经营者通过互联网网站等公开的信息系统发布商品或者服务信息，究竟属于广告还是要约，一般争议较大，需要电子商务法明确规定。

电子商务法第四十九条第一款并非一概地承认电子商务经营者发布的商品或者服务信息属于要约，而是将问题聚焦于"是否符合要约条件"上面。根据合同法第十四条的规定，要约是希望和他人订立合同的意思表示，该意思表示应当符合下列规定：（一）内容具体确定；（二）表明经受要约人承诺，要约人即受该意思表示约束。合同法第十五条规定，要约邀请是希望他人向自己发出要约的意思表示。寄送的价目表、拍卖公告、招标公告、招股说明书、商业广告等为要约邀请。商业广告的内容符合要约规定的，视为要约。

至于电子商务经营者发布的商品或者服务信息是否符合要约条件，是否足够明确，是否具体指明了货物或者服务的数量与价格，是否表明发布者受约束的意愿，电子商务法第四十九条第一款并没有提供具体的判断标准，应取决于个案的具体情况。随着司法实践的发展、裁判案件的增多，法院可以逐渐从中总结与归纳具体的判断标准。

电子商务法第四十九条第一款不仅规定电子商务经营者自动系统发布的信息符合要约条件、对方当事人提交订单可以导致合同成立，而且规定当事人另有约定的，从其约定。当事人之间明确约定，不失为避免争议、增加交易活动的确定性的方法。但是，经营者与对方当事人在缔结电子商务合同之前，基本上不可能就经营者发布信息是否符合要约条件专门协商与约定，因此所谓“另有约定”主要是指经营者将其所发布的信息制定为格式条款、设置为对方当事人通过自动信息系统提交订单的条件。对方当事人与经营者的自动信息系统互动、提交订单，则视为同意经营者在自动信息系统中设定的格式条款的内容。如果经营者在自动信息系统中设置其有接受对方当事人提交的订单的自由，则表明经营者并不受其所发布信息的约束，对方当事人提交的订单为要约，经营者有权决定承诺与否。

从保护相对方合理信赖利益的角度看，相对人访问电子商务经营者使用自动信息系统发布的商品或者服务信息，并与之互动、提交订单，有理由相信此种系统发布的信息是有约束力的要约；相对人发出的订单应视为承诺，导致合同有效地订立。如果电子商务经营者不愿受到信息发布的约束，确需与相对方“另行约定”，将有关的格式条款设置在自动信息系统中，保障交易过程的透明度，使相对人提交订单之前或者之时知晓经营者信息发布不受约束、仅为要约邀请的意图，或者声明要约为“先到先得，售完为止”，以免库存告罄的风险。如合同法第十五条第二款所规定，商业广告的内容符合要约规定的，视为要约。互联网拍卖中自动信息系统发布的信息具有约束力、视为要约，已经得到法院认可。总之，如果没有另行约定，电子商务经营者发布的商品或者服务信息有很大的可能被视为要约，对其产生约束力。

四、消费者合同

为了保护消费者合法权益，电子商务经营者使用自动信息系统向消费者发布的商品或者服务信息的，应承担额外的义务与风险。如无另行约定，电子商务经营者发布的商品或者服务信息应被推定为有约束力的要约，消费者选择商品或者服务并提交订单成功的，则合同成立。经营者设置自动信息系统，允许消费者成功提交订单，本应承担相应的后果，如经营者要否定订单的约束力，则应通过自动信息系统予以明示、并与消费者明确约定，使消费者知晓经营者不受所发布信息的约束。消费者识别与判断经营者发布信息性质的能力有限，如无明确约定，却使消费者承担证明经营者所发布的信息符合要约条件的举证责任，则无异于对经营者不合理的纵容。

经营者能否通过与消费者另行约定，避免受消费者提交订单的约束呢？对此，电子商务法第四十九条第二款进行了进一步的限制，即：电子商务经营者不得以格式条款等方式约定消费者支付价款后合同不成立；格式条款等含有该内容的，其内容无效。

在面向消费者的电子商务活动中，消费者在大多数情况下提交订单后，几乎同时就完成了电子支付。根据上述规定，经营者即便在自动信息系统中设置格式条款，约定消费者提交订单、支付价款后合同不成立，该条款也无效，合同仍然成立。上述条款虽然没有完全排除经营者与消费者另行约定、否定订单约束力的可能（如在消费者提交订单但是货到付款、另行支付的情形下，经营者可与消费者另行约定订单无约束力），但是在很大程度上限制了经营者设置格式条款的自由，是对消费者权益的有力保障。

此外，电子商务法第十八条第一款规定，电子商务经营者根据消费者的兴趣爱好、消费习惯等特征向其推销商品或者服务，应对同时向该消费者提供不针对其个人特征的选项，尊重和平等保护消费者的合法权益。第十九条规定，电子商务经营者搭售商品或者服务，应当以显著方式提请消费者注意，不得将搭售商品或服务作为默认同意的选项。根据上述条文的规定，电子商务经营者向消费者发布商品或者服务信息，不仅要受到要约约束，而且发布信息的方式也必须符合法律的规范。法律禁止经营者利用自动信息系统的设置误导消费者提交订单，达到非法搭售的目的。

五、国际贸易

经营者使用互动性的自动信息系统发布商品或者服务信息，虽然原则上可以被视为要约，但是不宜一概而论，而应根据不同情况加以认定与判断。与面向消费者的电子商务不同，在国际货物贸易中，经营者发布的商品信息被视为要约，颇为不妥。《联合国国际货物销售合同公约》第十四条全文为：（1）向一个或一个以上特定的人提出的订立合同的建议，如果十分确定并且表明发价人在得到接受时承受约束的意旨，即构成发价。一个建议如果写明货物并且明示或暗示地规定数量和价格或规定如何确定数量和价格，即为十分确定。（2）非向一个或一个以上特定的人提出的建议，仅应视为邀请做出发价，除非提出建议的人明确地表示相反的意向。

以此推及电子商务，则经营者在互联网上并非向特定人发布的商品或服务的信息，不论是否具有互动性，均仅为向信息访问者发出的要约邀请，而非对经营者具有约束力的要约。我国是《联合国国际货物销售合同公约》的成员国，国内法应与之保持一致。

《联合国国际合同使用电子通信公约》第十一条将《联合国国际货物销售合同公约》的有关规定延伸到电子商务领域，其第十一条规定，通过一项或多项电子通信提出的订立合同提议，凡不是向一个或多个特定当事人提出，而是可供使用信息系统的当事人一般查询的，包括使用互动式应用程序这类信息系统发出订单的提议，应当视作要约邀请，但明确指明提议的当事人打算在提议获承诺时受其约束的除外。

我国虽然尚未批准《联合国国际合同使用电子通信公约》，但是为了顺应跨境电子商务发展的需要，有可能成为该公约成员国。为了保证国内法与国际贸易法律规则的统一，避免法律冲突，电子商务法第四十九条的规定采取了兼顾原则性与灵活性的模式，同时满足国内贸易与国际贸易、消费者合同与国际货物销售合同等多方面的需要。

总之，电子商务经营者使用自动信息系统公开发布商品或者服务信息，究竟是属于要约，还是仅仅为要约邀请，须视情况而定，切记不要武断。

第五十条 【电子商务合同订立规范】

电子商务经营者应当清晰、全面、明确地告知用户订立合同的步骤、注意事项、下载方法等事项，并保证用户能够便利、完整地阅览和下载。

电子商务经营者应当保证用户在提交订单前可以更正输入错误。

【条文研析】

一、经营者使用自动信息系统的义务

经营者使用自动信息系统订立与履行合同，可能存在两种情况。第一种情况下，双方均使用自动信息系统，两个系统进行信息交互。在此情况下，两个系统各自按照预先设定的指令、参数，进行网络连接、信息交互、直到合意达成。第二种情况下，经营者使用自动信息系统订立合同，相对方依赖于经营者的自动信息系统，与之互动，达成交易。相对方是经营者所使用的自动信息系统的“用户”。用户不仅依赖经营者所使用的自动信息系统获取有关商品或者服务的信息，而且依赖经营者的系统订立或者履行合同，不得不接受该系统中经营者预先设定的订立合同的步骤、注

意事项、下载方法等程序性安排。用户即便能够便利、完整地阅览和下载程序性信息，但是并不能修改、变更系统的指令设计。在此情况下，使用自动信息系统的经营者设置的订立合同的步骤等系统程序指令、算法、运行参数与条件，直接影响用户订立合同的过程与结果，在缔约中处于优势地位。为了保护自动信息系统用户的合法权益，法律有必要规范电子商务经营者使用自动信息系统的行为，以确保经营者自动信息系统设置信息透明、公平合理。

二、经营者的信息透明义务

电子商务法第五十条第一款规定，电子商务经营者应当清晰、全面、明确地告知用户订立合同的步骤、注意事项、下载方法等事项，并保证用户能够便利、完整地阅览和下载。

从字面看，上述条款并未直接提到自动信息系统，但是使用了“下载方法”“下载”等表达方式，明显是指从互联网等信息网络下载有关信息，因此实质上是指在经营者使用自动信息系统订立合同的情况下，对其用户所承担法律义务。

根据该条款规定，电子商务经营者使用自动信息系统订立合同的，应当清晰、全面、明确告知用户与订立合同相关的技术性、应用性信息，包括订立合同的步骤、信息下载方法、软硬件要求、系统兼容、用户界面等注意事项，并保证用户能够便利、完整地阅览和下载这些信息。电子商务经营者对于用户所承担的信息透明度义务在传统的合同法律中是不存在的，不同于如实披露所提供的商品或者服务信息的义务。对于后者，电子商务法第十七条和第十九条有明确的规定，即：电子商务经营者应当全面、真实、准确地披露商品或者服务信息，保障消费者的知情权和选择权；电子商务经营者不得以虚构交易、编造用户评价等方式进行虚假或者引人误解的商业宣传，欺骗、误导消费者。电子商务经营者搭售商品或者服务，应当以显著方式提请消费者注意，不得将搭售的商品或者服务作为默认同意。

经营者因使用自动信息系统而对用户承担信息透明义务，是电子商务合同自动性特征的体现。

三、经营者公平设置系统的义务

（一）保证用户更正输入错误的义务

电子商务法第五十条第二款规定，电子商务经营者应当保证用户在提交订单前可以更正输入性错误。

上述条款是针对电子商务特点制定的。电子商务经营者使用自动信息系统订立合同的，用户在与自动信息系统互动通信中按错按键、输错数据的情况时有发生。相比传统缔约方式中出现的笔误，电子商务用户在与自动信息系统信息互动中误击“确认”键或误点“同意”按钮等情况更为常见。这里的输入性错误，不包括电子商务法在“电子支付”部分所规定的错误支付的情况。为了避免用户发送错误信息，电子商务法规定了电子商务经营者公平设置自动信息系统的义务，即经营者应当在所使用的自动信息系统中设置有关的保障性措施与程序，给予用户及时纠正输入性错误的机会。

电子商务法第五十条第二款规定电子商务经营者应当保证用户在提交订单前可以更正输入性错误，与民法总则第一百四十一条的规定一致，即：行为人撤回意思表示的通知应当在意思表示到达相对人前或者与意思表示同时到达相对人。

在实践中，经营者设置的更正输入性错误的程序与步骤通常在用户提交订单之前。例如，经营者在自动信息系统中设置“确认”或者“再次确认”的程序与步骤，提示用户核对其输入信息是否真实、准确，防止用户提交的订单中含有输入性错误的信息。但是，如果经营者设置的自动信息系统允许在用户提交订单之后仍然可以更正输入错误（如经营者要求用户确认其所提交的订单中有关信息是否真实、准确）也未尝不可。在立法过程中，很多人提出提交订单前更正输入错误在实践中不存在问题，建议增加订单提交后可以撤回、修改的规定。但是经权衡考虑，电子商务法第五十条没有采纳上述建议。

如果经营者违反上述法定义务，所设置的自动信息系统不保证用户在提交订单前可以更正输入错误的，经营者应承担何种不利后果，电子商务法没有明确规定。《联合国国际合同使用电子通信公约》第十四条的规定可以作为参照。根据该条规定，电子商务中所有的电子交易信息系统应当设置供与之交互信息的自然人纠正输入性错误的程序。如果该系统没有上述程序，与之交互信息的自然人发生输入性错误的，该自然人在符合以下两个条件的情况下可以撤回错误的部分，即：自然人及时通知对方，且未从对方获得实质性的利益或者价值。该规定以比较公平合理的方式界定了在电子通信中发生输入性错误的风险。用户在使用自动信息系统的经营者未提供纠正错误的机会的前提下，可以在符合条件的情况下撤回已经提交的电子通信中输入错误的部分。根据公约规定，不论接收该输入性错误信息的对方是否已经收到该信息，均可撤回。撤回输入性错误的自然人不必证明因该错误遭受了损失。

以此推之，如果经营者所设置的自动信息系统未能给予用户在提交订单前更正输入错误的程序与机会的，用户有权在提交订单之后，及时通知经营者撤回订单中输入错误的信息，但应避免因此从经营者处不当获利。

（二）保护消费者的义务

根据电子商务法第十八条和第十九条的规定，电子商务经营者公平设置自动信息系统的义务还体现在消费者保护方面，即：(1) 经营者根据消费者的兴趣爱好、消费习惯等特征设置自动信息系统向其推销商品或者服务的，应同时向该消费者提供不针对其个人特征的选项，尊重和平等保护消费者的合法权益；(2) 经营者应当以显著方式提请消费者注意所搭售的商品或者服务，不得在自动信息系统中将搭售商品或服务设置为消费者默认同意的选项。

四、经营者违反义务的法律后果

电子商务法第五十条没有直接规定电子商务经营者违反信息透明性义务与公平设置自动信息系统义务所应承担的法律后果。但是本条既然为强制性法律规范，如有违反，应有相应的法律责任。

用户得以与使用自动信息系统的经营者订立电子商务合同，前提条件是用户接受经营者的自动信息系统，接受该系统全部的程序指令、运行参数与条件设置。因此，用户与使用自动信息系统的经营者之间，存在类似于提供预先拟定的格式条款一方当事人与相对人之间的关系。根据合同法第三十九条第二款的规定，格式条款是当事人为了重复使用而预先拟定，并在订立合同时未与对方协商的条款。

电子商务法从多个角度对电子商务经营者拟定的格式条款予以规范。既然如此，经营者使用订立合同的自动信息系统，应受合同法有关格式条款的规定的约束。合同法第三十九条第一款规定，采用格式条款订立合同的，提供格式条款的一方应当遵循公平原则确定当事人之间的权利和义务，并采取合理的方式提请对方注意免除或者限制其责任的条款，按照对方的要求，对该条款予以说明。第四十条规定，格式条款具有合同法第五十二条和第五十三条规定情形的，或者提供格式条款一方免除其责任、加重对方责任、排除对方主要权利的，该条款无效。第四十一条规定，对格式条款的理解发生争议的，应当按照通常理解予以解释。对格式条款有两种以上解释的，应当作出不利于提供格式条款一方的解释。格式条款和非格式条款不一致的，应当采用非格式条款。

电子商务经营者如果违反信息透明性义务或者公平设置自动信息系统义务，未能清晰、全面、明确地告知用户有关程序性或者应用性信息，暗藏免除信息系统故障责任等指令或者规则，或者未能给予用户提交订单前更正输入错误机会，系统设置损害消费者利益的，应属于违反合同法第三十九条第一款的情形，即提供格式条款的一方未能遵循公平原则确定当事人之间的权利和义务或者未采取合理的方式提请对方注意免除或者限制其责任的条款。

根据合同法第四十条的规定，电子商务经营者违反自动信息系统透明性义务或者公平设置系统义务的，有可能危及经营者与用户之间通过该系统订立的实体性电子商务合同的效力。根据合同法第四十条规定，格式条款具有合同无效的情形和免责条款无效的情形的，或者提供格式条款一方免除其责任、加重对方责任、排除对方主要权利的，该条款无效。因此，使用自动信息系统的经营者有过错，导致实体性电子商务合同无效，给用户造成损失的，经营者应当按照合同法第五十八条的规定承担赔偿责任。

第五十一条 【合同标的交付时间与方式】

合同标的为交付商品并采用快递物流方式交付的，收货人签收时间为交付时间。合同标的为提供服务的，生成的电子凭证或者实物凭证中载明的时间为交付时间；前述凭证没有载明时间或者载明时间与实际提供服务时间不一致的，实际提供服务的时间为交付时间。

合同标的为采用在线传输方式交付的，合同标的进入对方当事人指定的特定系统并且能够检索识别的时间为交付时间。

合同当事人对交付方式、交付时间另有约定的，从其约定。

【条文研析】

一、电子商务合同的标的交付时间

电子商务合同标的交付时间决定了合同义务的履行。电子商务法第五十一条根据交付标的的不同规定了交付时间的认定标准。

（一）当事人约定

电子商务法第五十一条第三款规定，合同当事人对交付方式、交付时间另有约定的，从其约定。因此，不论电子商务合同的标的为商品、服务还是采用在线传输方式交付的标的，只要合同当事人约定了交付的方式与时间，均从其约定。此规定体现了私法自治、契约自由的原则。

（二）交付商品

电子商务法第五十一条第一款规定，电子商务合同的标的为交付商品并采用快递物流方式交付的，以收货人签收时间为交付时间。

根据民法通则第七十二条第二款的规定，除非法律另有规定或者当事人另有约定，按照合同或者其他合法方式取得财产的，财产所有权从财产交付时起转移。因此，合同标的交付时间决定财产所有权转移的时间，以及风险转移的时间。电子商务法第五十一条第一款将收货人签收快递物流交付的时间认定为合同标的商品的交付时间，符合电子商务商品交易的实际情况。其中规定的“收货人”可以是电子商务合同的买方，也可以是合同约定的接受交付的其他主体。依据上述规定，对收货人交付约定的商品产生合同义务履行、商品所有权与风险转移等法律效力。

根据电子商务法第五十二条的规定，电子商务当事人可以约定采用快递物流方式交付商品。合同的卖方或者合同之外第三方，提供快递物流服务的，应遵守法律、行政法规，符合承诺的服务规范和时限，并在交付商品时，提示收货人当面查验。因此，电子商务法第五十一条第一款规定的收货人签收是指当面查验快递物流交付的商品后的签收。

经营者向消费者交付商品的，电子商务法有特别规定。根据电子商务法第二十条的规定，电子商务经营者应当按照承诺或者与消费者约定的方式、时限向消费者交付商品或者服务，并承担商品运输中的风险和责任。消费者与经营者约定另行选择快递物流服务提供者的除外。因此，除非消费者与经营者约定由消费者自行选择快递物流服务提供者，否则经营者应当承担向消费者交付商品过程中直至签收前全部的责任与风险。

（三）交付服务

电子商务法第五十一条第一款规定，合同的标的为提供服务的，生成的电子或者实物凭证中载明的时间为交付时间，但是前述凭证没有载明时间或者载明时间与实际提供服务时间不一致的，实际提供服务的时间为交付时间。

值得注意的是，上述条款规定的电子或者实物凭证记载的时间，有可能与凭证生成时间不完全相同。凭证没有载明时间或者载明时间与实际提供服务时间不一致的，则实际提供服务的时间为交付时间。

二、采用在线传输方式交付的标的

电子商务合同的交易标的为数字产品（包括著作权、专利、商标等知识产权、数据、网络虚拟财产等）的，合同的交付义务通常以在线传输的方式履行。民法总则第一百二十七条规定，法律对数据、网络虚拟财产的保护有规定的，依照其规定。电子商务法第五十一条并未使用“数字产品”一词，但是采用在线传输方式交付的合同标的显然包括数据与虚拟财产等。而且，随着区块链、物联网、智能合同等技术的普及应用，电子商务合同的标的为有形商品或者服务的，也可以通过传输有关商品或者服务的编码、密钥、电子权利凭证等方式在线履行。

在线履行电子商务合同义务的，标的交付时间的判断标准，直接关系到合同当事人权利、义务与责任的认定。除非合同当事人对此有明确的协议约定，否则当事人之间容易发生争议。因此，电子商务法第五十一条第二款规定了在线传输形式交付合同标的之时间判断标准，即：合同的标的为采用在线传输方式交付的，以合同标的进入对方当事人指定的特定系统并且能够检索识别的时间为交付时间。

电子商务法的上述条款与合同法、电子签名法及民法总则对应条款的文字表述不完全相同，含义是否相同呢？而且，在现有法律规定的收件人未指定特定系统的情况下，根据电子商务法如何认定呢？

（一）指定特定系统

电子商务法第五十一条第二款规定，采用在线传输方式交付的标的进入对方当事人指定的特定系统并且能够检索识别的时间，为交付的时间。

上述条款所称合同标的“进入对方当事人指定的特定系统”的时间，与民法总则、合同法及电子签名法所规定的数据电文接收、到达与生效时间相同，但是增加了对方当事人“能够检索识别”一语。

合同法第十六条规定，要约到达受要约人时生效。采用数据电文形式订立合同，收件人指定特定系统接收数据电文的，该数据电文进入该特定系统的时间，视为到达时间；未指定特定系统的，该数据电文进入收件人的任何系统的首次时间，视为到达时间。第二十六条规定，承诺通知到达要约人时生效。承诺不需要通知的，根据交易习惯或者要约的要求作出承诺的行为时生效。采用数据电文形式订立合同的，承诺到达的时间适用合同法第十六条第二款的规定。

电子签名法第十一条规定，数据电文进入发件人控制之外的某个信息系统的时间，视为该数据电文的发送时间。收件人指定特定系统接收数据电文的，数据电文进入该特定系统的时间，视为该数据电文的接收时间；未指定特定系统的，数据电文进入收件人的任何系统的首次时间，视为该数据电文的接收时间。当事人对数据电文的发送时间、接收时间另有约定的，从其约定。

民法总则第一百三十七条规定，以对话方式作出的意思表示，相对人知道其内容时生效。以非对话方式作出的意思表示，到达相对人时生效。以非对话方式作出的采用数据电文形式的意思表示，相对人指定特定系统接收数据电文的，该数据电文进入该特定系统时生效；未指定特定系统的，相对人知道或者应当知道该数据电文进入其系统时生效。当事人对采用数据电文形式的意思表示的生效时间另有约定的，按照其约定。

电子商务法第五十一条第二款虽然词语表达上与上述法律规定有所不同，但是含义基本相同，可作同样的解释。数据电文“进入”收件人指定的特定信息系统，即能够在该信息系统内进行处理，为收件人的信息系统所检索识别。因此，标的进入收件人指定的特定系统与为收件人系统能够检索识别，含义基本相同。只不过“标的进入收件人指定的特定系统”的表述比较抽象，电子商务法第五十一条第二款增加为收件人系统所“能够检索识别”的表述，更加形象具体、便于判断。电子商务法的上述规定参考了《联合国国际合同使用电子通信公约》第十条第二款，即：电子通信的收到时间是其能够由收件人在该收件人指定的电子地址检索的时间。电子通信在收件人的另一电子地址的收到时间是其能够由该收件人在该地址检索并且该收件人了解到该电子通信已发送到该地址的时间。当电子通信抵达收件人的电子地址时，即应推定收件人能够检索该电子通信。公约第十条第一款还规定了电子通信的发出时间，即：电子通信的发出时间其离开发件人或代表发件人发送电子通信的当事人控制范围之内的信息系统的时间，或者，如果电子通信尚未离开发件人或代表发件人发送电子通信的当事人控制范围之内的信息系统，则为电子通信被收到的时间。

在具体交易过程中，可能出现收件人未尽合理的注意义务，导致已经进入指定的特定系统的标的因该系统所采用的安全防护技术措施（如垃圾邮件过滤、杀毒软件屏蔽等）而无法为收件人所检索识别的情况。在此情况下，数据电文无法检索识别是由于收件人自己的行为造成，不应因此使发件人暴露于无法预期的风险之中，收件人应当自负其责，不应因此否认或者推迟发件人交付的时间。收件人信息系统的设置还可能导致进入其指定系统的标的虽然能够被系统所访问与检索，但是因标的编码、加密、语言等原因无法为收件人识别的情况出现。在此情况下，如当事人之间无约定，应推定合同标的已经向收件人交付；收件人要求发件人提供必要协助的，发件人应协助使收件人得以检索与识别所交付的标的。

但是，收件人如能举证证明进入其指定的特定系统的合同标的因发件人的原因（如数据格式有误、病毒感染等）无法被检索或者识别，发件人则应承担相应的不交付、不适当交付或者迟延交付标的之后果。

总之，电子商务法第五十一条第二款的规定既与民法总则、合同法及电子签名法的相关规定相一致，又有所发展。

（二）未指定特定系统

电子商务法第五十一条第二款没有规定在收件人未指定特定系统的情况下，如何判断在线传输的标的交付时间。在电子商务活动中，绝大多数情况下，缔约当事人都会指定特定的系统用于接收在线传输方式交付的标的。但是也不排除在极少数情况下，当事人没有指定收件的特定系统。在这种情况下，如何认定交付时间，就需要适用法律的规定。

电子签名法第十一条第二款规定，收件人未指定特定系统，数据电文进入收件人的任何系统的首次时间，视为该数据电文的接收时间。民法总则第一百三十七条第二款则规定，未指定特定系统的，相对人知道或者应当知道该数据电文进入其系统时生效。

根据民法总则的规定，收件人未指定特定系统的，数据电文生效时间为“相对人知道或者应当知道该数据电文进入其系统”的时间，与合同法、电子签名法规定的数据电文到达、接收时间为“进入收件人任何系统的首次时间”明显不同。电子商务究竟应适用哪一个法律规定，需要加以甄别。

民法总则规定的是采用数据电文形式作出的意思表示的时间。电子签名法规定的则是数据电文接收时间。民法总则第一百三十七条第二款规定的是采用数据电文形式的意思表示。电子商务法第五十一条第二款规定的是采用在线传输方式交付合同标的，法律上并不属于意思表示。单从法律规范的相关性上看，在电子商务中适用电子签名法的规定更加适宜。但是，就电子商务合同而言，民法总则属于新近颁布实施的关于意思表示的一般法规定，电子签名法则属于旧有的关于数据电文的特别法规定。根据立法法第九十四条的规定，两法规定不一致的，不能简单地适用新法优于旧法的原则。根据立法法第九十四条规定的法律适用原则，如果法律之间对同一事项的新的一般规定与旧的特别规定不一致，不能确定如何适用时，由全国人民代表大会常务委员会裁决。

在全国人民代表大会常务委员会对此予以正式解释或者裁决之前，民法总则的规定比较符合电子商务发展的现实情况与需要，应予适用。随着网络应用的普及，电子商务主体拥有多个收件系统（如电子邮件、社交媒体账户、即时通信工具等）的情况越来越普遍，简单推定只要数据电文进入了收件人的任何系统均视为数据电文到达，不利于保护收件人合法利益与交易安全。在电子商务中，虽然由于自动信息系统的广泛使用，收件人没有指定用于接收合同标的的特定系统的情况较为罕见，但是这并非不可能发生。例如，消费者没有指定特定系统接收经营者在线传输交付的网络游戏服务、电子机票等合同标的。在此情况下，就只有在收件人知道或者应当知道在线传输的标的进入其某个系统（如电子邮件、通信工具账号）之时，标的才应被视为交付予收件人；而并非标的进入收件人任何系统均构成有效交付，否则可能因收件人不知情而对其造成不公平、不合理的后果。在此制度设计之下，发件人一方承担了更多的诚信义务（如通知、提醒收件人），收件人则获得了新的抗辩理由。总之，民法总则的规定反映了远程交易、云存储的电子商务实际情况，可以更为科学合理地认定采用在线传输方式交付合同标的时间，更好地保障交易安全，优于电子签名法的相关规定，而且与《联合国国际合同使用电子通信公约》规定的判断标准相一致，即电子通信在收件人的另一电子地址的收到时间是其能够由该收件人在该地址检索并且该收件人了解到该电子通信已发送到该地址的时间，反映了国际法律发展趋势，可作为电子商务法第五十一条第二款的补充。

综上所述，合同标的采用在线传输方式交付的，如无指定的特定收件系统，收件人知道或者应当知道该标的进入其系统的时间，为交付时间。当事人另有约定的，从其约定。

第五十二条　【使用快递物流方式交付商品】

电子商务当事人可以约定采用快递物流方式交付商品。

快递物流服务提供者为电子商务提供快递物流服务，应当遵守法律、行政法规，并应当符合承诺的服务规范和时限。快递物流服务提供者在交付商品时，应当提示收货人当面查验；交由他人代收的，应当经收货人同意。

快递物流服务提供者应当按照规定使用环保包装材料，实现包装材料的减量化和再利用。

快递物流服务提供者在提供快递物流服务的同时，可以接受电子商务经营者的委托提供代收货款服务。

【条文研析】

2017 年我国快递业务量为 400.6 亿件，其中 70% 左右为电子商务快件。不管是境内还是涉及跨境的电子商务交易，大多通过快递物流方式实现商品的交付。我国电子商务与快递物流协同发展不断加深，推进了快递物流转型升级、提质增效，促进了电子商务快速发展。为此，国务院办公厅发布了《国务院办公厅关于推进电子商务与快递物流协同发展的意见》（国办发〔2018〕1号），首次在国家层面提出了电子商务与快递物流提高协同水平的政策措施，进一步明确了快递物流是实现电子商务实物交易的主渠道地位。快递物流服务提供者在服务电子商务时，应当遵守《中华人民共和国邮政法》《中华人民共和国反恐怖主义法》《快递暂行条例》《中华人民共和国道路运输条例》等法律、行政法规的规定，依法规范电子商务快递物流服务领域的行为，保障电子商务各方主体权益。

一、公示服务承诺事项

快递物流服务提供者应当在其经营场所，或以互联网等其他方式公示服务承诺事项，这是保护消费者知情权、选择权的基本措施。关于快递物流服务提供者应当公示的服务承诺事项具体内容，以及承诺事项变更后进行公示的具体时限，其他法律、行政法规以及相关标准可以在其权限范围内予以规定。服务能力较强的快递物流服务提供者还可以在国家规定基础之上，自主增加更多的公示内容，直至形成更高的企业标准。

二、提示查验义务和验收权利

电子商务快递包裹的最终收件人一般是电子商务交易实物商品的买受方（消费者），有关包裹交付环节的验收方式关系到卖、递、买三方的切身利益，也是容易引起纠纷的关键环节。实践中，包裹最终交付环节的验收确认规范一般包括以下内容：

第一，快递物流服务提供者应当严格按照约定的收件地址和收件人进行包裹投递，除非收件人同意，不得要求收件人到指定地点收取包裹。

第二，快递物流服务提供者揽收包裹前，应当与电子商务经营者约定包裹交付验收的具体方式，这对电子商务经营者出售商品时向消费者告知收货确认方式有指引作用，对保护消费者知情权和公平交易权有积极意义。

第三，在有事先约定的情况下，以及包裹出现毁损等特殊情况下，消费者可以先开拆包裹验视内件商品再作出收货确认或退货决定，有利于及时确定责任人和保留证据线索，为消费者维护自身的合法权利提供了保障。考虑到包裹交付验收的方式、深度多种多样，快递物流服务提供者有义务提示收货人当面查验快递包裹内件，收货人有权要求查验之后再签收快递包裹。

三、快递物流服务末端递送

本法明确规定交由他人代收的，应当经收货人同意。使用智能快件箱、驿站等非合同约定的方式递送的，快递物流服务提供者都应当事先征得收件人同意，否则将构成违约。

四、快递物流绿色包装

近几年来消费者逐渐习惯了网购带来的便捷，快递物流服务支撑起实物商品的交付，而商品的包装问题也受到社会关注。统观电子商务产业全链条，从签订电子商务合同开始，一直到完成商品交付消费者获取商品，可以说商品包装贯穿于始终。本法要求快递物流服务提供者应当按照规定使用环保包装材料，实现包装材料的减量化和再利用。目前，《中华人民共和国清洁生产促进法》《中华人民共和国循环经济促进法》《中华人民共和国固体废物污染环境防治法》等法律对包装提出了总体要求。此外，《中华人民共和国铁路法》《中华人民共和国海商法》等对货物运输中的包装问题进行了规定。《快递暂行条例》在使用绿色包装、实现包装的绿色化、减量化和可循环方面作出倡导性规定。在国家政策层面，《中共中央　国务院关于全面加强生态环境保护　坚决打好污染防治攻坚战的意见》提出了推行绿色消费，出台快递业、共享经济等新业态的规范标准。《国务院办公厅关于推进电子商务与快递物流协同发展的意见》（国办发〔2018〕1 号）以及《国务院关于促进快递业发展的若干意见》（国发〔2015〕61 号）也都提出了快递绿色发展的任务。

2018 年，国家质量监督检验检疫总局和国家标准化管理委员会、国家质检总局、国家标准委发布了新修订的《快递封装用品》系列国家标准。标准以快递物流包装减量化、绿色化、可循环为基本原则，提出快递包装袋宜采用生物降解塑料，重金属与特定物质限量；针对不同的快递封装用品，应分别印有可回收标志、重复使用标志或塑料产品标志，便于回收处理。目前，快递纸箱绿色化、减量化已成为发展趋势。

科研机构、快递物流企业等积极参与到绿色包装研发之中，从物流包装的轻量化、循环利用、创新替代等领域着手，在研发新材料、新技术方面增加投入，促进绿色包装升级。要实现包装“绿色化”，需要政府、电子商务经营者、消费者、快递物流服务提供者、包装生产商多个环节共同配合。本法对快递物流服务提供者尽量使用环保包装材料，实现包装材料的减量化和再利用提出要求。一方面，法律将这项倡导性义务赋予快递物流服务提供者，认为解决这一问题的关键在需求方。以本法为依据，可以在快递物流企业具体的操作过程中对产业链上、下游企业施加影响，推进绿色包装，最终实现电子商务绿色可持续发展。另一方面，有义务就要有相应的权利，快递物流服务提供者为履行法律义务，可以向下游的包装生产企业提出绿色包装生产要求，也可以向上游的电子商务经营者提供统一的符合环保要求的绿色包装材料，以此形成快递物流绿色包装产业链，满足法律规定的要求。

五、代收货款服务

本条对快递物流代收货款服务进行了法律界定。代收货款服务不是独立的金融服务，而是以快递物流服务为基础的延伸服务。快递物流服务提供者利用自身服务网络和资源，在提供电子商务快递包裹递送服务的同时，接受电子商务经营者的委托向消费者收取快递包裹内的商品对应的货款。货款的付款义务主体为消费者，消费者拒收商品或者不支付货款时，快递物流服务提供者不承担责任。

第五十三条　【电子支付服务提供者的义务】

电子商务当事人可以约定采用电子支付方式支付价款。

电子支付服务提供者为电子商务提供电子支付服务，应当遵守国家规定，告知用户电子支付服务的功能、使用方法、注意事项、相关风险和收费标准等事项，不得附加不合理交易条件。电子支付

服务提供者应当确保电子支付指令的完整性、一致性、可跟踪稽核和不可篡改。

电子支付服务提供者应当向用户免费提供对账服务以及最近三年的交易记录。

【条文研析】

一、电子支付与电子商务的紧密关系

电子支付是指付款人与收款人通过电子形式的支付指令实现货币资金转移的行为。

中国的电子支付与电子商务有着非常紧密的关系，两者相伴相生，互相促进，正是依赖高效、便捷、低成本的电子支付手段，我国电子商务市场才得以迅速发展到今天的规模。

我国电子商务发展的初期阶段，电子商务发展面临一些阻碍：一方面，对于一些规模较小的商家和在网上开店的个人用户而言，越来越难以承担因与商业银行连接而产生的维护成本和交易费用；另一方面，在茫茫的互联网中，商户与交易者的信任面临冲击。提前付款模式中，购货方无法相信小商家和网店的信誉，现实中购货方受骗的事件也屡屡发生。货到付款模式中，商户也往往无法承担购货方大量拒收的时间成本和物流成本。

因为信息高度不对称，当时的市场开始出现道德风险和逆向选择，电子商务发展受到很大限制。后来，在新技术发展的促进下，具有担保功能、廉价高效的第三方电子支付因能够解决上述问题而异军突起，承担了电子商务中不可或缺的重要角色。

二、电子支付规制的必要性和合理性

随着电子支付的便利和电子商务对于时效性和便捷性的要求，电子商务和电子支付的关系变得更加紧密。因此，为了电子商务的良性、健康发展，有必要进一步规范电子商务中的电子支付。

同时，支付指令的电子化不仅极大地提高了支付效率，也为广大用户提供了巨大的便利，因而越来越受到支付服务提供者和用户的青睐。但伴随着支付指令的电子化，新的风险和新的问题也逐渐浮出水面。新的风险，如电子支付指令在传输过程中遭到第三方篡改的风险以及由于支付服务提供者所提供服务安全性的缺失所导致的其他风险；新的问题，如在出现错误支付和非授权支付时的责任承担问题。这些风险和问题都是在传统的非电子形式支付方式中所不存在的，因而有必要进行进一步专门规定。

虽然本法第二条第三款规定“金融类产品和服务……不适用本法”，但该规定与本法对电子支付加以规定并不冲突：本法第二条第三款对于金融类产品和服务的适用除外，主要是考虑到该类特殊服务交易的监督管理的专业性和特殊性，尤其与一般的电子商务规制路径不甚一致，因而不纳入电子商务法的调整范围，如网络借贷、互联网基金销售、互联网保险销售等，这类通过互联网方式销售金融类产品或提供金融类服务的行为因为交易标的的特殊性而区别于典型的电子商务行为，不适宜在本法中加以规定。但电子商务中的电子支付的监督管理一方面需要考虑适配电子商务的特殊性，另一方面完善电子支付规制，也是完善电子商务全流程监督管理所必需的组成部分。因而，电子支付的监督管理与电子商务的监督管理虽然相对独立，但总体上具有相互依存性，适宜在同一部法律中加以规定。此外，电子支付在电子商务中与快递物流等类似，主要体现为电子商务合同履行方式，不属于第二条排除适用的范围。

三、相关法律法规衔接

《中华人民共和国消费者权益保护法》是保护消费者权益的重要法律，电子支付服务提供者与用户之间也一般性地适用该法。

消费者权益保护法规定消费者有权要求经营者提供的商品和服务，符合保障人身、财产安全的要求，并规定了消费者的知情权、自由选择权、公平交易权，并因购买、使用商品或者接受服务受到人身、财产损害的，享有依法获得赔偿的权利。电子支付服务的用户一并享有这些权利。电子支付服务提供者也适用该法第二十八条规定的特定领域经营者的信息披露义务的规定，应当向用户提供经营地址、联系方式、商品或者服务的数量和质量、价款或者费用、履行期限和方式、安全注意事项和风险警示、售后服务、民事责任等信息。

作为通过网络提供的服务，电子支付服务也适用《中华人民共和国网络安全法》。该法详细列举了提供网络产品、服务的安全要求和个人信息保障义务，给出了具体指引和违法惩罚措施，电子支付服务提供者应当遵守这些要求，例如：电子支付服务提供者提供电子支付服务应当符合相关国家标准的强制性要求，不得设置恶意程序，发现其网络产品、服务存在安全缺陷、漏洞等风险时，应当立即采取补救措施，按照规定及时告知用户并向有关主管部门报告。电子支付服务提供者提供电子支付服务具有收集用户信息功能的，其提供者应当向用户明示并取得同意；涉及用户个人信息的，还应当遵守本法和有关法律、行政法规关于个人信息保护的规定。电子支付服务提供者收集、使用个人信息，应当遵循合法、正当、必要的原则，公开收集、使用规则，明示收集、使用信息的目的、方式和范围，并经被收集者同意。电子支付服务提供者不得收集与其提供的服务无关的个人信息，不得违反法律、行政法规的规定和双方的约定收集、使用个人信息，并应当依照法律、行政法规的规定和与用户的约定，处理其保存的个人信息。电子支付服务提供者不得泄露、篡改、毁损其收集的个人信息；未经被收集者同意，不得向他人提供个人信息。但是，经过处理无法识别特定个人且不能复原的除外。电子支付服务提供者应当采取技术措施和其他必要措施，确保其收集的个人信息安全，防止信息泄露、毁损、丢失。在发生或者可能发生个人信息泄露、毁损、丢失的情况时，应当立即采取补救措施，按照规定及时告知用户并向有关主管部门报告。《中华人民共和国网络安全法》涉及电子支付的其他条款，电子支付服务提供者也应当遵守。

电子商务法的效力高于行政法规、地方性法规、规章等规范性文件，本法与其他法律、行政法规、地方性法规、规章等规范性文件规定不一致之处根据《中华人民共和国立法法》等相关规定处理。

《电子支付指引（第一号）》（中国人民银行公告〔2005〕第23号）将“电子支付”定义为“单位、个人直接或授权他人通过电子终端发出支付指令，实现货币支付与资金转移的行为。电子支付的类型按电子支付指令发起方式分为网上支付、电话支付、移动支付、销售点终端交易、自动柜员机交易和其他电子支付。”该规定对于理解“电子支付”含义及业务范围仍有重要意义。对于电子支付指令，该指引第二十条规定：发起行、接收行应确保电子支付指令传递的可跟踪稽核和不可篡改。银行应采取必要措施保护电子支付交易数据的完整性和可靠性。这些对于电子支付指令的专业化要求充分被电子商务法所吸收。

《非金融机构支付服务管理办法》（中国人民银行令〔2010〕第2号）第二条第二款规定：“本办法所称网络支付，是指依托公共网络或专用网络在收付款人之间转移货币资金的行为，包括货币汇兑、互联网支付、移动电话支付、固定电话支付、数字电视支付等。”具体细化了电子支付的类型。电子支付服务提供者及用户应当继续在法定框架内遵守该办法的相关规定，如在保护用户知情权问题上，该办法要求支付机构应当公开披露其支付业务的收费项目和收费标准。支付机构应当制定支付服务协议，明确其与用户的权利和义务、纠纷处理原则、违约责任等事项。支付机构应当公开披露支付服务协议的格式条款。在支付指令问题上，该办法要求支付机构应当具备必要的技术手段，确保支付指令的完整性、一致性和不可抵赖性，支付业务处理的及时性、准确性和支付业务的安全性；具备灾难恢复处理能力和应急处理能力，确保支付业务的连续性。

《关于促进互联网金融健康发展的指导意见》（银发〔2015〕221号）将“互联网支付”定义为“通过计算机、手机等设备，依托互联网发起支付指令、转移货币资金的服务”并明确指出互联网支付应始终坚持服务电子商务发展和为社会提供小额、快捷、便民小微支付服务的宗旨。在保护用户知情权问题上，该办法要求支付服务中介要向用户充分披露服务信息，清晰地提示业务风险，不得夸大支付服务中介的性质和职能。电子支付服务提供者应当遵循前述规定。

《非银行支付机构网络支付业务管理办法》（中国人民银行公告〔2015〕第43号）将网络支付业务定义为“收款人或付款人通过计算机、移动终端等电子设备，依托公共网络信息系统远程发起支付指令，且付款人电子设备不与收款人特定专属设备交互，由支付机构为收付款人提供货币资金转移服务的活动。”在支付指令问题上，该办法要求支付机构应当确保交易信息的真实性、完整性、可追溯性以及在支付全流程中的一致性，不得篡改或者隐匿交易信息。在保护用户知情权问题上，该办法要求支付机构应当向用户充分提示网络支付业务的潜在风险，及时揭示不法分子新型作案手段，对客户进行必要的安全教育，并对高风险业务在操作前、操作中进行风险警示。在个人信息保护问题上，该办法要求支付机构应当依照中国人民银行有关客户信息保护的规定，制定有效的客户信息保护措施和风险控制机制，履行客户信息保护责任。支付机构不得存储客户银行卡的磁道信息或芯片信息、验证码、密码等敏感信息，原则上不得存储银行卡有效期。因特殊业务需要，支付机构确需存储客户银行卡有效期的，应当取得客户和开户银行的授权，以加密形式存储。支付机构应当以“最小化”原则采集、使用、存储和传输客户信息，并告知客户相关信息的使用目的和范围。支付机构不得向其他机构或个人提供客户信息，法律法规另有规定，以及经客户本人逐项确认并授权的除外。在保护用户公平交易权问题上，该办法要求支付机构应当充分尊重用户自主选择权，不得强迫用户使用本机构提供的支付服务，不得阻碍客户使用其他机构提供的支付服务。支付机构应当公平展示客户可选用的各种资金收付方式，不得以任何形式诱导、强迫客户开立支付账户或者通过支付账户办理资金收付，不得附加不合理条件。电子支付服务提供者应当在法定框架内继续遵循前述规定。

上述很多现行规定针对非银行支付机构，但基于本法第四条“各级人民政府和有关部门不得采取歧视性的政策措施”的相关原则，相关行政机关应当根据本法规定及精神制定相应具体实施细则，对于所有类型的电子支付服务提供者一视同仁，加强监管，促进电子商务与电子支付和谐健康有序发展。

四、自由选择支付方式

电子商务法规定“电子商务当事人可以约定采用电子支付方式支付价款”，即电子商务中由当事人自由合意约定支付价款的方式，可以选择电子支付方式支付价款，也可以选择其他方式支付价款。根据本法及其他法律法规，采用格式条款形式约定支付价款方式的，提供格式条款的一方应当遵循公平原则在合理范围内提供可供选择的支付方式。

基于本法第三条鼓励新业态发展的原则，也基于促进数字经济发展的需要，本法总体上鼓励使用电子支付方式支付价款，这也是本法特别设立专门条文规范电子支付的原因所在。规范化的电子支付有利于推动电子商务创新与发展。

五、电子支付服务提供者的告知义务和公平交易义务

本条第二款规定了电子支付服务提供者的告知义务和公平交易义务。

电子支付服务提供者的告知义务和公平交易义务与用户的知情权和公平交易权是相对应的。用户的知情权和公平交易权是在电子支付服务中最需要重点保护的两项权利：

1. 就知情权而言，在一般市场交易中，信息弱势一方往往可能因为信息不对称受到损害。在电子支付这种科技程度较高的服务中，若电子服务提供者不履行其告知义务，则用户很难对电子支付服务有一个全面的认识，因而也很难有意识地去防范其中所隐藏的风险，最终造成用户财产权利的损害。电子支付服务提供者履行其告知义务也是保障用户资金安全的重要手段。电子支付服务提供者的告知义务，应该做到向用户提供有关电子支付服务真实全面的情况，以保障用户对该服务做出正确的判断、选择和使用，特别要就资金安全方面的情况作充分说明。

在实践中，用户的知情权容易受到侵害，主要表现在：变更协议不履行通知义务，用户无法及时了解服务更新情况；交易过程用户无法感受和知晓，支付服务提供者未履行风险提示义务；支付服务提供者的基本信息披露义务实践中难以落实等。为此需要对电子商务中用户知情权进一步保护，需要完善信息披露，让用户了解整个交易程序；强制风险告知，提高用户风险防范意识。支付服务提供者因其提供的服务存在瑕疵，导致用户受损，用户也可以依法向支付服务提供者求偿。

2. 就公平交易权而言，电子支付服务提供者是价格的制定者、服务方式的操控者，客观上处于优势地位；而用户客观上处于劣势地位，往往可能不得不接受不公平、不合理的交易条件。随着电子商务与电子支付的紧密结合，电子商务消费者的消费习惯也逐渐被改变和重塑，许多电子商务消费者越来越依赖电子支付这一支付手段，用户对电子支付服务提供者信息上依赖的增强和需求的增加，使得对用户公平交易权的保护变得更加迫切和重要。这也是本款专门规定电子支付服务提供者“不得附加不合理交易条件”的原因所在。

六、电子支付指令一般要求

本条第二款也规定了电子支付服务提供者必须确保电子支付指令的完整性、一致性、可跟踪稽核和不可篡改。

根据中国人民银行相关规定、ISO/IEC 27000：2018（信息技术—安全技术—信息安全管理系统—概述和词汇）、GB/T 27910—2011（金融服务信息安全指南）以及其他相关规定，完整性、一致性、可跟踪稽核和不可篡改等可作如下理解。

完整性，即指令能够准确、完全地表达用户意志，要求交易信息包括但不限于下列内容：(1) 交易渠道、交易终端或接口类型、交易类型、交易金额、交易时间，以及直接向客户提供商品或者服务的特约商户名称、编码和按照国家与金融行业标准设置的商户类别码；(2) 收付款客户名称、收付款支付账户账号或者银行账户的开户银行名称及账号；(3) 付款客户的身份验证和交易授权信息；(4) 有效追溯交易的标识；(5) 单位客户单笔超过5万元的转账业务的付款用途和事由。

一致性，即完全符合指令要求，要求可以是被明确声明的，也包括一般用户所期望的以及行业的共同惯例，这要求支付指令在全流程中物理和逻辑上保持数据的一致性，以确保支付指令最终按照用户正确意志执行。

可跟踪稽核，与相关反洗钱等监管要求一致，要求电子支付服务提供者构建客户身份识别和客户身份资料及交易记录保存管理机制。

不可篡改，要求电子支付服务提供者建立完善的信息安全保障机制，充分确保电子支付指令在全流程中不被篡改，免受包括外部攻击和内部的违法违规操作等在内的影响，以达到完整性、一致性的要求。

这一规定是针对支付机构中可能存在的交易数据丢失、交易数据被篡改、交易数据被劫持等问题而提出的，意在通过对支付服务提供者课加保证支付指令安全性的义务，维护用户的权益。本款充分吸收了相关法律法规与业务指引的相关规定，并根据电子商务法的特点进行了统合和完善。持续的技术创新是电子商务与电子支付行业的显著特点，技术创新带来了市场冲击以及对市场结构的影响。电子商务与电子支付行业的重要竞争力在于其技术创新能力，其主要风险在于能否持续保证其数据优势和技术优势，立法应当与之协调注意技术要求和技术标准在法律法规中的规定。

电子支付服务提供者应采取必要措施保护电子支付交易数据的完整性和可靠性，根据《电子支付指引（第一号）》第二十九条的规定，措施至少应包括：(1) 制定相应的风险控制策略，防止电子支付业务处理系统发生有意或无意的危害数据完整性和可靠性的变化，并具备有效的业务容量、业务连续性计划和应急计划；(2) 保证电子支付交易与数据记录程序的设计发生擅自变更时能被有效侦测；(3) 有效防止电子支付交易数据在传送、处理、存储、使用和修改过程中被篡改，任何对电子支付交易数据的篡改能通过交易处理、监测和数据记录功能被侦测；(4) 按照会计档案管理的要求，对电子支付交易数据，以纸介质或磁性介质的方式进行妥善保存。

七、免费对账服务及保存交易记录

本条第三款规定了电子支付服务提供者提供免费对账服务及保存交易记录的义务，并明确了电子支付服务提供者必须保存近三年的交易记录供用户查询。

获得相应的单据、凭证对用户在权利受损失时获得有效救济发挥着十分重要的作用。为了便利电子支付活动，不应当硬性规定电子支付服务提供者需要在每次交易时提供完整的纸质单据，但仍规定了支付服务提供者保存交易记录并向用户提供免费对账服务的义务，以保证用户能够及时核对账目，并在其主张权利之时能够获得相应的证据支持。

对于电子支付服务提供者应当向用户免费提供交易记录的时间，有两种不同看法：一种认为应当与民法总则等法律相衔接，确定免费提供交易记录的时间为三年；另一种认为，根据反洗钱法及《金融机构客户身份识别和客户身份材料及交易记录保存管理办法》等相关法律法规规定，应当确定免费提供交易记录的时间为五年。最终认为，反洗钱法及《金融机构客户身份识别和客户身份材料及交易记录保存管理办法》中保存客户资料和交易信息最少五年的规定与机构向用户免费提供交易记录的时间长短并无直接关系，是监管部门课予金融机构的特殊要求，电子商务中电子支付的小额频繁的特点，免费提供交易记录的时限过长对于电子支付服务提供者而言也是一个过重的义务，本法以向人民法院请求保护民事权利的诉讼时效期间为主要参照，规定电子支付服务提供者应当向用户免费提供最近三年的交易记录。电子支付服务提供者亦可与用户合意约定长于此时间的交易免费提供期。其他法律法规关于支付服务提供者对监管部门保存交易记录的最低时间规定与本条实际上也并无冲突。

此外，电子支付服务提供者向用户免费提供对账服务以及最近三年的交易记录的具体内容应当遵守相关法律法规的具体规定，充分保障个人信息安全。

第五十四条　【电子支付安全管理要求】

电子支付服务提供者提供电子支付服务不符合国家有关支付安全管理要求，造成用户损失的，应当承担赔偿责任。

【条文研析】

一、电子支付安全管理必要性

科技创新带来支付风险的量变乃至质变。支付和科技是密切相关的业态，现代电子支付的生命力在于科技的应用，没有科技就没有现代电子支付的蓬勃发展。

科技变革正在重写电子支付行业的交易规则，与此同时，风险相伴而生。大数据、云计算、人工智能、区块链等不断迭代创新的科技发展甚至已经开始从根本上改变现行业务模式和监管框架。一方面，科技创新和更迭速度显著加快，另一方面，科技转化为支付产品的周期大为缩短。随着互联网人群持续增加，消费者接受新科技的能力和意愿逐渐增强，新产品、新平台、新组织、新业态及其包含的网络效应向社会公众进行跨区域、跨国界和跨时间的渗透扩散速度亦加快。金融科技使电子支付服务提供者与用户之间的连接费用大幅下降，实现高效率低成本的同时，不但没有改变风险隐蔽性、突发性、传染性和负外部性等特征，反而使风险传递得更快、波及面更广，金融、技术和网络风险更易产生叠加与聚合效应，且在技术性风险、操作性风险与系统性风险等层面更加突出，具体阐述如下：

技术性风险。支付业务发展有赖于先进的技术和交易平台系统，技术和交易平台系统选择失误会带来较大风险。在计算机驱动交易的背景下，交易频率以及交易量迅速攀升，尽管新技术有利于克服寡头垄断并规范传统的市场交易主体，但技术漏洞或编程错误均会对金融市场产生巨大影响，衍生新的系统性风险。使用人工智能、大数据、云计算和区块链等技术时，数据相关性不是用于检测因果性而是用于预估未来，它就可能产生错估成本与风险。

操作性风险。操作性风险通常与不适当的操作和内部控制程序、信息系统失灵和人工失误密切相关，该风险可能在内部控制和信息系统存在缺陷时导致不可预期的损失。当科技驱动创新步伐加快时，操作性风险也会随之增加。另外，数据风险与信息安全风险相互交织，增加了信息科技风险等操作风险。

系统性风险。如果该支付企业规模达到足够大的情况下，一旦破产风险就会迅速传递至与它有链接关系的企业。

不同于以往以资金损失为主，在互联网背景下，用户的损失体现为两个重要方面：一是资金损失；二是个人信息被侵犯。

电子支付行业由于主要通过网络向客户提供产品和服务，应用信息技术手段加工处理与客户交易的相关信息，因此更加依赖以非面对面的方式获取和收集信息，进而根本改变了传统金融信息行为及其风险管理模式。

资金损失方面的风险主要体现为：电子支付平台账户风险、交易风险中账号盗用、暴力破解、拖库撞库、身份冒用、洗钱套现、高危漏洞、病毒木马等欺诈风险行为。

个人信息被侵犯方面的风险主要体现为：随着支付服务提供者对用户身份验证需求的增长，市场中也出现了一些提供身份识别服务的企业，但良莠不齐。由于身份验证涉及用户个人隐私信息，容易涉嫌违规，出现信息的盗用、滥用、非法买卖等问题。支付过程涉及用户的身份信息、银行卡信息、密码信息等诸多敏感信息，这些信息一旦泄露，便很容易给不法分子以可乘之机，给用户带来重大损失。

支付服务提供者有义务保护用户资金与信息安全，在专业性和服务能力方面具有天然优势，应当充分遵守国家有关支付安全管理的要求，维护用户合法权益，保障支付市场总体稳健。同时，也鼓励支付服务提供者创新安全保障能力，可以基于海量风险数据和强大的机器学习技术，建立精准风控模型以及信息内控机制。通过事前信息审核、事中监测预警、事后关联分析，全程实时监测业务潜在威胁。

国家有关支付安全管理要求，一般包括如下客观指标：取得相应业务牌照；有一定数量的熟悉业务的高级管理人员；有符合要求的支付业务设施（包括支付业务处理系统、网络通信系统以及容纳上述系统的专用机房）；有健全的组织机构、内部控制制度和风险管理措施（包括具有合规管理、风险管理、资金管理和系统运行维护职能的部门）；有符合要求的营业场所和安全保障措施；支付业务可行性研究报告；技术安全检测认证证明；等等。

二、相关法律法规衔接

本法所规定的“国家有关支付安全管理要求”可以参见：(1)《电子

支付指引（第一号）》（中国人民银行公告〔2005〕第23号）：该指引以专章的形式对银行从事电子支付业务采用的信息安全标准、技术标准、业务标准做出了规定，包括管理机制，审慎原则下的用户适当性保护机制、相关的技术要求，数据保密标准及内部人员控制等，并特别规定银行应建立电子支付业务运作重大事项报告制度，及时向监管部门报告电子支付业务经营过程中发生的危及安全的事项。（2）《非金融机构支付服务管理办法》（中国人民银行令〔2010〕第2号）：该办法明确规定支付机构应当按照审慎经营的要求，制定支付业务办法及客户权益保障措施，建立健全风险管理和内部控制制度。支付机构应当具备必要的技术手段，确保支付指令的完整性、一致性和不可抵赖性，支付业务处理的及时性、准确性和支付业务的安全性；具备灾难恢复处理能力和应急处理能力，确保支付业务的连续性，同时规定支付机构应当接受中国人民银行及其分支机构定期或不定期的现场检查和非现场检查，如实提供有关资料，不得拒绝、阻挠、逃避检查，不得谎报、隐匿、销毁相关证据材料。（3）《非银行支付机构网络支付业务管理办法》（中国人民银行公告〔2015〕第43号）：该办法特别强调面向用户权益保护和面向用户的风险管理，要求支付机构应当综合客户类型、身份核实方式、交易行为特征、资信状况等因素，建立客户风险评级管理制度和机制，并动态调整客户风险评级及相关风险控制措施。该办法亦规定支付机构如未符合相关标准和要求，或者尚未形成国家、金融行业标准，支付机构应当无条件全额承担客户直接风险损失的先行赔付责任，等等。

有关部门也应当根据实际情况，调整和进一步规定支付安全管理要求，适应电子支付发展与创新，促进合理竞争，维护消费者合法权益，保障国家金融安全。

三、电子支付服务提供者支付安全管理义务

本条明确要求电子支付服务提供者提供电子支付服务必须符合国家有关支付安全管理要求，否则造成用户损失的，应当承担赔偿责任。

电子支付服务提供者在向用户提供电子支付服务时，必须有完善的支

付安全管理。支付指令的电子化一方面极大地提高了支付的效率，但同时也对支付指令发起和传输中用户资金安全的保障提出了新的挑战。在支付指令的发起和传输过程中，可能会出现信用卡盗用、欺诈和病毒入侵电子支付系统篡改支付指令等威胁用户资金安全、个人信息安全的情况。电子支付服务提供者因未履行安全保障义务导致用户遭受损失的，其应对用户承担损害赔偿责任。本条之所以未具体明确支付安全管理要求，即考虑到了新技术爆发背景下安全要求的不断变动与发展，避免因条文死板而导致责任不清的情况发生，同时为有关部门根据实际情况灵活调整安全管理要求留下空间。

电子支付服务提供者也可以参考其他国家或地区的相关规定，进一步提高安全保障水平，如我国台湾地区“电子支付机构业务管理规则”第六条规定，电子支付机构对于收款使用者，应采取下列风险控管措施：一、建立收款使用者之征信审核机制及流程，并指派专人负责收款使用者审查、核准及管理作业。二、建立收款使用者之风险评估等机制，对风险等级较高之收款使用者，应采取限制交易金额、加强交易监测、实地访视、提存保证金、提供其他担保或延迟清算等措施，降低交易风险。三、建立收款使用者之调查、评估或实地访视机制，并根据收款使用者之风险等级，采取适当之调查、评估或实地访视之频率及方式，并留存相关纪录。四、其他主管机关规定之风险控管措施。又如欧盟支付服务指令修订版（Payment Services Directive 2，简称“PSD2”）规定：支付服务提供者负责安全措施。这些措施需要与有关的安全风险相称。支付服务提供者应建立一个框架，以降低风险并维护有效的事件管理程序。应建立定期报告机制，以确保支付服务提供者定期向主管当局提供其安全风险的最新评估以及他们为应对这些风险而采取的措施。此外，为了确保对用户、其他支付服务提供者或支付系统（例如支付系统的实质性中断）的损害保持在最低限度，必须要求支付服务提供者对主管当局无不合理拖延地报告重大安全事件。

第五十五条 【错误支付的法律责任】

用户在发出支付指令前，应当核对支付指令所包含的金额、收款人等完整信息。

支付指令发生错误的，电子支付服务提供者应当及时查找原因，并采取相关措施予以纠正。造成用户损失的，电子支付服务提供者应当承担赔偿责任，但能够证明支付错误非自身原因造成的除外。

【条文研析】

一、错误支付规制必要性

随着电子支付服务的发展，电子支付应用情况大大增加，很多时候因为各种原因可能出现收款人、支付金额等与用户原本意图不相符合的情况，现实中也出现了很多的相关纠纷。

错误支付是指支付指令本身或者履行支付指令出现问题，导致支付后果与支付指令发出者本来的意图不符，可能的错误包括：付款人错误、付款账号错误、收款人错误、收款账号错误、金额错误、支付时间错误、支付指令重复发出等。错误支付原因可能包括：发出前的支付指令即存在错误；发出中的支付指令因某种原因出现更改，到达支付服务提供者时与原支付指令不符；正确的支付指令被支付服务提供者错误执行或者被多次重复执行。

二、相关法律法规衔接

《电子支付指引（第一号）》（中国人民银行公告〔2005〕第23号）第五章“差错处理”以专章形式规定了支付差错处理的要求，这些规定适用范围大于错误支付，包括其他一些差错类型，但可为错误支付处理提供依据与参照。如该规定要求电子支付业务的差错处理应遵守据实、准确和及时的原则；银行应指定相应部门和业务人员负责电子支付业务的差错处理工作，并明确权限和职责；银行应妥善保管电子支付业务的交易记录，对电子支付业务的差错应详细备案登记，记录内容应包括差错时间、差错内容与处理部门及人员姓名、客户资料、差错影响或损失、差错原因、处理结果等；因银行自身系统、内控制度或为其提供服务的第三方服务机构的原因，造成电子支付指令无法按约定时间传递、传递不完整或被篡改，并造成客户损失的，银行应按约定予以赔偿；因第三方服务机构的原因造成客户损失的，银行应予赔偿，再根据与第三方服务机构的协议进行追偿；接收行由于自身系统或内控制度等原因对电子支付指令未执行、未适当执行或迟延执行致使客户款项未准确入账的，应及时纠正；客户应妥善保管、使用电子支付交易存取工具。有关电子支付业务资料、存取工具被盗或遗失，应按约定方式和程序及时通知银行；客户发现自身未按规定操作，或由于自身其他原因造成电子支付指令未执行、未适当执行、延迟执行的，应在协议约定的时间内，按照约定程序和方式通知银行。银行应积极调查并告知客户调查结果；银行发现因客户原因造成电子支付指令未执行、未适当执行、延迟执行的，应主动通知客户改正或配合客户采取补救措施；因不可抗力造成电子支付指令未执行、未适当执行、延迟执行的，银行应当采取积极措施防止损失扩大，等等。

《非银行支付机构网络支付业务管理办法》（中国人民银行公告〔2015〕第43号）要求支付机构应当建立健全风险准备金制度和交易赔付制度，并对不能有效证明因用户原因导致的资金损失及时先行全额赔付，保障用户合法权益。因交易超时、无响应或者系统故障导致支付指令无法正常处理的，支付机构应当及时提示用户；因用户原因造成支付指令未执行、未适当执行、延迟执行的，支付机构应当主动通知用户更改或者协助用户采取补救措施。

上述规定对于错误支付的规定分别针对银行或非银行支付机构，相关部门应根据本法规定及精神出台进一步规定，公正对待所有电子支付服务提供者。

三、用户确认和核对支付指令权利与义务

支付指令是指付款人以纸介质、磁性介质或电子形式发出的，按照收款人的要求，办理确定金额的资金转账命令。在电子支付的场合，支付指令以电子形式存在。支付指令必须由付款人主动请求才具有效力。

对支付指令的内容进行确认和核对是作为付款人的用户的重要权利与义务。支付指令是支付服务提供者进行资金转移的唯一依据，支付服务提供者必须依照支付指令准确无误地完成支付，如果支付指令本身出现问题，必然导致支付本身出现错误。

支付指令所记载的内容至少包括：（1）付款人名称；（2）确定的金额；（3）收款人名称；（4）付款人的开户银行名称或支付机构名称；（5）收款人的开户银行名称或支付机构名称；（6）支付指令的发起日期，等等。用户应当有对上述内容进行逐一审核的权利，并因此承担保证上述内容在指令发出时不出现错误的义务。

发出正确的指令是用户的基本义务，忠实履行用户发出的支付指令是电子支付服务提供者的基本义务。一般而言，支付指令经确认正式发出后不可撤回或更改。如果支付指令出现与用户本来的意图相违背的情况，且此种情况是因为用户的过错导致的，责任应由用户承担。一方面，交易信息的真实性、完整性、可追溯性及一致性是有效识别用户支付行为、开展风险防控、保障交易安全及维护用户权益的重要基础；在用户发出支付指令前，规定用户对支付指令的准确性进行确认，是为了更好保障用户权益。另一方面，一旦用户发出了指令，默认其是用户真实的意思表示；无论从民法的意思自治原则还是商法的外观主义出发，用户都应当对自己的行为负责。

四、错误支付处理原则

其他国家地区规定相关法律法规中对错误支付也有规定，如澳大利亚《电子资金划拨指导法》规定账户机构应向账户持有人提示：账户持有人应检查报表中的所有账目，并向账户机构尽快报告报表中存在的明显错误或可能存在的未授权交易。这种提示必须列入账户报表，账户机构不得限制或拒绝账户持有人投诉的权利，也不得企图对用户发现错误或未授权交易设置时间限制。账户机构应确保他们的电子资金划拨交易系统有足够多的记录以使其交易可以被追踪、稽核，使发生错误能够鉴定并更正。

美国《电子资金转移法》规定，消费者可以在支付完成的60日内，按照约定或以其他方式使金融机构能够识别消费者的姓名和账号的形式，口头或者书面通知金融机构，并阐明错误支付的金额及原因（原因不是必须项），金融机构就应当对消费者所指控的错误进行调查，确定是否发生错误，并在十个工作日内向消费者反馈或邮寄调查结果。如果金融机构确定发生了错误，应在确定后的一个工作日内更正错误，包括如果适用的利息。在调查期间，金融机构如果不能在十个工作日内完成调查，可以代替将等同于错误损失的金额暂时记入用户账户（包括利息，用户可充分利用此笔资金），直至调查结束。此时调查可最长延长至收到错误通知后四十五天内。金融机构调查没有错误的，应在调查结束后三个工作日反馈消费者结果，并依消费者申请将所有证据复印件交付消费者。金融机构应当向消费者释明这种权利。

本法充分参考国内外既有法律法规，并考虑到我国电子商务活动中电子支付的特点，对于错误支付的归责采取了过错责任的立场。所谓过错责任，造成损害并不必然承担赔偿责任，必须要看行为人是否有过错，有过错有责任，无过错无责任。因用户原因导致的错误支付由用户承担，因电子支付服务提供者原因导致的错误支付由电子支付服务提供者承担，坚持了风险自担和公平的一般原则。

同时，为了合理保护电子支付服务用户权益，本条第二款也规定了电子支付服务提供者查明错误支付原因的义务，并在此基础上进一步规定了过错推定原则。支付指令发生错误的，电子支付服务提供者应当及时查找原因，并采取相关措施予以纠正。造成用户损失的，电子支付服务提供者应当承担赔偿责任，但能够证明支付错误非自身原因造成的除外。采取这一立场，原因在于用户作为电子支付服务的消费者，往往没有足够的能力证明电子支付服务提供者在错误支付中的过错，现代电子支付高度依赖科技，复杂的技术应用更加大了用户取证的难度，而电子支付服务提供者掌控着支付指令履行的全过程，更有能力发现错误发生的原因，进而发现过错方，因此，本条规定应由电子支付服务提供者承担过错的举证责任，如果电子支付服务提供者无法证明支付错误非自身原因造成的，应当承担赔偿责任。

第五十六条 【向用户提供支付确认信息的义务】

电子支付服务提供者完成电子支付后，应当及时准确地向用户提供符合约定方式的确认支付的信息。

【条文研析】

一、支付确认规制必要性

在黑客攻击、盗号等信息安全存在隐患的背景下，用户由于自身技术的限制，其知情权得不到有效保护，往往成为错误支付和未经授权支付事件中的受害者。将所有的错误支付和未经授权支付的风险转嫁给用户有失公平。有鉴于此，本条明确要求电子支付服务提供者在支付指令执行之后，向用户以符合约定的方式清晰展示交易信息。

同时，不少电子商务经营者与电子支付服务提供者联合推出了周期自动扣费服务，在用户预先授权情况下在一定周期内的固定日期自动扣取用户资费，但自动扣费若不及时提醒用户，仍会造成用户资金风险，甚至在用户遗忘且未实际接受电子商务经营者提供的服务或产品时仍旧自动扣取用户资费，此种情况应当加以避免。通过电子支付服务及时准确地向用户提供符合约定方式的确认支付信息可以避免用户遗忘预授权的情况。当然，未经授权的自动扣费属于未授权支付。

二、相关法律法规衔接

《电子支付指引（第一号）》（中国人民银行公告〔2005〕第23号）要求发起行应确保正确执行客户的电子支付指令，对电子支付指令进行确认后，应能够向客户提供纸质或电子交易回单。发起行执行通过安全程序的电子支付指令后，客户不得要求变更或撤销电子支付指令。

《非银行支付机构网络支付业务管理办法》（中国人民银行公告〔2015〕

第 43 号）要求支付机构应当采取有效措施，确保客户在执行支付指令前可对收付款客户名称和账号、交易金额等交易信息进行确认，并在支付指令完成后及时将结果通知客户。因交易超时、无响应或者系统故障导致支付指令无法正常处理的，支付机构应当及时提示客户；因客户原因造成支付指令未执行、未适当执行、延迟执行的，支付机构应当主动通知客户更改或者协助客户采取补救措施。

上述办法对电子支付服务提供者提出了更为具体的要求，电子支付服务提供者应当遵守以维护用户合法权益。上述办法亦分别针对银行和非银行支付机构制定，有关部门应根据本法规定及立法精神出台进一步规定，公正对待所有电子支付服务提供者。

三、电子支付服务提供者对用户的确认义务以及提示义务

本条是对电子支付服务提供者对用户的确认义务以及提示义务的规定。

本条实质上是对电子支付服务提供者在“支付确认”环节相关义务的规定，之所以将其独立作为一条规定，是因为其在电子商务中的地位极其重要。支付确认是整个支付环节重要的步骤，对其单独进行规定凸显其重要性。其最终目的在于提示电子支付法律关系的双方慎重交易，进而增强交易整体的安全性。

就及时性而言，本条要求电子支付服务提供者在支付完成后的合理时间内毫不拖延地反馈确认支付信息给用户。

就准确性而言，本条要求电子支付服务提供者在支付完成后，将能够真实、精确反馈支付结果的确认支付信息反馈给用户。在电子支付服务完成后，支付机构应当采取有效措施，确保客户收到交易结果的确认信息。因交易超时、无响应或者系统故障导致支付指令无法正常处理的，因客户原因造成支付指令未执行、未适当执行、延迟执行的，支付机构应当主动告知，并在异常情况出现后，自行采取措施处理或通知用户更改、协助用户采取补救措施等。成功支付后的确认支付信息应至少包括：交易渠道、交易终端或接口类型、交易类型、交易金额、交易时间、付款账户，以及直接向客户提供商品或者服务的特约商户名称、编码和按照国家与金融行业标准设置的商户类别码等。

同时，本条要求确认支付信息应当符合约定方式，应当以清楚明白、易于了解的语言表达确认支付信息，且不得随意变动提供确认支付信息的方式。

第五十七条　【未授权支付】

用户应当妥善保管交易密码、电子签名数据等安全工具。用户发现安全工具遗失、被盗用或者未经授权的支付的，应当及时通知电子支付服务提供者。

未经授权的支付造成的损失，由电子支付服务提供者承担；电子支付服务提供者能够证明未经授权的支付是因用户的过错造成的，不承担责任。

电子支付服务提供者发现支付指令未经授权，或者收到用户支付指令未经授权的通知时，应当立即采取措施防止损失扩大。电子支付服务提供者未及时采取措施导致损失扩大的，对损失扩大部分承担责任。

【条文研析】

近年来，随着电子支付的日渐普及，电子支付中未授权支付发生的比重日益增加，用户权益受到损害的情况屡有发生。用户一旦声称发生未授权支付，非银行支付机构与用户、非银行支付机构与银行等之间责任承担不甚明细，极易产生纠纷，可能产生用户权益被侵害而救助无门、小额纠纷极多浪费司法资源、用户恶意欺诈电子支付服务提供者等多种负面情况，这些问题影响了电子支付市场，进而也阻碍了电子商务的健康发展。

同时，因为既有规范性文件多为部门规章，法律适用指引不明确，在司法适用上存在问题。对于银行的未授权交易，2005 年以来，《最高人民法院公报》连续公布了几个处理银行卡非授权交易损失分担的案例，确立了以过错责任为基础的损失分担机制。审判实践中存在的问题包括：(1) 未能脱离传统线下非授权支付案件的处理思路，即根据有限证据判断交易是否为有权当事人本人所为，若非有权当事人本人所为，再根据有权当事人与支付服务提供者各自的过错分别确定其责任。但一方面，在电子支付中法院判断是否是有权当事人本人所为存在难度，另一方面，基于“谁主张谁举证”的大原则，加重用户举证责任，会导致用户容易承担举证不能的败诉风险；(2) 举证责任规则不统一。因之前无专门立法，不同法官在进行举证责任分配时可能有不一致之处；(3) 裁判尺度不一致。因为电子支付的部门规章处于较低的法律位阶，对权利义务认定、责任分配等未能给予明确的适用指引，裁判尺度不一致的现象时有发生。

在司法实践中，涉及银行卡的未授权电子支付一般都会将银行列为被告，涉及的非银行支付机构可能作为共同被告，这更加加深了未授权电子支付司法处理的复杂程度。因此有必要对未授权支付加以具体规定。

一、未授权支付界定

未授权支付，也称非授权支付，是指在未经用户以约定的方式授权的情况下，用户以外的他人发出支付指令，导致用户账户资金减少或授信额度被占用的情况。亦可参照欧盟 PSD2 规定：“仅在付款用户同意执行付款交易时才认为付款交易是经授权的。如果付款用户和支付服务提供者之间达成协议之后，在执行付款交易之前、之后的同意也可以被认为是授权。同意执行支付交易或一系列支付交易应以付款用户和支付服务提供者之间约定的形式给出。也可以通过收款用户或支付启动服务提供者给予同意执行支付交易。在未经同意的情况下，支付交易应被视为未经授权。”总体而言，授权支付的核心是支付指令的发出及其内容需要获得付款用户的符合约定方式的同意，否则视为未经授权的支付。

二、用户妥善保管电子支付安全工具与风险通知义务

本条第一款规定用户有妥善保管电子支付安全工具及遗失及时告知的

义务。

电子支付中用户也应当承担相应义务，如妥善保管包括密码、个人信息在内的安全工具，并在安全工具遗失、被盗或者发现未经授权的电子支付时及时通知电子支付服务提供者，诚实善意地使用电子支付服务。如果出现明显因用户原因导致安全工具、授权验证凭证泄露或者用户恶意与他人串通等情况，用户应当承担相应的法律责任。敦促用户妥善保存安全工具，并及时告知风险事件，有利于加强对消费者的教育与保护，减少未授权支付中用户欺诈的道德风险，维护电子支付行业稳定，保障金融安全，促进电子商务健康发展。

电子支付安全工具包括交易密码、电子签名数据等对支付指令的发出起到决定性作用的工具。在电子支付过程中，对用户资金安全的保护，不仅依赖于电子支付服务提供者安全保障义务的履行，还依赖于用户对电子支付安全工具的妥善保管和及时风险通知。可以说，在支付指令发出之后，用户的资金安全主要依赖于支付服务本身的安全性；在支付指令发出之前，要求用户妥善保管电子支付安全工具，是保障用户资金安全的重要措施，用户对于风险事件的及时通知也有利于维护用户资金安全，降低资金风险。

本款规定用户对电子支付安全工具的妥善保管义务，以及发现安全工具遗失、被盗用或出现未授权交易时的及时通知义务，正是为了提醒用户，促使其对自己的资金安全负责，而不仅仅依赖支付服务提供者的保护。一般而言，凭安全工具交易可推定为本人交易，根据电子签名法第二条第一款规定："本法所称电子签名，是指数据电文中以电子形式所含、所附用于识别签名人身份并表明签名人认可其中内容的数据。"一部分安全工具具有电子签名效力，是电子支付服务提供者识别交易者身份的主要依据，要求电子支付服务提供者在安全工具之外进一步识别交易者身份需要额外的成本。基于公平原则，用户应尽到一定的注意义务和通知义务，这也是对用户权益进行进一步保护的必要前提。

同时，因为用户原因导致安全工具遗失、泄露、盗用、挪用等会造成未授权支付的发生，所以督促用户妥善保管安全工具，及时通知电子支付服务提供者相关风险事件，有利于从源头上减少未授权支付的发生，继而减少因为未授权支付而产生的资金追回成本和纠纷解决成本，节省电子支付服务提供者经营成本和社会公共资源。

三、未授权支付的责任承担与举证责任分配

未经授权发出指令者构成了侵权，应对用户的损失承担赔偿责任。但直接侵权者往往难以寻找，或者找到后因种种原因无法承担责任，此时就存在未授权支付的责任在用户和电子支付服务提供者之间如何分担的问题。

考虑到公平问题与举证难度，本条第二款规定电子支付服务提供者承担严格责任，即未经授权的支付造成的损失，原则上由电子支付服务提供者承担；电子支付服务提供者只有在能够证明未经授权的支付是因用户的过错造成的场合，才不承担责任。需要指出的是，"用户的过错"应当理解为"故意或者重大过失"。在用户与电子支付服务提供者都有过错的情况下，由于电子支付服务提供者处于支付安全的最后一道防线，电子支付服务提供者较之用户处于最佳防控支付风险的位置，因此在用户与电子支付服务提供者均存在过错的场合，未经授权的支付造成的损失由电子支付服务提供者承担。

前述规定考虑到了电子支付服务提供者的举证优势和用户的举证困难。举证责任的分配应当充分考虑证据的远近距离、依照事实性质所决定的举证难易程度、关于事实的存在或不存在的盖然性等。

本条规定主要基于保护用户的立法价值取向，充分考虑未授权支付中过错证明难度和损失承担能力，采取严格责任的归责原则。本条的规定也希望促进支付服务提供者不断创新和采纳最新支付技术及安全技术，完善合规操作和强化风险管理，推动更安全的支付服务发展，切实从源头减少未授权支付的发生，促进电子支付行业整体健康可持续发展。

通常情况下，相较于电子支付服务提供者，用户在数据、法律资源方面处于弱势，因而本法将严格责任的免责事由的举证责任分配给电子支付服务提供者，但并非所有的举证责任都作如此分配。一般而言，侵权责任中“侵权行为存在”也需要被举证。在未授权交易举证责任分配中，原则上未授权交易的存在仍需要用户证明，即用户需要初步证明未授权支付事实的存在。电子支付服务提供者主张争议交易为电子支付服务接受者本人交易或者电子支付服务接受者授权交易的，应承担举证证明责任。即在用户证明未授权支付的事实存在之后，发生未授权交易的证明责任转移到电子支付服务者一方。电子支付服务提供者应提交由其持有的争议交易行为发生时的电子交易记录等证据，无合理理由拒不提供的，应承担举证不能的法律后果。

本条规定不排除电子支付服务提供者提供安全支付服务的一般性义务。电子支付服务提供者应按照本法第五十四条等的相关规定，采取符合国家有关支付安全管理要求的安全保障措施，勤勉防范未授权支付的发生。如有违反，电子支付服务提供者即使能够证明用户疏于保存安全工具的过错是造成未经授权的支付的主要原因，依照前述电子支付服务提供者和用户都有过错时损害分担的规则，电子支付服务提供者仍需赔偿用户的损失并承担其他相应的责任。

四、未授权支付发生后的止损义务

本条第三款明确了电子支付服务提供者发现或被通知支付指令未授权时的止损义务。止损义务即损失发生后，电子支付服务提供者在知道或应当知道该情况后应当积极采取措施防止损失的扩大，未能阻止损失扩大或未能积极作为而放任损失扩大，对损失扩大的部分承担责任。规定电子支付服务提供者的止损义务，是因为电子支付服务提供者最有条件、也最有责任去发现未授权支付行为，电子支付服务提供者在知道或者应当知道发生支付未授权或者存在较高风险时，应当采取包括冻结账户、拒绝交易、追回资金等有效措施阻止损失扩大，否则应当承担损失扩大的责任。

电子支付服务提供者的止损义务与未经授权的支付由谁的过错导致无关，即使用户的过错为未经授权的支付发生的全部或主要原因，电子支付服务提供者仍应善尽止损义务，勤勉防范损失扩大，如果在知道或者应当知道发生支付未授权或者存在较高风险后，未及时采取措施导致损失扩大，应当对损失扩大部分承担责任。

五、民事责任路径的选择

用户在未授权支付发生后，通过司法途径寻求民事救济有两种主要路径，即主张电子支付服务提供者承担侵权责任或者违约责任。

就侵权责任而言，电子支付服务提供者违反了本法及相关法律所规定的资金保障义务，构成不作为侵权的，应当对用户的资金损失承担侵权赔偿责任。在传统实践中，用户选择侵权责任路径进行维权的案例极少，因为用户举证电子支付服务提供者存在过错较为困难，同时，在本法出台前主张侵权的路径中，电子支付服务提供者承担的责任有限。

就违约责任而言，在非银行支付机构提供电子支付服务的场合，一般认为非银行支付机构与用户构成委托合同法律关系。对于非授权交易行为，非银行支付机构作为受用户委托处置用户财产的管理人，应当负有审慎审核支付指令真实性的义务，如非银行支付机构未尽审慎审核义务，没有履行善良管理人职责，理应对用户的财产损失承担责任。在银行机构提供电子支付服务的场合，银行与用户之间依网银协议等形成储蓄存款合同关系。根据合同法第一百二十一条规定，当事人一方因第三人的原因造成违约的，应当向对方承担违约责任；当事人一方和第三人之间的纠纷，依照法律规定或者按照约定解决。银行与非银行支付机构对电子支付服务用户除负有相应合同的主给付义务之外，还涉及保障电子支付服务用户的资金安全、信息保密等附随义务。电子支付服务提供者未尽到对电子支付服务用户的保护义务，在主合同义务之外还违反了合同的附随义务，应承担相应的违约责任。

本法的相关规定解决了用户以侵权纠纷提起诉讼的举证责任问题和电子支付服务提供者承担责任类型问题，在今后用户以侵权纠纷提起诉讼可适用本条规定。用户以合同纠纷提起诉讼的，也可以依据合同法及相关法律规定处理。

电子商务法是国内较早从法律这一层能对于电子支付进行规范的法

律，一方面，必然将影响后续的支付领域总体立法，本法合理保护用户权益的立场可以推动整体支付领域消费者保护的总体法治发展；另一方面，电子支付行业可以在本法指引下为消费者提供更好的服务，吸引更多用户，进而推动整体支付行业的发展与企业社会责任感的提高。

第四章 电子商务争议解决

本章是对电子商务争议解决方面的规定。本章共六条，包括电子商务争议解决方式，在线争议解决机制，建立投诉、举报机制，电子商务平台经营者协助消费者维权，电子商务经营者提供原始合同和交易凭证，设立消费者权益保证金，建立质量担保机制以及对消费者的先行赔偿等方面的内容。

解决电子商务争议，也是对消费者权益进行保护的重要方面，因此在电子商务立法过程中，对电子商务争议解决应当如何规定，也受到社会各界的广泛关注。电子商务争议能否公正、公平、快速处理和解决，既是影响消费者的消费目的、消费体验及信心的重要因素，也是对电子商务经营者能否履行义务和责任的考验，更是司法、仲裁及调解水平、能力和效率的体现，这些方面都决定着消费者权益能否被有效保护。因此，电子商务争议解决也是立法重点内容之一，本法专设一章加以规定。

另外需要说明的是，本法在立法过程中很重视对消费者权益的保护，有三十多处直接规定了对消费者权益的保护，间接规定对消费者权益保护的法律条文则更多。虽然这些法律条文没有独立成章，分散在各章节中，但这是立法者从各章节具体内容的连贯性角度考虑的，也是本法的一个特点。

第五十八条 【商品、服务质量担保机制和先行赔偿责任】

国家鼓励电子商务平台经营者建立有利于电子商务发展和消费者权益保护的商品、服务质量担保机制。

电子商务平台经营者与平台内经营者协议设立消费者权益保证金的，双方应当就消费者权益保证金的提取数额、管理、使用和退还办法等作出明确约定。

消费者要求电子商务平台经营者承担先行赔偿责任以及电子商务平台经营者赔偿后向平台内经营者的追偿，适用《中华人民共和国消费者权益保护法》的有关规定。

【条文研析】

本条是关于鼓励电子商务平台经营者建立质量责任担保机制、设立消费者权益保证金以及承担先行赔偿责任的规定。

保护电子商务消费者的合法权益，需要从多方面推动。建立有利于电子商务发展和消费者权益保护的商品或者服务质量担保机制、设立消费者权益保证金、电子商务平台经营者承担先行赔偿责任等，是建立健全综合性的电子商务消费者权益保护制度的重要组成部分，一直受到社会各界的广泛关注。

一、建立商品或者服务质量担保机制

中国电子商务在发展过程中呈现出平台化的趋势，电子商务平台经营者在商品或者服务质量的保障上可以起到积极的作用。实践中，部分电子商务平台经营者已经根据自身平台内的实际情况建立了相关的商品或者服务质量担保责任制度。结合实际情况，鼓励电子商务平台经营者建立有利于电子商务发展和消费者权益保护的质量担保责任机制，有其必要性和现实意义。

本条第一款是倡导和鼓励电子商务平台经营者建立商品或服务质量担保机制。对此可以作以下理解：

第一，鼓励由电子商务平台经营者（发起）建立商品或服务质量担保机制。

第二，电子商务平台经营者所建立的质量担保机制，应当有利于电子

商务发展和消费者权益保护。

第三，该质量担保机制的保证人并不限于电子商务经营者，也可以由电子商务经营者或者第三方机构中的一方单独作出或者多方共同（联合）作出。具体有以下情形：

1. 由电子商务平台经营者就商品或者服务向消费者作出质量保证。

2. 电子商务平台经营者要求平台内经营者就其销售的商品或者提供的服务向消费者作出质量保证。

3. 电子商务平台经营者与平台内经营者就商品或者服务共同向消费者作出质量保证。

4. 第三方机构对平台内经营者销售的商品或者提供的服务向消费者作出质量保证。

5. 电子商务平台经营者、平台内经营者中的一方或者双方与第三方机构，共同对商品或者服务向消费者作出质量保证。

上述第三方机构可以是保险公司、担保公司或者其他能够独立承担民事法律责任的第三方（机构）。

第四，（质量）保证人作出的担保应符合或者高于法定或者交易合同约定的标准。

在电子商务活动中，消费者出于交易安全的考虑往往选择更有保障的平台进行交易。在本法中设立倡导性规定，推动电子商务平台经营者自行建立质量担保机制，能够促进电子商务经营者通过消费者的选择，实现优胜劣汰，从而促使其不断提高商品及服务质量。

二、设立消费者权益保证金

电子商务消费者权益保证金制度是在 2014 年的《网络交易管理办法》中正式确立的制度。由电子商务平台经营者发起设立的消费者权益保证金制度，是我国电子商务发展过程中对消费者权益保护的一大创新，旨在为消费者权益提供直接保障并有效约束平台内经营者的行为。在当前实践中，以“淘宝网”“京东商城”等为代表的电子商务平台经营者根据自身平台的发展情况，与平台内经营者之间协议设立了类似的制度。考虑到目前各电子商务平台的发展阶段不同、差异较大等情况，在立法中不宜强制性要求建立消费者权益保证金制度，而是鼓励电子商务平台经营者在自愿的基础上，与平台内经营者协议设立该制度，因此本法对保证金制度及基本内容进行了相应的规定。

本条第二款规定的“消费者权益保证金”，是指该电子商务平台经营者与平台内经营者之间达成协议，交纳的用于保障消费者合法权益的专用款项。协议中应当就消费者权益保证金的提取数额、管理、使用和退还办法等内容作出明确约定。此外，协议还需要对交纳义务人、交纳标准、期限、赔偿对象、赔偿范围、赔偿标准和赔偿程序等进行约定，以保障平台内经营者的合法权益。

交纳保证金的数额标准可以按以下两种情况分别确定：一是所有经营者均按统一的数额标准交纳；二是根据具体经营者的所属行业、所售商品或者提供服务的种类以及营业额等因素确定不同的交纳数额。此外，保证金的数额可以浮动变化，电子商务平台经营者可以定期根据平台内经营者被投诉、因违法被处罚、信用变化等情况对保证金数额进行调整。

对于平台内经营者交纳的保证金，电子商务平台经营者应当尽到安全存管义务。电子商务平台经营者应当将消费者权益保证金与企业自有资金分离存管，并制定合理措施和制度保证其能够被专款专用。保证金主要用于以下两种情况：

1. 因平台内经营者违反合同约定，经电子商务平台经营者查证属实，须向消费者承担违约责任的。

2. 因平台内经营者销售商品或者提供服务侵害消费者的人身或财产权益，经电子商务平台经营者查证属实，须承担侵权责任的。

建立消费者权益保证金制度，对于电子商务平台内经营者加强自我监督和自我约束，督促其不断提升守法、守约意识，保证商品和服务质量，保护消费者的合法权益等具有重要作用。

三、建立法定的电子商务平台经营者承担先行赔偿责任机制

消费者通过电子商务平台购买商品或者接受服务与平台内经营者产生

争议时，由于无法知悉或者查询到平台内经营者的身份信息、有效联系方式等信息，其难以通过司法途径维护权益，因此确定平台内经营者主体身份，成为消费者维权的首要难题。

为解决此类问题，2013 年消费者权益保护法修正时，已将向消费者提供平台内经营者的身份等信息作为电子商务平台经营者的法定义务予以规定。同时，按照本法规定，电子商务平台经营者应当要求申请进入平台销售商品或者提供服务的经营者提交其身份、地址、联系方式、行政许可等真实信息，并要进行核验、登记，建立登记档案，还要定期核验更新。显然，电子商务平台经营者掌握着平台内经营者的身份信息及有效联系方式等全部信息。

为了促进电子商务平台经营者提供信息，消费者权益保护法还规定，电子商务平台经营者不能提供相关信息时，消费者可以（直接）要求电子商务平台经营者赔偿。

本条第三款是援引消费者权益保护法的规定，即在特定情况下，消费者有权要求电子商务平台经营者承担先行赔偿责任；在电子商务平台经营者赔偿后，向平台内经营者追偿，适用消费者权益保护法的规定，故本法无须再作重复性规定，直接援引即可，因此有了本条第三款。

消费者要求电子商务平台经营者先行赔偿，具体有两种情况：

1. 根据目前的法律规定

目前的法律规定，是指现行消费者权益保护法第四十四条第一款的规定。依据该条第一款规定，消费者向平台内经营者维权时，有权要求电子商务平台经营者提供平台内经营者的真实名称、地址和其他有效联系方式，在电子商务平台经营者不能提供时，即应对消费者承担先行赔偿责任，这是法定义务。

之所以这样规定，是因为按照民事诉讼法的规定，消费者通过诉讼方式维权时，必须提供经营者的主体信息，如果不能提供，法院就不受理，消费者就无法启动司法程序。而作为电子商务平台经营者，只要依法尽责，就必然掌握了相关信息，因此在消费者需要时，既有能力、也有义务向消费者提供。

电子商务平台经营者不能提供相关信息有两种情况：一是平台内经营者入驻时，电子商务平台经营者未尽审核义务，因此未掌握相关信息；二是电子商务平台经营者明知平台内经营者的信息而故意不提供。不论属于这两种情况中的哪一种，都属于电子商务平台经营者不履行法定义务的情形，因此应当由电子商务平台经营者承担先行赔偿责任。

此种情况下消费者可以直接以电子商务平台经营者为被告向法院起诉，这也是当前司法实践中常见的情况。

2. 根据电子商务平台经营者作出的承诺

部分电子商务平台经营者为提高自身信誉，更好地维护消费者的权益，会作出比法律规定更有利于消费者的承诺。此种情况下，电子商务平台经营者应当履行承诺。若其不履行自己的承诺，则消费者同样可以直接以电子商务平台经营者为被告向法院起诉维权。

电子商务平台经营者无论是依据法律规定还是依据承诺，在承担先行赔偿责任后，都可以根据消费者权益保护法第四十四条第一款的规定，向平台内经营者追偿。但这属于两个经营者之间的纠纷，不属于消费者维权纠纷。

上述规定，既能有效保障消费者权益，也能督促电子商务平台经营者积极主动要求平台内经营者提交主体信息并认真履行及时核验的法定义务，还能促进电子商务平台经营者监督平台内经营者守法、诚信经营，减少纠纷，更好地维护电子商务市场的秩序。

第五十九条 【电子商务经营者的投诉举报机制】

电子商务经营者应当建立便捷、有效的投诉、举报机制，公开投诉、举报方式等信息，及时受理并处理投诉、举报。

【条文研析】

一、电子商务经营者接受投诉、举报

根据电子商务法第五十九条的规定，电子商务经营者应当建立接受用户投诉、举报的机制。此为强制性法律规范，赋予了电子商务经营者一项新的法律义务。

电子商务经营者直接接受投诉、举报是一项新的法律制度。在以往法律、行政法规中，经营者与交易对方（消费者）发生争议，通常处于被投诉、举报的地位。例如，消费者权益保护法第三十七条、第三十九条规定，消费者可以向消费者协会或者有关行政部门投诉，并未规定消费者直接向经营者投诉。

电子商务法第五十九条的规定，一方面是结合第六十条的规定，促进电子商务经营者及时从用户（包括消费者）那里了解发生争议的信息，及时通过协商化解电子商务争议；另一方面是充分考虑到电子商务平台经营者在解决平台内经营者与用户（包括消费者）之间争议的地位、能力，结合第六十三条的规定，发挥平台经营者解决电子商务争议的作用，提高争议解决效率，降低争议解决成本。电子商务争议如能通过投诉、举报解决，则无需诉诸诉讼、仲裁、调解、行政处理等传统的争议解决方式，符合网上争议、网上解决的便利化原则。

虽然所有的电子商务经营者均负有接受投诉、举报的义务，但因经营者类别不同，其接受投诉、举报的情形也有所不同。

（一）独立经营者

对独立经营者即自建网站或者通过其他网络服务销售商品或者提供服务的经营者而言，建立投诉、举报机制是方便其用户直接反馈有关问题，包括投诉销售商品或者提供服务的质量问题、举报有关违法犯罪行为。

独立经营者受理用户的投诉、举报，并及时加以处理，是其完善用户服务，提升商品、服务质量，及时避免与预防有关纠纷，接受公众监督、

提高经营水平的重要渠道。经营者受到投诉、举报应当闻过则喜，不得讳疾忌医、养痈遗患。

（二）平台经营者与平台内经营者

电子商务平台经营者与平台内经营者均应建立投诉、举报机制，两个机制之间既相互联系又相对独立。平台内经营者的投诉、举报机制的作用与独立经营者的类似。

电子商务平台经营者接受关于平台内经营者的投诉、举报，情况则更加复杂。平台经营者接受有关各方对平台内经营者的投诉与举报，是其平台治理的组成部分，是平台内经营者进行监督与治理的方式之一。平台经营者应当根据电子商务法第三十二条至第三十四条、第三十六条的规定，在与平台内外的有关各方达成共识的基础上，建立有关接受投诉、举报的规则，设定有关的自动信息系统与程序，公开受理及处理的时限及处理结果的公示方式；受理有关的投诉、举报后，根据规则处理平台内经营者，并及时公示有关结果。

同时，平台经营者还应当接受平台内经营者、用户（包括消费者）、其他经营者、知识产权权利人或者其他平台之外社会公众对其自身平台服务、经营方式与治理行为不满的投诉与举报。在该种情况下，平台经营者是被投诉与举报的对象。

二、投诉、举报机制的法定要求

根据电子商务法第五十九条的规定，电子商务经营者的投诉、举报机制应当便捷、有效，投诉、举报的受理与处理应当及时，投诉、举报方式等信息应当公开。

电子商务法第五十九条未规定投诉、举报机制的具体实施方式，但是在电子商务实践中投诉、举报机制一般通过经营者设定的自动信息系统运行，根据经营者设置的程序自动接收、受理与处理有关的投诉与举报。

电子商务经营者可以通过系统公告、电子邮件等方式向用户及公众公示投诉、举报方式的信息，使得用户及公众能便捷地获知投诉、举报方式与渠道；有关自动信息系统可以内嵌于用户后台，也可以采取电子邮箱投诉的方式。但无论采用哪种具体方法，均应便捷、有效，不得虚与委蛇，设置虚假、无效的投诉、举报机制，欺骗用户与公众。

电子商务经营者在收到投诉、举报后，不仅应当及时予以受理，而且应当在合理的时间内进行处理。经营者应当将投诉、举报的受理情况与处理结果及时告知投诉人或举报人，或者为其提供相应的查询系统。目前大多数成熟的电子商务经营者，特别是电子商务平台经营者均已建立消费者投诉、举报机制。通常情况下，消费者进入电子商务平台经营者为其提供的自动信息系统后，可以较为便捷地找到投诉页面，发起投诉、跟踪受理状况并查询处理结果。

由于投诉、举报可能涉及法律保护的秘密信息，因此，电子商务法第五十九条并未规定电子商务经营者应当公示投诉、举报的处理结果。

三、投诉与举报的不同处理

电子商务法第五十九条规定电子商务经营者应当接受的投诉与举报，在法律性质上并不相同。

（一）投诉的处理

用户（包括消费者）投诉电子商务经营者的，不论是对经营者销售的商品或者提供的服务质量不满，还是在付款、收货、信息保护等方面有其他纠纷，本质上大都属于民事纠纷，经营者可以通过协商谈判等方式处理，以此可定分止争，避免进入正式的争议解决程序。例如，根据电子商务法第五十八条的规定，消费者基于电子商务平台经营者建立的商品、服务质量担保机制，要求平台经营者承担先行赔付责任未果，投诉平台经营者的，平台经营者应当与消费者协商解决，并公示处理结果。

电子商务经营者认为无法通过内部程序处理投诉的，应及时告知投诉人可以根据电子商务法第五十九条的规定，付诸任一争议解决方式。

（二）举报的处理

用户、知识产权权利人或者其他公众提出举报的，则表明有涉嫌违法犯罪的情况发生，包括电子商务经营者涉嫌违法犯罪，或者经营者电子商务系统中有其他人涉嫌违法犯罪。对此，电子商务经营者不仅应当在力所能及的范围内及时制止被举报的违法犯罪行为，而且应当报告相关执法机构，并告知举报人通过有关的法律途径解决。

例如，电子商务经营者违反电子商务法第十三条的规定，销售或者提供为法律、行政法规所禁止交易的商品或者服务的，任何人举报，电子商务经营者均应立即停止、改正有关行为，并公示其对举报的结果。电子商务平台经营者收到有关举报的，应当根据电子商务法第二十九条的规定，立即采取必要处置措施，并向有关主管部门报告。

又如，电子商务平台经营者根据电子商务法第三十条的规定，有义务保证网络安全、稳定运行，防范网络违法犯罪活动，有效应对网络安全事件，保障电子商务交易安全。一旦平台经营者收到任何关于其系统内发生黑客入侵、信息泄露等网络违法犯罪活动或者系统瘫痪等网络安全事件的举报，必须立即采取技术措施或者其他必要措施（暂停交易、固定证据等），并及时向有关部门报告，移送有关信息、线索，协助执法活动。平台经营者所采取的所有处理措施与结果，均应及时公示。如果涉及用户（消费者）个人信息泄露或者遭受其他损害的，平台经营者还应当逐一通告用户（消费者）。

第六十条　【电子商务争议五种解决方式】

电子商务争议可以通过协商和解，请求消费者组织、行业协会或者其他依法成立的调解组织调解，向有关部门投诉，提请仲裁，或者提起诉讼等方式解决。

【条文研析】

一、电子商务争议解决

电子商务活动涉及的法律关系复杂、参与有关主体多样，发生争议是不可避免的。争议解决制度是保障电子商务健康发生的重要法律制度。电子商务争议包括经营者之间的争议、经营者与消费者之间的争议、经营者与其他主体（如知识产权权利人）之间的争议，还包括平台内经营者或者其他主体与平台经营者之间的争议。

电子商务法兼容传统与新型的争议解决方式，确立了形式多样、运行规范的多元争议解决机制，作为畅通纠纷解决渠道及电子商务运行的保障。

电子商务法第六十条规定了协商和解、调解、行政投诉、仲裁与诉讼五种解决电子商务争议的方式，与现行法律规定完全一致。例如，消费者权益保护法第三十九条规定，消费者和经营者发生消费者权益争议的，可以通过下列途径解决：与经营者协商和解；请求消费者协会或者依法成立的其他调解组织调解；有关行政部门投诉；根据与经营者达成的仲裁协议提请仲裁机构仲裁；向人民法院提起诉讼。

与消费者权益保护法一样，电子商务法也强调非诉讼争议解决方式的重要性，支持与鼓励多元争议解决机制的发展。最高人民法院在 2016 年 6 月发布的《最高人民法院关于进一步深化多元化纠纷解决机制改革的意见》中提出，引导当事人选择适当的纠纷解决方式，合理配置纠纷解决的社会资源，建立与完善和解、调解、仲裁、行政投诉与诉讼有机衔接、相互协调的多元化纠纷解决机制。我国正在大力宣传多元化纠纷解决机制的优势，鼓励和引导当事人优先选择成本较低、对抗性较弱、利于修复关系的非诉讼方式解决纠纷。树立“国家主导、司法推动、社会参与、多元并举、法治保障”的现代纠纷解决理念，营造诚信友善、理性平和、文明和谐、创新发展的社会氛围。

电子商务法第六十条虽然没有规定所列举的争议解决方式必须在线运行，但是最高人民法院已经提出创新在线纠纷解决方式、推广现代信息技术在多元化纠纷解决机制中的运用的要求，即：推动建立在线调解、在线立案、在线司法确认、在线审判、电子督促程序、电子送达等为一体的信息平台，实现纠纷解决的案件预判、信息共享、资源整合、数据分析等功能，促进多元化纠纷解决机制的信息化发展。因此，电子商务法第六十条所列的争议解决方式均包括线上、线下两种情况，在法律允许的范围内，鼓励传统的争议解决方式在线运行，以便更好地服务于电子商务的争议解决。

电子商务争议不仅限于经营者与消费者之间的争议，还包括经营者之间甚至国际贸易（跨境电子商务）中的争议。正因为电子商务争议具有多样性，电子商务法中规定的每一种争议解决方式都具有重要的应用价值。在消费者贸易中较少采用的仲裁等方式，在电子商务争议解决中获得了新的发展空间。经营者之间的跨境电子商务争议由于涉及复杂的法律适用与司法管辖冲突，更加适宜采用由当事人自主选择仲裁地点、机构、规则与适用法律的仲裁方式解决。

最高人民法院也提出，要推动多元化纠纷解决机制的国际化发展，充分尊重中外当事人法律文化的多元性，支持其自愿选择调解、仲裁等非诉讼方式解决纠纷。进一步加强我国与其他国家和地区司法机构、仲裁机构、调解组织的交流和合作，提升我国纠纷解决机制的国际竞争力和公信力。发挥各种纠纷解决方式的优势，不断满足中外当事人纠纷解决的多元需求，为国家“一带一路”等重大战略的实施提供争议解决服务与保障。

二、电子商务争议解决方式

电子商务法第六十条规定的五种电子商务争议解决方式性质不同，法律机制各异，相互关系复杂，不可一概而论。

（一）协商和解

电子商务法第六十条规定的当事人之间协商和解的争议解决方式，是与第五十九条规定的电子商务经营者接受有关用户（消费者）投诉的机制相衔接与配合的。当然，电子商务经营者没有收到有关投诉，直接与相对方协商解决争议，也无不可。

电子商务争议的当事人通过协商和解、达成和解协议，解决纠纷，应当得到鼓励与认可。当事人双方均有律师代理的，鼓励律师引导当事人先行和解。特邀调解员或者其他人员根据当事人的申请或委托参与协商，可以为当事人之间的谈判提供辅助性的协调和帮助。以金钱或者有价证券给付为内容的和解协议，债权人依据《中华人民共和国民事诉讼法》及其司法解释的规定，向有管辖权的基层人民法院申请支付令的，人民法院应当依法发出支付令。债务人未在法定期限内提出书面异议且逾期不履行支付令的，人民法院可以强制执行。

（二）调解

电子商务法第六十条规定的调解是解决电子商务争议的重要方式之一。

1. 调解的效力

根据《中华人民共和国人民调解法》建立的人民调解制度，正在解决电子商务争议中发挥越来越重要的作用。

人民调解，是指人民调解委员会通过说服、疏导等方法，促使当事人在平等协商基础上自愿达成调解协议，解决民间纠纷的活动。人民调解的效力得到法律的明确认可。根据人民调解法的规定，经人民调解委员会调解达成的调解协议，具有法律约束力，当事人应当按照约定履行；经人民调解委员会调解达成调解协议后，双方当事人认为有必要的，可以自调解协议生效之日起三十日内共同向人民法院申请司法确认，人民法院应当及时对调解协议进行审查，依法确认调解协议的效力；人民法院依法确认调解协议有效，一方当事人拒绝履行或者未全部履行的，对方当事人可以向人民法院申请强制执行。但是，经人民调解委员会调解达成调解协议后，当事人之间就调解协议的履行或者调解协议的内容发生争议的，一方当事人可以向人民法院提起诉讼；人民法院依法确认调解协议无效的，当事人可以通过人民调解方式变更原调解协议或者达成新的调解协议，也可以向人民法院提起诉讼。

有下列情形之一的，人民法院不予确认调解协议效力：违反法律、行政法规强制性规定的；侵害国家利益、社会公共利益的；侵害案外人合法权益的；涉及是否追究当事人刑事责任的；内容不明确，无法确认和执行的；调解组织、调解员强迫调解或者有其他严重违反职业道德准则的行为的；其他情形不应当确认的。当事人在违背真实意思的情况下签订调解协议，或者调解组织、调解员与案件有利害关系、调解显失公正的，人民法院对调解协议效力不予确认，但当事人明知存在上述情形，仍坚持申请确认的除外。

人民法院正在加强与人民调解组织的对接，推进人民调解组织的制度化、规范化建设，进一步扩大人民调解组织协助人民法院解决纠纷的范围和规模，特别支持在纠纷易发、多发领域创新发展行业性、专业性人民调解组织，建立健全覆盖城乡的调解组织网络，发挥人民调解组织及时就地解决民间纠纷、化解基层矛盾、维护基层稳定的基础性作用。2014 年建立的新浪人民调解委员会就是首个互联网上的人民调解组织。

除了人民调解之外，行政机关、商事调解组织、行业调解组织或者其他具有调解职能的组织也在发挥重要作用。调解达成的具有民事合同性质的协议，当事人可以向调解组织所在地基层人民法院或者人民法庭依法申请确认其效力。以金钱或者有价证券给付为内容的调解协议，有管辖权的基层人民法院应当根据债权人的申请，依据《中华人民共和国民事诉讼法》及有关司法解释发出支付令。债务人未在法定期限内提出书面异议且逾期不履行支付令的，人民法院可以强制执行。

经行政机关、人民调解组织、商事调解组织、行业调解组织或者其他具有调解职能的组织对民事纠纷调解后达成的具有给付内容的协议，当事人可以按照《中华人民共和国公证法》的规定申请公证机关依法赋予强制执行效力。债务人不履行或者不适当履行具有强制执行效力的公证文书的，债权人可以依法向有管辖权的人民法院申请执行。

随着调解制度的发展完善，无争议事实记载机制与无异议调解方案认可机制在探索实践之中。调解程序终结时，当事人未达成调解协议的，调解员在征得各方当事人同意后，可以用书面形式记载调解过程中双方没有争议的事实，并由当事人签字确认。在诉讼程序中，除涉及国家利益、社会公共利益或他人合法权益的外，当事人无需对调解过程中已确认的无争议事实举证。经调解未能达成调解协议，但是对争议事实没有重大分歧的，调解员在征得各方当事人同意后，可以提出调解方案并书面送达双方当事人。当事人在七日内未提出书面异议的，调解方案即视为双方自愿达成的调解协议；提出书面异议的，视为调解不成立。当事人申请司法确认调解协议的，应当依照有关规定予以确认。

调解过程不公开，但双方当事人要求或者同意公开调解的除外。从事调解的机关、组织、调解员，以及负责调解事务管理的法院工作人员，不得披露调解过程的有关情况，不得在就相关案件进行的诉讼中作证，当事人不得在审判程序中将调解过程中制作的笔录、当事人为达成调解协议而作出的让步或者承诺、调解员或者当事人发表的任何意见或者建议等作为证据提出，但双方当事人均同意、法律有明确规定或者为保护国家利益、社会公共利益、案外人合法权益，人民法院认为确有必要的除外。

2. 调解组织

根据电子商务法第六十条的规定，消费者组织、行业协会或者其他依法成立的调解组织均可对电子商务争议予以调解。

根据消费者权益保护法第三十六条的规定，消费者协会和其他消费者组织是依法成立的对商品和服务进行社会监督的保护消费者合法权益的社会组织。第三十七条规定，消费者协会履行的公益性职责包括：受理消费者的投诉，并对投诉事项进行调查、调解。第三十九条规定，消费者和经营者发生消费者权益争议的，可以请求消费者协会或者依法成立的其他调解组织调解。因此，消费者组织的调解是解决消费者纠纷的重要方式。在面向消费者的电子商务中，消费者组织的调解，特别是在线调解机制，将发挥越来越大的作用。

电子商务法第八条规定了电子商务行业组织开展行业自律、监督与引导本行业经营者公平参与市场竞争等作用，调解电子商务争议也包括在其中。此外，其他具备条件的商会、行业协会等也可以设立商事调解组织、行业调解组织，在电子商务、知识产权、国际贸易等专门领域提供商事调解服务或者行业调解服务，发挥其专业化、职业化的优势。

电子商务法第六十条规定的其他依法成立的调解组织范围很广，其中在线调解组织尤其突出。线上的调解程序打破了地域和时间的界限，网友可以通过线上报名申请成为调解员，调解争议，在当事人均同意的前提下，调解过程、全案信息可以在网上公开，避免了暗箱操作带来的风险。

2014 年 3 月，国内首家互联网领域的调解组织“新浪人民调解委员会”上线运行。新浪人民调解委员会是新浪公司依法设立的、调解新浪微博纠纷的群众性自治组织，接受北京市司法局及新浪公司属地司法机关的工作指导。通过调解工作宣传法律法规，倡导依法文明上网；通过说服、疏导、晓之以理的方法引导纠纷当事人依据法律和事实，以客观、理性的方式，促使当事人在平等协商基础上自愿达成调解协议，解决矛盾纷争，促进社会和谐稳定。新浪人民调解委员会作为独立的第三方参与网络矛盾纠纷的调处，受理接驳在新浪网平台、微博平台的任意第三方之间产生的纠纷。新浪人民调解委员会每周均受理案件 20000 件左右，涉及案件类型包括名誉权、著作权、商标权纠纷，实现了纠纷处理自动化、运行机制自治化与处理结果公开化。

（三）行政投诉

电子商务法第六十条规定的向有关部门投诉，是指向依法负有处理电子商务争议职责的行政机关投诉。随着电子政务的发展，越来越多的行政机关可以在线接受有关投诉。

根据消费者权益保护法的规定，消费者向有关行政部门投诉的，该部门应当自收到投诉之日起七个工作日内，予以处理并告知消费者；依法经有关行政部门认定为不合格的商品，消费者要求退货的，经营者应当负责退货；经营者严重损害消费者权益的，除承担相应的民事责任外，其他有关法律、法规对处罚机关和处罚方式有规定的，依照法律、法规的规定执行；法律、法规未作规定的，由工商行政管理部门或者其他有关行政部门责令改正，可以根据情节单处或者并处警告、没收违法所得、处以违法所得一倍以上十倍以下的罚款，没有违法所得的，处以五十万元以下的罚款；情节严重的，责令停业整顿、吊销营业执照。

通过向有关部门投诉，以行政调解、行政和解、行政裁决等方式解决争议，是电子商务争议解决的重要方式。行政机关对行政赔偿、补偿以及行政机关行使法律法规规定的自由裁量权的案件开展行政调解工作；行政机关通过提供事实调查结果、专业鉴定或者法律意见，引导当事人协商和解；行政机关依法裁决同行政管理活动密切相关的民事纠纷，均应得到支持与认可。

行政机关依当事人申请或者依职权进行调解、裁决或者依法作出其他处理，具有法律效力。行政机关依法对民事纠纷进行调处后达成的有民事权利义务内容的调解协议或者作出的其他不属于可诉具体行政行为的处理，经双方当事人签字或者盖章后，具有民事合同性质，法律另有规定的除外。

当事人不服行政机关对平等主体之间民事争议所作的调解、裁决或者其他处理，以对方当事人为被告就原争议向人民法院起诉的，由人民法院作为民事案件受理。法律或司法解释明确规定作为行政案件受理的，人民法院在对行政行为进行审查时，可对其中的民事争议一并审理，并在作出行政判决的同时，依法对当事人之间的民事争议一并作出民事判决。

（四）仲裁

仲裁是电子商务法第六十条规定的解决电子商务争议的方式之一，在经营者之间的跨境电子商务中发挥重要作用，但一般不适用于消费者纠纷。

根据《中华人民共和国仲裁法》的规定，当事人采用仲裁方式解决纠纷，应以双方自愿达成的仲裁协议为基础与前提；仲裁协议包括合同中订立的仲裁条款和以其他书面方式在纠纷发生前或者纠纷发生后达成的请求仲裁的协议；仲裁协议应当具有下列内容：请求仲裁的意思表示；仲裁事项；选定的仲裁委员会。根据合同法与电子商务法的规定，当事人之间的仲裁协议可以采用数据电文方式达成，以电子商务合同的形式出现。电子商务经营者也可以在其自动信息系统中设置仲裁条款，使通过该系统订立的电子商务合同含有仲裁协议。

仲裁法规定，仲裁实行一裁终局的制度，仲裁裁决书自作出之日起发生法律效力；裁决作出后，当事人就同一纠纷再申请仲裁或者向人民法院起诉的，仲裁委员会或者人民法院不予受理；当事人应当履行裁决，一方当事人不履行的，另一方当事人可以依照民事诉讼法的有关规定向人民法院申请执行，受理申请的人民法院应当执行。

由于仲裁具有强法律效力，因此仲裁机构必须依法设立。仲裁法规定，仲裁委员会可以在直辖市和省、自治区人民政府所在地的市或者其他有需要的设区市由市人民政府组织有关部门和商会统一组建，并经省、自治区、直辖市的司法行政部门登记；涉外仲裁委员会可以由中国国际商会组织设立。因此，除非得到特别授权与批准，电子商务经营者无权建立仲裁机构。

仲裁作为商事争议解决制度历史悠久，源远流长，在电子商务领域正在焕发新的生机。很多知名的国际仲裁机构已经建立了网上仲裁的程序与规则。例如，我国最大的仲裁机构中国国际经济贸易仲裁委员会于2009年公布、实施了网上仲裁规则，适用于解决电子商务争议或者其他当事人约定适用本规则的其他经济贸易争议。网上仲裁规则在仲裁法的基础上，在电子证据、网上开庭（仲裁应当开庭进行）、裁决书的电子化（裁决书由仲裁员签名并加盖仲裁委员会印章）等多个方面进行了有益的探索与尝试。

人民法院也在加强与仲裁机构的对接，积极支持仲裁制度改革，加强与商事仲裁机构的沟通联系，尊重商事仲裁规律和仲裁规则。在仲裁协议效力、证据规则、仲裁程序、裁决依据、撤销裁决审查标准、不予执行裁决审查标准等方面，尊重和体现仲裁制度的特有规律，最大限度地发挥仲裁制度在纠纷解决方面的作用。对于仲裁过程中申请证据保全、财产保全的，人民法院应当依法及时办理，规范涉外和外国商事仲裁裁决司法审查程序。有了司法系统的支持，商事仲裁将在电子商务争议解决中占据更加重要的地位。

（五）诉讼

根据电子商务法第六十条的规定，诉讼是电子商务争议解决的重要方式与终极保障。我国司法系统在改革过程中，一直重视信息技术的应用，适用电子商务争议解决的需要。最高人民法院于2016年8月29日发布的

《最高人民法院关于人民法院在互联网公布裁判文书的规定》，于2018年9月1日实施了《最高人民法院关于人民法院通过互联网公开审判流程信息的规定》，裁判文书与庭审过程均可通过专门的信息系统予以公示与传播，切实提高司法系统的透明度，接受社会公众的监督。

2017年8月18日，中国首家互联网法院——杭州互联网法院正式成立，此后又在北京等地建立了互联网法院。互联网法院配备了满足网上诉讼的硬件设施。例如，杭州互联网法院有人工立案接受平台、全电子化的导诉台以及机器人扫描仪器，可实现证据材料自助扫描提交一体化。还有电子证据平台提供实时电子数据，可以实现电子证据平台的数据在用户诉讼时传输至法院。起诉时通过实名认证软件核实当事人身份。如法院认为确有必要，也会结合线下传统方式，进行身份确认。开庭则会采用当事人持身份证在线验证的方式核实身份，并通过正在研发的人脸识别系统，辅助进行身份验证。在举证质证方面，互联网法院产生并存储在网络平台的电子证据，可以从网络平台一键式导入。非电子证据，可以通过扫描、拍照等方式转化为电子证据提交。对已上传至杭州互联网法院平台的证据，当事人可以直接在线以文字方式发表质证意见，开庭时也可以补充质证意见。此外，互联网法院平台上嵌入了语音识别系统，会将庭审录音自动转化为电子笔录，在庭后向当事人发送进行核对。当事人对笔录有异议的，可向书记员发送修改信息。在核对无误后，在线进行笔录确认。新成立的互联网法院从起诉到法院立案、送达、开庭全程在线，最关键的庭审也是在网上。把物理的法庭搬到了网络空间，这是司法系统最大的变革。

三、其他争议解决方式

电子商务法除了第六十条规定的五种电子商务争议解决方式之外，第六十三条还规定了另外一种争议解决方式，即由电子商务平台经营者建立的争议解决机制，作为电子商务争议解决的创新与重要补充。

第六十一条 【协助维权义务】

消费者在电子商务平台购买商品或者接受服务，与平台内经营者发生争议时，电子商务平台经营者应当积极协助消费者维护合法权益。

【条文研析】

一、制定本条的背景

本条是关于电子商务平台经营者对消费者维权有积极协助义务的规定。

消费者权益保护法在 2013 年进行修正时，对电子商务平台经营者的义务增设了规定，要求电子商务平台经营者在一定情况下（发生争议时不能提供平台内经营者的相关信息等）应当对消费者承担赔偿责任。

原国家工商行政管理总局在 2014 年制定《网络交易管理办法》时借鉴了消费者权益保护法修正时的精神，要求电子商务平台经营者承担对消费者维权的积极协助义务，包括电子商务平台经营者应按照消费者的调解请求进行调解，在消费者通过其他渠道维权时提供协助等。《网络交易管理办法》的上述规定也符合目前国内电子商务平台的实际运营情况，如“淘宝网”“京东商城”等电子商务平台经营者为消费者维权建立了专门的维权平台，便于消费者解决与经营者之间发生的纠纷。本条在借鉴前述规定的基础上，规定了电子商务平台经营者对消费者维权有积极协助义务。

电子商务在发展过程中日益呈现出平台化的趋势，消费者和平台内经营者借助于电子商务平台开展交易活动，电子商务平台成为消费者和平台内经营者之间的媒介和桥梁。基于电子商务平台经营者在电子商务活动中的重要作用，规定由其在消费者与平台内经营者发生消费纠纷时履行必要的协助义务，并提倡由有条件的电子商务平台经营者依据消费的申请调解纠纷，有利于纠纷的快速解决和市场的繁荣稳定。

二、电子商务平台经营者的积极协助义务

由于电子商务平台是消费者与平台内经营者之间的桥梁，同时，电子

商务平台经营者直接掌握平台内经营者的主体信息、电子合同及其他交易信息，其还有评价系统、投诉机制等，在消费者与平台内经营者发生争议时，由其为消费者提供必要的积极协助，有“独家”的先天优势，更有利于消费者维权。

消费者在电子商务平台购买商品或者接受服务，因合法权益受到损害发生争议时，可以通过协商、调解、诉讼和仲裁等方式解决。此外，还可以通过向电子商务平台经营者、消费者保护组织、相关部门等进行投诉或者向监督管理部门、公安机关报案等方式解决。不论消费者选择何种方式解决争议，都离不开电子商务平台内存储的交易信息，这是基本事实的证据。因此，规定电子商务平台经营者积极履行相关协助义务，能更好地保障消费者的合法权益。

(一) 积极协助义务的内容

对于电子商务平台经营者应履行的积极协助义务，在《网络交易管理办法》中有相关规定。根据该办法第二十八条的规定，电子商务平台经营者应当建立消费纠纷和解及消费维权自律制度。消费者在电子商务平台内购买商品或者接受服务，发生消费纠纷或者其合法权益受到损害时，消费者要求电子商务平台经营者调解的，电子商务平台经营者应当调解；消费者通过其他渠道维权的，电子商务平台经营者应当向消费者提供平台内经营者的真实信息和交易信息，积极协助消费者维护合法权益。

本条规定的“积极协助”义务对于电子商务平台经营者而言，其在态度上应当是积极的，在行为上也应当积极“作为”。具体的“协助”义务，包括电子商务平台经营者积极受理并处理消费者的投诉，积极履行提供平台内经营者基本信息、有关交易信息、协助联系平台内经营者、协助办理退货退款、协助执行及其他相关协助义务。

上文中的“提供基本信息”义务，是指如果该争议不是由电子商务平台经营者直接进行解决，而是由司法机关、相关部门或其他第三方处理，电子商务平台经营者有义务向该相关方提供平台内经营者的主体相关资质信息、交易信息及其他相关信息。因为这些信息是查明争议事实、评判和确定责任的基础，而电子商务平台经营者应当存有此类基本信息。因此，由其向消费者提供相关信息有助于争议案件的处理和解决。

积极协助义务还包括由电子商务平台经营者在具备条件时建立平台内调解机制。提倡而非强制由电子商务平台经营者进行调解，是出于对目前我国电子商务发展阶段的考虑。诉讼、仲裁等争议解决方式存在维权周期长、成本较高等问题，使得消费者对于很多争议标的额较小的纠纷放弃通过司法途径维权。因此，建议有条件的电子商务平台经营者对消费者与平台内经营者之间的纠纷建立平台调解机制，特别是建立在线争议调解机制。有了这种机制，消费者与平台内经营者在电子商务平台中交易产生纠纷时，电子商务平台经营者可以依交易各方的要求，通过说服、疏导、协调等方法，促使交易各方在平等协商基础上自愿达成调解协议，解决纠纷。

然而，积极协助并不是无限制的。电子商务平台经营者应当根据消费者的申请或要求，在法律规定或者约定的范围内为消费者提供积极协助，协助行为不得违反法律、行政法规的规定，也不得侵害其他经营者、消费者或者其他第三方的合法权益。

（二）积极协助义务的前提条件

电子商务平台经营者履行协助义务是有一定条件的。一是消费者在该电子商务平台购买商品或者接受服务；二是消费者因上述交易而与平台内经营者发生争议；三是消费者通过相应的程序通知电子商务平台经营者需要提供协助或者电子商务平台经营者发现消费者因上述交易而与平台内经营者发生争议而需要提供协助。

本条规定的“发生争议”，是指电子商务合同当事人对合同的订立、生效、履行等方面发生分歧、产生纠纷，需要通过协商、投诉、举报、调解、提起诉讼或者申请仲裁等方式才能解决的纠纷。

（三）电子商务平台经营者协助消费者维权有两方面的优势

一是电子商务平台经营者掌握交易各方历次交易的信息，也有平台内经营者的名称、地址、联系方式、被投诉及评价等记录，可以综合评定各方的履约能力和诚信度。因此，电子商务平台经营者对发生纠纷的实际情况更容易从第三方角度作出判断。二是消费者相对于平台内经营者往往处于弱势地位，而电子商务平台经营者相对于平台内经营者一般则处于相对优势地位，由电子商务平台经营者进行协调或者主持调解，有助于纠纷的顺利解决。

实践证明，出现纠纷时由电子商务平台经营者进行协调或调解，能够在短时间内解决纠纷，大大节省消费者的时间和精力。现在我国主要的电子商务平台经营者均有专人负责接待投诉、进行协调或调解，为消费者和电子商务经营者化解了大量纠纷，取得了很好的社会效果。

第六十二条　【电子商务经营者提供原始合同和交易记录的义务】

在电子商务争议处理中，电子商务经营者应当提供原始合同和交易记录。因电子商务经营者丢失、伪造、篡改、销毁、隐匿或者拒绝提供前述资料，致使人民法院、仲裁机构或者有关机关无法查明事实的，电子商务经营者应当承担相应的法律责任。

【条文研析】

一、电子商务争议解决程序中的证据

电子商务争议不论采用何种方式解决都离不开证据。其中，电子商务经营者所掌握的原始合同与交易记录，是争议解决最为关键的证据。为了查清争议案件的事实，电子商务法第六十二条规定，电子商务经营者必须提供上述证据。

根据《中华人民共和国民事诉讼法》的规定，当事人的陈述、书证、物证、视听资料、电子数据、证人证言、鉴定意见、勘验笔录均属于法定证据类型。电子商务合同基本上是通过经营者设置的自动信息系统订立或者履行的，有关的原始合同与交易记录一般以电子数据形式存在，但也不排除视听资料（如以视频直播、社交媒体形式进行电子商务活动所形成的视听资料）等其他形式的可能。

电子商务法第六十二条对于电子商务经营者所应提供的证据的真实性提出了明确的要求，即应当提供原始电子商务合同与交易记录。电子数据证据理论上没有所谓的“原件”，但是法律可以对其原始性的标准加以定义。电子签名法第五条规定，能够有效地表现所载内容并可供随时调取查用，而且能够可靠地保证自最终形成时起，内容保持完整、未被更改的数据电文，视为满足法律、法规规定的原件形式要求。电子商务法第三十一条也有类似规定，即：电子商务平台经营者应当记录、保存平台上发布的商品和服务信息、交易信息，应确保信息的完整性、保密性、可用性。因此，电子商务经营者所提供的电子商务合同和交易记录符合电子签名法与电子商务法上述要求的，应被视为原始证据。例如，登录订立合同的自动信息系统调查取用所记录的合同内容与交易记录，通过时间戳记、水印等技术认证合同与记录自形成起保持完整、未被篡改等，则可以被视为原始合同与交易记录。

二、电子商务经营者违反提供证据义务的后果

（一）争议解决程序

电子商务法第六十二条规定，在电子商务争议处理过程中，电子商务经营者应当提供原始合同和交易记录。该条规定表明，不仅在诉讼、仲裁、行政处理程序中，而且在电子商务法第六十条、第六十三条规定的和解、调解、平台争议解决机制等其他争议解决程序中，电子商务经营者也应提供有关证据，以便查清有关事实，解决有关争议。

但是，根据电子商务法第六十二条的规定，仅在诉讼、仲裁、行政处理程序中，电子商务经营者违反提供证据义务（隐匿、拒不提供证据或者丢失、伪造、篡改、销毁证据），致使人民法院、仲裁机构或者有关行政机关无法查明事实的，电子商务经营者才应当承担相应的法律责任。

（二）违反义务的行为

电子商务法第六十二条所列举的电子商务经营者违反提供证据义务的行为包括故意行为与过失行为，前者包括隐匿、拒不提供、伪造、篡改、销毁证据的行为，后者包括丢失证据的行为。

电子商务经营者故意伪造、毁灭原始合同与交易记录等重要证据的，属于民事诉讼法规定的妨害民事诉讼的行为，人民法院可以根据情节轻重予以罚款、拘留；构成犯罪的，依法追究刑事责任。

电子商务经营者违反法律、行政法规的规定，丢失有关重要证据的，属于疏于保管电子商务信息系统与数据的过失行为，虽不在民事诉讼法处罚的范围之内，但是也应在相应的在诉讼、仲裁、行政处理程序中受到警告与训诫。

（三）违反义务的后果

电子商务经营者提供证据的义务，因其在争议解决程序中的身份与地位不同，后果有所差异。

电子商务经营者是有关争议的当事人的，拒不提供所掌握的证据，应当根据民事诉讼法的规定，使之承担举证不能的不利后果。根据《最高人民法院关于民事诉讼证据的若干规定》第七十五条的规定，有证据证明一方当事人持有证据无正当理由拒不提供，如果对方当事人主张该证据的内容不利于证据持有人，可以推定该主张成立。例如，电子商务经营者拒不提供原始合同与交易记录的，争议对方当事人主张的赔偿金额或者给付义务，则得以在诉讼、仲裁或者行政处理程序中被认可。

电子商务经营者虽非争议当事人，但负有协助调查义务的，也应根据电子商务法第六十二条的规定提供有关证据。民事诉讼法规定，人民法院有权向有关单位和个人调查取证，有关单位和个人不得拒绝；有义务协助调查、执行的单位拒绝或者妨碍人民法院调查取证的，人民法院除责令其履行协助义务外，并可以予以罚款。电子商务法第六十二条的规定则不限于法院调取证据的情况。在诉讼、仲裁或者行政处理程序中，持有相关重要证据的电子商务经营者均有义务协助与配合法院、仲裁机构或者行政主管机关调取证据。在诉讼中，电子商务经营者隐匿、拒不提供、伪造、篡改、销毁证据的，应视为妨碍民事诉讼的行为，依法应受到制裁。

除电子商务法第六十一条规定的情形外，电子商务争议的当事人不宜直接请求电子商务经营者提供有关证据，而是应当请求法院或者主管机关发出调取证据的命令，以使电子商务经营者遵照执行，以免妨碍数据信息安全或者导致秘密信息泄露。但是，电子商务法第六十一条规定，消费者在电子商务平台购买商品或者接受服务，与平台内经营者发生争议时，平台经营者应当积极协助消费者维护合法权益。平台经营者协助消费者维权的义务中包括向消费者提供必要的维权证据的义务。

电子商务平台经营者为解决争议提供有关证据，应当与其数据保存的义务相一致。根据电子商务法第三十一条的规定，平台经营者应保存自交易完成之日起不少于三年内的记录、保存平台上发布的商品和服务信息，法律、行政法规另有规定的除外。如在三年法定保存期限内，平台经营者丢失了有关原始合同与交易记录，则属于违反电子商务法第三十条规定的网络安全、稳定运行义务与第三十一条规定的信息保存义务的行为，应受行政处罚。但是，如有关的电子商务争议涉及的原始合同与交易记录超出了三年的保存期限，平台经营者不应承担丢失、隐匿或者拒绝提供上述证据的法律责任。

电子商务平台经营者违反法定义务，隐匿、拒不提供、伪造、篡改、销毁原始合同和交易记录等重要证据，致使人民法院、仲裁机构或者有关机关无法查明事实的，电子商务经营者是否应当对争议当事人所受损害承担相应的法律责任尚有争议。如果参照有关的司法解释，电子商务平台经营者有可能为遭受损害的争议当事人，需要承担过错责任。

第六十三条　【电子商务平台争议在线解决机制】

电子商务平台经营者可以建立争议在线解决机制，制定并公示争议解决规则，根据自愿原则，公平、公正地解决当事人的争议。

【条文研析】

一、电子商务平台争议解决机制的特征

电子商务法第六十三条规定的电子商务平台经营者的在线争议解决机

制，是一项重要的制度创新，是电子商务平台治理的重要组成部分。该条规定虽然并非强制性规定，平台经营者并无建立该机制的法定义务，但是该项新制度丰富和发展了我国的争议解决制度，为电子商务争议开拓了新的解决渠道与途径。电子商务法的该项规定虽然简略，但是包含了重要的制度萌芽，其中界定的基本特征将为未来的新型争议解决机制奠定基础。

从电子商务法第六十三条的规定看，平台争议在线解决机制具有自愿性、中立性与在线性三个突出特征。

（一）自愿性

平台争议解决机制的自愿性包含两个方面。一方面，平台经营者可以自愿建立争议解决机制。平台经营者拥有治理平台内生态环境、维护正常的交易秩序的权力，争议解决机制构成平台治理措施的组成部分。但是，考虑到平台经营者在争议解决方面的经验与能力尚有不足，电子商务法没有强制性要求平台经营者建立有关的争议解决机制，有关的争议解决规则也不属于第三十二条、第四十一条所规定的应当制定、实施的规则。当然，未来随着平台治理的深化与平台争议解决机制的普遍建立，平台经营者有可能必须建立与治理措施相配套的争议解决机制。平台争议解决机制虽然具有自愿性，但是有关的争议解决规则在本质上也属于平台的交易规则之列。因此，电子商务法第六十三条规定，平台经营者一旦决定建立争议解决机制，就应当“制定并公示争议解决规则”。平台争议解决规则的合法性及制定、修改、公示的程序应当准用电子商务法第三十二条至三十四条的规定。

另一方面，平台争议解决机制应当基于当事人的自愿选择而适用于相关的电子商务争议。有关争议的当事人完全可以不选择平台争议解决机制，而选择电子商务法第五十九条规定的传统的争议解决方式。平台经营者无权强迫平台内经营者或者其他当事人接受平台争议解决规则的约束或者平台争议解决机制的管辖。这是平台争议解决规则不同于其他交易规则之处，经营者或者消费者不因使用平台服务而被强制适用平台的争议解决机制。

（二）中立性

电子商务法第六十三条并未明确规定平台争议解决机制的中立性，但是要求平台经营者“公平、公正地解决当事人的争议”。该规定是对平台争议解决机制受理争议范围的限定，也是对平台争议解决机制运行的要求。

电子商务平台争议解决机制所能解决的争议包括平台内经营者之间的争议、平台内经营者与消费者之间的争议以及平台内经营者与其他主体（如知识产权权利人）之间的争议。但是，为了达到“公平、公正地解决”争议的法定目标，平台经营者建立的平台争议解决机制不应包括涉及平台经营者自身的争议，即平台经营者不能作为争议的当事人。任何人都不能担任自己的法官，这是程序正义的最基本要求。平台经营者在自行制定争议解决规则、自行运行争议解决机制的情况下，是不可能公平、公正地解决涉及自身的争议的。换言之，即便平台经营者能在争议解决程序中保持实质上公平、公正，也不可避免地违背了程序正义，其争议解决的结果难免会被人怀疑与诟病，从而丧失公信力。因此，平台争议解决机制必须具有中立性，保证平台经营者在争议解决程序中仅作为中立的第三方，而非任何争议的当事人。

电子商务法第六十三条规定，平台经营者建立争议解决机制、制定争议解决规则、解决当事人的争议。从字面意义理解，平台经营者不仅要建立争议解决机制与制定争议解决规则，还要直接运行争议解决机制以解决当事人的争议。如作此解，则平台争议解决机制是不具有独立性的，是依附或者内置于平台的。

争议解决机制的独立性与中立性是对其公平、公正的价值目标的基本保障。平台经营者所建立的争议解决机制如果附属于平台之内，不具有独立性，其中立性就更为重要。平台经营者应当在其争议解决规则中明确规定其争议解决机制的中立性，如果与当事人之间存在利害关系（如收取平台内经营者费用）应当予以披露。当事人因平台经营者与争议存在现实或者潜在的利害关系而选择其他争议解决方式的，平台经营者不得阻挠或者妨碍。

电子商务法第六十一条规定，消费者在电子商务平台购买商品或者接受服务，与平台内经营者发生争议时，平台经营者应当积极协助消费者维护合法权益。该条规定中所指的争议解决程序不包括第六十三条规定的平台争议解决机制。否则，平台经营者在其所建立的争议解决机制中“积极协助消费者”维权，明显违反平台争议解决机制中立性的原则。

（三）在线性

电子商务法第六十三条明确规定平台经营者建立的是争议“在线解决机制”。在线性是平台争议解决机制最突出的特征。电子商务法第六十条规定的争议解决方式可以采取线下传统方式，也可以采取在线方式，但是第六十三条规定的平台争议解决机制只能采取在线方式。如果平台争议解决机制采取线下传统方式，则丧失了制度创新的价值与意义。

我国电子商务平台经营者已经尝试建立与运行在线争议解决机制。例如，阿里巴巴集团借助互联网平台建立了大众评审机制，自 2012 年上线以来，已经累计完成超过 1 亿次纠纷判定，近 500 万淘宝会员主动加入大众评审队伍，参与到平台规则完善和纠纷解决中来。又如，2012 年，新浪网公开征求意见后实施“微博社区公约”，新浪微博社区委员会同步上线，由网友组成的社区委员会来判定微博内的纠纷。新浪微博社区委员会建立了一套裁判机制：社区委员会参与违规行为的研判，通过委员会成员投票的方式决定具体行为是否违规，站方依照公约及管理规定，对委员会研判确认违规的行为执行处罚。社区委员会成员从 5000 人逐步扩大到 60000 余人，社区委员会运行机制也从参与用户纠纷的初级判定升级到处理用户的上诉，为社区管理提供了有力的支撑。自新浪微博社区委员会上线之日起，共处理用户举报超过 2500 万次、骚扰用户的垃圾广告 1700 万次、淫秽色情危害信息 280 多万次、用户纠纷及不实信息 300 万次，超过 20 万人次被扣除信用积分。

二、电子商务平台争议解决机制的性质

电子商务法第六十三条没有限定平台争议解决机制的性质，为平台经

营者构建有关争议解决机制提供了广阔的发展空间。平台争议解决机制可以为争议当事人提供谈判、协商、和解的途径。例如，建立争议解决的自动信息系统，供金钱给付争议的当事人通过程序各自设定能够接受的价位，在程序自动运行中一旦双方预设价位相符，则自动达成和解协议。平台经营者也可以提供在线调解服务，促进当事人达成和解协议以解决争议。例如，互联网上的新浪人民调解委员会通过人民调解员的工作，让平台上的争议当事人认清是非，达成协议。

平台经营者还可以建立所谓“准仲裁”性质的争议在线解决机制。阿里巴巴的大众评审、新浪微博社区委员会实质上都是此类制度。之所以称之为“准仲裁”，是因为它们与调解程序不同，并不依赖于调解协议，而是以裁决的方式结案。同时，它们也不同于我国仲裁法规定的终局性的仲裁。

在仲裁法学理论中，仲裁一直有终局性与非终局性之分。我国仲裁法规定的是终局性的仲裁，即裁决书自作出之日起发生法律效力。虽然在法律规定的情形下，当事人也可以申请有管辖权的法院撤销仲裁裁决，但是法院并不重新审理案件事实与裁判理由，仅审查仲裁是否存在有关的程序正当性问题（如“超裁”）及违法犯罪问题。法律尊重仲裁的终局性，不仅是维护仲裁程序的权威，而且也是尊重当事人解决争议的意思自治。但是，非终局性的仲裁，即准仲裁，也是广泛存在并发挥着重要作用的。我国农村土地承包经营纠纷调解仲裁法、劳动争议调解仲裁法均明确规定了非终局性的仲裁。当事人不服非终局性的仲裁裁决的，依照法律规定的程序与期限，可以向法院起诉。案件进入诉讼程序后，当事人之间的争议由法院重新审理。非终局性的仲裁与终局性仲裁可以并行不悖并相互补充。例如，劳动争议调解仲裁法既规定了终局性的仲裁，也规定了非终局性的仲裁，适用于不同的情形与不同的当事人，充分表明仲裁程序的多样性与灵活性，能够满足解决不同争议的需要。

进入互联网时代之后，仲裁程序超越地域管辖等优势顺应了互联网跨国界、全球性的特点，成为解决网络民商事争议的重要途径。自从 1998

年互联网域名系统引入《统一域名争议解决政策》以来，各国各类互联网域名的管理机构相继采用仲裁程序作为解决域名与商标之间冲突的方式。其中有些域名争议解决程序属于终局性的仲裁，例如我国香港特别行政区的地区顶级域名“.hk”就采用了终局性仲裁的方式。大多数的域名争议解决程序则属于非终局性的仲裁或称准仲裁，即当事人不满有关裁决的，可以向有管辖权的法院起诉，相关争议进入诉讼程序审理。《统一域名争议解决政策》《中国互联网络信息中心域名争议解决办法》均属于非终局性准仲裁程序规则。互联网域名争议解决制度是迄今为止最为成功的在线争议解决机制，从投诉、受理、答辩、审理、裁决与执行等全部在网上完成。仲裁程序在互联网域名系统的成功，可以作为平台争议解决机制的参考。

值得注意的是，域名争议解决制度虽然是由域名注册管理机构（如中国互联网络信息中心）建立，并制定与公示争议解决规则（如《中国互联网络信息中心域名争议解决办法》），但是并非由它们直接运行。域名注册管理机构授权专业性的争议解决机构（如中国互联网络信息中心授权中国国际经济贸易仲裁委员会与香港国际仲裁中心为域名争议解决机构），依据所制定与公示的争议解决规则，独立裁决投诉人与域名注册人之间的争议。域名争议解决制度在运行机构上的独立性是该程序公平与公正解决当事人争议的客观保障。

电子商务法第六十三条的规定，如果加以引申，也可以解释为平台经营者建立争议解决机制、制定争议解决规则，授权独立的第三方机构公平、公正地通过在线系统解决当事人的争议，并对争议解决机制的运行予以监督。此种解释更加符合平台争议解决机制的发展方向与程序正义的要求。

三、跨境电子商务争议解决机制

电子商务法第七十三条第二款规定，国家推动建立与不同国家、地区之间的跨境电子商务争议解决机制。该条表明，跨境电子商务的发展迫切需要相应的争议解决机制的配合与保障。考虑到跨境电子商务的特点，既能体现当事人的意思自治又能避免法律适用与管辖冲突的调解、仲裁等争议解决机制，优势明显，潜力巨大，如能进一步发展为在线方式，则如虎添翼。

不同国家、地区之间以国际条约、协定等方式建立跨境电子商务的争议解决机制，能够为有关的争议解决机制提供最为稳定、可靠的国际法律支持。我国与“一带一路”伙伴国家在双边协定中谈判建立跨境电子商务（在线）争议解决机制，可以参考国际上成功的经验，吸取失败的教训。

欧盟颁布了《消费纠纷替代性解决机制指令》及《消费纠纷网上解决机制条例》。自 2016 年 2 月起，在欧盟数字化单一市场框架内，所有面向消费者的电子商务经营者（包括平台经营者）都必须实施跨境消费者纠纷网上解决机制。在欧盟 28 个成员国区域内，消费者可以向在线争议解决平台提交有关跨境电子商务纠纷的投诉，通过平台上注册的争议解决服务提供者解决争议。欧盟内所有电子商务经营者都必须在其网站上以醒目方式设置通向在线争议解决平台的链接，向消费者提供其在线联系方式及指定的在线争议解决机构，并告知消费者在线争议解决平台的信息与使用方法。欧盟在线争议解决机制为电子商务经营者与消费者提供了跨国界、多语种、简单快捷、费用低廉的非诉讼的在线争议解决途径，保障了交易安全，提升了消费信心。

联合国国际贸易法委员会也曾经建立在线争议解决工作组，意图在联合国框架内建立关于在线争议解决机制的国际法律与规则。经历将近十年的磋商，包括我国在内的许多国家都曾提出建议与方案，但是由于各国法律制度差异过大、利益矛盾过多，最终该项目以失败而告终，未能形成任何国际条约、协定等国际法律文件，甚至未能达成不具有约束力的示范法，仅以所谓《2016 年在线争议解决技术性注释》草草收尾。《2016 年在线争议解决技术性注释》希望有助于跨境小额电子商务合同纠纷的解决，协助联合国成员国发展有关的在线争议解决机制。该注释概括了在线争议解决程序的主要要素，但是其仅为描述性的而非有任何约束力的文件。

上述事例说明，跨境电子商务在线争议解决机制在国际法律体系的建立与发展任重道远，难以一蹴而就。电子商务法第六十三条规定的平台在线争议解决机制则提供了新的思路与可能。在相关的国际法律制度尚未建立之时，从事跨境电子商务的平台经营者可以先行尝试，根据平台具体情况与实际需要，建立在线争议解决机制、制定并公示有关的争议解决规则，鼓励平台内不同国家或者地区的当事人通过平台的在线机制解决争议。这不失为一种简便易行的跨境电子商务在线争议解决方案。但该方案也有明显局限性，即仅在争议的各方当事人均自愿使用平台在线争议解决机制时方可适用。

第五章　电子商务促进

本章是促进电子商务发展措施的规定。本法从立法之初就确定支持、鼓励和促进电子商务发展是电子商务法的根本目的。具体促进措施如下：(1) 创新发展。第六十四条规定国务院和省级地方人民政府应当通过将电子商务纳入发展规划及制定科学合理产业政策的方式促进产业创新发展；(2) 绿色发展。第六十五条规定国务院和县级以上地方人民政府应当采取措施促进电子商务产业绿色发展；(3) 产业发展基础建设。第六十六条规定国家应推动与电子商务产业发展相关的基础设施、物流网络、统计、标准体系的建设；(4) 电子商务与各产业的融合发展。第六十七条中规定了国家应当采取措施推动电子商务与各产业的融合发展，第六十八条规定国家采取多种措施促进农村电子商务的发展，发挥电子商务在精准扶贫中的所用；(5) 数据应用和共享。本章在第六十九条规定了国家应当采取有效措施促进电子商务数据的应用以及建立公共数据共享机制；(6) 信用评价体系建设。本章在第七十条规定了国家采取措施支持信用评价机构开展信用评价，向社会提供信用评价服务；(7) 跨境电子商务。第七十一条至七十三条规定国家建立适合跨境电子商务发展的管理体制、推进综合服务和监管体系建设、积极参与国际规则制定和争议解决机制构建等。

回顾我国电子商务的发展历程，1998 年，阿里巴巴、中国制造网等 B2B 电子商务企业成立；2003 年及以后数年，淘宝网、京东商城等 B2C 电子商务平台崛起，中国电子商务快速发展。我国电子商务的蓬勃发展，离不开党中央、全国人大、国务院的高度重视，离不开各部门、各地方的协同推进，离不开广大市场主体的积极实践。

党的十八届三中全会以后，根据全面深化改革的总体部署，中央明确提出制定出台网络安全法、电子商务法，加强网络安全与信息化法治建设。党的十八届五中全会明确提出要实施“互联网+”行动计划，发展物联网技术和应用，发展分享经济，促进互联网和经济社会融合发展。

习近平总书记亲自担任中央网络安全和信息化委员会主任，多次出席互联网有关会议并发表重要讲话，作出了许多重要论断和具体部署。习近平总书记明确指出，要从国际国内大势出发，总体布局，统筹各方，创新发展，努力把我国建设成为网络强国，并提出要推动网络空间互联互通、共享共治，共同构建网络空间命运共同体。

2005年，国务院办公厅出台了《国务院办公厅关于加快电子商务发展的若干意见》；2015年，国务院发布《国务院关于大力发展电子商务加快培育经济新动能的意见》，并陆续出台《“互联网+”行动计划》《国务院办公厅关于促进跨境电子商务健康快速发展的指导意见》《国务院办公厅关于推进线上线下互动加快商贸流通创新发展转型升级的意见》等政策措施，国务院各部门、各省区市针对跨境、农村等电子商务领域开展了多项试点。在这些政策文件的基础上，本法概括提炼其中最重要最关键的政策措施进一步将其中关键的一些措施抽出来，用法律的语言、法条的形式固定下来，旨在推动形成促进电子商务发展的政策法律环境。

第六十四条 【电子商务发展规划和产业政策】

国务院和省、自治区、直辖市人民政府应当将电子商务发展纳入国民经济和社会发展规划，制定科学合理的产业政策，促进电子商务创新发展。

【条文研析】

鉴于电子商务对国家经济发展的重大推动作用，本法确定“促进发展”是立法的重要目的。电子商务法是一部综合性、基础性的法律，不仅包含与电子商务交易有关的民商法律规范，而且包含与促进产业发展有关的经济法律规范。为了实现立法确定的促进电子商务发展的目标，本条明确了国务院和省级人民政府在促进创新发展层面应采取的措施。

一、关于国民经济和社会发展规划

国民经济和社会发展规划是指全国或者某一地区经济、社会发展的总体纲要，是具有战略意义的指导性文件，国民经济和社会发展规划统筹安排和指导全国或某一地区的社会、经济、文化建设工作。将电子商务纳入规划，有利于将电子商务的发展置于国民经济发展的全局之中，充分调动国家、社会的各种资源性要素，促进电子商务发展。

在《中华人民共和国国民经济和社会发展第十二个五年规划纲要》（以下简称“十二五规划”）中就已经明确：“推动经济社会各领域信息化。积极发展电子商务，完善面向中小企业的电子商务服务，推动面向全社会的信用服务、网上支付、物流配送等支撑体系建设。”

《中华人民共和国国民经济和社会发展第十三个五年规划纲要》（以下简称“十三五规划”）又进一步将“拓展网络经济空间”作为单独一篇，提出要发展现代互联网产业体系，促进互联网深度广泛应用，带动生产模式和组织方式变革，形成网络化、智能化、服务化、协同化的产业发展新形态。

此外，我国针对电子商务发展先后制定了《电子商务发展“十一五”规划》《电子商务“十二五”发展规划》和《电子商务“十三五”发展规划》等专项规划。

2007 年发布的《电子商务发展“十一五”规划》是我国第一部专门针对电子商务的国家级规划。在规划中提出，电子商务是网络化的新型经济活动，正以前所未有的速度迅猛发展，已经成为主要发达国家增强经济竞争实力，赢得全球资源配置优势的有效手段。“十一五”是我国发展电子商务的战略机遇期。抓住机遇，加快发展电子商务，是贯彻落实科学发展观，以信息化带动工业化，以工业化促进信息化，走新型工业化道路的客观要求和必然选择。

2012 年颁布的《电子商务“十二五”发展规划》进一步明确提出，

加快发展电子商务，是企业降低成本、提高效率、拓展市场和创新经营模式的有效手段，是提升产业和资源的组织化程度、转变经济发展方式、提高经济运行质量和增强国际竞争力的重要途径，对于优化产业结构、支撑战略性新兴产业发展和形成新的经济增长点具有非常重要的作用，对于满足和提升消费需求、改善民生和带动就业具有十分重要的意义，对于经济和社会可持续发展具有愈加深远的影响。

2016年《电子商务“十三五”发展规划》全面总结了“十二五”期间电子商务发展取得的成果，分析了“十三五”期间电子商务发展面临的机遇和挑战，明确了电子商务发展的指导思想、基本原则和发展目标，提出了电子商务发展的五大主要任务、17项专项行动和六条保障措施。《电子商务“十三五”发展规划》提出，新经济快速发展对政府治理提出新挑战。电子商务经济区域发展不平衡问题日渐显现，迫切需要探索协调、共享发展途径。电子商务新市场主体之间及新旧市场主体间资源争夺日趋激烈，电子商务市场创新和现行法规之间碰撞日趋频繁，跨平台、跨区域违法违规行为日趋隐蔽，电子商务国际贸易规则、诚信体系建设、网络交易安全及隐私保护工作日趋艰巨。凸显了我们制定政策措施、法律规范的必要性。

上述综合规划和专项规划，对电子商务发展起到宏观、长远的基础性指导和保障作用，具有战略性、预测性和指导性。在规划指导下，我国电子商务产业实现了跨越式发展。据国家统计局数据显示，2017年全国电子商务交易额达29.16万亿元，同比增长11.7%，其中商品、服务类电商交易额21.83万亿元，同比增长24.0%。

二、关于产业政策

产业政策是指国家制定的，引导国家产业发展方向、引导推动产业结构升级、协调国家产业结构、促使国民经济健康可持续发展的相关政策。国家近年来不断加大对电子商务行业的政策扶持力度，并相应制订了多项战略规划和产业政策，从未来电子商务行业发展方向、工作要点等方面给予战略指导和资源支持。

2005年，国务院办公厅出台了《国务院办公厅关于加快电子商务发展的若干意见》，这是我国第一部国家层面的电子商务产业政策；2015年，国务院发布《国务院关于大力发展电子商务加快培育经济新动能的意见》，并陆续出台《"互联网+"行动计划》《国务院办公厅关于促进跨境电子商务健康快速发展的指导意见》《国务院办公厅关于推进线上线下互动加快商贸流通创新发展转型升级的意见等政策措施》；此后，国家发展改革委2017年1月发布的《战略性新兴产业重点产品和服务指导目录》、商务部2017年1月发布的《商务部关于进一步推进国家电子商务示范基地建设工作的指导意见》等，都是促进我国电子商务发展的重要产业政策，在我国的电子商务发展过程中起到了非常重要的作用。

三、关于创新发展

与其他领域相比，电子商务具备高度的动态性和不确定性。伴随着各种商业模式的创新和新技术的应用，电子商务的发展远未成熟和定型，鼓励发展仍应是我国电子商务政策法律的核心目标。而为了鼓励发展，靠现有的政策措施和法律法规是远远不够的，只有针对电子商务动态发展的具体需求，创新性地做出相应的调整、改革，才能适应和促进电子商务的发展。

《国务院关于大力发展电子商务加快培育经济新动力的意见》明确提出了创新发展的具体路径：一是积极推动。主动作为、支持发展。积极协调解决电子商务发展中的各种矛盾与问题。在政府资源开放、网络安全保障、投融资支持、基础设施和诚信体系建设等方面加大服务力度。推进电子商务企业税费合理化，减轻企业负担。进一步释放电子商务发展潜力，提升电子商务创新发展水平；二是逐步规范。简政放权、放管结合。法无禁止的市场主体即可为，法未授权的政府部门不能为，最大限度减少对电子商务市场的行政干预。在放宽市场准入的同时，要在发展中逐步规范市场秩序，营造公平竞争的创业发展环境，进一步激发社会创业活力，拓宽电子商务创新发展领域；三是加强引导。把握趋势、因势利导。加强对电子商务发展中前瞻性、苗头性、倾向性问题的研究，及时在商业模式创新、关键技术研发、国际市场开拓等方面加大对企业的支持引导力度，引领电子商务向打造“双引擎”、实现“双目标”发展，进一步增强企业的创新动力，加速电子商务创新发展步伐。

第六十五条　【电子商务绿色发展】

国务院和县级以上地方人民政府及其有关部门应当采取措施，支持、推动绿色包装、仓储、运输，促进电子商务绿色发展。

【条文研析】

根据国家邮政局数据显示，2017 年的“双 11”网购促销当日产生了 8.5 亿个快递包裹，在疯狂网购的同时也在制造包装垃圾。目前，电子商务领域应用较多的快递包装主要是包装箱、塑料袋、胶带、编织袋、内部缓冲物等。这些包装，或者不能循环利用，或者不可降解，或者被过度使用，或者被消费者随意丢弃，不仅给社会环境带来极大的破坏，也造成了严重的资源浪费，影响着行业、企业的可持续发展。同年年底，全国人大常委会审议了《固体废物污染环境防治法执法检查报告》，有委员提出了如何解决快递包装废弃物污染的问题。对此，国家邮政局、国家发改委、科技部等 10 部门联合发布了《关于协同推进快递业绿色包装工作的指导意见》，提出了快递包装绿色化、减量化、可循环的目标。《国务院办公厅关于推进电子商务与快递物流协同发展的意见》（国办发〔2018〕1 号），提出鼓励电子商务企业与快递物流企业开展供应链绿色流程再造，推广绿色包装，推动绿色运输与配送等重点工作任务。本条明确了国务院和县级以上人民政府及其有关部门在电子商务绿色发展中应当履行的责任，聚焦在绿色包装、绿色仓储、绿色运输等主要方面。绿色包装、仓储、运输是制约电子商务及其相关产业可持续发展的重要问题，电子商务立法发挥了引领作用，支持电子商务向绿色产业链方向发展。

一、绿色包装

电子商务经营者对销售的实物商品进行包装时，要采用环保的包装材料，在可以确保商品完好的情况下尽量减少使用包装材料，减少固体废物污染。以谁使用谁回收为原则，建立包装材料回收再利用等制度。

本法第二十条的规定，强化了电子商务经营者在商品运输过程中应当承担风险和责任；本法第五十二条明确了快递交付环节收货人验视的权利，这些法律规定的有效实施将改变以过度包装博取收货人好评的网购习惯，直接影响电子商务经营者以及快递物流服务提供者对实物商品的包装。

为了减少快递包装对环境造成的危害，推动电商行业健康可持续发展，一些电商平台及快递企业在快递包装绿色解决方案上做出了诸多探索。目前采用较多的模式是建立包装箱回收体系，快递员送货上门后，带回包装箱，给消费者积分奖励；有些电商物流企业在推广编织袋的循环共用，或者利用周转箱循环共用的方式替代编织袋；有些电商企业为了推动绿色包装的发展，积极探索产品源头的物流包装解决方案。如生产工厂按照快递配送的要求规范和设计产品包装，电商企业在配送时直接使用商品的原厂包装，减少二次包装等。尽管一些企业在积极尝试，但国内电商领域绿色包装的发展还只是刚刚开始，存在绿色包装技术创新不足、从业人员环保意识不强等问题。

二、绿色仓储

为实现电子商务绿色供应链发展，仓储环节也不能忽视。目前，电力消耗、水资源消耗等方面均有可以改进之处。照明用电、自动化设备用电、温控用电等占电力消耗的大部分。分拨中心、仓库等夜间照明需求较大，照明用电较多，这与夜间作业的产业运行规律密不可分。为电子商务提供服务的大型快递物流分拨中心大多在夜间进行分拣作业，早上会将分拣好的商品发往各地。随着科技发展，很多分拣场所配备了全自动分拣设备，提高了分拣的准确率和运行效率，而支撑设备运行需要耗费电力。近几年冷链物流发展迅速，生鲜产品、医药疫苗等领域在快递物流环节会执行严格的温控标准。在仓储中必须控制温度、湿度，制冷制热过程中会耗费大量电力。

国外一些管理先进的仓储场所，采用了光伏发电、节能空调、绿色制冷设备等控制电力消耗，另外还实施了屋顶绿化工程，改善周边环境。这些都可以为我国绿色仓储发展提供借鉴。

三、绿色运输

在邮政和快递企业运营过程中，运输环节产生的排放占比超过60%，在绿色运输方面，大家都会想到使用新能源车替代燃油汽车。目前，邮政快递企业拥有新能源汽车超过1万辆，大多数用于城市配送，减少城市排放污染。除了新能源车，电动三轮车也是符合我国国情的绿色环保的配送交通工具。在干线运输方面，大力发展多式联运，推动“公转铁”是减少运输能耗的方法。在城市配送方面，优化配送路线、保持车况排量达标、规范驾驶习惯等措施也可以实现减排目标。

为支持、推动绿色包装、仓储、运输，促进电子商务绿色发展，政府部门和行业协会应进一步完善相关行业标准，建立与实际生产相适应的标准化体系，并根据实际情况做到及时更新。电子商务经营者需要不断提升环保意识，强化企业的社会责任，强化创新意识，采用“工业4.0”的先进设计理念和大数据、云计算技术，开发出具有自主知识产权的新型绿色产品以服务电子商务绿色发展。

第六十六条　【基础设施建设、统计制度和标准体系建设】

国家推动电子商务基础设施和物流网络建设，完善电子商务统计制度，加强电子商务标准体系建设。

【条文研析】

根据本条规定，电子商务发展的基础主要包括以下四个方面，电子商务基础设施、物流网络、统计制度和标准体系。

一、关于电子商务基础设施

为了实现立法确定的促进电子商务发展的目标，本法明确了国家在促进发展层面应采取的措施。国家推动电子商务基础设施的建设，具体包括电子通信基础设施、物流快递基础设施、电子支付基础设施、电子商务信用体系等建设。

电子通信基础设施方面应着力于进一步提高宽带速度，降低收费标准；明确宽带作为信息社会基础设施的定位，强化其公共服务性质，提高宽带普及率和上网速率。

在物流快递基础设施方面，应发展综合交通运输体系，完善物流基础设施布局。广泛采用先进的物流技术与装备，优化业务流程，提升物流业信息化水平。发挥电子商务与现代物流的整合优势，大力发展第三方物流。加快培育一批骨干物流企业，提升电子商务的综合配送能力。尽快取消不合理收费，降低物流成本。

在电子支付基础设施方面，要推进网络支付体系建设，进一步完善网络支付业务规范和技术标准，研究风险防范措施，加强业务监督和风险控制，满足电子商务发展的实际需求。引导相关机构建设安全、快捷、方便的网络支付平台，健全清算体系，推动网络支付业务规范化、标准化。

关于电子商务信用体系建设，我们需要加快网络市场信用体系建设，建设可信交易环境。建立健全网络经营者信用评价体系，既是打造诚实守信、公平竞争的网络交易秩序的关键，也是促进电子商务健康发展的必然选择。对于有违法犯罪行为的网络经营者，应当建立黑名单制度，并在经营者之间、平台间共享，禁止黑名单企业通过身份验证，从而维护网络交易的秩序。

二、关于物流网络

电子商务的物流是指物流企业采用网络化的计算机技术和现代化的硬件设备、软件系统及先进的管理手段，针对社会需求，按用户的订货要求，进行一系列分类、编码、整理、配货等工作，交给各类用户，满足其对商品的需求。这种新型的物流模式带来了流通领域的巨大变革，越来越多的企业开始积极搭乘电子商务快车，采用电子商务物流模式。

在传统的物流企业内，为了实现对众多客户大量资源的合理配送，需要大面积的仓库用于存货，但由于空间的限制，存货的数量和种类受到了很大限制。而在电子商务系统中，配送体系的信息化集成可以使虚拟企业将散置在各地、分属不同所有者的仓库通过网络系统连接起来，使之成为“集成仓库”，在统一调配和协调管理之下，服务半径和货物集散空间都放大了。这种情况下，货物配置的速度、规模和效率都大大提高，使货物的高效配送得以实现。

《电子商务“十三五”发展规划》明确提出：“支持社会化、信息化、智能化、国际化电子商务物流体系及平台建设。鼓励企业整合社会存量资源，大力发展分布式区域物流配送中心，积极探索城市共同配送、众包物流、社区自提等电子商务物流新模式。鼓励骨干快递企业拓展服务领域，健全仓储、冷链、运输、供应链管理等能力，加快向综合性快递物流运营商转型。支持应用新技术，实现库存前置、供应链协同，探索智能化仓储物流配送服务。围绕跨境电子商务对物流服务的迫切需求，加强国际港口、公路、铁路、水路等基础设施及物流资源的互联互通，打造国际电子商务物流协作体系。”

三、关于电子商务统计制度

制定和实施有效的产业政策，需要有准确的统计数据作为依据。有必要建立电子商务专项统计制度，得到较准确的电子商务产业数据，作为制定政策的依据。电子商务专项统计制度的统计指标体系包括电子商务交易额、网络零售额、实物商品网上零售额、占社会消费品零售总额的比重、电子商务就业人员以及对中国经济增长的贡献率等。目前进行电子商务统计由国家统计局和商务部等部门负责。

国家统计局发布的《中华人民共和国2017年国民经济和社会发展统计公报》显示，2017年网上零售额71751亿元，比上年增长32.2%。其中网上商品零售额54806亿元，增长28.0%，占社会消费品零售总额的比重为15.0%。在网上商品零售额中，吃类商品增长28.6%，穿类商品增长20.3%，用类商品增长30.8%。2016年末全国25.1%的村有电子商务配送站点。

2018年3月，《商务部办公厅关于做好电子商务统计工作的通知》中明确，电子商务服务企业统计调查工作依据国家统计局备案批准的《商贸服务典型企业统计调查制度》开展，主要包括年度调查和月度调查。电子商务服务企业是为电子商务活动顺利开展提供各种专业服务的企业，主要包括交易服务（各类电子商务交易平台）、支撑服务（电子支付、物流、认证）和衍生服务（代运营、信息技术、营销、咨询、培训等）。典型电子商务服务企业调查对象以交易服务企业为主，兼顾支撑和衍生服务企业。

四、关于电子商务标准体系

电子商务的核心是商务，为了更好地实现电子化的商务活动，必须建设现代物流、信用服务、在线支付、安全认证等一系列支撑体系。电子商务标准不是要实现某个政府或企业内部业务活动的规范化和信息化，而是要重点解决不同行业和不同领域的企业、政府和消费者之间在参与电子商务时的技术互操作和商务互操作问题，从而能够实现既定的商业活动和目标。

从这个角度，可以将电子商务标准分为两大类，即面向商务活动的业务标准和面向支撑体系的支撑体系标准。为了保障电子商务的良性发展，还需要制定监督管理类标准，具体包括电子商务服务质量、发展评价和标准符合性测试等方面的内容。此外，一些基础技术类标准对电子商务的实现也是不可缺少的。综上所述，电子商务标准可分为基础技术标准、业务标准、支撑体系标准和监督管理标准四大类别。

标准化的缺失会导致电子商务各环节之间信息传递不畅，致使电子商务环节中的各个企业成为“信息孤岛”，增加了流通成本。国家有必要推进制定、实施电子商务主客体信息描述、电子商务交易监管、电子商务支付、电子商务信用、跨境电子商务等关键环节或基础性关键标准，积极推动制定电子商务国际标准。

2018年8月12日，国家市场监管总局就完善电子商务领域标准体系，提升电商产品质量安全保障水平回答记者提问时表示，针对电子商务这一新业态的特点，市场监管总局在不断探索构建“标准引领、风险监测、网上抽查、源头追溯、属地查处、信用管理”的电子商务产品质量安全监管新机制。2018 年上半年，着力完善电子商务领域标准体系，推动制定《电子商务产品质量风险信息分类处理规范》《电子商务商品近似品牌技术识别指南》等 10 项国家标准，推动国内主流电商企业开展以消费体验为导向的品质标准研究应用。

第六十七条　【电子商务与各产业融合发展】

国家推动电子商务在国民经济各个领域的应用，支持电子商务与各产业融合发展。

【条文研析】

习近平总书记在党的十九大报告中提出深化供给侧结构性改革，建设现代化经济体系，必须把发展经济的着力点放在实体经济上，把提高供给体系质量作为主攻方向，显著增强我国经济质量优势。加快建设制造强国，加快发展先进制造业，推动互联网、大数据、人工智能和实体经济深度融合。

在电子商务等新经济发展的深入阶段，相关问题开始出现：既有新业态与政策不协调的问题，也有新业态和旧业态不协调的问题；既有新业态的参与者之间公平竞争的问题，也有新业态的买卖双方的利益协调问题；既有国内政策规则环境的调整适应问题，也有跨国乃至国际政策规则环境的调整适应问题。在这样的背景下，充分发挥政策法规的综合调整和平衡协调作用就显得尤为必要，而调整协调的方向就是整体社会利益最大化和多方共赢、可持续发展。

2016 年 4 月 19 日，在网络安全和信息化工作座谈会上，习近平总书记强调：按照创新、协调、绿色、开放、共享的发展理念推动我国经济社会发展，是当前和今后一个时期我国发展的总要求和大趋势，我国网信事业发展要适应这个大趋势，在践行新发展理念上先行一步，推进网络强国建设，推动我国网信事业发展，让互联网更好造福国家和人民。

实体经济发展是“国富民强”的基础。中国经济步入了“新常态”、经济结构优化、经济发展方式转变的关键期，振兴实体经济势在必行。在技术加速突破、商业模式不断创新、生产和组织方式日渐改变的大背景下，实体经济的范围也在日益丰富和延展。除了传统的农业、制造业，新兴的互联网产业，传统产业与互联网融合生成的新产业也在成为举足轻重的力量，构成了“新实体经济”。2015 年 9 月 18 日，国务院办公厅印发《国务院办公厅关于推进线上线下互动加快商贸流通创新发展转型升级的意见》。

支持商业模式创新。包容和鼓励商业模式创新，释放商贸流通市场活力。支持实体店通过互联网展示、销售商品和服务，提升线下体验、配送和售后等服务，加强线上线下互动，促进线上线下融合，不断优化消费路径、打破场景限制、提高服务水平。鼓励实体店通过互联网与消费者建立全渠道、全天候互动，增强体验功能，发展体验消费。鼓励消费者通过互联网建立直接联系，开展合作消费，提高闲置资源配置和使用效率。鼓励实体商贸流通企业通过互联网强化各行业内、行业间的分工合作，提升社会化协作水平。

鼓励技术应用创新。加快移动互联网、大数据、物联网、云计算、北斗导航、地理位置服务、生物识别等现代信息技术在认证、交易、支付、物流等商务环节的应用推广。鼓励建设商务公共服务云平台，为中小微企业提供商业基础技术应用服务。鼓励开展商品流通全流程追溯和查询服务。支持大数据技术在商务领域深入应用，利用商务大数据开展事中事后监管和服务方式创新。支持商业网络信息系统提高安全防范技术水平，将用户个人信息保护纳入网络安全防护体系。

促进产品服务创新。鼓励企业利用互联网逆向整合各类生产要素资源，按照消费需求打造个性化产品。深度开发线上线下互动的可穿戴、智能化商品市场。鼓励第三方电子商务平台与制造企业合作，利用电子商务优化供应链和服务链体系，发展基于互联网的装备远程监控、运行维护、技术支持等服务市场。支持发展面向企业和创业者的平台开发、网店建设、代运营、网络推广、信息处理、数据分析、信用认证、管理咨询、在线培训等第三方服务，为线上线下互动创新发展提供专业化的支撑保障。鼓励企业通过虚拟社区等多种途径获取、转化和培育稳定的客户群体。

第六十八条　【农村电子商务与精准扶贫】

国家促进农业生产、加工、流通等环节的互联网技术应用，鼓励各类社会资源加强合作，促进农村电子商务发展，发挥电子商务在精准扶贫中的作用。

【条文研析】

农业在国民经济中居于基础性地位，在推动电子商务与各行业的融合过程中，电子商务与农业的融合至关重要。2018 年我国农村电子商务发展呈现以下趋势：一是以厨房为消费场景的生鲜农产品成为新的增点。农村电子商务加速从“客厅”向“厨房”转变，生鲜消费的线上线下融合愈加紧密。二是电商扶贫将与产业扶贫结合更加紧密。通过电子商务实现小农户与现代农业的有机衔接，促进农业产业升级和融合发展，助力精准扶贫。三是现代农业线上线下发展进一步融合。农村电子商务将带动众筹农业、共享农业、定制农业等新产业、新业态呈现爆炸式发展，推动“互联网 + 农业 + 旅游”模式推广，助力第一、二、三产业融合，提高农业创新力、竞争力和全要素生产率。四是城乡一体化加快推进。电子商务推动农村地区依托特色农产品或产业优势资源形成特色产业集群，带来产业集聚以及产业转型升级，形成特色小城镇，提高农村消费水平和农民生活质量。五是农村创业创新方兴未艾。电子商务带动技术流、资金流、人才流、物资流向农村地区集聚，将在一定程度上扭转农村资源要素向城市单向流动的局面，增强农村吸引力和发展潜力，新农民、新业态、新模式将不断涌现。

一、支持农村电子商务发展

截至目前，支持我国农村电子商务发展的政策体系已经形成，释放了良好的政策红利。2014 年以来，每年的中央一号文件都对农村电子商务发展作出部署。2015 年以来，国务院相继印发《国务院关于大力发展电子商务加快培育经济新动力的意见》《国务院关于积极推进“互联网 +”行动的指导意见》《国务院办公厅关于促进农村电子商务加快发展的指导意见》，对农村电子商务发展进行了顶层设计。多部委积极行动，部署若干重大工程、重大计划、重大行动，推动了农村电子商务蓬勃发展。在上述政策保障下，农村电子商务发展步入快速发展期。近年来，随着农村网民数量的快速增长，农村网购市场增长迅速，农村电子商务步入快速发展阶段，并呈现集聚发展态势。2017 年，全国农村实现网络零售额 12448.8 亿元，农村网店达 985.6 万家，较 2016 年底增加 169.3 万家，增长 20.7%，带动就业人数超过 2800 万人。

二、精准扶贫

在农村电子商务高速发展的同时，电商扶贫取得突破性进展。2015 年初，国务院扶贫办将电商扶贫工程列为精准扶贫十大工程之一。2014 年以来，国家累计支持 756 个电子商务进农村示范县，其中国家级贫困县 498 个。商务部政府网站首页开通电商扶贫频道，开发了电商扶贫 App。截至 2017 年底，已有 20 家电商企业入驻，并在网站首页和手机客户端的显著位置建立扶贫专区，与贫困地区政府、企业和农户等对接，对贫困地区产品网络销售给予流量支持、减免网店经营费用等优惠措施。2017 年全国 832 个国家级贫困县实现网络零售额 1207.9 亿元，高出全国农村网络零售额增速 13 个百分点。

2016 年 10 月，中央网信办、国家发展改革委、国务院扶贫办联合印发《网络扶贫行动计划》（以下简称行动计划），行动计划提出：大力发展农村电子商务。鼓励电商平台为贫困地区开设扶贫频道，降低电商平台与贫困地区的合作门槛，开设特色农产品网上销售平台，推进网上“一村一品”产业行动工程。推动电子商务进农村综合示范政策向国家级贫困县倾斜，到2019年，实现对全国所有国家级贫困县的全覆盖。鼓励当地电信运营商、交通、商贸、金融、邮政、供销等各类社会资本加强合作，协调有关机构免费提供域名资源，支持地方利用已有资源构建电子商务平台。健全农村电子商务服务体系，支持各类农村电子商务运营网点积极吸收农村贫困人口、妇女、残障人士等就业。加快建设完善贫困地区物流服务网络和设施，支撑贫困地区电子商务发展。

2018年6月15日，《中共中央、国务院关于打赢脱贫攻坚战三年行动的指导意见》明确提出，实施电商扶贫，优先在贫困县建设农村电子商务服务站点。继续实施电子商务进农村综合示范项目。动员大型电商企业和电商强县对口帮扶贫困县，推进电商扶贫网络频道建设。

《电子商务“十三五”发展规划》明确提出，积极开展电子商务精准扶贫。建立电子商务助力精准扶贫的带动机制，探索通过电子商务平台调动全社会扶贫力量，实现产品或项目资源的精准对接，带动产品增值和农民增收，助力脱贫攻坚。通过政府与电子商务平台企业联合开展电商扶贫就业行动，重点面向建档立卡贫困户收购产品或提供就业机会，精准解决贫困人群就业问题。充分发挥互联网在助推脱贫攻坚中的作用，深入实施网络扶贫行动。积极培育电子商务便民服务。

第六十九条　【电子商务交易安全与公共数据共享】

国家维护电子商务交易安全，保护电子商务用户信息，鼓励电子商务数据开发应用，保障电子商务数据依法有序自由流动。

国家采取措施推动建立公共数据共享机制，促进电子商务经营者依法利用公共数据。

【条文研析】

一、电子商务交易安全保障和公共数据共享意义

数据已经成为国家发展的基础性资源要素。2015年8月31日，国务

院常务会议通过的《国务院关于促进大数据发展行动纲要的通知》正是国家顶层设计层面对大数据发展及其重要性的最好回应。大数据时代数据的重要性凸显，电子商务活动的各方主体对数据的开放利用、对政府治理能力的提升、对电子商务产业的发展具有重要的作用。

《中华人民共和国政府信息公开条例》（以下简称《条例》）第三条规定，各级人民政府应当加强对政府信息公开工作的组织领导。国务院办公厅是全国政府信息公开工作的主管部门，负责推进、指导、协调、监督全国的政府信息公开工作。县级以上地方人民政府办公厅（室）或者县级以上地方人民政府确定的其他政府信息公开工作主管部门负责推进、指导、协调、监督本行政区域的政府信息公开工作。《国务院办公厅关于运用大数据加强对市场主体服务和监管的若干意见》（国办发〔2015〕51号）提出推进政府和社会信息资源开放共享。具体是：进一步加大政府信息公开和数据开放力度；大力推进市场主体信息公示；积极推进政府内部信息交换共享；有序推进全社会信息资源开放共享。

《国务院办公厅关于印发2015年政府信息公开工作要点的通知》（国办发〔2015〕22号）提出进一步拓展主动公开内容。对于行政决策、执行、管理、服务、结果方面的信息，坚持以公开为常态、不公开为例外的原则，依法依规做好公开工作。要对本地区、本部门政府信息进行梳理，进一步细化主动公开范围和公开目录，并动态更新。对制作形成或在履行职责中获取的政府信息，严格落实公开属性源头认定机制，依法依规明确公开属性，确定为依法申请公开或不予公开的，应当说明理由。涉及公民、法人或其他组织权利和义务的规范性文件，都要按《中华人民共和国政府信息公开条例》的规定，全面、准确、及时做好公开工作。积极稳妥推进政府数据公开，鼓励和推动企业、第三方机构、个人等对公共数据进行深入分析和应用。

《国务院关于积极推进“互联网+”行动的指导意见》（国发〔2015〕40号）提出充分发挥互联网的高效、便捷优势，提高资源利用效率，降低服务消费成本。大力发展以互联网为载体、线上线下互动的新兴消费，加快发展以互联网为基础的医疗、健康、养老、教育、旅游、社会保障等新兴服务行业，创新政府服务模式，提升政府科学决策能力和管理水平。创新政府网络化管理和服务。加快互联网与政府公共服务体系的深度融合，推动公共数据资源开放，促进公共服务创新供给和服务资源整合，构建面向公众的一体化在线公共服务体系。虽然在电子商务的发展上我国与发达国家比肩，在大数据发展和应用方面具备一定的基础，拥有市场优势和发展潜力，但是从我国现行立法和政策来看，存在政府数据开放共享不足、缺乏顶层设计和统筹规划、法律法规建设滞后等问题，迫切需要电子商务法予以回应。

电子商务法立法的首要目的在于消除电子商务发展障碍，促进电子商务产业的发展。电子商务产业发展在数据开发利用层面的首要障碍在于公共数据信息的共享机制不透明，经营者和消费者在进行交易活动时很难对交易相对方提供的身份信息、资质信息等对交易真实性、可靠性和安全性有重大影响的信息进行验证。因此，电子商务法应顺应国内大数据开放利用的呼声，将政策性文件中有关政府在大数据发展中应起作用的表述上升为法律规定，明确国家采取措施推动建立公共数据共享机制，促进电子商务经营者依法利用公共数据，将有利于消除因公共数据信息共享不足对电子商务产业发展的障碍。

二、电子商务交易安全保障和公共数据共享具体要求

电子商务活动中风险的特殊性，使安全原则在网络空间获得新内涵。信息是电子商务活动的基础，因此电子商务交易安全的核心为数据信息安全。首先，要求保障交易信息的安全，即信息在存储、传输等整个过程中，不遭受被拦截、丢失、非法泄露等影响，以保障电子支付和物流的顺利进行，即履约安全。其次，电子商务法要保障交易当事人的人身和财产安全，如用户个人信息免受非法收集、利用和泄露，个人账户资金不被盗取等。电子商务法在保障企业和用户安全的同时，也应对国家安全有所关注，第三方电子商务平台存储有大量交易数据，这些交易数据事关我国经济安全，基于国家安全的考虑，电子商务数据应在法律规定的范围内有序流动。

为了实现电子商务交易的真实性、可靠性和安全性，交易双方需要对交易全过程中涉及的主体登记注册信息、资质信息、商品或者服务信息、物流信息进行查验或认证。为满足电子商务产业发展对公共数据信息共享的需求，电子商务法鼓励建立公共数据信息共享机制，促进经营者和消费者依法合理利用地公共数据信息，保障电子商务交易安全。

第七十条 【电子商务信用评价】

国家支持依法设立的信用评价机构开展电子商务信用评价，向社会提供电子商务信用评价服务。

【条文研析】

本条是关于信用体系建设的规定。

本条旨在鼓励电子商务经营主体，特别是电子商务平台经营者和较大的电子商务经营者，以及第三方信用评价机构建立电子商务信用评价体系。本条所称“依法设立”，主要是指根据国务院2013年颁布的《征信业管理条例》第六条的规定：“设立经营个人征信业务的征信机构，应当符合《中华人民共和国公司法》规定的公司设立条件和下列条件，并经国务院征信业监督管理部门批准。”但如果信用评价涉及的不是针对个人征信业务，而是针对电子商务经营者的信用评价，那么其他依法设立的信用评价机构也可以从事相应的信用评价服务。

市场经济是信用经济。基于网络交易的虚拟性、开放性、跨地域性等特征，信用成为决定网络市场健康发展的核心要素。因此，加快网络市场信用体系建设、建设可信交易环境、建立健全网络经营者信用评价体系，既是打造诚实守信、公平竞争的网络交易秩序的关键，也是促进电子商务健康发展的必然选择。对于有违法犯罪行为的网络经营者，应当由国家建立黑名单制度，并将黑名单在经营者之间、平台间共享，禁止黑名单企业通过身份验证，从而维护网络交易的秩序。

政府对电子商务的信用监管不仅体现在管理上，更应当体现在服务上。为了促进电子商务的发展，推进信用保障服务，建议政府应当推动电子商务公共服务建设，建立信用服务保障机制。从我国的实践看，政府监管部门推动电子商务可信交易公共服务建设已经取得了一些经验。

信用监管是多元的，应通过政府、行业、社会、市场共同协作完成。信用监管的主要优势在于通过信息透明、开放、流动而发挥作用。在电子商务生态中，相关的信息系统和体系是不同的，只有相互开放信用信息，信息共享，实行联动监管，才能有效地实现信用监管的目标。

关于电子商务信用评价的问题，目前存在的比较突出的问题在于，信用评价机构和来源比较单一。信用评价机制往往是由平台来主导建立，相应的信用评价规则也由平台制定，而且评价的基础和信息都是基于平台内的信息，相对而言比较封闭。也正是因为这一点，导致了比较猖獗的刷单炒信等弄虚作假的行为，严重侵害消费者的权益，也扭曲了信用制度本来应该发挥的奖优罚劣的效果。

为此，根据本条规定的精神，电子商务信用评价应该具有开放性，而不应该垄断在平台经营者的手中，任何具有资质的第三方，只要符合国家法律的规定，都可以从事电子商务信用评价业务。通过这样的方式，可以使电子商务信用评价主体趋于多元化，也更加能够保障消费者基于信用评价所提供信息的客观性，真正享有知情权、选择权。

第七十一条 【跨境电子商务便利化、综合服务与小微企业支持】

国家促进跨境电子商务发展，建立健全适应跨境电子商务特点的海关、税收、进出境检验检疫、支付结算等管理制度，提高跨境电子商务各环节便利化水平，支持跨境电子商务平台经营者等为跨境电子商务提供仓储物流、报关、报检等服务。

国家支持小型微型企业从事跨境电子商务。

【条文研析】

一、跨境电子商务的发展

跨境电子商务发展势头良好，已经形成一定产业集群和交易规模，成为对外贸易新的增长点和重要动力。跨境电子商务的发展，有利于以“互联网+”推动企业和外贸转型升级；有利于增加就业，推进大众创业、万众创新，打造新的经济增长点；有利于推动开放型经济发展升级。从行业发展、制度创新、跨境特性和国外经验等方面看，电子商务法对跨境电子商务进行专门规定，为支持、促进和保障跨境电子商务发展提供了法律基础。

电子商务法第七十一条是关于跨境电子商务的原则性规定，表明了国家支持与促进跨境电子商务发展的政策性主张。本条并未规定具体的法律规范与法律制度，但是指出了关于跨境电子商务法律制度发展的方向，包括构建适应跨境电子商务特点、提高贸易便利化水平的政府管理制度，认可与支持跨境电子商务综合服务，支持小微企业参与跨境电子商务活动。

二、协同管理体系

电子商务法第七十一条第一款的规定与第七条第二款规定的国家建立符合电子商务特点的协同管理体系的原则相呼应，表明国家建立健全适应跨境电子商务特点，涉及海关、税收、进出境检验检疫、支付结算等多个领域的协同管理体系的政策走向。

跨境电子商务是通过互联网等信息网络从事商品或者服务进出口的经营活动。跨境电子商务主要是货物进出口和国际服务贸易。未来，视情况发展还可以延伸到技术进出口、数字产品的进出口等。跨境电子商务不仅具有电子商务的特点，而且具有跨境化、国际化的特点，与政府进出口管理法律制度联系紧密。因此，政府管理制度是否适应跨境电子商务的特点、是否提高了进出口贸易的便利化水平，对于跨境电子商务具有极大的影响。

电子商务法第七十一条第一款规定，国家建立健全适应跨境电子商务特点的海关、税收、进出境检验检疫、支付结算等管理制度，提高跨境电子商务各环节便利化水平。此规定说明，建立健全适应跨境电子商务特点的政府管理制度，涉及多个主管部门的改革及相关法律、法规、制度的修订与调整。

国家为了探索与之有关的制度改革与管理经验，于2015年3月批复设立中国（杭州）跨境电子商务综合试验区。截至2018年6月月底，全国已有53个国家电子商务示范城市，重点支持电子商务国际化发展，结合“网上丝绸之路”建设，支持有关省区市与“一带一路”重要节点城市开展对点合作，探索共建跨境电子商务平台、跨境支付服务及智能物流服务平台。跨境电子商务综合试验区在实践中逐步建立了信息共享、金融服务、智能物流、电商信用、统计监测和风险防控六个体系，以及线上单一窗口和线下综合园区两个平台的框架，初步实现了制度体系的再造、商业模式的创新、贸易体系的重塑、产业水平的提升。六个体系与两个平台框架已作为综合试验区的先行试点经验在全国范围内复制推广。

2013年国家批准建立中国（上海）自由贸易试验区（自贸试验区），允许自贸试验区暂时调整外资企业法、中外合资经营企业法和中外合作经营企业法规定的行政审批。2013年至2018年间，国家还先后在天津、福建、辽宁、浙江、河南、湖北、重庆、四川、陕西建立自贸试验区，并在海南全岛建立自贸试验区。自贸试验区正在探索、实施政府各部门监管信息共享、相互协同的机制。

跨境电子商务综合试验区与自贸试验区的实践经验可以为电子商务法第七十一条第一款所规定的建立健全适应跨境电子商务特点、涉及海关、税收、进出境检验检疫、支付结算等多个领域的协同管理体系奠定基础。

三、跨境电子商务综合服务

电子商务法第七十一条第一款规定，支持跨境电子商务平台经营者等为跨境电子商务提供仓储物流、报关、报检等服务。该规定从法律上认可了跨境电子商务综合服务的概念，具有重大的法律意义。

根据对外贸易法、海关法等法律的规定，经营主体都必须履行如实申报并提供数据信息的义务。从事跨境电子商务的经营者未能如实向海关、检验检疫、支付结算、关税等进出口监督管理部门提供订单、物流、支付以及其他交易数据信息的，有关部门有权依照相关法律追究其法律责任。但是在跨境电子商务中，很多中小微企业缺乏独立报关、报检及申报进出口数据的资质与能力，跨境电子商务平台经营者则可以为其提供相应的服务，弥补其不足。跨境电子商务平台经营者不同于传统的外贸代理人，在现行监管体制下受到诸多制约，承受很大压力。根据海关法的规定，报关企业接受进出口货物收、发货人的委托，以自己的名义办理报关手续的，应当承担与收、发货人相同的法律责任。依照上述规定，跨境电子商务平台经营者以自己的名义，为未办理进出口备案的中小微企业办理报关、报检等手续（即所谓“假自营、真代理”），自身被认定为进出口商，承担了很大的法律风险，这样会挫伤其提供服务的积极性。电子商务法第七十一条第一款的规定则首次明确了跨境电子商务平台经营者提供服务的法律地位，使之获得了合法发展的空间。平台经营者作为服务提供者，为平台内经营者提供报关、报检等服务，不应承担与收发货人相同的法律责任。

跨境电子商务平台经营者提供的服务不仅包括办理报关、报检等传统外贸代理服务，而且包括为跨境电子商务提供仓储物流、信用融资、品牌管理、市场营销、供应链管理等综合性新型服务。跨境电子商务平台经营者从事综合服务得天独厚、优势明显，能够实现平台与经营者的双赢。但是也不排除有平台之外的其他经营者提供此类跨境电子商务的增值服务。故此，电子商务法第七十一条第一款使用了“跨境电子商务平台经营者等”的表述，更具有包容性。

四、小微企业

电子商务法第七十一条第二款规定，国家支持小型微型企业从事跨境电子商务。此规定为未来国家制定与实施关于扶植小微企业从事跨境电子商务的具体产业发展政策及有关优惠措施（包括有条件的税收优惠等）提供了法律依据。关于跨境电子商务的有条件的税收优惠政策，国务院有关部门可以根据电子商务法制定具体的行政法规加以细化。

第七十二条　【单一窗口与电子单证】

国家进出口管理部门应当推进跨境电子商务海关申报、纳税、检验检疫等环节的综合服务和监管体系建设，优化监管流程，推动实现信息共享、监管互认、执法互助，提高跨境电子商务服务和监管效率。跨境电子商务经营者可以凭电子单证向国家进出口管理部门办理有关手续。

【条文研析】

一、跨境电子商务监管制度改革

我国政府高度重视、鼓励支持跨境电子商务发展，不断探索建立适应和引领跨境电子商务发展的政策体系和监管模式。一是出台系列政策文件，推动完善制度设计、监管和服务创新。2015 年以来，国务院、国务院办公厅出台《国务院关于大力发展电子商务加快培育经济新动力的意见》（国发〔2015〕24 号）、《国务院关于积极推进“互联网 +”行动的指导意见》（国发〔2015〕40 号）、《国务院关于促进外贸回稳向好的若干意见》（国发〔2016〕27 号）、《国务院办公厅关于促进跨境电子商务健康快速发展的指导意见》（国办发〔2015〕46 号）等多个政策性文件，推动完善相关制度设计，促进跨境电子商务发展。此外，国务院有关部门、部分地方政府也先后发布支持跨境电子商务发展的政策性文件和行业标准。二是设立跨境电子商务综合试验区，探索形成推动跨境电子商务发展的可复制、可推广的经验。跨境电子商务综合试验区着力在跨境电子商务交易、支付、物流、通关、退税、结汇等各环节的技术标准、业务流程、监管模式和信息化建设等方面先行先试，推进制度创新、管理创新和服务创新，用新模式为外贸发展提供新支撑。经过上述试点实践形成的经验将为立法提供最有力的支撑。

电子商务法第七十二条的规定，为我国跨境电子商务管理中建立与发展单一窗口与单证电子化两项重要制度提供了法律依据。

二、“单一窗口”

电子商务法第七十二条规定，国家进出口管理部门应当推进跨境电子商务海关申报、纳税、检验检疫等环节的综合服务和监管体系建设，优化监管流程，推动实现信息共享、监管互认、执法互助，提高跨境电子商务服务和监管效率。

上述条文并非如同第七十一条那样的鼓励性条文，而是使用了“应当”一词，表明国家有关部门建设跨境电子商务综合服务与监管体系的法律义务。本条的目的是提高跨境电子商务服务和监管效率，具体举措是建设跨境电子商务海关申报、纳税、检验检疫等环节的综合服务和监管体系；目标是实现有关主管部门间的信息共享、监管互认、执法互助。因此，本条规定的是要求海关申报、纳税、检验检疫等环节多个主管部门应当实现协同管理。如果从跨境电子商务经营者的角度理解本条规定，则意味着经营者不再需因报关、报检、纳税向不同主管部门分别提交数据信息与单证，而是在各主管部门信息共享的综合服务与监管体系中，通过单一入口一次性提交有关的数据信息，就可以满足进出口全面监管的法律要求。如此制度设计与世界贸易组织《贸易便利化协定》中的“单一窗口”制度完全一致。

根据联合国贸易便利化与电子业务中心（UN/CEFACT）2005 年第 33 号建议书的定义，“单一窗口”是指国际贸易和运输相关各方在单一登记点一次性以电子形式提交满足全部进口、出口和转口相关监管要求的标准资料、单证与数据的措施。上述定义与实施框架得到了国际社会的广泛认可。世界上已经有五十多个国家和地区实施了单一窗口机制，其中包括美国、澳大利亚、日本、韩国、新加坡、哥伦比亚、危地马拉、秘鲁、毛里求斯、加纳等国，东盟十国还在谋求建立东盟区域性单一窗口机制的进程中。

单一窗口机制通过对进出口贸易信息的集约化和自动化处理，达到数据共享，大大提高了国际贸易效率和效益，促进了贸易商和政府机构之间、政府机构相互之间国际贸易信息交换，方便了许可证和授权证书的颁发以及必需的审批手续的完成。单一窗口机制的实施对于促进与保障跨境电子商务的发展尤其重要。

世界贸易组织《贸易便利化协定》第 10.4.1 条规定，成员国应当致力于建立单一窗口机制，使外贸商为进出口、转运货物目的向有关国家单一的管理机构提交有关的文件与数据；第 10.4.4 条规定，成员国应当在可能及可行的范围内采用信息技术支持单一窗口机制的实施。我国是世界贸易组织《贸易便利化协定》的成员国，完善与加强包括“单一窗口”在内的对外贸易便利化措施是我国理应承担的国际法律义务。电子商务法第七十二条的规定为我国的外贸单一窗口建设提供了重要法律依据，是我国实现贸易便利化的重要措施之一。

我国已经建立了电子口岸，并正在建立整合商务、海关、检验检疫、结汇、关税等进出口监管关键环节的“单一窗口”综合服务体系，以期简化与完善跨境电子商务货物通关流程，提高通关效率。中国（杭州）跨境电子商务综合试验区正在先行先试，对跨境电子商务进出口商品实施集中申报、集中查验、集中放行等通关便利措施。其中，综合试验区的线上综合服务平台实行一点接入原则，商务、海关、税务、工商、检验检疫、邮政、外汇等政府部门进行数据交换和互联互通，实现政府管理部门之间信息互换、监管互认、执法互助。因此，我国推进贸易便利化，全面推广“单一窗口”建设，已经有了充分的基础与实力。电子商务法第七十二条所提供的法律支持，将为此制度建设提供新的推动力。

三、单证电子化

电子商务法第七十二条规定，跨境电子商务经营者可以凭电子单证向国家进出口管理部门办理有关手续。海关法第二十五条规定，办理进出口货物的海关申报手续，应当采用纸质报关单和电子数据报关单的形式。电子商务法第七十二条的规定进一步明确了海关法中的电子报关的合法性。

合同法、电子签名法允许在经贸活动中使用电子形式的合同等法律文件，例如电子签名法第三条规定，民事活动中的合同或者其他文件、单证等文书，当事人可以约定使用或者不使用电子签名、数据电文。当事人约定使用电子签名、数据电文的文书，不得仅因为其采用电子签名、数据电文的形式而否定其法律效力。但是没有明确规定为了满足政府进出口监管需要向有关机关提交的报关单、税单等文件可以采用电子形式，例如电子签名法规定，法律、行政法规规定的不适用电子文书的，从其规定。电子商务法第七十二条为跨境电子商务中各类单证（检验检疫报告和证书、清单、税单、原产地证书、支付凭证、票据等）的电子化提供了法律依据，认可了电子单证的法律效力。申报、纳税、检验检疫等环节的电子化，将极大提高我国贸易便利化水平与行政管理的效率，并奠定了电子化单一窗口机制建立与实施的基础。

电子商务法第十四条规定，电子商务经营者销售商品或者提供服务应当依法出具纸质发票或者电子发票等购货凭证或者服务单据；电子发票与纸质发票具有同等法律效力。该条规定仅认可了电子发票的法律效力。第七十二条则保障电子交易凭证、电子可转移票据、电子检验检疫报告和证书、电子清单、电子税单等跨境电子商务生成各类电子单证均获得与纸质单证同等的法律效力，可以作为向国家进出口管理部门办理有关手续的凭证。因此，第七十二条的规定对于跨境电子商务的发展具有更为重大的意义。

第七十三条　【国际交流与合作】

国家推动建立与不同国家、地区之间跨境电子商务的交流合作，参与电子商务国际规则的制定，促进电子签名、电子身份等国际互认。

国家推动建立与不同国家、地区之间的跨境电子商务争议解决机制。

【条文研析】

一、国际发展战略

跨境电子商务与一般电子商务之间存在区别。在适用规则和立法上，相比于一般电子商务，跨境电子商务需要适用的规则更多、更细、更复杂，包括不同平台的交易规则、国际贸易体系和规则、进出口管制、关税政策和制度等；立法方面还需要关注与别国之间和国际的法律协调。国外经验可提供重要立法参考。由于各国家、地区在经济发展水平、技术开发利用程度、市场规模大小等方面存在差异，各方在电子商务领域关注重点及政策导向有所不同，对跨境电子商务各方面的问题尚未取得一致意见。尽管如此，联合国国际贸易法委员会（UNCITRAL）、世界贸易组织（WTO）、经合组织（OECD）等有关国际组织对电子商务议题的讨论趋热，在努力推动各方认识和立场统一，并通过制定公约、示范法、指南等文件推动跨境电子商务国际规则完善和趋同。研究有关国际规则和国外立法经验，有助于我们深化对跨境电子商务及其发展规律的认识，有益于吸收借鉴国际成功经验，有利于推动国际规则的互鉴、趋同与融合。

2016 年以来，世界贸易组织已经将电子商务作为多边谈判的重要议题，中国正在积极发挥重要作用，迫切需要国内立法作为配合保障。电子商务立法是网络经济领域的主要规则，担负着我国与世界各国互联互通、共享共治的重任。完善网络空间对话协商机制，制定全球互联网治理规则，已经成为国家发展战略的组成部分。在 2016 年 G20 峰会上我国提出数字经济倡议，期待加强电子商务国际交流合作。

我国电子商务立法，将在引领全球电子商务发展、参与主导国际规则制定中发挥积极重要作用。电子商务与网络经济的国际交流合作，必将促进我国全面实施“一带一路”、自由贸易区等对外开放战略，促进我国与各国的合作共赢。电子商务法第七十三条确立了我国跨境电子商务国际法律发展战略三个层面，即国际交流合作、制定国际规则、建立国际机制。

二、国际交流合作

电子商务法第七十三条规定，国家推动建立关于跨境电子商务的国际交流与合作。我国政府、企业、行业协会等各方与其他国家、地区进行关于跨境电子商务的交流合作，进行信息沟通与对话，推动电子商务走出去，鼓励发展面向“一带一路”沿线国家的电子商务交流，提升合作水平，共同打造畅通、安全、高效的电子商务大通道，符合我国经济利益与跨境电子商务发展的需要。国际交流合作可以构建有关的国际共识，奠定电子商务国际规则与国际机制的发展基础。

三、制定国际规则

电子商务法第七十三条规定，国家参与电子商务国际规则的制定。保障与促进跨境电子商务活动，不仅需要国内法律的发展，而且亟须相应的国际双边、多边、区域性法律规范体系的支持。因此，参与并在有条件的情况下主导相关国际规则的制定，构建跨境电子商务国际秩序，是我国电子商务国际法律发展战略的重要组成部分。我国已经积极发起或参与多场关于电子商务法律规则的国际多边、双边或区域性谈判，积极参与世界贸易组织及联合国关于网络安全、数字经济、电子商务的国际规则的制定。例如，我国与东盟十国、日本、韩国、澳大利亚、新西兰和印度正在谈判的“区域性全面经济伙伴关系协定”就包括电子商务章节。我国已经在《联合国国际合同使用电子通信公约》《联合国亚洲及太平洋地区跨境无纸化贸易便利化框架协定》等新的国际法律上签字，值得关注的是我国是联合国亚太经济社会理事会通过的《联合国亚洲及太平洋地区跨境无纸贸易便利化框架协定》首批三个签字国之一，将在该协定生效后成为创始成员国之一。电子商务法第七十三条为我国力争国际电子商务法律规则制定的主动权和跨境电子商务发展的话语权，积极主导和参与制定电子商务国际规则，提供了法律依据。

四、建立国际机制

电子商务法第七十三条规定，国家参与电子商务国际规则的制定，促进电子签名、电子身份等国际互认。国家推动建立与不同国家、地区之间的跨境电子商务争议解决机制。

我国已经在《联合国亚洲及太平洋地区跨境无纸化贸易便利化框架协定》上签字。该协定第八条专门规定了电子形式贸易数据和文件的跨境互认，即（一）各缔约方应在可靠程度大致相当的基础上对来自其他缔约方的电子形式贸易数据和文件提供互认。（二）“大致相当的可靠程度”由各缔约方通过在本框架协定下建立的机构安排共同商定。（三）各缔约方可根据跨界信任环境原则及其他各项总体原则，缔结用于实施电子形式贸易数据和文件跨境互认的双边和多边安排，条件是这些双边和多边安排中的条文不与本框架协定相矛盾。上述规定将作为我国在协定框架内建立与其他国家的电子形式贸易数据和文件的跨境互认的标准，具体可以采用双边条约、地区性条约等方式规定实施标准的方式。

电子商务法第七十三条规定的我国与不同国家、地区之间的电子签名、电子身份等国际互认机制与跨境电子商务争议解决机制，也可以采取类似的模式，先行确定跨境互认的标准，再行确定具体实施方式。总之，电子商务法第七十三条为我国跨境电子商务国际法律发展提供了保障与支持。

第六章 法律责任

法律责任条款的设置，对整部法律的实施效果具有重要影响。从法律责任的三大责任类型来看，本章全面呼应了前面章节所设置的义务规定，从而使义务规定得到法律强制力的实施保障。宽严适度、现实性与前瞻性相结合的法律责任规定，能够有效平衡电子商务各方主体的合法权益，最终实现该法的立法目的，即促进发展、规范秩序、保障权益。需要指出的是，由于现实情况的复杂性、法律关系调整的必要性等，本法与其他法律之间的竞合规定在所难免，对此应当根据立法法第九十二条的规定进行处理，“同一机关制定的法律、行政法规、地方性法规、自治条例和单行条例、规章，特别规定与一般规定不一致的，适用特别规定”。

在立法过程中，关于罚款数额的一个争议问题是要不要规定按照营业额的百分比或违法所得的倍数罚款。本法对于违反信息披露和公示义务、推销、搭售商品或者服务、对押金退还设置不合理条件或者不及时退还押金的、违反平台内经营者身份核验、登记义务、未向相关监管部门履行信息提供、报告义务、商品和服务信息、交易信息保存义务等行为，设置了最高五十万元的罚款；对电子商务平台经营者对平台内经营者在平台内的交易、交易价格或者与其他经营者的交易等进行不合理限制或者附加不合理条件，或者向平台内经营者收取不合理费用，情节严重的，以及对平台内经营者实施侵犯知识产权行为未依法采取必要措施，情节严重的，皆规定了最高二百万元的罚款——相比（草案）三审稿的最高五十万元罚款有很大提高。目的是有效保障各方权益、规范电子商务行为，维护市场秩序。不过，借鉴其他立法的经验，结合电子商务法的特点，若能增加倍数罚款之规定，采用“罚款数额加营业额的百分比或违法所得的倍数”的立法方式，效果可能更好——对其中情节严重的、有违法所得的，采用营业额的百分比或者违法所得倍数罚款制，没有违法所得或者违法所得难以计算的，处五十万元（有些条款为二百万元）以下罚款。

第七十四条 【电子商务经营者的民事责任】

电子商务经营者销售商品或者提供服务，不履行合同义务或者履行合同义务不符合约定，或者造成他人损害的，依法承担民事责任。

【条文研析】

根据线上线下一致原则，电子商务经营者销售商品或者提供服务，也应当按照约定全面履行自己的义务，遵循诚实信用原则，根据合同的性质、目的和交易习惯履行通知、协助、保密等义务。当事人一方不履行合同义务或者履行合同义务不符合约定的，应当承担继续履行、采取补救措施或者赔偿损失等违约责任。

一、法律依据

本法此处的“依法”的“法”，既包括其他法律，也包括本法。本条规定是本法民事责任的规定与其他法律规定的民事责任制度的衔接，应当遵循特别法优于普通法的原则，本法有规定的适用本法，对于本法未作规定的，依照其他有关法律、行政法规的规定承担民事责任。电子商务经营者销售商品或者提供服务，因违约或侵权引起的民事责任，主要由以下规定进行规范：合同法第一百零七条等，侵权责任法第二条、第五条、第三十六条、第三十七条等，产品质量法第四十一条、第四十二条、消费者权益保护法第四十四条、第五十五条等，食品安全法第一百四十八条第二款等。例如，合同法第一百零七条规定：“当事人一方不履行合同义务或者履行合同义务不符合约定的，应当承担继续履行、采取补救措施或者赔偿损失等违约责任。”承担违约责任的种类有继续履行、采取补救措施、停止违约行为、赔偿损失、支付违约金及定金责任等形态。侵权责任法第三十六条明确规定："网络用户、网络服务提供者利用网络侵害他人民事权益的，应当承担侵权责任。网络用户利用网络服务实施侵权行为的，被侵权人有权通知网络服务提供者采取删除、屏蔽、断开链接等必要措施。网络服务提供者接到通知后未及时采取必要措施的，对损害的扩大部分与该网络用户承担连带责任。"

二、责任竞合

如果发生违约与侵权的责任竞合，因当事人一方的违约行为，损害对方人身权益、财产权益的，受损害方有权选择请求其承担违约责任或者侵权责任。民法总则第一百八十六条明确规定，因当事人一方的违约行为，损害对方人身权益、财产权益的，受损害方有权选择请求其承担违约责任或者侵权责任。

三、法律衔接问题

本条是电子商务经营者承担民事责任的概括性规定，然而由于电子商务经营者包括电子商务平台经营者、平台内经营者以及通过自建网站、其他网络服务销售商品或者提供服务的电子商务经营者，因此在承担民事责任的顺序上，尚需要借助其他法律加以准确适用。根据消费者权益保护法第四十四条的规定，消费者通过网络交易平台购买商品或者接受服务，其合法权益受到损害的，可以向销售者或者服务者要求赔偿。网络交易平台提供者不能提供销售者或者服务者的真实名称、地址和有效联系方式的，消费者也可以向网络交易平台提供者要求赔偿；网络交易平台提供者作出更有利于消费者的承诺的，应当履行承诺。网络交易平台提供者赔偿后，有权向销售者或者服务者追偿。网络交易平台提供者明知或者应知销售者或者服务者利用其平台侵害消费者合法权益，未采取必要措施的，依法与该销售者或者服务者承担连带责任。

第七十五条 【电子商务经营者违法违规的法律责任衔接】

电子商务经营者违反本法第十二条、第十三条规定，未取得相关行政许可从事经营活动，或者销售、提供法律、行政法规禁止交易的商品、服务，或者不履行本法第二十五条规定的信息提供义务，电子商务平台经营者违反本法第四十六条规定，采取集中交易方式进行交易，或者进行标准化合约交易的，依照有关法律、行政法规的规定处罚。

【条文研析】

本条是对未获得许可从事电子商务活动、违反法律、行政法规提供禁止交易的商品或者服务、不履行信息提供义务以及采取集中交易方式进行交易，或者进行标准化合约交易的处罚规定。具体针对以下四种情形。

一、电子商务经营者未获得许可从事电子商务活动的处罚

依据本法第十二条的规定，电子商务经营者从事经营活动，依法需要取得相关行政许可的，应当依法取得行政许可。例如药品销售、增值电信业务等，需要依法取得许可。对于应当取得行政许可而未经许可从事电子商务活动的，可以采取罚款、责令停业整顿、停网整顿、吊销营业执照等方式进行相应处罚。药品管理法、食品安全法等也有类似规定，但是本条规定适用于整个电子商务经营者。

行政许可法第八十一规定："公民、法人或者其他组织未经行政许可，擅自从事依法应当取得行政许可的活动的，行政机关应当依法采取措施予以制止，并依法给予行政处罚；构成犯罪的，依法追究刑事责任。"《网络交易管理办法》第七条第三款规定，从事网络商品交易及有关服务的经营者销售的商品或者提供的服务属于法律、行政法规或者国务院决定规定应当取得行政许可的，应当依法取得有关许可。对于违反应当依法取得有关许可的义务的行为的具体法律责任，主要散见于一些专门领域的法律规定中。例如：

1. 食品安全法第一百二十二条："违反本法规定，未取得食品生产经营许可从事食品生产经营活动，或者未取得食品添加剂生产许可从事食品添加剂生产活动的，由县级以上人民政府食品药品监督管理部门没收违法所得和违法生产经营的食品、食品添加剂以及用于违法生产经营的工具、设备、原料等物品；违法生产经营的食品、食品添加剂货值金额不足一万元的，并处五万元以上十万元以下罚款；货值金额一万元以上的，并处货值金额十倍以上二十倍以下罚款。"

2. 药品管理法第七十二条："未取得《药品生产许可证》、《药品经营许可证》或者《医疗机构制剂许可证》生产药品、经营药品的，依法予以取缔，没收违法生产、销售的药品和违法所得，并处违法生产、销售的药品（包括已售出的和未售出的药品，下同）货值金额二倍以上五倍以下的罚款；构成犯罪的，依法追究刑事责任。"

3. 电子签名法第二十九条："未经许可提供电子认证服务的，由国务院信息产业主管部门责令停止违法行为；有违法所得的，没收违法所得；违法所得三十万元以上的，处违法所得一倍以上三倍以下的罚款；没有违法所得或者违法所得不足三十万元的，处十万元以上三十万元以下的罚款。"

4. 刑法第二百二十五条非法经营罪："违反国家规定，有下列非法经营行为之一，扰乱市场秩序，情节严重的，处五年以下有期徒刑或者拘役，并处或者单处违法所得一倍以上五倍以下罚金；情节特别严重的，处五年以上有期徒刑，并处违法所得一倍以上五倍以下罚金或者没收财产：（一）未经许可经营法律、行政法规规定的专营、专卖物品或者其他限制买卖的物品的……"

二、电子商务经营者违反法律、行政法规提供禁止交易的商品或者服务的处罚

本法第十三条规定，电子商务经营者销售的商品或者提供的服务应当符合保障人身、财产安全的要求，不得销售或者提供法律、行政法规禁止交易的商品或者服务。根据治安管理处罚法、枪支管理法、国家安全法、

《民用爆炸物品安全管理条例》《危险化学品安全管理条例》《易制毒化学品管理条例》《音像制品管理条例》《出版管理条例》等法律法规的规定，无论线上线下，交易的商品或者服务都应当符合法律、法规的规定，禁止交易毒品、淫秽物品、非法出版物等法律、法规规定禁止交易的物品；禁止交易枪支、弹药、管制刀具、民用爆炸物品、窃听窃照专用器材、剧毒化学品、易制毒化学品等法律、法规规定禁止擅自交易的物品，禁止提供代孕、性交易，禁止进行人体器官买卖。

我国刑法第二百二十五条非法经营罪对情节特别严重的此类行为规定了法定最高刑为十五年有期徒刑的刑罚，“违反国家规定，有下列非法经营行为之一，扰乱市场秩序，情节严重的，处五年以下有期徒刑或者拘役，并处或者单处违法所得一倍以上五倍以下罚金；情节特别严重的，处五年以上有期徒刑，并处违法所得一倍以上五倍以下罚金或者没收财产：(一) 未经许可经营法律、行政法规规定的专营、专卖物品或者其他限制买卖的物品的……”对违禁品的买卖也有专门的规定。

三、电子商务经营者违反信息提供的义务的处罚

本法第二十五条规定的是电子商务经营者应当向有关主管部门提供有关电子商务数据信息的义务。无论从网络安全维护的角度，还是从对电子商务经营活动负有监管职责的工商、税务、质检等部门工作的角度，电子商务经营者都有向相关主管部门提供有关电子商务数据信息的义务。经营者利用互联网从事电子商务经营活动，主要依托电子商务服务提供商开设的电子商务交易平台、网上商城、网络黄页以及其提供的网站主机托管、虚拟空间租赁、互联网接入等服务。电子商务经营者对维护网上经营秩序、保障网上交易安全、向有关主管部门提供相关数据信息，负有相应的义务。本法第二十五条规定：“有关主管部门依照法律、行政法规的规定要求电子商务经营者提供有关电子商务数据信息的，电子商务经营者应当提供。”依照上述规定，电子商务经营者的数据信息提供义务来源于有关法律、行政法规，电子商务经营者的法律责任也相应依照规定其提供数据信息义务的法律、行政法规，所以本法第七十五条并未规定电子商务经营者未按规定提供数据信息的法律责任，而是做了相应衔接。

刑法修正案（九）新增了拒不履行信息网络安全管理义务罪，即刑法第二百八十六条之一：“网络服务提供者不履行法律、行政法规规定的信息网络安全管理义务，经监管部门责令采取改正措施而拒不改正，有下列情形之一的，处三年以下有期徒刑、拘役或者管制，并处或者单处罚金：（一）致使违法信息大量传播的；（二）致使用户信息泄露，造成严重后果的；（三）致使刑事案件证据灭失，情节严重的；（四）有其他严重情节的。单位犯前款罪的，对单位判处罚金，并对其直接负责的主管人员和其他直接责任人员，依照前款的规定处罚。有前两款行为，同时构成其他犯罪的，依照处罚较重的规定定罪处罚。”这里的“信息网络安全”主要是指信息内容的安全，也包括信息系统本身的安全。而“信息网络安全的管理”则包括网络营运监管、网络内容监管、网络版权监管、网络经营监管、网络安全监管、网络经营许可监管等。因而，“信息网络安全管理义务”也包括与信息网络安全有关的、电子商务经营者依照法律、行政法规的规定向有关主管部门提供有关电子商务数据信息的义务。

四、电子商务平台经营者采取集中竞价、做市商等集中交易方式进行标准化合约交易的处罚

本法第四十六条规定的是电子商务平台经营者为经营者之间的电子商务提供服务，应当遵守法律、行政法规和国家有关规定，不得采取集中竞价、做市商等集中交易方式进行交易，不得进行标准化合约交易。近年来出现了以商品现货市场电子交易平台名义，利用大宗商品现货电子交易平台，以集中交易方式组织白银、原油等进行违法集中交易标准化合约交易，投资者卷入其中出现交易损失后，与平台机构发生纠纷，并引发信访投诉。

网上交易的商品或者服务应当符合法律、法规、规章的规定。法律、法规禁止交易的商品或者服务，经营者不得在网上进行交易。通过互联网交易的商品或者服务应当符合法律、法规、规章的相关规定，否则予以禁止，在电子商务活动中也不应当有任何特殊待遇或例外规定。《国务院关于清理整顿各类交易场所切实防范金融风险的决定》（以下简称《决定》）中对清理整顿各类交易场所作出明确部署，除依法经国务院或国务院期货监管机构批准设立从事期货交易的交易场所外，任何单位一律不得以集中竞价、电子撮合、匿名交易、做市商等集中交易方式进行标准化合约交易。《决定》要求，对从事违法证券期货交易活动的交易场所，严禁以任何方式扩大业务范围，严禁新增交易品种，严禁新增投资者，并限期取消或结束交易活动；未经批准在交易场所名称中使用"交易所"字样的交易场所，应限期清理规范。清理整顿期间，不得设立新的开展标准化产品或合约交易的交易场所。此外，商务部、中国人民银行、中国证券监督管理委员会《商品现货市场交易特别规定（试行)》（商务部令〔2013〕3号）第十条规定，"市场经营者不得开展法律法规以及《国务院关于清理整顿各类交易场所切实防范金融风险的决定》禁止的交易活动，不得以集中交易方式进行标准化合约交易。"对此，《商品现货市场交易特别规定（试行)》第二十四条规定了责任处理依据，"市场经营者违反第八条、第十条规定和《期货交易管理条例》的，依法予以处理。"而《期货交易管理条例》第七十七条规定的是，"任何单位或者个人违反本条例规定，情节严重的，由国务院期货监督管理机构宣布该个人、该单位或者该单位的直接责任人员为期货市场禁止进入者。"

综上，由于其他相关法律、行政法规已有处罚规定，因此本条只是一个指引性的条款，并未规定具体的处罚内容。

第七十六条　【电子商务经营者违反信息公示以及用户信息管理的相关规定的行政处罚】

电子商务经营者违反本法规定，有下列行为之一的，由市场监督管理部门责令限期改正，可以处一万元以下的罚款，对其中的电子商务平台经营者，依照本法第八十一条第一款的规定处罚：

（一）未在首页显著位置公示营业执照信息、行政许可信息、属于不需要办理市场主体登记情形等信息，或者上述信息的链接标

识的；

（二）未在首页显著位置持续公示终止电子商务的有关信息的；

（三）未明示用户信息查询、更正、删除以及用户注销的方式、程序，或者对用户信息查询、更正、删除以及用户注销设置不合理条件的。

电子商务平台经营者对违反前款规定的平台内经营者未采取必要措施的，由市场监督管理部门责令限期改正，可以处二万元以上十万元以下的罚款。

【条文研析】

一、信息公示的必要性

我国现行法律制度对电子商务经营者信息披露义务的规制义务与责任的规定，不甚明确，如果电子商务经营者的营业执照信息、行政许可信息、属于不需要办理市场主体登记情形等信息虚假或缺失或难以发现，则在其销售的商品或提供的服务出现问题时，消费者很难进行有效的维权。例如，当消费者起诉电子商务经营者时，无法准确选择纠纷的管辖法院。因此，如果不要求电子商务经营者进行信息披露，则会导致消费者遇到纠纷时很难查清经营者的真实身份、不能直接进行起诉，不利于纠纷的及时解决。

由于电子商务活动的虚拟性，消费者与电子商务经营者所掌握的相关信息具有不对称性，电子商务经营者、电子商务平台经营者通常处于信息优势地位，易出现“柠檬市场”现象。得到商品或服务的真实、有效、充分的信息是消费者进行网络购物时获得相应权益保障的重要前提，电子商务经营者依法履行信息披露和公示义务是保障消费者权益的关键。为保障消费者的知情权、维护消费者的合法利益，促进市场交易的公平，电子商务经营者需要对营业执照信息、行政许可信息、属于不需要办理市场主体登记情形等信息、终止电子商务的有关信息、用户信息查询、更正、删除以及用户注销的方式、程序以有效的方式予以公示，履行信息披露和公示义务。电子商务平台经营者发现平台内经营者存在违反电子商务法规定的情形的，有采取必要措施予以纠正的义务。对电子商务经营者（第七十六条第一款）、电子商务平台经营者（第七十六条第二款）违反信息披露和公示义务以及平台经营者对违反前款规定的平台内经营者未采取必要措施的，予以处罚（第七十六条第二款）。

经营者的信息披露义务也常被称为强制说明义务、告知义务或强制信息披露义务，是指法律规定的经营者应提供给消费者购买、使用商品或接受服务有关的真实、充分、准确、适当的信息，从而确保消费者知情权实现的义务。经营者的信息披露义务与消费者的知情权是相对应而存在的。经营者的信息披露义务具有主动性，这种义务不是在消费者询问之后的回答，而是交易之前的必要告知。经营者的信息披露义务具有强制性，该义务是国家的强制干预，而非经营者的自由选择，这是法律对权利义务的倾斜性配置，目的就在于通过国家强制力保护消费者的权益，即法律通过设置强制性义务规范使权利义务趋于公平。

二、电子商务法对现行处罚措施的借鉴

《网络交易管理办法》第八条规定："已经工商行政管理部门登记注册并领取营业执照的法人、其他经济组织或者个体工商户，从事网络商品交易及有关服务的，应当在其网站首页或者从事经营活动的主页面醒目位置公开营业执照登载的信息或者其营业执照的电子链接标识。"对违反此义务的处罚，《网络交易管理办法》第五十一条规定，违反本办法第八条、第二十一条规定的，予以警告，责令改正，拒不改正的，处以一万元以下的罚款。电子商务法对电子商务经营者违反相关信息披露或公示义务的处罚力度——"由市场监督管理部门责令限期改正，可以处一万元以下的罚款"，与《网络交易管理办法》大致相同，只是不再警告。换言之，是将《网络交易管理办法》中对电子商务经营者不披露相关信息的相应处罚条款上升、吸收至本法之中。

三、电子商务平台经营者违反上述义务的处罚

电子商务平台经营者未在首页显著位置公示营业执照信息、行政许可信息、属于不需要办理市场主体登记情形等信息，或者上述信息的链接标识的，或者未在首页显著位置公示终止电子商务的有关信息的，或者未明示用户信息查询、更正、删除以及用户注销的方式、程序，或者对用户信息查询、更正、删除以及用户注销设置不合理条件，由市场监督管理部门责令限期改正，可以处二万元以上十万元以下的罚款；情节严重的，处十万元以上五十万元以下的罚款。

电子商务平台经营者由于其特殊地位，掌握着电子商务平台内经营者的营业执照信息、行政许可信息、属于不需要办理市场主体登记情形等信息，并可以通过平台服务协议和交易规则对违反前款规定的平台内经营者采取必要措施。发现平台内经营者出现上述行为却未采取必要措施的，由市场监督管理部门责令限期改正，可以处二万元以上十万元以下的罚款。

第七十七条　【违法提供搜索结果或者搭售商品、服务的行政处罚】

电子商务经营者违反本法第十八条第一款规定提供搜索结果，或者违反本法第十九条规定搭售商品、服务的，由市场监督管理部门责令限期改正，没收违法所得，可以并处五万元以上二十万元以下的罚款；情节严重的，并处二十万元以上五十万元以下的罚款。

【条文研析】

一、电子商务经营者违反依法提供搜索结果的法律责任

“大数据杀熟”本质上是电子商务平台在买卖双方信息不对称以及不透明的情况下，通过对用户的消费习惯、性别年龄、地理位置等大数据进行分析，生成了用户画像，推测出用户的支付意愿，进一步利用算法实现了“千人千面”——即不同的用户在各自的账号下看到的商品和价格不尽相同的目标。对于“熟”客，平台掌握了更全面的用户数据，对该用户的

行为和支付意愿预测更加准确，利用用户黏性进行精准营销，关键是对同样的商品报出的价格可能会更高，违反了诚实信用原则。消费者很可能由于对此消费路径的依赖与信任，对价格不再过多关注甚至完全不知情，结果无形中付出了更高的对价，其知情权、公平交易权和自主选择权遭到侵犯。

对电子商务经营者违反本法第十八条规定提供搜索结果的法律责任，在民事责任方面，民法总则第一百四十八条规定："一方以欺诈手段，使对方在违背真实意思的情况下实施的民事法律行为，受欺诈方有权请求人民法院或者仲裁机构予以撤销。"民法总则第一百五十七条规定："民事法律行为无效、被撤销或者确定不发生效力后，行为人因该行为取得的财产，应当予以返还；不能返还或者没有必要返还的，应当折价补偿。有过错的一方应当赔偿对方由此所受到的损失；各方都有过错的，应当各自承担相应的责任。法律另有规定的，依照其规定。"

此外，消费者权益保护法第五十五条规定了惩罚性赔偿内容："经营者提供商品或者服务有欺诈行为的，应当按照消费者的要求增加赔偿其受到的损失，增加赔偿的金额为消费者购买商品的价款或者接受服务的费用的三倍；增加赔偿的金额不足五百元的，为五百元。法律另有规定的，依照其规定。经营者明知商品或者服务存在缺陷，仍然向消费者提供，造成消费者或者其他受害人死亡或者健康严重损害的，受害人有权要求经营者依照本法第四十九条、第五十一条等法律规定赔偿损失，并有权要求所受损失二倍以下的惩罚性赔偿。"

在行政责任方面，电子商务经营者违反本法第十八条规定提供搜索结果的，由市场监督管理部门责令限期改正，没收违法所得，可以并处五万元以上二十万元以下的罚款；情节严重的，并处二十万元以上五十万元以下的罚款。

二、关于电子商务经营者违法搭售商品、服务的处罚

（一）规范搭售行为的必要性

搭售行为是指在相关市场上拥有优势地位的企业在出售产品或服务

时，强迫买方接受与该产品或服务无关的产品或服务的行为。通常认为，搭售行为有四个构成要件：单一产品标准、强制要件、市场力量要件和违法性认定。消费者权益保护法第九条规定，消费者享有自主选择商品或者服务的权利。消费者有权自主选择提供商品或者服务的经营者、自主选择商品品种或者服务方式，自主决定购买或者不购买任何一种商品、接受或者不接受任何一种服务。消费者在自主选择商品或者接受服务时，有权进行比较、鉴别和挑选。

搭售行为并不总是被消费者或者买方所欢迎，若有正当理由搭售产品则不违反法律的规定。在电子商务活动中，经营者可能出于各种动机进行搭售。例如，出于产品的完整性的搭售行为，不仅可以节约销售时间，而且也对消费者有利。关键是电子商务经营者在搭售商品或者服务时应当以显著方式提请消费者注意，保障消费者的知情权、选择权，将搭售的商品或服务作为默认选项的行为是法律所不允许的，不仅违反了消费者或者买方自愿的原则，而且还会排挤被搭售商品市场上的竞争者。

（二）现行立法及规定对电子商务法的启示

消费者权益保护法第十六条第三款规定，经营者向消费者提供商品或者服务，应当恪守社会公德，诚信经营，保障消费者的合法权益；不得设定不公平、不合理的交易条件，不得强制交易。同样，消费者权益保护法的“法律责任”一章中亦无相应罚则的规定。但是，一些部门规章或者地方性法规规定了具体的罚则：

1. 商务部、国家发改委、公安部、税务总局、工商总局 2006 年 10 月联合颁布的《零售商供应商公平交易管理办法》（以下简称《管理办法》）第十八条规定，供应商供货时，不得强行搭售零售商未订购的商品。该管理办法第二十三条规定，零售商或者供应商违反本办法规定的，法律法规有规定的，从其规定；没有规定的，责令改正；有违法所得的，可处违法所得三倍以下罚款，但最高不超过三万元；没有违法所得的，可处一万元以下罚款；并可向社会公告。

2. 《邮票发行监督管理办法》（交通运输部令 2013 年第 5 号）（以下

简称《办法》）第四十六条规定，邮政企业不得采用搭售等方式强迫消费者购买其他商品。该《办法》第六十条规定，邮政企业违反本《办法》有关邮票销售的规定，由邮政管理部门发出限期整改通知书，并视情节轻重给予警告或者处以一万元以上三万元以下罚款。

3.《上海市反不正当竞争条例》（以下简称《条例》）第十七条第一款规定，经营者销售商品，不得违背购买者的意愿搭售商品或者附加其他不合理的条件。该《条例》第二十七条规定，经营者违反本条例第十七条规定的，责令停止违法行为，没收违法所得，可以处以一万元以下的罚款；情节严重的，责令停业整顿，可以吊销营业执照。

从上述规定可以看出，消费者权益保护法和反不正当竞争法中均未规定搭售的行政法律责任，一些部门规章或者地方性法规中的法律责任处罚力度不大，不能有效的约束经营者的搭售行为，因此，电子商务法专门针对搭售行为设定了行政处罚，即由市场监督管理部门责令限期改正，没收违法所得，可以并处五万元以上二十万元以下的罚款；情节严重的，并处二十万元以上五十万元以下的罚款。

第七十八条　【违反押金管理规定的行政处罚】

电子商务经营者违反本法第二十一条规定，未向消费者明示押金退还的方式、程序，对押金退还设置不合理条件，或者不及时退还押金的，由有关主管部门责令限期改正，可以处五万元以上二十万元以下的罚款；情节严重的，处二十万元以上五十万元以下的罚款。

【条文研析】

一、本法规范电子商务领域押金退还的必要性

本条是草案三审稿增加的内容，涉及押金的退还问题及对违反该规定的电子商务经营者予以的处罚。主要是回应共享单车等互联网新业务发展中的押金退还问题。自 2016 年年底开始，共享单车因其绿色环保、低碳

出行的优点在全国多地开花、用户数量不断增长。共享单车的运营以租赁合同为基础，承租人缴纳押金以担保租赁合同中的合理使用，“一人对应一份押金”的缴纳方式，使得共享单车的运行模式兼有金融功能。但是共享模式中收取押金的方式、过程、用途等皆不明晰，押金规则不明、孳息归属不清、退还程序冗长繁杂、收取押金缺乏政府硬性标准和第三方监管，形成“押金资金池”，巨额押金处于无人监管状态，一旦平台经营失败，将面临大面积用户损失的群体事件，共享单车运营公司还将面临不当得利甚至非法集资的法律风险。2017 年以来，我国已连续发生多起共享单车收取消费者押金、预付费后，将所收资金挪作他用或者携款逃跑，严重损害消费者合法权益的事件。

2017 年 8 月 1 日，10 部门联合出台的《关于鼓励和规范互联网租赁自行车发展的指导意见》提出，企业应建立完善用户押金退还制度，积极推行“即租即押、即还即退”等模式。互联网租赁自行车运营企业实施收购、兼并、重组或者退出市场经营的，必须制定合理方案，确保用户合法权益和资金安全。但是，实践中共享单车企业只实现了“即租即押”，而“即还即退”还难以实现。一些企业濒临破产更是让不少押金成了一笔“呆账”“死债”。尽管每位用户的押金数额不等，但是由于人数众多，不论是哪种共享经济模式，押金退还一旦大面积违约，用户押金被企业或平台挪作他用甚至无法归还，属于涉众型经济犯罪，此时通过追究平台及相关责任人非法集资所涉犯罪的刑事责任（通常涉嫌非法吸收公众存款罪或集资诈骗罪等），是必要的但不充分的，常常无法弥补消费者的实际损失，极易酿成群体性事件，不仅侵害消费者的财产权益，也严重威胁社会公众的安全感。因而，在本法中规定罚则，对未向消费者明示押金退还的方式、程序，对押金退还设置不合理条件，或者不及时退还押金的行为进行处罚，可谓将法律防线提前，而不是等到酿成严重后果了再由刑法介入、追究刑事责任，可以起到更好的预防作用，既保护了消费者也保护了电子商务经营者。

二、现行规定及其启示

关于未向消费者明示押金退还的方式、程序，对押金退还设置不合理条件，或者不及时退还押金的罚则，消费者权益保护法并未就对经营者押金退还的义务作出明文规定，目前主要是在《侵害消费者权益行为处罚办法》［2015年国家工商行政管理总局令（第73号）］中对预付款故意拖延或者无理拒绝的处罚进行规定。《侵害消费者权益行为处罚办法》第十条规定，经营者以预收款方式提供商品或者服务，应当与消费者明确约定商品或者服务的数量和质量、价款或者费用、履行期限和方式、安全注意事项和风险警示、售后服务、民事责任等内容。未按约定提供商品或者服务的，应当按照消费者的要求履行约定或者退回预付款，并应当承担预付款的利息、消费者必须支付的合理费用。对退款无约定的，按照有利于消费者的计算方式折算退款金额。经营者对消费者提出的合理退款要求，明确表示不予退款，或者自约定期满之日起、无约定期限的自消费者提出退款要求之日起超过十五日未退款的，视为故意拖延或者无理拒绝。对违反此义务规定的责任设置，《侵害消费者权益行为处罚办法》第十四条进一步明确："经营者有本办法第五条至第十一条规定的情形之一，其他法律、法规有规定的，依照法律、法规的规定执行；法律、法规未作规定的，由工商行政管理部门依照《消费者权益保护法》第五十六条予以处罚。"上述罚则对电子商务立法具有一定的参考价值，但是专门针对电子商务经营者押金退还设置不合理条件，或者不及时退还押金的法律责任，在本法中专门予以规定，有其必要性。

三、电子商务经营者违反押金退还规定的行政处罚

押金是一方当事人将一定费用存放在对方处保证自己的行为不会对对方利益造成损害，如果造成损害的可以以此费用据实支付或另行赔偿。在双方法律关系不存在且无其他纠纷后，则押金应予以退还。在违约时将会被扣除。无论是采用共享经济或者其他经济模式，电子商务经营者都应当向消费者明示押金退还的方式、程序，在符合条件时即时退还押金，不得对押金退还设置不合理条件，侵害消费者的合法权益。如果电子商务经营者违反本法第二十一条规定，未向消费者明示押金退还的方式、程序，对押金退还设置不合理条件，或者不及时退还押金的，由有关主管部门责令限期改正，可以处五万元以上二十万元以下的罚款；情节严重的，处二十万元以上五十万元以下的罚款。

第七十九条 【违反个人信息保护义务、网络安全保障义务的法律责任衔接规定】

电子商务经营者违反法律、行政法规有关个人信息保护的规定，或者不履行本法第三十条和有关法律、行政法规规定的网络安全保障义务的，依照《中华人民共和国网络安全法》等法律、行政法规的规定处罚。

【条文研析】

本条是针对电子商务经营者两项重要义务违反的责任规定：一是违反法律、行政法规规定的个人信息保护规则；二是不履行法律、行政法规规定的网络安全保障义务。对这两种违法行为，皆依照网络安全法等法律、行政法规的规定处罚。

一、电子商务经营者违反法律、行政法规规定的个人信息保护规则的处罚

为确保电子商务中的信息安全，制裁侵害公民个人电子信息侵权行为，就必须对违反电子商务交易信息保护义务的行为予以相应处罚，而这些义务也是预防信息被侵犯的重要措施。个人信息不仅仅关系到个人利益，还有可能涉及公共利益、公共安全。电子商务中的信息保护不仅是保护公民隐私权等个人权利的需要、保护企业信息安全的需要，同时也是提高电子商务信息资源利用率，保证电子商务信息化发展的战略需要。关于侵犯消费者个人信息的罚则，主要有以下规定：

1. 网络安全法第六十四条第一款规定："网络运营者、网络产品或者服务的提供者违反本法第二十二条第三款、第四十一条至第四十三条规定，侵害个人信息依法得到保护的权利的，由有关主管部门责令改正，可

以根据情节单处或者并处警告、没收违法所得、处违法所得一倍以上十倍以下罚款，没有违法所得的，处一百万元以下罚款，对直接负责的主管人员和其他直接责任人员处一万元以上十万元以下罚款；情节严重的，并可以责令暂停相关业务、停业整顿、关闭网站、吊销相关业务许可证或者吊销营业执照。”网络安全法第六十四条第二款规定：“违反本法第四十四条规定，窃取或者以其他非法方式获取、非法出售或者非法向他人提供个人信息，尚不构成犯罪的，由公安机关没收违法所得，并处违法所得一倍以上十倍以下罚款，没有违法所得的，处一百万元以下罚款。”

2. 消费者权益保护法第五十六条规定：“经营者有下列情形之一，除承担相应的民事责任外，其他有关法律、法规对处罚机关和处罚方式有规定的，依照法律、法规的规定执行；法律、法规未作规定的，由工商行政管理部门或者其他有关行政部门责令改正，可以根据情节单处或者并处警告、没收违法所得、处以违法所得一倍以上十倍以下的罚款，没有违法所得的，处以五十万元以下的罚款；情节严重的，责令停业整顿、吊销营业执照：……（九）侵害消费者人格尊严、侵犯消费者人身自由或者侵害消费者个人信息依法得到保护的权利的……”

3. 居民身份证法第十九条规定：“国家机关或者金融、电信、交通、教育、医疗等单位的工作人员泄露在履行职责或者提供服务过程中获得的居民身份证记载的公民个人信息，构成犯罪的，依法追究刑事责任；尚不构成犯罪的，由公安机关处十日以上十五日以下拘留，并处五千元罚款，有违法所得的，没收违法所得。单位有前款行为，构成犯罪的，依法追究刑事责任；尚不构成犯罪的，由公安机关对其直接负责的主管人员和其他直接责任人员，处十日以上十五日以下拘留，并处十万元以上五十万元以下罚款，有违法所得的，没收违法所得。有前两款行为，对他人造成损害的，依法承担民事责任。”

4. 中华人民共和国电信条例第五十七条规定：“任何组织或者个人不得有下列危害电信网络安全和信息安全的行为：……（二）利用电信网从事窃取或者破坏他人信息、损害他人合法权益的活动；……”第七十七条规定："有本条例第五十六条、第五十七条和第五十八条所列禁止行为之一，情节严重的，由原发证机关吊销电信业务经营许可证。国务院信息产业主管部门或者省、自治区、直辖市电信管理机构吊销电信业务经营许可证后，应当通知企业登记机关。"

5. 刑法第二百五十三条之一规定："违反国家有关规定，向他人出售或者提供公民个人信息，情节严重的，处三年以下有期徒刑或者拘役，并处或者单处罚金；情节特别严重的，处三年以上七年以下有期徒刑，并处罚金。违反国家有关规定，将在履行职责或者提供服务过程中获得的公民个人信息，出售或者提供给他人的，依照前款的规定从重处罚。窃取或者以其他方法非法获取公民个人信息的，依照第一款的规定处罚。单位犯前三款罪的，对单位判处罚金，并对其直接负责的主管人员和其他直接责任人员，依照各该款的规定处罚。"

二、电子商务经营者不履行法律、行政法规规定的网络安全保障义务的处罚

网络安全法第五十九条规定："网络运营者不履行本法第二十一条、第二十五条规定的网络安全保护义务的，由有关主管部门责令改正，给予警告；拒不改正或者导致危害网络安全等后果的，处一万元以上十万元以下罚款，对直接负责的主管人员处五千元以上五万元以下罚款。关键信息基础设施的运营者不履行本法第三十三条、第三十四条、第三十六条、第三十八条规定的网络安全保护义务的，由有关主管部门责令改正，给予警告；拒不改正或者导致危害网络安全等后果的，处十万元以上一百万元以下罚款，对直接负责的主管人员处一万元以上十万元以下罚款。"

网络安全法第六十八条规定："网络运营者违反本法第四十七条规定，对法律、行政法规禁止发布或者传输的信息未停止传输、采取消除等处置措施、保存有关记录的，由有关主管部门责令改正，给予警告，没收违法所得；拒不改正或者情节严重的，处十万元以上五十万元以下罚款，并可以责令暂停相关业务、停业整顿、关闭网站、吊销相关业务许可证或者吊销营业执照，对直接负责的主管人员和其他直接责任人员处一万元以上十万元以下罚款。电子信息发送服务提供者、应用软件下载服务提供者，不履行本法第四十八条第二款规定的安全管理义务的，依照前款规定处罚。”

网络安全法第六十九条规定：“网络运营者违反本法规定，有下列行为之一的，由有关主管部门责令改正；拒不改正或者情节严重的，处五万元以上五十万元以下罚款，对直接负责的主管人员和其他直接责任人员，处一万元以上十万元以下罚款：（一）不按照有关部门的要求对法律、行政法规禁止发布或者传输的信息，采取停止传输、消除等处置措施的；（二）拒绝、阻碍有关部门依法实施的监督检查的；（三）拒不向公安机关、国家安全机关提供技术支持和协助的。”

电子商务经营者不履行法律、行政法规规定的网络信息安全保障义务，还有可能被追究刑事责任。刑法修正案（九）增设了“拒不履行信息网络安全管理义务罪”，即第二百八十六条之一，“网络服务提供者不履行法律、行政法规规定的信息网络安全管理义务，经监管部门责令采取改正措施而拒不改正，有下列情形之一的，处三年以下有期徒刑、拘役或者管制，并处或者单处罚金：（一）致使违法信息大量传播的；（二）致使用户信息泄露，造成严重后果的；（三）致使刑事案件证据灭失，情节严重的；（四）有其他严重情节的。单位犯前款罪的，对单位判处罚金，并对其直接负责的主管人员和其他直接责任人员，依照前款的规定处罚。有前两款行为，同时构成其他犯罪的，依照处罚较重的规定定罪处罚。”

第八十条 【违反核验登记、信息报送、违法信息处置、商品和服务信息、交易信息保存义务的行政处罚】

电子商务平台经营者有下列行为之一的，由有关主管部门责令限期改正；逾期不改正的，处二万元以上十万元以下的罚款；情节严重的，责令停业整顿，并处十万元以上五十万元以下的罚款：

（一）不履行本法第二十七条规定的核验、登记义务的；

（二）不按照本法第二十八条规定向市场监督管理部门、税务部

门报送有关信息的；

（三）不按照本法第二十九条规定对违法情形采取必要的处置措施，或者未向有关主管部门报告的；

（四）不履行本法第三十一条规定的商品和服务信息、交易信息保存义务的。

法律、行政法规对前款规定的违法行为的处罚另有规定的，依照其规定。

【条文研析】

电子商务平台是网络治理的重要一环，在电子商务活动中，平台最大的特点或优势在于它可以成为一个生态圈的“土壤”。由于电子商务平台经营者的特殊地位与作用，平台经营者掌握着平台内经营者的大量数据信息，并且可以通过制定和修改平台服务协议和交易规则行使部分原本属于监管部门的权力，因此，在很多情况下，政府监督管理部门必须借助于电子商务平台经营者实行有效监管。在日常电子商务活动中，电子商务平台经营者能否依法履行对平台内经营者的身份核验、登记义务、向市场监督管理部门、税务部门提供有关信息、对违法情形采取必要的处置措施或者向有关部门报告，履行商品和服务信息、交易记录信息的保存义务，对商品与服务的质量、对平台内经营者的追责、对消费者的权益保障、对电子商务活动的健康发展都至关重要。

一、电子商务平台经营者“不履行本法第二十七条规定的核验、登记义务的”处罚

1. 网络安全法第六十一条：“网络运营者违反本法第二十四条第一款规定，未要求用户提供真实身份信息，或者对不提供真实身份信息的用户提供相关服务的，由有关主管部门责令改正；拒不改正或者情节严重的，处五万元以上五十万元以下罚款，并可以由有关主管部门责令暂停相关业务、停业整顿、关闭网站、吊销相关业务许可证或者吊销营业执照，对直接

负责的主管人员和其他直接责任人员处一万元以上十万元以下罚款。”

电子商务平台经营者不履行本法第二十七条规定的核验、登记义务的，除依照本条进行处罚外，即由有关主管部门责令限期改正；逾期不改正的，责令停业整顿，并处二万元以上十万元以下的罚款；情节严重的，并处十万元以上五十万元以下的罚款，也可以依照网络安全法的规定，由有关主管部门责令暂停相关业务、关闭网站、吊销相关业务许可证或者吊销营业执照，对直接负责的主管人员和其他直接责任人员处一万元以上十万元以下罚款。

2. 食品安全法第一百三十一条规定：“网络食品交易第三方平台提供者未对入网食品经营者进行实名登记、审查许可证，或者未履行报告、停止提供网络交易平台服务等义务的，由县级以上人民政府食品药品监督管理部门责令改正，没收违法所得，并处五万元以上二十万元以下罚款；造成严重后果的，责令停业，直至由原发证部门吊销许可证；使消费者的合法权益受到损害的，应当与食品经营者承担连带责任。”

如果网络食品交易平台经营者未履行本法第二十七条规定的核验、登记义务的，依照特别法优于一般法的原则，按照食品安全法第一百三十一条的规定进行处罚。

二、电子商务平台经营者“不按照本法第二十九条规定对违法情形采取必要的处置措施，或者未向有关主管部门报告的”

网络安全法第六十八条规定：“网络运营者违反本法第四十七条规定，对法律、行政法规禁止发布或者传输的信息未停止传输、采取消除等处置措施、保存有关记录的，由有关主管部门责令改正，给予警告，没收违法所得；拒不改正或者情节严重的，处十万元以上五十万元以下罚款，并可以责令暂停相关业务、停业整顿、关闭网站、吊销相关业务许可证或者吊销营业执照，对直接负责的主管人员和其他直接责任人员处一万元以上十万元以下罚款。”

电子商务平台经营者不履行本法第二十九条规定对违法情形采取必要的处置措施，或者未向有关主管部门报告的，除依照本条进行处罚外，即由有关主管部门责令限期改正；逾期不改正的，责令停业整顿，并处二万元以上十万元以下的罚款；情节严重的，并处十万元以上五十万元以下的罚款，也可以依照网络安全法的规定，由有关主管部门责令暂停相关业务、关闭网站、吊销相关业务许可证或者吊销营业执照，对直接负责的主管人员和其他直接责任人员处一万元以上十万元以下罚款。

三、电子商务平台经营者不履行本法第三十一条规定的商品和服务信息、交易信息保存义务的处罚

电子签名法第三十一条："电子认证服务提供者不遵守认证业务规则、未妥善保存与认证相关的信息，或者有其他违法行为的，由国务院信息产业主管部门责令限期改正；逾期未改正的，吊销电子认证许可证书，其直接负责的主管人员和其他直接责任人员十年内不得从事电子认证服务。吊销电子认证许可证书的，应当予以公告并通知工商行政管理部门。"

如果电子商务平台经营者从事电子认证服务，未履行本法第三十一条规定的商品和服务信息、交易信息保存义务，依照电子签名法的规定进行处罚。如果从事其他业务的电子商务平台经营者不履行本法第三十一条规定的商品和服务信息、交易信息保存义务，依照本条的规定进行处罚，但是法律、行政法规另有规定的，依照其规定。

第八十一条　【违反服务协议、交易规则管理、自营业务标注、信用评价管理、广告标注义务的行政处罚】

电子商务平台经营者违反本法规定，有下列行为之一的，由市场监督管理部门责令限期改正，可以处二万元以上十万元以下的罚款；情节严重的，处十万元以上五十万元以下的罚款：

（一）未在首页显著位置持续公示平台服务协议、交易规则信息或者上述信息的链接标识的；

（二）修改交易规则未在首页显著位置公开征求意见，未按照规定的时间提前公示修改内容，或者阻止平台内经营者退出的；

（三）未以显著方式区分标记自营业务和平台内经营者开展的业务的；

（四）未为消费者提供对平台内销售的商品或者提供的服务进行评价的途径，或者擅自删除消费者的评价的。

电子商务平台经营者违反本法第四十条规定，对竞价排名的商品或者服务未显著标明“广告”的，依照《中华人民共和国广告法》的规定处罚。

【条文研析】

本条的责任设置，旨在规范电子商务平台经营者的行为，促使其公平、公开透明地进行交易，履行相关重要信息的披露义务，从而有效保护平台内经营者、消费者的合法权益。若电子商务平台经营者能够切实履行上述义务，在发生纠纷、进行纠纷解决时，也有利于保护平台经营者本身。在电子商务活动中，电子商务平台的服务协议、交易规则、经营内容等有关信息是电子商务法律制度和秩序的重要组成部分。为了形成更有效的行政监管和社会监督机制，需要通过电子商务市场的信用信息系统将电子商务经营过程中的相关信息进行公示。相对于传统线下市场主体而言，电子商务主体具有较大的虚拟性和不确定性，这直接导致对电子商务主体的身份确认、定位和跟踪监管存在较大的困难和障碍，若完全通过行政监管的手段对电子商务主体进行监督管理，需要较高的监督执法成本。我国在监管行为和监管决策方面应当客观、适度、符合理性，做到既保护市场主体进出电子商务交易市场的自由，又维持电子商务市场交易秩序的稳定，真正达到惩罚违法者，保护守法者，维护市场主体合法权益。明晰电子商务市场交易规则的目的是建立和维护电子商务市场的正当竞争和正常秩序，提升市场活力、降低交易成本，能够吸引更多的经营者从事电子商务交易经营活动；提高电子商务市场的交易效率、保护交易安全，保障参与者的合法权益，推动和促进电子商务市场交易规则的健康发展，维护消费者的合法权益和社会公共利益。

一、现行规定及其对本法的借鉴意义

《网络交易管理办法》第二十五条第一款规定：“第三方交易平台经营者应当建立平台内交易规则、交易安全保障、消费者权益保护、不良信息处理等管理制度。各项管理制度应当在其网站显示，并从技术上保证用户能够便利、完整地阅览和保存。”第二十九条规定：“第三方交易平台经营者在平台上开展商品或者服务自营业务的，应当以显著方式对自营部分和平台内其他经营者经营部分进行区分和标记，避免消费者产生误解。”第五十条规定：“违反本办法第七条第二款、第二十三条、第二十五条、第二十六条第二款、第二十九条、第三十条、第三十四条、第三十五条、第三十六条、第三十八条规定的，予以警告，责令改正，拒不改正的，处以一万元以上三万元以下的罚款。”电子商务法借鉴了《网络交易管理办法》的相关规定并提高了对电子商务平台经营者这类行为的处罚力度。电子商务平台经营者未在首页显著位置持续公示平台服务协议、交易规则信息或者上述信息的链接标识的，或者修改交易规则未在首页显著位置公开征求意见，未按照规定的时间提前公示修改内容，或者阻止平台内经营者退出的，或者未以显著方式区分标记自营业务和平台内经营者开展的经营业务的，或者未为消费者提供对平台内销售的商品或者提供的服务进行评价的途径，或者擅自删除消费者的评价的，由市场监督管理部门责令限期改正，可以处二万元以上十万元以下的罚款；情节严重的，处十万元以上五十万元以下的罚款。加大处罚力度，目的是督促平台经营者更好地履行平台重要信息的披露、公示义务，保障消费者的合法权益，促进电子商务持续健康发展。

二、电子商务平台经营者对竞价排名的商品或者服务未显著标明“广告”的处罚

本法第四十条规定，电子商务平台经营者应当根据商品或者服务的价格、销量、信用等以多种方式向消费者显示商品或者服务的搜索结果；对于竞价排名的商品或者服务，应当显著标明“广告”。广告法第十四条第一款规定："广告应当具有可识别性，能够使消费者辨明其为广告。"第五十九条第三款规定："广告违反本法第十四条规定，不具有可识别性的，或者违反本法第十九条规定，变相发布医疗、药品、医疗器械、保健食品广告的，由工商行政管理部门责令改正，对广告发布者处十万元以下的罚款。"

第八十二条 【对平台内经营者进行不合理限制、附加不合理条件、收取不合理费用的行政处罚】

电子商务平台经营者违反本法第三十五条规定，对平台内经营者在平台内的交易、交易价格或者与其他经营者的交易等进行不合理限制或者附加不合理条件，或者向平台内经营者收取不合理费用的，由市场监督管理部门责令限期改正，可以处五万元以上五十万元以下的罚款；情节严重的，处五十万元以上二百万元以下的罚款。

【条文研析】

经营者与消费者之间、经营者与经营者之间进行销售商品或者提供服务，应当遵循自愿、平等、公平、诚实信用的原则，这是市场经济法律关系的本质，也是经营者从事生产经营活动的行为准则。电子商务这一新型商业模式改变了传统的商业环境，同时催生了各种带有不正当竞争或带有垄断性质的行为，这类行为不仅会侵害其他经营者的利益，同时也会损害消费者的合法权益，扰乱市场秩序，例如电子商务平台经营者要求平台内经营者"二选一"的行为等。"二选一"具体是指在电商促销活动中，一些电子商务平台经营者为了保证自身利益的最大化，要求入驻商家只能在一家平台参加促销。

反垄断法第六条规定，具有市场支配地位的经营者，不得滥用市场支配地位，排除、限制竞争。然而，电子商务平台经营者通过"二选一"等方式对平台内经营者在平台内的交易、交易价格或者与其他经营者的交易等进行不合理限制或者附加不合理条件，或者向平台内经营者收取不合理费用的，是否属于“滥用市场支配地位”，无法依据反垄断法得出结论。

自2015年10月1日起施行的《网络商品和服务集中促销活动管理暂行规定》第十一条明确要求：“网络集中促销组织者不得违反《反垄断法》《反不正当竞争法》等法律、法规、规章的规定，限制、排斥平台内的网络集中促销经营者参加其他第三方交易平台组织的促销活动。”即平台经营者不得限制卖家参与另一平台的促销活动，不可实施“二选一”。然而此后的几年里，此类现象仍然时有发生，特别是在类似“双十一”“6·18”等几个重要时间节点更是如此。其中法律原因之一是《网络商品和服务集中促销活动管理暂行规定》第十一条适用的前提是认定为违反反垄断法、反不正当竞争法等法律、法规、规章的规定。问题又回到了原点，目前我国尚无法律条款可将这类行为定义为垄断或者不正当竞争。

为弥补上述立法漏洞，电子商务法第八十二条规定：电子商务平台经营者违反本法第三十五条规定，对平台内经营者在平台内的交易、交易价格或者与其他经营者的交易等进行不合理限制或者附加不合理条件，或者向平台内经营者收取不合理费用的，由市场监督管理部门责令限期改正，可以处五万元以上五十万元以下的罚款；情节严重的，处五十万元以上二百万元以下的罚款。本法明确这类行为的法律后果，可以有效地保护平台内经营者以及消费者的合法权益，维护电子商务的经济秩序，促进公平竞争。

第八十三条　【违反采取合理措施、主体审核义务、安全保障义务的行政处罚】

电子商务平台经营者违反本法第三十八条规定，对平台内经营者侵害消费者合法权益行为未采取必要措施，或者对平台内经营者未尽到资质资格审核义务，或者对消费者未尽到安全保障义务的，由市场监督管理部门责令限期改正，可以处五万元以上五十万元以下的罚款；情节严重的，责令停业整顿，并处五十万元以上二百万元以下的罚款。

【条文研析】

保障电子商务各方主体的合法权益，特别是消费者的合法权益是电子商务立法的目的之一。为实现上述立法目的，电子商务法的多个条文涉及消费者合法权益的保护，特别是电子商务法（草案）（三次审议稿）第三十七条第二款规定，对关系消费者生命健康的商品或者服务，电子商务平台经营者对平台内经营者的资质资格未尽到审核义务，或者对消费者未尽到安全保障义务，造成消费者损害的，依法与该平台内经营者承担连带责任。电子商务法（草案）（三次审议稿）公开征求意见后，一些电子商务平台经营者、社会公众等提出不同意见。为回应上述意见，电子商务法（四次审议稿）将“连带责任”修改为“补充责任”。上述修改引起社会各界热议，专家、消费者和消费者组织认为“补充责任”大大降低了对消费者的保护力度。为最大限度取得共识，争取电子商务法早日出台。立法机关将“补充责任”修改为“相应的责任”，即本法第三十八条第二款规定，对关系消费者生命健康的商品或者服务，电子商务平台经营者对平台内经营者的资质资格未尽到审核义务，或者对消费者未尽到安全保障义务，造成消费者损害的，依法承担相应的责任。消费者权益保护体系是包括民事责任、行政责任和刑事责任在内的一个统一整体，为加强对电子商务消费者的保护力度，电子商务法增加了电子商务平台经营者违反采取合理措施、主体审核义务、安全保障义务的行政处罚规定，即本条。

本条规定行政处罚的责任主体是电子商务平台经营者。本条规定的违法行为是电子商务平台经营者违反本法第三十八条规定，对平台内经营者侵害消费者合法权益行为未采取必要措施，或者对平台内经营者未尽到资质资格审核义务，或者对消费者未尽到安全保障义务。

本条规定的法律责任是责令限期改正、停业整顿和罚款。责令限期改正是由市场监督管理部门按照本法要求，责令电子商务平台经营者对平台内经营者销售的商品或者提供的服务不符合保障人身、财产安全的要求以及实施的欺诈、违法收集和使用消费者个人信息等侵害消费者权益的行为在规定的期限内采取有效措施制止或者消除上述违法行为，或者责令电子商务平台经营者按照规定审核平台内经营者的资质资格，或者是责令电子商务平台经营者依法履行保障消费者人身安全和财产安全的义务。电子商务平台经营者违反本法第三十八条规定，对平台内经营者侵害消费者合法权益行为未采取必要措施，或者对平台内经营者未尽到资质资格审核义务，或者对消费者未尽到安全保障义务的，由市场监督管理部门责令限期改正，可以处五万元以上五十万元以下的罚款；当上述违法行为情节严重时，责令停业整顿，并处五十万元以上二百万元以下的罚款。

网络安全法第六十一条规定了针对网络运营者违反实名制要求的处罚规定，网络运营者违反本法第二十四条第一款规定，未要求用户提供真实身份信息，或者对不提供真实身份信息的用户提供相关服务的，由有关主管部门责令改正；拒不改正或者情节严重的，处五万元以上五十万元以下罚款，并可以由有关主管部门责令暂停相关业务、停业整顿、关闭网站、吊销相关业务许可证或者吊销营业执照，对直接负责的主管人员和其他直接责任人员处一万元以上十万元以下罚款。电子商务平台经营者对平台内经营者未尽到资质资格审核义务，经市场监督管理部门责令改正而电子商务平台经营者拒不改正的，可依照网络安全法的上述规定进行处罚。

第八十四条　【平台知识产权侵权的行政处罚】

电子商务平台经营者违反本法第四十二条、第四十五条规定，对平台内经营者实施侵犯知识产权行为未依法采取必要措施的，由有关知识产权行政部门责令限期改正；逾期不改正的，处五万元以上五十万元以下的罚款；情节严重的，处五十万元以上二百万元以下的罚款。

【条文研析】

电子商务的可持续性发展，离不开健康的电子商务环境。若假货蔓延、侵犯知识产权的现象频发，不仅损害消费者、知识产权权利人的合法权益，而且长此以往，违法成本低、“劣币驱逐良币”，不利于电子商务领域诚信氛围、公平秩序的建设，更不利于行业的创新、发展。在我国电子商务产业发展过程中，知识产权侵权问题一直存在，电子商务平台经营者对涉嫌侵犯知识产权的商品与服务进行治理，取得了一定的效果。

电子商务平台经营者由于其特殊的地位和作用，对平台内经营者实施的侵犯知识产权行为依法采取打击措施是很有必要的，应当承担相应的法律责任。在处罚对象上，专利法、著作权法、商标法在制定时尚未出现电子商务平台交易者这一角色，因此其法律关系主要发生于知识产权权利人、侵权人、监管部门之间，而这些法律中的知识产权侵权人，一般并未专门针对电子商务平台经营者进行规定，侵权责任法第三十六条虽然涉及电子商务经营者的法律责任，也只是解决侵权责任，即民事责任问题。在传统知识产权法律法规无法对电子平台经营者对平台内经营者实施侵犯知识产权行为未依法采取必要措施的行为进行处罚的情况下，本法明确规定：电子商务平台经营者对平台内经营者实施侵犯知识产权行为未依法采取必要措施的，由有关知识产权行政部门责令限期改正；逾期不改正的，处五万元以上五十万元以下的罚款；情节严重的，处五十万元以上二百万元以下的罚款。本法专门作出处罚规定，有利于发挥电子商务平台经营者的应有作用，增强对经营者侵犯知识产权行为的打击力度，促进我国电子商务知识产权保护与国际接轨。

需要注意的是，平台经营者毕竟不是直接侵权人，本条规定处罚的是其“对平台内经营者实施侵犯知识产权行为未依法采取必要措施的”的行为，是督促电子商务平台经营者履行其对平台内经营者知识产权保护义务违反的行政责任的直接规定。本法的其他规定，以及其他相关法律法规的上游行为——对平台内经营者身份的核验、登记，对其发布的商品和服务信息建立检查监控制度、在协议中明确双方在平台进入和退出、商品和服务质量安全保障、消费者权益保护等方面的权利、义务和责任，建立平台内交易规则、交易安全保障、消费者权益保护、不良信息处理等管理制度并公示，对平台经营者违反这些义务后的处罚，也发挥着使平台合规、尽职地对电子商务领域的知识产权保护做到平台经营者应有的谨慎、合理的注意义务。因此，其他处罚规定也包含着打击侵权假冒、保护消费者的目的和作用。

第八十五条　【产品质量、反垄断、反不正当竞争、知识产权保护、消费者权益保护等法律的法律责任的衔接性规定】

电子商务经营者违反本法规定，销售的商品或者提供的服务不符合保障人身、财产安全的要求，实施虚假或者引人误解的商业宣传等不正当竞争行为，滥用市场支配地位，或者实施侵犯知识产权、侵害消费者权益等行为的，依照有关法律的规定处罚。

【条文研析】

关于电子商务经营者违反本法规定，销售的商品或者提供的服务不符合保障人身、财产安全的要求，实施虚假或者引人误解的商业宣传等不正当竞争行为，滥用市场支配地位，或者实施侵犯知识产权、侵害消费者权益等行为的，在侵权责任法、广告法、反不正当竞争法、反垄断法、商标法、著作权法、专利法、消费者权益保护法中皆有相应的处罚的规定，故本法只做提示性规定，依照有关法律的规定处罚。

一、电子商务经营者销售的商品或者提供的服务不符合保障人身、财产安全的要求的处罚

电子商务经营者销售的商品或者提供的服务不符合保障人身、财产安

全的要求，直接给消费者的人身安全权、财产安全权带来侵害，这里的“侵害”，包括实害与危险。产品质量法第四十九条规定，“生产、销售不符合保障人体健康和人身、财产安全的国家标准、行业标准的产品的，责令停止生产、销售，没收违法生产、销售的产品，并处违法生产、销售产品（包括已售出和未售出的产品，下同）货值金额等值以上三倍以下的罚款；有违法所得的，并处没收违法所得；情节严重的，吊销营业执照；构成犯罪的，依法追究刑事责任。”产品质量法的这一规定，标准明确，但是其处罚规定的适用对象是“产品”，不限于商品，还包括未售出的产品，但是无法涵盖“服务”。

消费者权益保护法第五十六条的规定，不仅适用于经营者提供的商品，也适用于其提供的服务不符合保障人身、财产安全要求的情形，“经营者有下列情形之一，除承担相应的民事责任外，其他有关法律、法规对处罚机关和处罚方式有规定的，依照法律、法规的规定执行；法律、法规未作规定的，由工商行政管理部门或者其他有关行政部门责令改正，可以根据情节单处或者并处警告、没收违法所得、处以违法所得一倍以上十倍以下的罚款，没有违法所得的，处以五十万元以下的罚款；情节严重的，责令停业整顿、吊销营业执照：（一）提供的商品或者服务不符合保障人身、财产安全要求的；……”

刑法第一百四十六条生产、销售不符合安全标准的产品罪规定：“生产不符合保障人身、财产安全的国家标准、行业标准的电器、压力容器、易燃易爆产品或者其他不符合保障人身、财产安全的国家标准、行业标准的产品，或者销售明知是以上不符合保障人身、财产安全的国家标准、行业标准的产品，造成严重后果的，处五年以下有期徒刑，并处销售金额百分之五十以上二倍以下罚金；后果特别严重的，处五年以上有期徒刑，并处销售金额百分之五十以上二倍以下罚金。”同时第一百五十条规定：“单位犯本节第一百四十条至第一百四十八条规定之罪的，对单位判处罚金，并对其直接负责的主管人员和其他直接责任人员，依照各该条的规定处罚。”

二、电子商务经营者实施虚假或者引人误解的商业宣传等不正当竞争行为的处罚

实施虚假或者引人误解的商业宣传，既损害消费者的合法权益，也往往构成不正当竞争，侵害其他商品生产经营者或者服务提供者的利益。反不正当竞争法第八条第一款规定："经营者不得对其商品的性能、功能、质量、销售状况、用户评价、曾获荣誉等作虚假或引人误解的商业宣传，欺骗、误导消费者。经营者不得通过组织虚假交易等方式，帮助其他经营者进行虚假或者引人误解的商业宣传。"第二十条规定了处罚内容："经营者违反本法第八条规定对其商品作虚假或者引人误解的商业宣传，或者通过组织虚假交易等方式帮助其他经营者进行虚假或者引人误解的商业宣传的，由监督检查部门责令停止违法行为，处二十万元以上一百万元以下的罚款；情节严重的，处一百万元以上二百万元以下的罚款，可以吊销营业执照。经营者违反本法第八条规定，属于发布虚假广告的，依照《中华人民共和国广告法》的规定处罚。"

广告法第四条规定："广告不得含有虚假或者引人误解的内容，不得欺骗、误导消费者。"第二十八条进一步规定："广告以虚假或者引人误解的内容欺骗、误导消费者的，构成虚假广告。广告有下列情形之一的，为虚假广告：……（二）商品的性能、功能、产地、用途、质量、规格、成分、价格、生产者、有效期限、销售状况、曾获荣誉等信息，或者服务的内容、提供者、形式、质量、价格、销售状况、曾获荣誉等信息，以及与商品或者服务有关的允诺等信息与实际情况不符，对购买行为有实质性影响的；……（五）以虚假或者引人误解的内容欺骗、误导消费者的其他情形。"对虚假广告的处罚，广告法第五十五条规定："违反本法规定，发布虚假广告的，由工商行政管理部门责令停止发布广告，责令广告主在相应范围内消除影响，处广告费用三倍以上五倍以下的罚款，广告费用无法计算或者明显偏低的，处二十万元以上一百万元以下的罚款；两年内有三次以上违法行为或者有其他严重情节的，处广告费用五倍以上十倍以下的罚款，广告费用无法计算或者明显偏低的，处一百万元以上二百万元以下的

罚款，可以吊销营业执照，并由广告审查机关撤销广告审查批准文件、一年内不受理其广告审查申请。医疗机构有前款规定违法行为，情节严重的，除由工商行政管理部门依照本法处罚外，卫生行政部门可以吊销诊疗科目或者吊销医疗机构执业许可证。广告经营者、广告发布者明知或者应知广告虚假仍设计、制作、代理、发布的，由工商行政管理部门没收广告费用，并处广告费用三倍以上五倍以下的罚款，广告费用无法计算或者明显偏低的，处二十万元以上一百万元以下的罚款；两年内有三次以上违法行为或者有其他严重情节的，处广告费用五倍以上十倍以下的罚款，广告费用无法计算或者明显偏低的，处一百万元以上二百万元以下的罚款，并可以由有关部门暂停广告发布业务、吊销营业执照、吊销广告发布登记证件。广告主、广告经营者、广告发布者有本条第一款、第三款规定行为，构成犯罪的，依法追究刑事责任。”显然，2015 年修订后的广告法加大了对虚假广告的处罚力度。

消费者权益保护法第五十六条规定：“经营者有下列情形之一，除承担相应的民事责任外，其他有关法律、法规对处罚机关和处罚方式有规定的，依照法律、法规的规定执行；法律、法规未作规定的，由工商行政管理部门或者其他有关行政部门责令改正，可以根据情节单处或者并处警告、没收违法所得、处以违法所得一倍以上十倍以下的罚款，没有违法所得的，处以五十万元以下的罚款；情节严重的，责令停业整顿、吊销营业执照：……（六）对商品或者服务作虚假或者引人误解的宣传的”。

刑法第二百二十二条虚假广告罪规定，“广告主、广告经营者、广告发布者违反国家规定，利用广告对商品或者服务作虚假宣传，情节严重的，处二年以下有期徒刑或者拘役，并处或者单处罚金。”第二百三十一条规定，“单位犯本节第二百二十一条至第二百三十条规定之罪的，对单位判处罚金，并对其直接负责的主管人员和其他直接责任人员，依照本节各该条的规定处罚。”

三、电子商务经营者滥用市场支配地位的处罚

反垄断法第四十七条规定：“经营者违反本法规定，滥用市场支配地位位的，由反垄断执法机构责令停止违法行为，没收违法所得，并处上一年度销售额百分之一以上百分之十以下的罚款。”

由于反垄断法较长时间未修订，对一些具体问题规定较为原则，自2011年2月1日起施行的《工商行政管理机关禁止滥用市场支配地位行为的规定》（以下简称《规定》）进一步明确了滥用市场支配地位的界定标准、法律责任。该《规定》第一条即明确，为了制止经济活动中的滥用市场支配地位行为，根据《中华人民共和国反垄断法》（以下简称《反垄断法》），制定本规定。具体处罚是第十四条的规定：“经营者违反本规定第四条至第七条、第九条规定，滥用市场支配地位的，由工商行政管理机关责令停止违法行为，没收违法所得，并处上一年度销售额百分之一以上百分之十以下的罚款。工商行政管理机关确定具体罚款数额时，应当考虑违法行为的性质、情节、程度、持续的时间等因素。经营者主动停止滥用市场支配地位行为的，工商行政管理机关可以酌情减轻或者免除对该经营者的处罚。”这一处罚标准保持了与反垄断法第四十七条规定的一致性，但是由于《工商行政管理机关禁止滥用市场支配地位行为的规定》对“利用市场支配地位”的具体界定，以及第十四条第二、第三款的确定具体罚款数额时，对违法行为的性质、情节、程度、持续的时间等因素综合考量，以及对经营者主动停止滥用市场支配地位行为的，规定可以酌情减轻或者免除对该经营者的处罚规定，使得反垄断法第四十七条规定的对滥用市场支配地位的处罚更具有可操作性。

此外，刑法第二百二十六条强迫交易罪规定，以暴力、威胁手段强买强卖商品、强迫他人提供服务或强迫他人接受服务，情节严重的，处三年以下有期徒刑或拘役，并处或单处罚金。

四、侵犯知识产权的处罚

专利法第六十三条规定：假冒专利的，除依法承担民事责任外，由管理专利工作的部门责令改正并予公告，没收违法所得，可以并处违法所得四倍以下的罚款；没有违法所得的，可以处二十万元以下的罚款；构成犯罪的，依法追究刑事责任。

商标法第六十条规定，有本法第五十七条所列侵犯注册商标专用权行为之一，引起纠纷的，由当事人协商解决；不愿协商或者协商不成的，商标注册人或者利害关系人可以向人民法院起诉，也可以请求工商行政管理部门处理。工商行政管理部门处理时，认定侵权行为成立的，责令立即停止侵权行为，没收、销毁侵权商品和主要用于制造侵权商品、伪造注册商标标识的工具，违法经营额五万元以上的，可以处违法经营额五倍以下的罚款，没有违法经营额或者违法经营额不足五万元的，可以处二十五万元以下的罚款。对五年内实施两次以上商标侵权行为或者有其他严重情节的，应当从重处罚。销售不知道是侵犯注册商标专用权的商品，能证明该商品是自己合法取得并说明提供者的，由工商行政管理部门责令停止销售。

著作权法第四十八条规定："有下列侵权行为的，应当根据情况，承担停止侵害、消除影响、赔礼道歉、赔偿损失等民事责任；同时损害公共利益的，可以由著作权行政管理部门责令停止侵权行为，没收违法所得，没收、销毁侵权复制品，并可处以罚款；情节严重的，著作权行政管理部门还可以没收主要用于制作侵权复制品的材料、工具、设备等；构成犯罪的，依法追究刑事责任"。2013 年修订的著作权法实施条例第三十六条规定："有著作权法第四十八条所列侵权行为，同时损害社会公共利益，非法经营额五万元以上的，著作权行政管理部门可处非法经营额一倍以上五倍以下的罚款；没有非法经营额或者非法经营额五万元以下的，著作权行政管理部门根据情节轻重，可处二十五万元以下的罚款。"

对侵犯商业秘密的行为，反不正当竞争法第二十一条规定："经营者违反本法第九条规定侵犯商业秘密的，由监督检查部门责令停止违法行为，处十万元以上五十万元以下的罚款；情节严重的，处五十万元以上三百万元以下的罚款。"

我国刑法对侵犯知识产权的犯罪刑事处罚较早作了规定，共有 7 个罪名对侵犯商标权、著作权、专利权、商业秘密等行为，情节严重或违法所得数额较大、构成犯罪的行为作了规定，其中假冒注册商标罪、销售假冒注册商标的商品罪、非法制造、销售非法制造的注册商标标识罪、侵犯著作权罪、侵犯商业秘密罪等5个罪名的法定最高刑，皆为7年有期徒刑，同时，公司、企业等单位也可成为这7个犯罪的单位犯罪主体，被判处罚金。

五、侵害消费者权益的处罚

消费者权益保护法第五十六条规定，经营者有下列情形之一，除承担相应的民事责任外，其他有关法律、法规对处罚机关和处罚方式有规定的，依照法律、法规的规定执行；法律、法规未作规定的，由工商行政管理部门或者其他有关行政部门责令改正，可以根据情节单处或者并处警告、没收违法所得、处以违法所得一倍以上十倍以下的罚款，没有违法所得的，处以五十万元以下的罚款；情节严重的，责令停业整顿、吊销营业执照：（1）提供的商品或者服务不符合保障人身、财产安全要求的；（2）在商品中掺杂、掺假，以假充真，以次充好，或者以不合格商品冒充合格商品的；（3）生产国家明令淘汰的商品或者销售失效、变质的商品的；（4）伪造商品的产地，伪造或者冒用他人的厂名、厂址，篡改生产日期，伪造或者冒用认证标志等质量标志的；（5）销售的商品应当检验、检疫而未检验、检疫或者伪造检验、检疫结果的；（6）对商品或者服务作虚假或者引人误解的宣传的；（7）拒绝或者拖延有关行政部门责令对缺陷商品或者服务采取停止销售、警示、召回、无害化处理、销毁、停止生产或者服务等措施的；（8）对消费者提出的修理、重作、更换、退货、补足商品数量、退还货款和服务费用或者赔偿损失的要求，故意拖延或者无理拒绝的；（9）侵害消费者人格尊严、侵犯消费者人身自由或者侵害消费者个人信息依法得到保护的权利的；（10）法律、法规规定的对损害消费者权益应当予以处罚的其他情形。

第八十六条 【违法行为的信用档案记录与公示】

电子商务经营者有本法规定的违法行为的，依照有关法律、行政法规的规定记入信用档案，并予以公示。

【条文研析】

一、设置信用罚的必要性

在市场经济环境下，信用是进行正常商业活动和金融活动的前提和基础。我国要发展社会主义市场经济，就必须建立和完善各项信用制度。作为现代化经济不可缺少的一部分，信用体系对企业的经济发展至关重要。当前，我国社会信用缺失问题严重，有些经营者制假售假，生产经营不符合国家安全标准的产品，进行虚假宣传，严重损害消费者权益。电子商务作为非面对面交易，诚信问题更加突出。建立信用档案制度，对于打击经营者的失信行为，防范和化解不安全因素，强化经营者的责任意识，引导企业诚信守法，促进行业稳定和发展，维护正常的社会经济秩序，保护消费者合法权益，推进政府更好地履行经济调节、市场监管、社会管理和公共服务的职能，具有重要的现实意义。

二、处罚内容

（1）网络安全法第七十一条规定，有本法规定的违法行为的，依照有关法律、行政法规的规定记入信用档案，并予以公示。

（2）反不正当竞争法第二十六条规定，经营者违反本法规定从事不正当竞争，受到行政处罚的，由监督检查部门记入信用记录，并依照有关法律、行政法规的规定予以公示。

（3）消费者权益保护法第五十六条第二款规定，经营者有前款规定情形的，除依照法律、法规规定予以处罚外，处罚机关应当记入信用档案，向社会公布。

（4）广告法第六十七条规定，有本法规定的违法行为的，由工商行政管理部门记入信用档案，并依照有关法律、行政法规规定予以公示。

电子商务经营者有本法规定的违法行为的，依照上述法律、行政法规等规定记入信用档案，并予以公示，有利于保护消费者和其他社会公众的知情权，强化电子商务经营者的责任意识和自律意识。

第八十七条 【电子商务监管部门工作人员的违法行为的法律责任】

依法负有电子商务监督管理职责的部门的工作人员，玩忽职守、滥用职权、徇私舞弊，或者泄露、出售或者非法向他人提供在履行职责中所知悉的个人信息、隐私和商业秘密的，依法追究法律责任。

【条文研析】

政府监督管理部门承担监督管理的政府职能。根据我国行政处罚法等相关法律法规，依法负有监督管理职责的部门的工作人员，如果出现滥用职权、玩忽职守、徇私舞弊的行为，应当视情节严重程度承担相应的行政责任，严重时须承担刑事责任。这也是其他带有行政监管内容的法律中较为普遍的规定。例如，商标法第七十一条规定，从事商标注册、管理和复审工作的国家机关工作人员玩忽职守、滥用职权、徇私舞弊，违法办理商标注册、管理和复审事项，收受当事人财物，牟取不正当利益，构成犯罪的，依法追究刑事责任；尚不构成犯罪的，依法给予处分。广告法第七十三条第二款规定，工商行政管理部门和负责广告管理相关工作的有关部门的工作人员玩忽职守、滥用职权、徇私舞弊的，依法给予处分。药品管理法第九十八条规定，药品监督管理人员滥用职权、徇私舞弊、玩忽职守，构成犯罪的，依法追究刑事责任；尚不构成犯罪的，依法给予行政处分。

一、依法负有电子商务监督管理职责的部门的工作人员玩忽职守、滥用职权、徇私舞弊的处罚

玩忽职守，是指国家机关工作人员违反工作纪律、规章制度，擅离职守，不尽职责义务或者不认真履行职责义务，致使公共财产、国家和人民利益遭受损失的行为；滥用职权，是指国家机关工作人员在履行职务时违反法律规定或者超越法定权限行使职权；徇私舞弊，是指为了私情或者谋取私利，故意违反事实和法律，作出枉法处理或枉法决定。

网络安全法第七十三条第二款规定，网信部门和有关部门的工作人员玩忽职守、滥用职权、徇私舞弊，尚不构成犯罪的，依法给予处分。刑法第三百九十七条滥用职权罪、玩忽职守罪规定，国家机关工作人员滥用职权或者玩忽职守，致使公共财产、国家和人民利益遭受重大损失的，处三年以下有期徒刑或者拘役；情节特别严重的，处三年以上七年以下有期徒刑。本法另有规定的，依照规定。刑法第四百一十四条规定："对生产、销售伪劣商品犯罪行为负有追究责任的国家机关工作人员，徇私舞弊，不履行法律规定的追究职责，情节严重的，处五年以下有期徒刑或者拘役。"

二、泄露、出售或者非法向他人提供在履行职责中所知悉的个人信息、隐私和商业秘密的处罚

网络安全法第七十三条第一款规定，网信部门和有关部门违反本法第三十条规定，将在履行网络安全保护职责中获取的信息用于其他用途的，对直接负责的主管人员和其他直接责任人员依法给予处分。刑法第二百五十三条之一"侵犯公民个人信息罪"的第二款规定，违反国家有关规定，将在履行职责或者提供服务过程中获得的公民个人信息，出售或者提供给他人的，依照前款的规定从重处罚。

第八十八条　【违法行为的治安管理处罚和刑事责任】

违反本法规定，构成违反治安管理行为的，依法给予治安管理处罚；构成犯罪的，依法追究刑事责任。

【条文研析】

本条是关于治安管理处罚、刑事责任的规定。我国的治安管理处罚作为处罚较重的一种行政处罚，与刑罚有着密切的关系，适用于扰乱公共秩序，妨害公共安全，侵犯人身权利、财产权利，妨害社会管理，具有社会危害性，尚不够刑事处罚的行为。在我国法定的制裁体系中，治安管理处罚属于中间制裁，带有强制性。

我国绝大多数法律都有这一规定，这也是我国没有真正的附属刑法的立法特征使然。只能在非刑事法律中规定指引性的内容，指向刑法的规定。“构成犯罪的，依法追究刑事责任”具有限定刑罚适用的功能。非刑事规范性法律文件在某种行为模式后加上“构成犯罪的，依法追究刑事责任”，表明此种行为的社会危害性若严重到一定程度，构成犯罪，需要追究刑事责任。“构成犯罪的，依法追究刑事责任”中的“依法”，不是依据含有这个语句的条款所在的法。根据立法法第八条、第九条的规定，有关犯罪和刑罚的事项只能以法律规定之，行政法规、部门规章和地方法规均不得规定有关犯罪和刑罚的事项。“构成犯罪的，依法追究刑事责任”语句中的“依法”，是指依据刑法。当然，对前置法中对违法行为的定性，常常还是需要参照其他法律或行政法规、地方法规、部门规章作出判断，而对刑事违法性、可罚性的判断，则需要依据刑法中的相关规定追究刑事责任。这反过来也正说明，一部良法、管用的电子商务法，其中对电子商务经营者等多个主体权利、义务与责任的规定是否科学、合理、恰当，直接影响到后续刑事责任是否要被追究，影响着相关单位、自然人的更为重要的人身自由、财产权利、名誉权利，影响着整个电子商务领域的营商环境、生态环境。

近些年的刑法修改更多地反映了打击网络犯罪的需要，刑法修正案（七）、刑法修正案（九）新增加的与电子商务相关的罪名有：拒不履行信息网络安全管理义务罪，非法利用信息网络罪，帮助信息网络犯罪活动罪等。其他常见的涉及电子商务领域的刑法罪名还包括：销售伪劣商品类的犯罪，侵犯他人著作权、商标权、专利权、侵犯商业秘密等侵犯知识产权的犯罪，盗窃罪，诈骗罪，侵占罪，信用卡诈骗等与支付相关的犯罪，洗钱罪，逃税罪等涉税犯罪，走私罪，侵犯公民个人信息罪，非法侵入计算机信息系统罪，非法获取计算机信息系统数据、非法控制计算机信息系统罪，虚假广告罪，损害商业信誉、商品声誉罪，合同诈骗罪，非法经营罪，强迫交易罪，以及监督管理部门工作人员的玩忽职守罪、滥用职权罪，食品监管渎职罪，放纵走私罪，商检徇私舞弊罪、商检失职罪，动植物检疫徇私舞弊罪、动植物检疫失职罪，放纵制售伪劣商品犯罪行为罪等渎职犯罪等。

由于我国刑法中“罪”的门槛较高，不可能动辄用刑罚来处罚电子商务中需要处罚的行为，因此包括治安管理处罚在内的行政责任的规定与适用必不可少，同时要考虑与刑法有关规定的衔接。在刑事立法方面，鉴于电子商务的积极作用和发展趋势、涉电子商务的网络犯罪成因的复杂性，相关罪名、罪状与刑罚的立法也应当保持适度的谦抑，符合罪责刑相适应原则。

本法的第一条“立法目的”是整部法律的出发点，法律责任一章是最终落脚点，而刑事责任又是全部法律责任的最后一道防线，其设置是否做到宽严相济，对立法目的、对整部法律的适用效果都起着至关重要的作用。电子商务平台经营者在网络商品与服务交易过程中，通过制定和实施平台服务协议和交易规则，比以往柜台出租方、展会举办方等线下交易平台取得了规范、处罚平台内经营者的更多、更大的实质权限。其身份审核与及时处置、向监管部门报告等义务与责任也因此加重，对消费者与其他利益相关方承担了越来越多的义务与责任，合情合理合法，关键是义务与责任的边界。随着电子商务新业态的飞速发展，新问题也不断显现，电子商务平台经营者及其交易规则也日益受到法律、法规乃至行业协会规范的监管和制约、在互联网治理进程中，应平衡政府监管部门、电子商务平台经营者、电子商务平台内经营者之间的责任，并充分考虑行业协会、消费者的自我保护、购者当心义务，真正实现电子商务生态环境的社会共治，特别是实现其中的核心主体——电子商务平台经营者的权利、义务、责任的一致，才能实现本法的初衷，即第一条立法目的的规定，保障电子商务各方主体的合法权益，规范电子商务行为，维护市场秩序，促进电子商务持续健康发展。

第七章 附 则

第八十九条 【施行日期】

本法自2019年1月1日起施行。

【条文研析】

立法法第五十七条规定："法律应当明确规定施行日期。"法律的施行时间是法律开始发生效力的时间。正确理解法律关于施行时间的规定，是运用法律的前提条件。法律发挥其作用的时间都是确定的，但可以根据法律的性质和现实对该部法律的不同需要程度，可以选择从公布之日起生效施行和公布一段时间后的某一日期，作为法律开始生效实施的日期。

电子商务法是中国电子商务领域、数字经济领域乃至信息化领域的一部基本法律，是保障电子商务各方主体的合法权益，规范电子商务行为，维护市场秩序，促进电子商务持续健康发展的基本规范，在中国特色社会主义法律体系中具有非常重要的地位。电子商务法关系到电子商务经营者的营业自由，关系到消费者权益的保护，关系到中国电子商务国际话语权的构建和掌控，为其实施留出必要的准备时间是必要的。综合考虑上述因素，电子商务法规定自2019年1月1日起正式施行。之所以预留一段时间，主要是为与电子商务法相关的法律法规的立、改、废、释以及法律的宣传和贯彻留足必要的时间。

（一）理顺电子商务法与相关法律法规的关系

电子商务法施行需要理顺与现行相关法律法规的关系。对于同位阶的法律如合同法、电子签名法、消费者权益保护法、反不正当竞争法、侵权责任法、食品安全法等法律，依照新法优于旧法、特别法优于一般法的原则处理；对于《信息网络传播权保护条例》《快递暂行条例》《网络交易管理办法》《电子银行业务管理办法》等行政法规、部门规章以及地方性法规等，依照上位法优于下位法的原则处理。

（二）法律文件的立、改、废、释

为配合电子商务法的实施，针对电子商务法中有规定但比较原则的问题，如社交媒体电商的管理、市场主体登记、零星小额交易的认定等，有关部门应制定具体的实施细则；对于与电子商务法相关规定不一致的行政法规、部门规章、地方性法规，后者应及时进行修改；对违背本法的行政法规、部门规章、地方性法规，应尽快废除；对于电子合同的成立、电子支付中的未授权支付、错误支付、商品运输中的风险和责任承担、电子商务平台经营者的知识产权侵权责任、消费者保护等条款，需要出台相应的司法解释。

（三）企业合规与监管部门执法准备

电子商务法的实施，涉及众多电子商务平台经营者、平台内经营者以及相关服务提供者的合规问题。此外，监管部门也需要一定的时间进行监管平台建设、机构设置、执法人员培训等准备工作。因此，电子商务法预留一定的时间为企业合规和监管部门执法做好准备。

在电子商务法通过后正式施行前的准备期间，应广泛宣传和深入学习这部法律，为电子商务法的实施做好准备。

第二部分

专 题 研 究

专题一：电子商务定义研究

电子商务定义或者电子商务法调整对象是立法面临的核心问题，直接关系到促进发展、规范秩序和保障权益的立法目标顺利实现，并决定电子商务法的总体框架和具体制度设计。合理确定电子商务法的调整对象及其范围，应综合考虑我国电子商务发展实践、中国的现实国情并与国际接轨、与国内其他法律法规的衔接等。

一、电子商务定义各界观点

（一）经济学界

有学者认为电子商务有广义、狭义之分，广义电子商务是指使用各种电子工具从事的商务活动。这些电子工具包括电报、电话、广播、电视、传真以及计算机、因特网等现代系统。商务活动是指从泛商品（实物与非实物，商品与非商品化的生产要素等）的需求活动到泛商品的合理、合法的、消费除去典型的生产过程后的所有活动。狭义电子商务指主要利用互联网从事的商务活动。

有学者认为，电子商务指交易当事人或参与人利用现代信息技术和计算机网络（主要是互联网）所进行的各类商业活动，包括货物贸易、服务贸易和知识产权贸易。对电子商务的理解，应从“现代信息技术”和“商务”两个方面考虑。一方面，“现代信息技术”应涵盖各种使用电子技术为基础的通信方式；另一方面，对“商务”一词应做广义解释，包括了不论是契约型还是非契约型的一切商务关系所引起的事项。

经济学界对电子商务的理解，围绕“电子信息网络技术＋商务”这一核心，从电子商务的技术基础、参与主体、商业模式和社会经济形态发展的多重视角展开。从技术基础角度，广义电子商务强调电子商务赖以开展的基础是各类电子信息网络技术，包括局域网、互联网以及其他电子信息技术、通信技术等。狭义电子商务的技术基础仅限于互联网。从商业活动的内容来看，广义电子商务涵盖商务活动的各个环节，个别学者并将其扩展至电子政务、电子军务等各项社会活动。狭义电子商务仅指有形商品和无形商品的交易。

（二）法学界

有学者认为，广义电子商务是指通过电子行为进行民商事活动；狭义电子商务是指通过电子行为进行的商事活动。另有学者提出广义、中义和狭义电子商务的概念，认为广义电子商务是通过电子手段，包括电话、电视、电传、传真等进行的商务活动；狭义电子商务，仅指以互联网为平台进行的商务活动；中义电子商务指以计算机网络包括互联网、内联网、外联网及其他广域网、局域网为平台而进行的商务活动。

法学界对电子商务的理解与经济学界基本一致，但又有不同的侧重点：法学界侧重点在电子商务行为的法律属性。广义说将电子商务的范围拓展至民商事活动，狭义说将电子商务限定为商事行为。通过比较经济学界和法学界对电子商务的界定，二者均有广义与狭义之分，虽然表述不同，但均认可电子商务的核心是通过信息网络进行的商事活动。

二、国际电子商务法比较

（一）各方观点

1. 联合国国际贸易法委员会

联合国贸法会电子商务示范法将电子商务界定为通过数据电文进行的商业活动。“数据电文”系指经由电子手段、光学手段或类似手段生成、储存或传递的信息，这些手段包括但不限于电子数据交换（EDI）、电子邮件、电报、电传或传真；“商业”涵盖契约性或非契约性的一切商业性质的关系所引起的种种事项，包括但不限于供应或交换货物的任何交易，分销协议，商业代表或代理，客账代理，租赁，工厂建造，咨询，工程设计，许可贸易，投资，融资，银行业务，保险，开发协议或特许，合营或其他形式的工业或商业合作，空中、海上、铁路或公路的客货运输。

2. 世界贸易组织

世界贸易组织在《电子商务与世界贸易组织的作用》一书中提出，电子商务是通过电子通信网络进行产品的生产、广告、销售和分配。

3. 欧盟

欧盟《电子商务指令》（以下简称指令）的调整对象为特定的在线经济活动，既包括在线销售货物，也包括向用户提供免费服务，如在线信息通信或商务通信服务以及搜索服务，还包括信息传输服务、接入服务以及为服务接受者上载的信息提供宿主的服务。

以下服务不属于指令的调整范围：(1) 电视播送以及电台广播，但是点对点传输的服务，如视频点播或通过电子邮件提供商业通信则属于指令调整的范围；(2) 自然人之间使用电子邮件或类似的个人通信手段缔结的商事合同以外的合同；(3) 公证活动或者其他类似与公共权力的行使有着直接和特定关系的职业人所从事的活动；(4) 涉及金钱的、带有投机性的赌博游戏，包括彩票与下赌注的交易。

4. 经济合作与发展组织

经济合作与发展组织《电子商务的定义和统计》认为，狭义的电子商务是通过计算机网络技术进行的商品交易；广义电子商务的范围涵盖服务领域。

5. 美国

美国政府《全球电子商务纲要》提出电子商务是通过因特网进行的各项商务活动，包括广告、交易、支付、服务等活动。《互联网免税法》规定“电子商务”是通过互联网或者互联网接入进行的任何交易行为，包括财产、货物、服务或者信息的销售、租赁、报价或者交付行为（无论是否有对价），且包括提供互联网接入服务。

（二）评述

从技术角度来看，存在以联合国贸法会为代表的广义说即电子信息网络和以美国为代表的狭义说即互联网；从电子商务所涉及的领域来看，存在以联合国贸法会为代表的广义说和以欧盟为代表的狭义说。前者不仅涵盖商品交易和服务交易，特别是包括金融产品交易或服务，同时将技术交易涵盖进来。后者将服务交易的特殊领域予以排除，即电视、广播、自然人之间的交易以及特殊领域的活动，如赌博等，主要考虑的是上述特殊领域关涉国家安全和社会公共安全，需要进行特殊监管。

三、我国电子商务发展实践

（一）电子商务发展及其典型模式

借助平台销售商品或提供服务是电子商务的典型模式，下表为借助平台进行的商品交易和服务交易的内容。

表：主要电子商务平台商品交易和服务交易类型

电子商务平台	平台类型	商品交易和服务交易类型	交易模式	相关业务和服务	收入来源
阿里巴巴	第三方为主	1. 商品交易：实物商品、书籍 2. 服务交易：音乐、视频、游戏、保险、彩票、理财、司法拍卖、通信、云计算服务、地图、票务、社交以及其他服务（家政、家电数码维修、装修、房产、婚庆、宠物服务、打车服务等）	B2B、B2C、C2C、O2O、C2B	担保付款、信用评价、广告、贷款、借款	广告、技术服务费、佣金
京东	自营为主	1. 商品交易：实物商品、书籍、电子图书 2. 服务交易：通信充值服务、票务、旅行、音像制品、彩票、保险、理财、众筹、白条、医药保健	B2C、C2C	广告、配送、借款等	自营及佣金
敦煌	第三方	主要为实物商品	跨境B2B	物流、贷款	交易成功后收取佣金
亚马逊	自营为主	主要为商品交易，包括实物商品、电子书、图书等，同时包括影视、音乐和游戏等服务	B2C、C2C	广告、配送等	自营及其佣金

（二）现行法律法规及部门管理实际做法

原国家工商总局《网络交易管理办法》的调整对象为“网络商品交易及有关服务”。网络商品交易，是指通过互联网（含移动互联网）销售商品或者提供服务的经营活动；有关服务，是指为网络商品交易提供第三方交易平台、宣传推广、信用评价、支付结算、物流、快递、网络接入、服务器托管、虚拟空间租用、网站网页设计制作等营利性服务。

原食品药品监督总局《互联网药品交易服务审批暂行规定》中“互联网药品交易服务”，是指通过互联网提供药品（包括医疗器械、直接接触药品的包装材料和容器）交易服务的电子商务活动。

商务部《电子商务模式规范》将“电子商务”界定为基于互联网技术和网络通信手段进行货物或服务交易，并提供相关服务的商业形态。按照交易主体的不同具体细分为：企业（或其他组织机构）之间、企业（或其他组织机构）和消费者之间、消费者之间。《商务部关于网上交易的指导意见（暂行）》认为网上交易是电子商务的一种重要模式。网上交易是买卖双方利用互联网进行的商品或服务交易。服务包括网上交易平台服务和网上交易辅助服务，后者是指为优化网上交易环境和促进网上交易，为买卖双方提供身份认证、信用评估、网络广告发布、网络营销、网上支付、物流配送、交易保险等辅助服务。

中国人民银行《电子支付指引（第一号）》规定电子支付是单位、个人直接或授权他人通过电子终端发出支付指令，实现货币支付与资金转移的行为。

电子支付的类型按电子支付指令发起方式分为网上支付、电话支付、移动支付、销售点终端交易、自动柜员机交易和其他电子支付。

证监会制定的《证券投资基金销售机构通过电子商务第三方平台开展业务管理暂行规定》将调整对象限定为“通过互联网开展的基金销售活动”；原保监会①制定的《保险代理、经纪公司互联网保险业务监管办法（试行）》将调整对象限定为“保险代理、经纪公司通过互联网销售的保险业务”。

上海市人大制定的《上海市促进电子商务发展规定》规定电子商务是

---

① 现更名为银保监会。

通过互联网进行销售商品、提供服务等的经营活动。

从我国现行立法以及各部门、地方管理实际情况来看，侧重点在通过互联网进行的商品交易和服务交易上。

四、电子商务法的调整对象

在电子商务法草案征求意见的过程中，有部门提出，考虑今后与国际规则接轨，避免我国在参与国际规则谈判时处于被动地位的需要，电子商务法的调整范围宜在草案现有规定的基础上拓宽；有部门希望电子商务法的调整范围适当收窄。电子商务法的具体调整范围，不宜过宽，也不宜过窄，应在正确处理电子商务理论与实践、中国国情与国际接轨、电子商务法与其他法律法规衔接的基础上确定。

（一）电子商务的内涵和外延

电子商务的内涵，是指通过互联网等信息网络进行销售商品或者提供服务的经营活动。电子商务的内涵即电子商务法的调整对象，对此各方的理解基本是统一；而针对电子商务的外延即电子商务法的调整范围，各方却存在不同认识，主要集中在单纯的信息发布、金融产品和服务、在线提供音视频节目等是否纳入本法的调整范围。电子商务的内涵和外延，可以从“互联网等信息网络”“商品交易和服务交易”和“经营活动”三个层面进行界定。

1. 互联网等信息网络

“互联网等信息网络”包括互联网、移动互联网、电信网、物联网等，这样确保了电子商务法的开放性，把通过移动客户端或移动社交圈进行的经营活动纳入电子商务法的调整范围。

2. 商品交易和服务交易

商品交易既包括有形产品交易，也包括无形产品，如数字音乐、电子书和计算机软件的复制件等数字产品交易。有部门提出，应将技术交易作为独立部分纳入电子商务法的调整范围。商品的本质是劳动产品，服务的本质是劳动本身（劳务），在此意义上，技术交易无论是技术转让还是技术许可，都属于商品交易（数字商品）的范畴。因此，技术交易在事实上已经纳入电子商务法的调整范围，不必单独列明。

服务交易是指在线提供的服务，如滴滴打车、在线租房、在线旅游等；或者是网上订立服务合同，在线下履行，如家政服务。此外，对商品交易和服务交易进行支撑的相关服务，如电子支付、物流快递、信用评价、网店装潢设计等，也应纳入电子商务法的调整对象。

服务种类繁多，且差异较大，电子商务法只调整具有普遍性的服务交易和相关支撑服务。对于特殊类型的服务交易，如金融类产品和服务交易，单纯的信息发布（如提供新闻信息服务、问答服务）等涉及内容管理，以及利用信息网络播放音视频节目、网络出版等涉及意识形态安全的服务领域，考虑到监督管理的专业性和特殊性，一般不纳入电子商务法的调整范围（其内容管理应由其他法律调整，但其交易环节仍可参照适用电子商务法）。

3. 经营活动

电子商务的落脚点应为经营活动，这里的经营活动是指以营利为目的的持续性业务活动，即商事行为。如果自然人利用网络临时、偶尔出售二手物品、闲置物品，属于零星小额交易活动，因其不具有持续性，所以不属于电子商务的范畴，可适用合同法以及其他法律的相关规定。但自然人以营利为目的，且持续销售商品或提供服务，应纳入电子商务法的调整范围。此外，单纯的公司内部管理行为，如生产管理、质量控制、人力资源管理和财务管理等，不属于法律意义上的经营活动，不宜纳入电子商务法的调整范围。

（二）与其他法律法规衔接

从本质特征看，网络游戏（游戏本身为提供服务，游戏道具交易属于数字产品交易）、通过互联网提供教育、医疗保健等服务，通过互联网销售药品和医疗器械等特殊商品等活动的确也具有电子商务的属性，上述活动中合同的成立、生效以及履行等仍可以适用或者参考电子商务法。但是，基于内容管理、保护消费者等需要，上述活动均有特别法律、行政法规对其进行监督管理。考虑到与其他法律的衔接问题，草案规定："法律、行政法规对商品交易或者服务交易有特别规定的，适用其规定。涉及金融类产品和服务、利用信息网络播放音视频节目以及网络出版等内容方面的服务，不适用本法。”

五、电子商务法的调整对象与框架设计

在系统梳理电子商务领域突出矛盾和问题的基础上，法律条文紧密围绕“促进发展、规范秩序和保障权益”立法目标进行制度设计。

首先，电子商务与线下交易的主要区别在于因网络的聚合效应而产生电子商务第三方平台，以电子商务第三方平台为基础的双边市场模式产生了新型主体和交易行为。电子商务第三方平台、自然人网店、第三方支付机构、物流快递服务提供者等主体的法律地位需要法律确认，由此引发的市场主体准入特别是自然人网店工商登记、电子商务第三方平台的设立条件、退出程序需要法律明确。

其次，因交易模式变革引发的特殊行为需要法律明确其效力并对其进行规范，如电子合同成立、电子错误，错误支付、未授权支付的风险分配以及备付金管理，电子商务第三方平台在知识产权侵权以及消费者合法权益受到侵害时应承担的责任，快递企业总部与加盟企业之间的责任分配，用户个人信息安全与电子商务产业发展平衡，电子商务领域的刷信、炒信等新型不正当竞争行为，亟待法律进行规制。

最后，现行条块化的监管体制与方式无法适应电子商务发展的特点和需求，需要运用互联网思维、互联网方式，创新监管体制和监管模式。如电子商务跨地域引发的管辖权确定以及电子商务第三方平台执法协助义务等问题，均需法律作出回应。

作为电子商务领域的基础性、综合性法律，电子商务法是网上商品交易和服务交易的一般规则，立法框架设计针对电子商务实践中存在的突出矛盾和问题作出回应。对电子商务流程中各个环节的具体问题，在电子商务法草案作出原则性规定的基础上，还需要通过实施细则和司法解释对条文进行细化，以解决法律的可操作性问题。

专题二：自然人网店工商登记问题研究

一、自然人网店工商登记的现状

我国现行法律框架下，自然人可以从事经营活动。民法通则即确立了个体工商户、农村经营承包户等公民（自然人）从事经营活动的法律身份。目前自然人网店的管理依据是原国家工商总局制定的《网络交易管理办法》，规定自然人网店应当向第三方平台实名登记、具备登记注册条件的依法办理工商登记注册。因此，当前自然人网店并不需要强制进行工商登记，主要是向其所在平台进行实名登记。

以淘宝网为例，目前经过认证的企业店铺占比不到3%，绝大部分是传统意义上的自然人网店，但不排除自然人网店背后有企业实体的存在。自然人向淘宝网平台申请开店，需要注册淘宝账户并绑定实名认证的支付宝账户。平台要求会员如实填写身份证信息、真实联系地址（经营地址）、有效手机号码，并按照页面要求上传清晰的身份证照片及其他图片，如手持身份证照片、特殊手势照片等，以确保开店会员身份的真实性、有效性、一致性。若认证通过并满足支付宝实名认证绑定要求，即可开店。对于会员身份信息的认证主要依赖于支付宝与公安、银行卡机构搭建的实名认证体系，支付宝对自然人信息的认证系统与公安网和银行卡机构的自然人信息系统对接，通过系统与人工比对相结合的方式，在多系统同步核实卖家所提供的自然人信息。在开店经营之后，平台还将实施周期性的动态化管理，反复验证认证信息的真实有效性。

二、主张自然人网店登记的意见和建议

财政部、国家税务总局、原国家工商总局电子商务法课题组等认为，自然人网店应当全部进行工商登记。公司法、合伙企业法、个人独资企业

法、农民专业合作社法、个体工商户条例等法律法规规定，自然人、法人及其他组织进入市场从事经营活动应当进行市场主体准入登记。自然人网店与实体商店均为自主经营、自负盈亏的营利性经营主体，如果一方需要登记，另一方无须登记，不但破坏了法律的完整性和统一性，也影响了社会的公平正义，甚至在无形中将网络空间变成了其他法律法规的“法外之地”。

原工商行政管理总局[①] 2010 年规定具备条件的登记，是因为当时网络购物还不够普及，注册制度对经营场所又有比较具体的要求，对网络业态经营灵活的特点不够适应。8 年时间过去了，形势和条件都发生了重大转变。一是商事制度改革后，个体工商户登记已实现了零收费。二是网络市场已形成巨大规模，特殊的政策照顾已无必要。三是不规范的自然人网店更容易产生销售假冒伪劣等违法行为，且在产生涉嫌侵权行为、消费争议时，消费者、权利人和执法部门常常难以查找到涉嫌违法行为人。四是受冲击的实体商业呼唤公平竞争的声音越来越高。

同时，随着我国商事制度改革的深入推进，将实现个体工商户营业执照和税务登记的整合，规定工商登记豁免将在事实上排除这部分经营者办理税务登记的法定义务，与现行的税务登记制度相悖，难以对未办理工商登记的个人网店实施有效税收管理。据调研了解，浙江义乌电子商务经营户达 10 万以上，但税务登记户仅 5000 余户，登记率不足 5%；海宁市 7000 多家电子商务经营户中登记率仅为 7.3%。另一方面，缺少获取电子商务第三方涉税信息的法制保障。电子商务是信息流、资金流、物流“三流”信息高度集中的领域，但根据现行法律规定，税务机关难以从相关部门有效获取电子商务信息，又缺乏对交易平台、支付平台等第三方报送涉税信息的强制性规定，失去了获取电子商务涉税信息的“金钥匙”。我国社会信用制度建设比较滞后，纳税人失信成本小代价低，加之电子商务隐蔽性的特点，助长了电子商务经营者的违法行为，人为增加了税收管理的

① 现已更名为市场监督管理总局

成本和难度。

他们提出，实行自然人网店登记有利于减少违法行为，保护消费者合法权益和知识产权；有利于通过全国企业信用信息公示系统等政府信用平台，提升电子商务品质；有利于依据登记信息查找违法网店，实施有效监管；有利于获取民事主体身份，保护经营者权利。

三、主张符合条件的自然人网店登记的意见和建议

浙江省人大财经委、中国电子商务协会政策法律委员会等通过调研，建议采取鼓励创业、分类监管的办法，对符合条件的自然人网店进行工商登记。他们认为，大部分自然人网店属于兼职或偶然经营的自然人，淘宝网自然人经营中长期无成交及偶然经营的卖家数超过全网总卖家的70%，真正从事持续经营的活跃卖家不足5%（含企业店铺），活跃卖家的营业额占全网营业额的60%以上，要求所有自然人网店工商登记会将登记负担不合理地加到没有从事营利性活动的自然人身上，既无必要，也不经济。

通过调研了解到，现有的商事登记程序仍然给自然人工商登记带来较高成本。例如商事登记的经营场所问题，虽然国务院和原国家工商总局都强调要尽量放宽限制，并把放宽登记手续的权限放给了各省、区、市人民政府，但实际上各地的改革步伐依然不大，经营场所大多数仍将住宅排除在外，“一址多照”也限制在特定区域和特定企业。对绝大部分自然人经营主体而言，不会有自有的营业场所，必须采用租赁或挂靠的形式。仅以挂靠论，挂靠有真实地址的营业场所费用，广州、北京为4000～6000元/年之间。同时，登记后所产生的合规费用（记账、年报等）一般也会超过3000元/年。这个成本对于自然人经营者是较高的。

实际上，自然人网店经营者偷税漏税的确存在，但税收流失情况也并不像通常认为那样严重。从经营类型看，有大量自然人网店属于兼职经营，本身不产生增值税税源。从营业额看，按照2014年财政部、税务总局的通知，对月销售额3万元以下的增值税小规模纳税人免征增值税，而以阿里为例，产生实际支付交易的1000余万卖家中，94%的卖家全年销售额不足36万元，大部分自然人网店都是在免征增值税范围的。

从国际立法实践看，对于自然人参与商事活动普遍设定了豁免登记制度。比如在德国，从事农业、林业及其从属业的经营者以及小商人均属于任意商人，他们可以自由选择是否申请登记；在日本、美国、澳大利亚、我国台湾地区等，在立法上也有类似的规定。

他们建议，可以将自然人网店的管理分为三个层次，以实现管好小部分，培育一大批。一是对于偶然有成交或长期无成交的非活跃卖家，仅需向电商平台提交信息登记。二是对于已达到持续经营的活跃卖家，由电商平台将其向平台提交的信息登记内容报送行政主管部门。三是对于持续经营且成交销售额达到一定规模的活跃卖家，可基于其自身需求向行政主管部门登记为个体工商户或注册登记为企业。此外，对于具有行业特性需要特定行业主管部门监管的商品或服务品类，由其专属的行业主管部门管理，但卖家经营信息由平台报送。

四、电子商务立法的考虑①

综合以上意见，起草组认为自然人开设网店从事电子商务，是否需要工商登记，具体情况比较复杂。解决这一问题，要从我国电子商务发展的实际出发，按照完善市场经济的法律制度要求，结合全面深化改革总体部署和进展进行研究设计。

目前，自然人开设网店，大部分属于兼职或偶然经营，要求所有自然人网店工商登记既无必要，也不经济。按照工商总局现行规定，这部分电子商务经营者也并不需要办理工商登记，仅需要由第三方平台核验真实身份信息，要求上千万的自然人网店全部办理工商登记实际上也难以操作。从税收征收角度看，我国对部分经营者是有税收免征政策的，如《中华人民共和国增值税暂行条例》规定，“农业生产者销售的自产农产品”属于免征增值税的项目。因此，对一部分不以持续经营为目的、小规模的经营者免予工商登记是符合我国国情和电子商务发展具体实际的，有利于国家

① 本文写于电子商务法发布之前，电子商务法已于2018年8月31日公布，2019年1月1日起施行。

创新创业大局，可以保持线上线下一致，也与国际通行做法接轨。但具体的免除登记范围及实施办法，的确十分复杂，只能在草案中作出原则性规定，具体办法宜由国务院另行规定。

当前我国正在深入推进商事制度改革，2016 年 10 月 14 日召开的国务院常务会议，就持续深化商事制度改革，更大降低创业创新制度性成本进行了部署。会议认为，在 2016 年 10 月起全面实施“五证合一、一照一码”登记制度改革基础上，进一步深化商事制度改革，扫除妨碍创业创新的制度羁绊，可以更大激发社会创造活力，促进扩大就业。会议提出，要更加便利群众办事创业，运用“互联网 +”，在全国推进企业登记网上办理，鼓励有条件的地方对企业登记全程电子化先行先试，创新事中事后监管，推动企业信息共享交换和互认互用。相信随着改革的深化，商事登记将更加便利，自然人网店登记的问题也将随着改革和市场化的进程逐步解决。

就自然人网店工商登记问题，起草组曾专门组织调研，并与有关部门和相关各方反复多次沟通协调。根据全国人大常委会法工委提出的意见和建议，起草组于 2016 年 12 月再次召开协调会，请财政部、国家税务总局、原国家工商总局参加，就此问题又进行了研究讨论。各部门一致认为，工商登记是经营者的法定义务，但鉴于我国的国情和现实做法，按照线上线下一致原则，可以对一部分小规模经营者免予登记。对于免予登记的具体条件，经过讨论各部门基本达成了一致。

专题三：快递物流与电子商务协同发展研究

快递与电子商务协同发展已经形成较为显著的示范效应和辐射带动作用，在快递业务量中有六成左右来自电子商务业务，电子商务已成为快递业持续快速发展的重要推动力量，快递也已成为服务电子商务的主渠道。2015 年全国快递业务量完成 206.7 亿件，业务收入完成 2769.6 亿元。2016 年前三季度，全国快递业务量累计完成 211 亿件，预计全年达到 300 亿件。

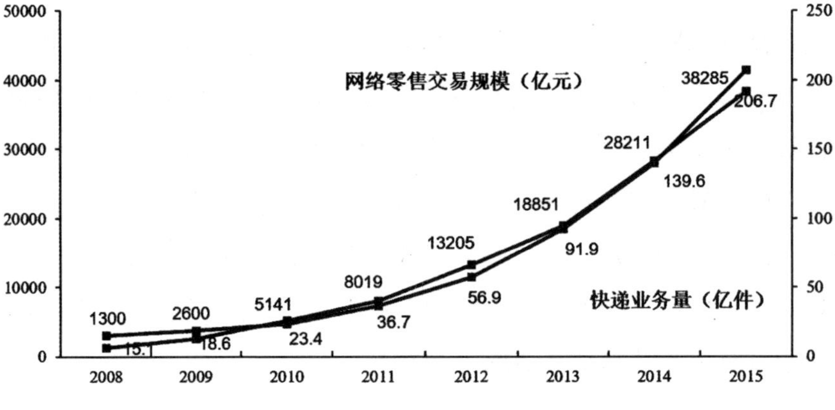

图：网络零售与快递业务量增长情况①

一、快递物流的良好基础为电子商务发展提供保障

我国快递从 20 世纪 80 年代开始起步，90 年代后逐渐发展，主要是为企业提供文件、包裹等快速寄递服务。2007 年邮政体制改革，并分别于 2009 年、2012 年对《中华人民共和国邮政法》进行了两次修改，国内包

① 数据来源：商务部、国家邮政局

裹寄递市场进一步开放，国有、民营、外资各类快递企业蓬勃发展，快递市场规模不断扩大。

我国快递企业经过长期发展，逐步形成了直营、加盟、“电商+快递”三种经营模式。一是以邮政EMS和顺丰为代表的直营模式，提供综合型快递物流服务。二是以圆通、中通、申通、韵达（“三通一达”）为代表的加盟模式，主要提供电商配送服务。三是以京东、苏宁为代表的“电商+快递”模式，提供“仓配一体化”服务。三种模式的龙头企业邮政EMS、顺丰、“三通一达”、京东、苏宁等八家所占快递市场份额超过67%。

快递业在服务网络分布、分拨中心建设、运输能力、末端配送、信息系统建设等方面不断加大投资力度，提升服务能力。与此同时，快递服务满意度逐年提升，时限准时率保持稳定，用户申诉率有所下降，为电子商务发展提供了有力保障。

二、快递物流在电子商务产业链中的作用

快递物流是电子商务产业链的重要组成部分，是实现网络购物交易的关键环节，是信息流、商流和资金流最终实现的重要保证。只有通过快递物流配送，将电子商务交易物品真正转移到消费者手中，商务活动才能结束。快递物流实际上是以商流的后续者和服务者的姿态出现，货品寄递的安全、顺畅、及时、可靠、可追踪等特性成为衡量电子商务企业竞争力的重要指标。

根据艾瑞咨询数据报告显示，在最吸引网民的网络购物促销活动调查中，有83.7%的网民认为全场免运费是最佳促销活动，排名首位；其次是退换商品免运费和承诺限时到达否则退运费。

三、快递物流与电子商务的协同发展

快递物流服务于农村电商发展。农村电子商务发展主要通过“农产品进城”和“工业品下乡”这两条双向并行的渠道发挥作用。在农产品进城方面，全国780个淘宝村，分布于17个省，其中浙江、广东和江苏淘宝村数量位居全国前三位。2015年快递业务量排名前三位的是广东（50亿件）、浙江（38亿件）、江苏（23亿件）。由此可见，这些地区的网络零

售规模与快递业务量呈现明显的增长同步性。在工业品下乡方面，2015 年我国农村网络消费总额约为 3500 亿元。在阿里平台上，发往农村的包裹数量增长了 103%。2015 年的“双 11”，阿里的农村淘宝服务站完成了单日 2.93 亿元交易额，平均每个村成交 3 万元，通过电子商务激发出来的农村消费潜力充分显现。

快递物流服务于跨境电商。快递业加快“走出去”步伐，服务跨境电商。2015 年，国际小包和国际 E 邮宝出口近 7 亿件，同比增长超过 70%，成为跨境电商出口的主渠道。快递企业先后开辟海外业务，布局跨境网络，带动跨境电子商务高速发展。2015 年的“双 11”期间，超过 3000 万国内消费者购买了来自全球 100 多个国家的产品，同时又有 232 个国家和地区的消费者参与了购物狂欢，跨境出口物流规模同比增长了 224%。邮政 EMS、中通、申通等快递物流企业为跨境电商提供了仓储—报关—配送的一体化服务。快递与跨境电子商务的协同发展，一方面推动快递企业的国际网络建设，助力快递协同通关水平，信息化以及国际航空货运水平加速提升；另一方面促进外贸企业转型，扩大海外营销渠道，有利于加快实现“一带一路”国家战略。

四、电子商务立法规范电商快递物流服务

（一）主体的合法化

近年来，全国的快递物流市场取得了迅速发展，已具有相当规模，竞争格局基本形成。同时，快递物流市场也存在一些突出问题，主要表现在：一是服务质量不高，市场上存在较多违规行为，既侵害了快递物流服务接受者的合法权益，也有损快递物流业的声誉。二是资质门槛较低，快递物流服务提供者类型多样、服务能力参差不齐，电子商务包裹递送领域同质化竞争严重，市场集中度不高，缺乏有国际竞争力的大企业。三是安全隐患较多，一些不法分子利用快递物流渠道从事违法犯罪活动，危害国家安全和公共安全。为更好地服务于电子商务，要求快递物流服务提供者主体合法、行为合法。

递送电子商务包裹的主力军是采用加盟方式的快递物流企业。加盟是

由两个以上快递物流服务提供者按照合同约定，共同构成一个完整的系统，该系统整合了资金、人员、运输工具、作业方式和品牌等多种资源，以服务网络的整体形态与用户接触，能够在服务网络范围内反复输出快递物流服务。一方面，快递物流加盟方与被加盟方互相协作，全程全网。对于共同构建的服务网络，各方主体均无法独立完成包裹的揽收、分拣、全程运输、仓储、交付等服务环节，需要依托其他加盟方的通力协作。另一方面，快递物流服务各加盟方资源互补，品牌主导。

（二）服务的规范化

电子商务交易中，快递物流服务接受者的知情权、求偿权等合法权益应受到法律保护。快递物流服务提供者应当通过多种方式向社会公示服务承诺事项，强化社会监督。服务承诺事项包括服务价格、服务标准、服务时限等，承诺的服务事项发生变更应当及时公示。

目前快递物流服务提供者内部管理还比较松散，信息化水平还不高，从业人员操作不规范，一定程度上存在延误、丢失、损毁电子商务交易物品等侵犯用户合法权益的现象。实践中，行业管理部门要求企业按照种类、时限等要素将电子商务包裹分区处理和保存；及时录入信息，上传至服务网络，及时记载和反馈电子商务包裹的运行进度；通过线上线下的配合，明确电子商务包裹的经手人员和时间，确保电子商务包裹安全妥当地保存、递送，为用户权益保障提供线索和依据。

以加盟方式提供快递物流服务的，电子商务包裹的损失赔偿问题关系到快递物流服务接受者、加盟方和被加盟方的切身利益。赔偿责任不明确，容易造成快递物流服务加盟方与被加盟方之间相互推诿，不利于保护用户权益。以加盟方式提供服务的快递物流服务提供者应当依法承担连带赔偿责任，司法实践中也多有此类案例。电子商务包裹在快递物流服务过程中发生损失的用户，可以向负有连带赔偿义务的加盟方或者被加盟方主张赔偿。接到理赔投诉的快递物流服务提供者应当承担全部赔偿责任。已经履行全部赔偿义务的快递物流服务提供者，有权要求其他承担连带责任的服务提供者偿付各自应当承担的份额。

（三）服务全程的安全性

为电子商务提供快递物流服务，保障安全至关重要。网上公开销售的商品种类繁多，商品名称数以万计，其中可能包含某些不能进入寄递渠道的物品，有的物品甚至可能威胁到人民群众的生命财产安全。对此，必须明确规定，电子商务快递物流服务接受者不得交寄交运违禁品；快递物流服务提供者应当履行检查验视义务，不得违法揽收违禁品。

快递物流运单是为电子商务提供快递物流服务的重要凭证，一方面，需要确立电子商务快递物流服务接受者如实填写运单的义务；另一方面，快递物流服务提供者有核对运单信息的义务。这样规范既有利于保障双方订立的快递物流服务合同的有效性，防范法律风险，也有利于准确体现电子商务包裹的交寄、交运信息，便于事故责任倒查，一定程度上警示、震慑夹带寄递危险品等不法行为，防范快递物流渠道安全风险。

在电子商务活动中，快递物流服务提供者开展的代收货款，是基于快递物流提供的增值服务。快递物流服务提供者利用自身服务网络和资源，在提供电子商务包裹递送服务的同时，为电子商务经营者向消费者收取对应的货款，并按照和电子商务经营者的约定进行结算。据不完全统计，有70%的快递物流企业提供代收货款业务，其中存在使用现金交易。现实中，代收货款存在较大风险，还有可能发生卷款事件。法律有必要对代收货款基本规范予以明确，保障资金安全。

（四）经营行为的公平性

目前，电子商务经营者往往不允许消费者（商品购买者）自主选择快递物流服务提供者。电子商务的可持续发展离不开快递物流的支撑，快递物流的正常运营也必须建立在合理收费的基础之上。立法应对电子商务经营者提供快递物流的经营行为加以规范，保障消费者自主选择快递物流服务的权利，确保公平合理收费。

五、草案中对快递物流的规范与邮政法律法规的关系[1]

电子商务法草案对快递物流与交付部分主要规定为电子商务提供稳定安全的物品递送服务，形成完整的产业链、供应链和价值链，更加注重规范快递服务提供者的服务能力和服务质量。邮政法主要规定了快递企业的设立、组织架构、经营范围以及监管体制。快递条例草案主要包括行业宏观调控、保障公平竞争、加强市场监管、维护市场秩序等，侧重于行政管理部门的职能定位。电子商务法草案对快递物流的规范条款和现有邮政业法律法规共同构成有机统一、相互衔接的整体，内容表述各有侧重，填补了规范空白、强化了制度建设，符合行业发展的实际需要。

---

① 本文写于电子商务法出台以前，电子商务法已于2018年8月31日通过，自2019年1月1日起施行。

专题四：跨境电子商务发展与立法研究

近年来，跨境电子商务发展势头良好，已经形成一定产业集群和交易规模，成为对外贸易新的增长点和重要动力。跨境电子商务的发展，有利于以“互联网+”推动企业和外贸转型升级；有利于增加就业，推进大众创业、万众创新，打造新的经济增长点；有利于推动开放型经济发展升级。从行业发展、制度创新、跨境特性和国外经验等方面看，电子商务法对跨境电子商务进行专门规定，为支持、促进和保障跨境电子商务发展提供了法律基础。

一、行业发展凸显立法客观需要

近年来，我国跨境电子商务呈现快速发展态势。从交易规模看，据业界测算，2010年以来我国跨境电子商务保持年均30%以上的增长速度。从经营模式看，目前企业间电子商务交易（B2B）是主体，企业与消费者电子商务交易（B2C）是补充。同时，企业还创新发展出生产商与消费者电子商务交易（M2C）、生产商—供应商—消费者电子商务交易（B2B2C）等新模式。从转型升级看，跨境电商从黄页式以信息咨询为主的1.0阶段，经过以在线交易为特征的2.0阶段，自2014年起转型升级，可以说进入了以整合全产业链为特征的3.0阶段。从市场结构看，除了欧美等传统市场外，金砖国家和其他一些新兴市场贡献比重逐渐升高，市场多元化特征已经形成。从业务比重看，在跨境电商出口业务猛增同时，跨境电商进口自2014年进入快速发展期。跨境电子商务快速发展的客观事实及其重要性，需要在制度上对其予以积极呼应，需要通过立法明确其法律地位。

二、制度创新构建立法实践基础

我国政府高度重视、鼓励支持跨境电子商务发展，不断探索建立适应和引领跨境电子商务发展的政策体系和监管模式。一是出台系列政策文件，推动完善制度设计、监管和服务创新。2015年以来，国务院、国务院办公厅相继出台《国务院关于大力发展电子商务加快培育经济新动力的意见》（国发〔2015〕24号）、《国务院关于积极推进“互联网+”行动的指导意见》（国发〔2015〕40号）、《国务院关于促进外贸回稳向好的若干意见》（国发〔2016〕27号）、《国务院办公厅关于促进跨境电子商务健康快速发展的指导意见》（国办发〔2015〕46号）等多个政策性文件，推动完善相关制度设计，促进跨境电子商务发展。此外，国务院有关部门、部分地方政府也先后发布支持跨境电子商务发展的政策性文件和行业标准。二是设立跨境电子商务综合试验区，探索形成推动跨境电子商务发展的可复制、可推广的经验。目前共有杭州、天津、上海、重庆等13个城市获批设立跨境电子商务综合试验区，着力在跨境电子商务交易、支付、物流、通关、退税、结汇等各环节的技术标准、业务流程、监管模式和信息化建设等方面先行先试，推进制度创新、管理创新和服务创新，用新模式为外贸发展提供新支撑。经过上述试点实践形成的经验将为立法提供最有力的支撑。

三、跨境特性亟须专门立法解决

跨境电子商务与一般电子商务之间存在不少区别。在业务环节上，国内电子商务是国内贸易，跨境电子商务实际上是国际贸易，业务环节更加复杂，需要经过海关通关、检验检疫、外汇结算、出口退税、进口征税等环节。在参与主体上，一般电子商务参与主体主要在一国境内，而跨境电子商务参与主体需要考虑不同关境的因素，还包括与“关检税汇”等环节相关的服务提供者等。在交易风险上，由于不同国家间文化心理、消费习惯、知识产权认知以及法律制度等区别的客观存在，跨境电子商务交易双方信息不对称问题较为严重，容易出现跨境信用、消费维权、纠纷解决和知识产权侵权等方面的风险。在适用规则和立法上，相比于一般电子商务，跨境电子商务需要适用的规则更多、更细、更复杂，包括不同平台的交易规则、国际贸易体系和规则、进出口管制、关税政策和制度等，立法甚至还需要国别之间和国际法律协调。

国外经验提供重要立法参考。由于各国家、地区在经济发展水平、技术开发利用程度、市场规模大小等方面存在差异，各方在电子商务领域关注重点及政策导向有所不同，对跨境电子商务各方面的问题尚未取得一致意见。尽管如此，联合国国际贸易法委员会（UNCITRAL）、世界贸易组织（WTO）、经合组织（OECD）等有关国际组织对电子商务议题的讨论趋热，在努力推动各方认识和立场统一，并通过制定公约、示范法、指南等文件推动跨境电子商务国际规则完善和趋同。研究有关国际规则和国外立法经验，有助于我们深化对跨境电子商务及其发展规律的认识，有益于吸收借鉴国际成功经验，有利于推动国际规则的互鉴、趋同与融合。

专题五：国内外电子商务发展研究

当今时代，以信息技术为核心的新一轮科技革命正在孕育兴起，互联网日益成为创新驱动发展的先导力量，深刻改变着人们的生产生活，有力推动着社会发展。世界各国都在加快推动互联网的发展与应用，以电子商务为主体的互联网经济迅速发展，日益成为促进全球经济发展的重要力量。习近平总书记明确指出，要从国际国内大势出发，总体布局，统筹各方，创新发展，努力把我国建设成为网络强国，并提出要推动网络空间互联互通、共享共治，共同构建网络空间命运共同体。在我国经济发展进入新常态的大背景下，电子商务持续多年保持高速发展，有力推动了互联网和实体经济深度融合发展，以信息流带动技术流、资金流、人才流、物资流，促进资源配置优化，促进全要素生产率提升，在转方式、调结构、稳增长、扩就业、惠民生、促扶贫等方面发挥了重要作用。

一、中国电子商务呈现持续快速发展势头

党中央、全国人大、国务院高度重视互联网和电子商务发展。党的十八届五中全会明确提出要实施“互联网+”行动计划，发展物联网技术和应用，发展分享经济，促进互联网和经济社会融合发展。习近平总书记亲自担任中央网络安全和信息化领导小组组长，多次出席互联网有关会议并发表重要讲话，作出了许多重要论断和具体部署。

2000 年 12 月，九届全国人大常委会第十九次会议通过了关于维护互联网安全的决定。2012 年 12 月，十一届全国人大常委会第三十次会议通过了关于加强网络信息保护的决定。2004 年 8 月，十届全国人大常委会第十一次会议审议通过了电子签名法。2016 年 11 月，十二届全国人大常委

会第二十四次会议审议通过了网络安全法。十二届全国人大常委会将电子商务立法纳入五年立法规划和2016年工作计划。近年来，许多全国人大代表也提出议案和建议，希望加快电子商务立法，十届全国人大以来共提出代表议案25件、建议133件。

2005年，国务院办公厅出台了关于加快电子商务发展的实施意见，国务院各部门、一些省市也相继出台加快电子商务发展的实施意见。2015年，国务院发布大力发展电子商务加快培育经济新动能的意见，并陆续出台“互联网+”行动计划、促进跨境电子商务健康快速发展的指导意见、推进线上线下互动加快商贸流通创新发展转型升级的意见等政策措施，国务院各部门、各省区市针对跨境、农村等电子商务领域开展了多项试点。“十三五”规划将“拓展网络经济空间”作为单独一篇，提出要发展现代互联网产业体系，促进互联网深度广泛应用，带动生产模式和组织方式变革，形成网络化、智能化、服务化、协同化的产业发展新形态。

（一）电子商务市场规模迅速扩张

“十二五”期间，电子商务年均增长速度超过30%，成为我国经济发展最快的领域之一，应用和服务形式更加丰富和多元化，已影响到各行业各领域，网络零售、跨境电子商务、在线生活服务等已成为扩大消费的新亮点、经济转型升级的新引擎，对助推供给侧结构性改革和大众创业、万众创新具有不可替代的作用。自2013年起，中国已连续三年成为全球最大的网络零售市场。2015年，中国电子商务交易总额达21.8万亿元人民币；网络零售交易额为3.88万亿元人民币，同比增长约33.3%，其中实物商品网络零售额占社会消费品零售总额的10.8%。

2010年以来跨境电子商务保持年均30%以上的增长速度，目前形成了一定的产业集群和交易规模，成为对外贸易新的增长点和重要动力。跨境电子商务综合试验区建设取得阶段性成效，配套政策体系不断完善，中国外贸电子商务平台已经超过五千家，开展跨境电子商务业务的外贸企业超过二十万家。

表：2011～2015 年我国电子商务发展主要指标①

年份	网络购物人数（亿人）	电子商务交易总额（万亿元）	网络零售市场交易额（亿元）
2011	1.94	6.09	7826
2012	2.42	8.11	13110
2013	3.02	10.4	18636
2014	3.61	16.39	29087
2015	4.13	20.82	38773

随着电子商务的发展，消费者更加注重产品的质量和品牌，交易模式发生了根本性变化，2015 年以天猫、京东为代表的 B2C（企业对个人）模式超过以淘宝为代表的 C2C（个人对个人）模式，占 51.9% 的市场份额。移动端成为电子商务的主要入口，2015 年移动端交易规模在网上零售的占比达到 72.3%，2016 年第二季度，中国移动网购市场交易规模达 8771.4 亿元，同比增长 104.5%。

（二）电子商务在经济社会发展中发挥重要作用

电子商务成为投资创业新热点。2015 年，以实物商品、在线服务及数字产品交易为代表的互联网创业投资额达 153.62 亿美元，占全国创业投资总额的 28.5%。电子商务基础设施投资活跃，电子商务园区数量超过 1000 个，全国电子商务仓储超过 4000 万平方米。线上线下融合互动、跨境电子商务、医疗健康、企业间电子商务交易、分享经济等成为投资与创业热点。

电子商务开辟了就业新渠道。电子商务的快速发展创造了大量新的就业岗位，有力地促进了就业创业工作。根据中国就业促进会发布的《网络创业就业统计和大学生网络创业就业研究报告》，2014 年全国通过开设网店直接创业就业的人员 1003.72 万人，网络创业者中 80、90 后青年群体成为绝对主体，而网店员工中八成以上为 34 岁以下青年人，大学生创办网

① 资料来源：国家统计局、中国互联网信息中心。

店带动就业总体规模为618万人，占网络创业就业总体规模的六成。除直接开设网店外，电子商务还通过支付、物流、营销、金融等上下游带动大量就业。2015年中国电子商务的就业人数达到2690万，每年带动新增就业超过300万。

“电商扶贫”打造“脱贫攻坚”新途径。2015年《中共中央国务院关于打赢脱贫攻坚战的决定》将“电商扶贫”正式纳入了精准扶贫工程，提出加大“互联网+”扶贫力度，实施电商扶贫工程，加快贫困地区物流配送体系建设。2014至2015年，财政部、商务部在256个县开展电子商务进农村综合示范建设，其中国家扶贫开发重点县和集中连片贫困县103个，占比40.2%。电子商务企业积极探索电子商务村、产业扶贫、创业扶贫、用工扶贫等“电商扶贫”方式。截至2015年12月，我国网民中农村网民占28.4%，规模达1.95亿，阿里巴巴集团推出的“农村淘宝合伙人”、淘帮手，京东推出的“乡村代理员”和顺丰推出的内部创业计划，推动数十万计的农村居民加入电子商务创业和就业大军，“电商下乡”已成潮流。

（三）电子商务成为我国最具国际竞争力的产业之一

诞生了领先的电子商务企业。我国在电子商务发展上具有独特优势，电子商务交易规模、网络购物人数等均位居世界首位，诞生了一批世界领先的电子商务企业。目前，在全球电子商务零售市场中，中国占据将近一半份额（约47%）。全球十大互联网公司，中国占了四成（阿里巴巴、腾讯、百度、京东等），电子商务是这些互联网公司最主要的业务领域和收入来源之一。阿里巴巴举办的“双11”购物节已经成为全球品牌，2016年交易额1207亿元，覆盖全球235个国家和地区的消费者，交易额是2015年美国“黑色星期五”全美传统商场交易额的1.7倍。

带动了一批领先的科技创新成果。2016年第三届世界互联网大会评选出15项2015年11月以来全球科技创新典范，中国科技企业、院校和科研机构占据了7项，其中包括为创下“双11”支付峰值每秒12万笔的世界新纪录提供核心支撑的阿里云飞天系统等。电子商务市场的快速发展，为我国相关自主创新技术提供了广阔市场，大数据、云计算提高了对超级计算机的需求，阿里云已经位列全球云计算市场前三。

（四）线上线下融合发展态势良好

电子商务成为“互联网+”行动的先导领域。“互联网+”是把互联网的创新成果与经济社会各领域深度融合，推动技术进步、效率提升和组织变革，提升实体经济创新力和生产力，形成更广泛的以互联网为基础设施和创新要素的经济社会发展新形态。电子商务在“互联网+”行动中扮演着重要角色。工信部要求在“互联网+”行动中开展工业电子商务区域试点，推动工业电子商务平台、第三方物流、互联网金融等业务协同创新和互动发展，培育一批工业电子商务示范区、平台和企业，深化企业间电子商务应用。商务部提出“互联网+”行动计划任务是在电子商务进农村、电子商务进中小城市、电子商务进社区、线上线下融合互动、跨境电子商务等领域打造安全高效、统一开放、竞争有序的流通产业升级版。

电子商务推动传统制造业转型升级。相当数量的外贸出口加工企业，甚至一些行业里存在的过剩产能，都通过电子商务的发展加快转型升级步伐。很多制造企业或是直接到网上开店，打造自身品牌，拓展渠道体系，或是为在线零售商供货、代加工，显示出了勃勃生机与活力。截至2015年12月，我国开展线上销售的企业比例为32.6%、同比提高7.9个百分点，开展线上采购的企业比例为31.5%、同比提高8.7个百分点。以服装业为例，在很多大中型服装企业库存高企、步履维艰的大环境下，服装网购快速崛起成为中国网络零售的第一大品类，一大批服装生产加工企业从中受益。中国服装网络购物市场规模从2012年的2392亿元，快速增长到2015年的8000多亿元，电子商务“小品种、多批量、快翻新”的个性化需求，倒逼服装业生产方式变革，对于服装业转型升级起到了显著的推动作用。

线上线下融合互动（O2O）成为电子商务发展新热点。苏宁云商、王府井、大润发、银泰百货等传统流通企业利用原有品牌优势，积极探索适合自身特点的网络零售新模式，加快线上线下渠道在商品、服务、价格等方面的融合。服务类网络零售线上线下融合的创新创业活动风起云涌，移动营销手段大量在生鲜、餐饮、租车、家政、医疗等领域使用，极大提升了消费的便利性。餐饮外卖、旅游、点评、打车是目前最为流行的O2O模式，近一年使用过这4类App的消费者比例分别为55%、44%、42%、41%，超市便利店代购和生鲜增长迅速，零售O2O的未来发展潜力巨大。

二、电子商务在全球范围内发展较快

世界主要国家都把互联网作为经济发展、技术创新的重点，把互联网作为谋求竞争新优势的战略方向，网络信息技术是全球研发投入最集中、创新最活跃、应用最广泛、辐射带动作用最大的技术创新领域，是全球技术创新的竞争高地。电子商务作为互联网最主要的商业应用，在世界主要国家和地区保持了高速增长态势，产生了一批新产品、新技术、新模式，日益成为经济发展新亮点。预计2016年全球电子商务的零售额达1.915万亿美元，增长23.7%。

（一）全球电子商务市场规模增长迅猛

2015年，全球网络零售市场规模同比增长20.9%，占全球零售总额的7.3%，预计未来5年复合年均增长率将达到13.5%。其中，北美、欧洲、亚太地区的网络零售额分别为3759亿美元、2067亿美元、8750亿美元，同比增速分别为14.3%、11.2%、35.2%，中日韩三国网络零售总额占亚太地区网购市场的七成以上。全球跨境电子商务市场交易规模达到32462.3亿美元，在全球贸易进出口总额中占比超过30%，同比增长13.9%，呈现逐年加快态势。

1. 北美

美国拥有3.21亿居民，2.55亿网民，1.84亿在线购物用户。2015年美国网络零售额达3408亿美元，增长11.8%，占零售总额的7.3%。加拿大2014年电子商务零售总额占零售业销售总额的4.5%，预计到2018年将升至8.2%，电子商务销售总额将达439.5亿美元。

2. 欧洲

欧洲的8.2亿居民中有5.3亿互联网用户，2.59亿在线购物用户，电子商务为欧洲贡献了大约5%的GDP。数据显示，英国81%的消费者更习惯选择线上购物，丹麦、德国、法国的在线购买率也排在前列。英国电子商务渗透率最高，网络消费者已超过4200万人，2014年占欧洲B2C电子商务30%的市场份额，非食品销售每6英镑消费额就有超过1英镑来自网购。

3. 亚太地区

在全球电子商务市场增速较快地区中，亚太地区成为名副其实的“火车头”。在这一地区中，既有相对成熟的电子商务市场，如韩国、日本，也有蓬勃发展的“亚洲新秀”，如印度、印度尼西亚。日本有1.2亿人口，是仅次于美国和中国的世界第三大电子商务市场，电子商务市场份额从2002年开始便逐年攀升，2014年市场交易额接近7万亿日元（约620亿美元）。韩国电子商务增长迅猛，网络零售额从2010年的25.2万亿韩元（约214亿美元），增长到2015年的53.9万亿韩元（约456亿美元），其中在线旅行占18.5%，是电子商务的第一大品类。东南亚人口有5.5亿，东盟六大经济体的网络零售总额在2013年仅为70亿美元，而到2018年预计将达345亿美元。

（二）电子商务新模式不断涌现

在传统实物电商稳步发展的同时，分享经济强势崛起，成为全球经济的热点。分享经济是指人们通过第三方网络平台把闲置的资源提供给他人使用，并从中获得报酬的一种经济活动，可以有效促进社会存量资源的充分利用，促进就业方式的变革。当前，分享经济是全球最具发展活力的领域之一，在估值超过100亿美元的6家电商中，有4家是基于分享经济，分别是Uber、AirBnb、滴滴出行和WeWork，其中Uber的估值高达625亿美元。2010至2013年全球流向分享经济的投资额累计43亿美元，2014年和2015年两年的投资额分别为85亿美元和142.06亿美元（合计227亿美元），两年内流入的风险资金规模增长了5倍多，预计未来五年分享经济年均增长速度仍将高达40%左右。

专题六：国外电子商务立法趋势研究

自电子商务于20世纪90年代中期兴起，世界范围内关于电子商务的国家及地区立法出现了两个高潮。第一次立法高潮发生在1997年至2001年间，大多数国家和地区的电子商务立法明显受到了1996年的联合国国际贸易法委员会的电子商务示范法及2001年电子签名示范法的促进和影响。以两个示范法为蓝本，美国、欧盟、澳大利亚、新加坡和韩国等国家和地区都积极开展电子商务立法，出现了一系列代表性的立法。美国1999年制定统一电子交易法，2000年制定电子签名法。欧盟1999年的电子签名指令、2000年的电子商务指令，为欧盟成员国的电子商务国内立法提供了框架和依据。新加坡于1998年颁布的电子交易法，曾经被多个亚太国家和地区所效仿，掀起了地区性的电子商务立法高潮。2001年后，在世界各主要经济体均具备基本的电子商务法律之后，电子商务立法活动曾经一度沉寂。

进入21世纪，自第一个十年的中后期，电子商务立法的第二次高潮逐渐显现。经历十余年的发展，电子商务逐渐步入成熟阶段。商业模式层出不穷、市场规模剧增、在整体经济中地位和比重逐步提升，关于电子商务的立法已经由浅入深、由点及面、由分散到系统。从最初消除妨碍电子商务发展的法律障碍的电子交易法，发展到涵盖电子商务中的数据流、商品流、资金流、保障电子商务发展环境的综合性法律。涉及商品质量、消费者保护、数据及隐私保护、网络服务提供者的责任、争议解决、网络安全、侵权犯罪、知识产权、税收和金融、电子政务等各方面的法律问题。有关国家与地区的电子商务立法更加注重在促进跨境电子商务，推动电子口岸、一站式通关等国际贸易便利化，实施电子政务，保障电子支付、发展云计算、大数据等新兴产业等方面发挥作用。随着二十一世纪第一个十年的结束，主要经济体的电子商务立法向更加成熟的阶段迈进，对于电子商务的核心、根本的法律问题的认识逐渐深化，立法向维护和规范基本市场竞争秩序、保护人们基本权利的更高层次发展。

第二次电子商务立法的高潮虽然方兴未艾，仍在扩展与深入的过程中，但是已经在立法领域、立法体例与法律规范方面表现出突出的特点与趋势，值得我国在电子商务立法中参考与借鉴。

一、立法领域：从域内法向国际法的发展

电子商务本身具有全球性、跨国性的特点，国家与地区的域内立法必须注意与其他国家与地区的相关法律规范进行协调，注意吸纳最新的国际立法经验，尽量避免和减少法律冲突与贸易障碍，尽量保障电子商务的数据流、资金流、货物流在互联网上全球通畅。在世界上主要经济体都有了基本的电子交易法律之后，关于电子商务的立法逐渐向双边、多边、国际化的法律体系扩展，在国际法领域出现了一系列重要的电子商务国际法律文件。

联合国国际贸易法委员会在总结提炼两部电子商务“示范法”经验和教训的基础上，于 2005 年形成了《联合国国际合同使用电子通信公约》(简称《电子通信公约》)，开启了电子商务立法的第二次高潮，为电子商务发展的高级阶段提供了新的法律规范和体系。《电子通信公约》是 2005 年 11 月 23 日由联合国国际贸易法委员会在《电子商务示范法》《电子签名示范法》的基础上制定、形成的正式的国际法律文件。该公约有 16 个国家签署，在 3 个成员国正式批准之后，已于 2013 年 3 月 1 日生效，现有 7 个成员国。《电子通信公约》旨在确保以电子方式订立的合同和往来的其他通信在公约成员国之间的效力和可执行性与传统的纸面合同和通信相同，从而促进在国际贸易中使用电子通信，保障在国际合同中使用电子通信的法律确定性和商业可预期性。在电子交易的移动装置逐渐普及、跨国交易频繁的情况下，各国在国内立法中直接采用《电子通信公约》的条款，将促进法律的统一性，节约立法资源，进一步提高国际贸易的可预期性。对于尚未通过任何电子商务立法的国家，直接适用公约更有事半功倍的效果。

《电子通信公约》问世以来，原有电子交易法律的国家与地区纷纷根据公约对于本国法律进行了修改与更新。例如，马来西亚于2006年颁布的《电子商务法》、新加坡于2010年重新颁布的《电子交易法》（取代了1998年的旧法）均以《电子通信公约》为依据。自2005年之后，通过联合国贸易与发展会议、国际贸易法委员会等专门机构对发展中国家及最不发达国家开展的法律援助项目，越来越多的新兴经济体、中小国家在电子商务立法中直接采纳了《电子通信公约》等最新的国际法律规范，实现了本国电子商务立法的跨越式发展。例如，老挝于2012年底颁布了《电子商务法》，柬埔寨正在起草有关的法律。

世界贸易组织于2013年12月形成的《贸易便利化协定》、联合国亚太经社理事会于2016年5月形成的《亚太促进跨境无纸化贸易框架协议》为跨境电子商务及国际贸易便利化措施提供了国际法的支持。

双边、多边的自由贸易、自由投资协定中大量出现了关于电子商务的条款与章节。其中，2016年2月以美国为首的12国签署的《跨太平洋伙伴协议》中的“电子商务章节”就是突出的代表，反映了美国对于其贸易伙伴国在电子商务立法上的要求。美国与欧盟正在进行的“跨大西洋贸易与投资伙伴协议”也有类似的电子商务章节。

总之，电子商务立法早已不限于国内法，而是出现了越来越多的国际法以及国内法与国际法之间的互动。

二、立法体例：综合化、体系化、系统化

电子商务整合了各类交易主体、客体及内容，因此有关立法表现出明显的综合性、系统性的特点，在立法体例上有所突破与创新。有的国家虽然为电子商务单独立法，但是注意与其他相关法律部门、规范之间保持有机性与协调性。有的国家则进行了包括电子商务在内的综合性立法。综合性立法并非是将知识产权、数据保护、电信、网络安全、消费者保护、合同、税收、犯罪、侵权等方方面面的法律规范简单罗列，而是找到有关规范内在的联系，并使之真正融会贯通。

许多国家在进行这方面的立法探索。例如，德国有法典化的传统，早在 1996 年底就颁布了《规范信息及通讯服务条件的联邦法律》，涉及网络服务提供者的责任、数据保护、电子签名、网络犯罪、青少年保护、版权保护等方面的内容。由于该法形成时间较早，许多条款已经不适应现实的需要。2010 年英国通过了《数字化经济法》（Digital Economy Act），覆盖了网络服务提供者的版权责任、广播电视服务、互联网域名管理机构、频率管理、电子游戏等各方面，但是各个章节各自独立，仅是各类法律规范的合并，而非整合。巴西议会于 2014 年 3 月底通过的“互联网权利法”（Marco Civil da Internet）则并非一部大而全、包罗万象的法律，而是致力于确立电子商务的基本市场竞争秩序和原则、保护各方主体的基本权利。该法于 2014 年 4 月被巴西议会通过，经巴西总统在“关于互联网治理的未来的利益有关各方全球大会”上签署成为法律。该法律被称为巴西互联网上的宪法、基本法。该法主要保护互联网用户的个人数据、隐私权等基本权利，明确了网络服务提供者的责任，确立了网络中立性的互联网市场竞争的基本原则。

德国、英国、巴西出台的上述法律虽然属于综合性立法，但是均非专门关于电子商务的立法。2016 年签署的《跨太平洋伙伴协议》中“电子商务章节”则是迄今出现的关于电子商务的综合化、体系化、系统化立法的最突出例证。该“电子商务章节”仅有 20 个条文，但是涉及范围极为广泛，涵盖了关税、数字产品、联合国《电子通讯公约》的适用、电子认证与电子签名、在线消费者保护、个人信息保护、无纸化贸易、消费者接入与使用互联网的选择权、电子形式信息的跨境传输、互联网互联费用分担、计算设施的物理位置、垃圾电子信息、促进中小企业的合作、网络安全的国际合作、源代码、争端解决等各类法律规范。虽然《跨太平洋伙伴协议》饱受诟病，但是其中的“电子商务章节”却被视为新时代的电子商务立法的样板。在“电子商务章节”中，仅用很小的篇幅规范电子交易本身（适用联合国公约解决），却用大量的条文规范个人信息保护、消费者保护、争议解决、无纸化等贸易便利化措施、数字产品、数据跨境流动、电子交易安全与电子身份管理等新的法律领域与问题，突破了法律部门、体系、领域与规范的桎梏，横跨公法与私法，糅合了强制性规范与任意性规范，形成了以电子商务为核心的全新综合性立法体例。

三、法律规范：制度创新

20 世纪末兴起了第一次电子商务立法高潮，其间形成的法律大多以电子签名法为核心，尤其使用大量的篇幅对经第三方认证的电子签名加以详细的规定。但是随着电子商务发展到成熟阶段，各国越来越清晰地认识到第三方认证的电子签名在实践中存在很大的局限、应用并不广泛。认证机构在运行中也存在诸多的问题。因此，在第二次立法高潮中，绝大多数国家已经不再将电子签名及其认证作为立法的核心和主要内容，转而以法律规范构建安全、信用的电子商务发展环境及健康、公平的市场秩序为重点。在第一次高潮中完成立法的国家，也纷纷修改原有的法律，简化关于电子签名及其认证的法律规范，适应电子商务市场新的需要，构建新的法律规范与制度。例如，新加坡于 2010 年重新颁布了《电子交易法》，取代了 1998 年的旧法，大量简化了关于电子签名及认证的规定。欧盟于 2014 年出台《内部市场电子交易有关电子认证和信用服务条例》，建立欧盟统一市场内部的跨境电子身份认证体系。欧盟于 2016 年颁布《欧盟一般性数据保护规章》，重构了欧盟的个人数据保护法律。欧盟于 2013 年先后颁布《消费纠纷替代性解决机制指令》与《消费纠纷网上解决机制条例》，推动在线争议解决机制在欧盟的发展与应用。欧盟于 2009 年颁布《关于电子货币机构业务开办、经营和审慎监管的指令》，规范欧盟市场的电子支付服务。美国于 2013 年颁布《市场公平法》与《网络安全加强法案》，保障电子商务的市场秩序与交易安全。

电子商务发展迅速，有关立法必须兼顾现实的需要和将来发展的空间。因此，很多国家对于电子商务的法律规范设置了定期审议制度，随着形势发展不断调整、修改。例如，美国对于电子商务企业的税收豁免规定了期限，到期进行审查、决定是否延长。还有的国家规定政府采用新的、适用网络需要的公共事务的管理手段和方式，例如完善电子政务、改进证据制度、推进网上争议解决程序等。

全球化、巨型电子商务第三方平台企业所制定和实施的交易规则、服务条款、用户政策等全球性规范的快速生长，对于传统的国际、国内法律体系形成依赖、交叉、疏离、冲突的关系。拥有数亿用户的Google、Facebook、腾讯、阿里巴巴等全球性企业在其电子商务平台上实施或者修改每一项重大的“政策”或者“规则”，都会实质性地影响使用其服务的亿万商家、消费者的利益。这些电子商务平台企业的规则是由企业单方面制定、在全球范围适用于所有使用其服务的相对方的规则。这些规则当然不是法律，但是其全球性、单方性、公共性的特征，已经具有社会规范的某些属性，足以影响社会公共利益。这些规则的复杂性、广泛性、影响力和约束力，均非传统契约关系中的格式合同或者格式条款可比。这些规则在很大程度上不再属于平等主体之间的“私约”，而更近于社会“公约”。

为了保障社会公共利益，防止全球性的电子商务第三方平台交易规则的野蛮生长，传统的法律体系需要对这些规则进行必要的监督、规范。例如，拥有全球10亿用户的社交网站Facebook关于用户隐私权的政策接连受到爱尔兰、加拿大等严格保护个人数据的国家数据保护当局的调查和处罚，Facebook在美国受到了美国联邦贸易委员会的调查，最终与政府达成了保护用户隐私权的和解协议。

互联网的问题更适合用互联网方式解决。2005年，联合国信息社会世界峰会形成《突尼斯信息社会议程》，提出“利益有关方共同参与”（Multi－stakeholder）的新型互联网治理模式。互联网治理，是各国政府、私营部门和民间组织发挥各自的作用，制定和实施关于互联网发展和应用的共同的原则、规范、规则、决策程序和方案的过程。就互联网上的电子商务第三方平台交易规则而言，只有政府、平台、商家、消费者与其他利益相关方共同开展生态型综合治理，才能达到良好社会效果。“利益有关方共同参与”的模式，已经开始在现实中应用。例如谷歌于2010年2月推出了类似微博的服务“Buzz”，但由于该服务的默认设置公然践踏用户的隐私设置，遭到了用户强烈的反对。此后，谷歌公开道歉，并修改了其服务条款中关于隐私保护的规定。又如，2012 年底，Facebook 为了平息用户对其隐私权政策的不满，在其平台上开放了用户投票表决的机制，根据投票结果决定是否修改有关的隐私权政策。当然，“利益有关方共同参与”的模式还在摸索和实验的阶段，公众的参与既没有权利的依据，参与的渠道、程序和效力也没有相应的保障，需要在电子商务法律中予以逐步规范。

总之，当今电子商务立法在国际法领域的扩展，综合化、体系化、系统化的立法特征，大量新的法律规范与制度创新的出现，都与蓬勃发展的电子商务相呼应。电子商务本身的复杂性、综合性和全球化决定了与其相关的法律体系和规范的性质和特征。在电子商务二十多年的发展历程中，立法理念、立法体例与制度不断创新，国际法律体系和规范框架逐渐走向成熟和系统化。我国电子商务立法应当顺应全球发展趋势，消除现有不适应电子商务发展的法律障碍，维护电子商务市场的正常秩序，建立健康、可持续的法律环境。同时，应更加积极地参与和主导电子商务国际规则制定，维护我国国家利益、企业和消费者权益。

第三部分

附　　录

一、电子商务法法律原文及历次审议稿

中华人民共和国电子商务法

（2018年8月31日第十三届全国人民代表大会常务委员会第五次会议通过　中华人民共和国主席令第七号公布　自2019年1月1日起施行）

目　　录

第一章　总　　则

第一条　为了保障电子商务各方主体的合法权益，规范电子商务行为，维护市场秩序，促进电子商务持续健康发展，制定本法。

第二条　中华人民共和国境内的电子商务活动，适用本法。

本法所称电子商务，是指通过互联网等信息网络销售商品或者提供服务的经营活动。

法律、行政法规对销售商品或者提供服务有规定的，适用其规定。金融类产品和服务，利用信息网络提供新闻信息、音视频节目、出版以及文化产品等内容方面的服务，不适用本法。

第三条 国家鼓励发展电子商务新业态，创新商业模式，促进电子商务技术研发和推广应用，推进电子商务诚信体系建设，营造有利于电子商务创新发展的市场环境，充分发挥电子商务在推动高质量发展、满足人民日益增长的美好生活需要、构建开放型经济方面的重要作用。

第四条 国家平等对待线上线下商务活动，促进线上线下融合发展，各级人民政府和有关部门不得采取歧视性的政策措施，不得滥用行政权力排除、限制市场竞争。

第五条 电子商务经营者从事经营活动，应当遵循自愿、平等、公平、诚信的原则，遵守法律和商业道德，公平参与市场竞争，履行消费者权益保护、环境保护、知识产权保护、网络安全与个人信息保护等方面的义务，承担产品和服务质量责任，接受政府和社会的监督。

第六条 国务院有关部门按照职责分工负责电子商务发展促进、监督管理等工作。县级以上地方各级人民政府可以根据本行政区域的实际情况，确定本行政区域内电子商务的部门职责划分。

第七条 国家建立符合电子商务特点的协同管理体系，推动形成有关部门、电子商务行业组织、电子商务经营者、消费者等共同参与的电子商务市场治理体系。

第八条 电子商务行业组织按照本组织章程开展行业自律，建立健全行业规范，推动行业诚信建设，监督、引导本行业经营者公平参与市场竞争。

第二章 电子商务经营者

第一节 一般规定

第九条 本法所称电子商务经营者，是指通过互联网等信息网络从事销售商品或者提供服务的经营活动的自然人、法人和非法人组织，包括电子商务平台经营者、平台内经营者以及通过自建网站、其他网络服务销售商品或者提供服务的电子商务经营者。

本法所称电子商务平台经营者，是指在电子商务中为交易双方或者多方提供网络经营场所、交易撮合、信息发布等服务，供交易双方或者多方独立开展交易活动的法人或者非法人组织。

本法所称平台内经营者，是指通过电子商务平台销售商品或者提供服务的电子商务经营者。

第十条 电子商务经营者应当依法办理市场主体登记。但是，个人销售自产农副产品、家庭手工业产品，个人利用自己的技能从事依法无须取得许可的便民劳务活动和零星小额交易活动，以及依照法律、行政法规不需要进行登记的除外。

第十一条 电子商务经营者应当依法履行纳税义务，并依法享受税收优惠。

依照前条规定不需要办理市场主体登记的电子商务经营者在首次纳税义务发生后，应当依照税收征收管理法律、行政法规的规定申请办理税务登记，并如实申报纳税。

第十二条 电子商务经营者从事经营活动，依法需要取得相关行政许可的，应当依法取得行政许可。

第十三条 电子商务经营者销售的商品或者提供的服务应当符合保障人身、财产安全的要求和环境保护要求，不得销售或者提供法律、行政法规禁止交易的商品或者服务。

第十四条 电子商务经营者销售商品或者提供服务应当依法出具纸质发票或者电子发票等购货凭证或者服务单据。电子发票与纸质发票具有同等法律效力。

第十五条 电子商务经营者应当在其首页显著位置，持续公示营业执照信息、与其经营业务有关的行政许可信息、属于依照本法第十条规定的不需要办理市场主体登记情形等信息，或者上述信息的链接标识。

前款规定的信息发生变更的，电子商务经营者应当及时更新公示信息。

第十六条 电子商务经营者自行终止从事电子商务的，应当提前三十日在首页显著位置持续公示有关信息。

第十七条 电子商务经营者应当全面、真实、准确、及时地披露商品或者服务信息，保障消费者的知情权和选择权。电子商务经营者不得以虚构交易、编造用户评价等方式进行虚假或者引人误解的商业宣传，欺骗、误导消费者。

第十八条 电子商务经营者根据消费者的兴趣爱好、消费习惯等特征向其提供商品或者服务的搜索结果的，应当同时向该消费者提供不针对其个人特征的选项，尊重和平等保护消费者合法权益。

电子商务经营者向消费者发送广告的，应当遵守《中华人民共和国广告法》的有关规定。

第十九条 电子商务经营者搭售商品或者服务，应当以显著方式提请消费者注意，不得将搭售商品或者服务作为默认同意的选项。

第二十条 电子商务经营者应当按照承诺或者与消费者约定的方式、时限向消费者交付商品或者服务，并承担商品运输中的风险和责任。但是，消费者另行选择快递物流服务提供者的除外。

第二十一条 电子商务经营者按照约定向消费者收取押金的，应当明示押金退还的方式、程序，不得对押金退还设置不合理条件。消费者申请退还押金，符合押金退还条件的，电子商务经营者应当及时退还。

第二十二条 电子商务经营者因其技术优势、用户数量、对相关行业的控制能力以及其他经营者对该电子商务经营者在交易上的依赖程度等因素而具有市场支配地位的，不得滥用市场支配地位，排除、限制竞争。

第二十三条 电子商务经营者收集、使用其用户的个人信息，应当遵守法律、行政法规有关个人信息保护的规定。

第二十四条 电子商务经营者应当明示用户信息查询、更正、删除以及用户注销的方式、程序，不得对用户信息查询、更正、删除以及用户注销设置不合理条件。

电子商务经营者收到用户信息查询或者更正、删除的申请的，应当在核实身份后及时提供查询或者更正、删除用户信息。用户注销的，电子商务经营者应当立即删除该用户的信息；依照法律、行政法规的规定或者双方约定保存的，依照其规定。

第二十五条 有关主管部门依照法律、行政法规的规定要求电子商务经营者提供有关电子商务数据信息的，电子商务经营者应当提供。有关主管部门应当采取必要措施保护电子商务经营者提供的数据信息的安全，并对其中的个人信息、隐私和商业秘密严格保密，不得泄露、出售或者非法向他人提供。

第二十六条 电子商务经营者从事跨境电子商务，应当遵守进出口监督管理的法律、行政法规和国家有关规定。

第二节 电子商务平台经营者

第二十七条 电子商务平台经营者应当要求申请进入平台销售商品或者提供服务的经营者提交其身份、地址、联系方式、行政许可等真实信息，进行核验、登记，建立登记档案，并定期核验更新。

电子商务平台经营者为进入平台销售商品或者提供服务的非经营用户提供服务，应当遵守本节有关规定。

第二十八条 电子商务平台经营者应当按照规定向市场监督管理部门报送平台内经营者的身份信息，提示未办理市场主体登记的经营者依法办理登记，并配合市场监督管理部门，针对电子商务的特点，为应当办理市场主体登记的经营者办理登记提供便利。

电子商务平台经营者应当依照税收征收管理法律、行政法规的规定，向税务部门报送平台内经营者的身份信息和与纳税有关的信息，并应当提示依照本法第十条规定不需要办理市场主体登记的电子商务经营者依照本法第十一条第二款的规定办理税务登记。

第二十九条 电子商务平台经营者发现平台内的商品或者服务信息存在违反本法第十二条、第十三条规定情形的，应当依法采取必要的处置措施，并向有关主管部门报告。

第三十条 电子商务平台经营者应当采取技术措施和其他必要措施保证其网络安全、稳定运行，防范网络违法犯罪活动，有效应对网络安全事件，保障电子商务交易安全。

电子商务平台经营者应当制定网络安全事件应急预案，发生网络安全事件时，应当立即启动应急预案，采取相应的补救措施，并向有关主管部门报告。

第三十一条 电子商务平台经营者应当记录、保存平台上发布的商品和服务信息、交易信息，并确保信息的完整性、保密性、可用性。商品和服务信息、交易信息保存时间自交易完成之日起不少于三年；法律、行政法规另有规定的，依照其规定。

第三十二条 电子商务平台经营者应当遵循公开、公平、公正的原则，制定平台服务协议和交易规则，明确进入和退出平台、商品和服务质量保障、消费者权益保护、个人信息保护等方面的权利和义务。

第三十三条 电子商务平台经营者应当在其首页显著位置持续公示平台服务协议和交易规则信息或者上述信息的链接标识，并保证经营者和消费者能够便利、完整地阅览和下载。

第三十四条 电子商务平台经营者修改平台服务协议和交易规则，应当在其首页显著位置公开征求意见，采取合理措施确保有关各方能够及时充分表达意见。修改内容应当至少在实施前七日予以公示。

平台内经营者不接受修改内容，要求退出平台的，电子商务平台经营者不得阻止，并按照修改前的服务协议和交易规则承担相关责任。

第三十五条 电子商务平台经营者不得利用服务协议、交易规则以及技术等手段，对平台内经营者在平台内的交易、交易价格以及与其他经营者的交易等进行不合理限制或者附加不合理条件，或者向平台内经营者收取不合理费用。

第三十六条 电子商务平台经营者依据平台服务协议和交易规则对平台内经营者违反法律、法规的行为实施警示、暂停或者终止服务等措施的，应当及时公示。

第三十七条 电子商务平台经营者在其平台上开展自营业务的，应当以显著方式区分标记自营业务和平台内经营者开展的业务，不得误导消费者。

电子商务平台经营者对其标记为自营的业务依法承担商品销售者或者服务提供者的民事责任。

第三十八条 电子商务平台经营者知道或者应当知道平台内经营者销售的商品或者提供的服务不符合保障人身、财产安全的要求，或者有其他侵害消费者合法权益行为，未采取必要措施的，依法与该平台内经营者承担连带责任。

对关系消费者生命健康的商品或者服务，电子商务平台经营者对平台内经营者的资质资格未尽到审核义务，或者对消费者未尽到安全保障义务，造成消费者损害的，依法承担相应的责任。

第三十九条 电子商务平台经营者应当建立健全信用评价制度，公示信用评价规则，为消费者提供对平台内销售的商品或者提供的服务进行评价的途径。

电子商务平台经营者不得删除消费者对其平台内销售的商品或者提供的服务的评价。

第四十条 电子商务平台经营者应当根据商品或者服务的价格、销量、信用等以多种方式向消费者显示商品或者服务的搜索结果；对于竞价排名的商品或者服务，应当显著标明“广告”。

第四十一条 电子商务平台经营者应当建立知识产权保护规则，与知识产权权利人加强合作，依法保护知识产权。

第四十二条 知识产权权利人认为其知识产权受到侵害的，有权通知电子商务平台经营者采取删除、屏蔽、断开链接、终止交易和服务等必要措施。通知应当包括构成侵权的初步证据。

电子商务平台经营者接到通知后，应当及时采取必要措施，并将该通知转送平台内经营者；未及时采取必要措施的，对损害的扩大部分与平台内经营者承担连带责任。

因通知错误造成平台内经营者损害的，依法承担民事责任。恶意发出错误通知，造成平台内经营者损失的，加倍承担赔偿责任。

第四十三条 平台内经营者接到转送的通知后，可以向电子商务平台经营者提交不存在侵权行为的声明。声明应当包括不存在侵权行为的初步证据。

电子商务平台经营者接到声明后，应当将该声明转送发出通知的知识产权权利人，并告知其可以向有关主管部门投诉或者向人民法院起诉。电子商务平台经营者在转送声明到达知识产权权利人后十五日内，未收到权利人已经投诉或者起诉通知的，应当及时终止所采取的措施。

第四十四条 电子商务平台经营者应当及时公示收到的本法第四十二条、

第四十三条规定的通知、声明及处理结果。

第四十五条 电子商务平台经营者知道或者应当知道平台内经营者侵犯知识产权的，应当采取删除、屏蔽、断开链接、终止交易和服务等必要措施；未采取必要措施的，与侵权人承担连带责任。

第四十六条 除本法第九条第二款规定的服务外，电子商务平台经营者可以按照平台服务协议和交易规则，为经营者之间的电子商务提供仓储、物流、支付结算、交收等服务。电子商务平台经营者为经营者之间的电子商务提供服务，应当遵守法律、行政法规和国家有关规定，不得采取集中竞价、做市商等集中交易方式进行交易，不得进行标准化合约交易。

第三章 电子商务合同的订立与履行

第四十七条 电子商务当事人订立和履行合同，适用本章和《中华人民共和国民法总则》《中华人民共和国合同法》《中华人民共和国电子签名法》等法律的规定。

第四十八条 电子商务当事人使用自动信息系统订立或者履行合同的行为对使用该系统的当事人具有法律效力。

在电子商务中推定当事人具有相应的民事行为能力。但是，有相反证据足以推翻的除外。

第四十九条 电子商务经营者发布的商品或者服务信息符合要约条件的，用户选择该商品或者服务并提交订单成功，合同成立。当事人另有约定的，从其约定。

电子商务经营者不得以格式条款等方式约定消费者支付价款后合同不成立；格式条款等含有该内容的，其内容无效。

第五十条 电子商务经营者应当清晰、全面、明确地告知用户订立合同的步骤、注意事项、下载方法等事项，并保证用户能够便利、完整地阅览和下载。

电子商务经营者应当保证用户在提交订单前可以更正输入错误。

第五十一条 合同标的为交付商品并采用快递物流方式交付的，收货人签收时间为交付时间。合同标的为提供服务的，生成的电子凭证或者实物凭证中载明的时间为交付时间；前述凭证没有载明时间或者载明时间与实际提供服务时间不一致的，实际提供服务的时间为交付时间。

合同标的为采用在线传输方式交付的，合同标的进入对方当事人指定的特定系统并且能够检索识别的时间为交付时间。

合同当事人对交付方式、交付时间另有约定的，从其约定。

第五十二条 电子商务当事人可以约定采用快递物流方式交付商品。

快递物流服务提供者为电子商务提供快递物流服务，应当遵守法律、行政法规，并应当符合承诺的服务规范和时限。快递物流服务提供者在交付商品时，应当提示收货人当面查验；交由他人代收的，应当经收货人同意。

快递物流服务提供者应当按照规定使用环保包装材料，实现包装材料的减量化和再利用。

快递物流服务提供者在提供快递物流服务的同时，可以接受电子商务经营者的委托提供代收货款服务。

第五十三条 电子商务当事人可以约定采用电子支付方式支付价款。

电子支付服务提供者为电子商务提供电子支付服务，应当遵守国家规定，告知用户电子支付服务的功能、使用方法、注意事项、相关风险和收费标准等事项，不得附加不合理交易条件。电子支付服务提供者应当确保电子支付指令的完整性、一致性、可跟踪稽核和不可篡改。

电子支付服务提供者应当向用户免费提供对账服务以及最近三年的交易记录。

第五十四条 电子支付服务提供者提供电子支付服务不符合国家有关支付安全管理要求，造成用户损失的，应当承担赔偿责任。

第五十五条 用户在发出支付指令前，应当核对支付指令所包含的金额、收款人等完整信息。

支付指令发生错误的，电子支付服务提供者应当及时查找原因，并采取相关措施予以纠正。造成用户损失的，电子支付服务提供者应当承担赔偿责任，但能够证明支付错误非自身原因造成的除外。

第五十六条 电子支付服务提供者完成电子支付后，应当及时准确地向用户提供符合约定方式的确认支付的信息。

第五十七条 用户应当妥善保管交易密码、电子签名数据等安全工具。用户发现安全工具遗失、被盗用或者未经授权的支付的，应当及时通知电子支付服务提供者。

未经授权的支付造成的损失，由电子支付服务提供者承担；电子支付服务提供者能够证明未经授权的支付是因用户的过错造成的，不承担责任。

电子支付服务提供者发现支付指令未经授权，或者收到用户支付指令未经授权的通知时，应当立即采取措施防止损失扩大。电子支付服务提供者未及时采取措施导致损失扩大的，对损失扩大部分承担责任。

第四章 电子商务争议解决

第五十八条 国家鼓励电子商务平台经营者建立有利于电子商务发展和消费者权益保护的商品、服务质量担保机制。

电子商务平台经营者与平台内经营者协议设立消费者权益保证金的，双方应当就消费者权益保证金的提取数额、管理、使用和退还办法等作出明确约定。

消费者要求电子商务平台经营者承担先行赔偿责任以及电子商务平台经营者赔偿后向平台内经营者的追偿，适用《中华人民共和国消费者权益保护法》的有关规定。

第五十九条 电子商务经营者应当建立便捷、有效的投诉、举报机制，公开投诉、举报方式等信息，及时受理并处理投诉、举报。

第六十条 电子商务争议可以通过协商和解，请求消费者组织、行业协会或者其他依法成立的调解组织调解，向有关部门投诉，提请仲裁，或者提起诉讼等方式解决。

第六十一条 消费者在电子商务平台购买商品或者接受服务，与平台内经营者发生争议时，电子商务平台经营者应当积极协助消费者维护合法权益。

第六十二条 在电子商务争议处理中，电子商务经营者应当提供原始合同和交易记录。因电子商务经营者丢失、伪造、篡改、销毁、隐匿或者拒绝提供前述资料，致使人民法院、仲裁机构或者有关机关无法查明事实的，电子商务经营者应当承担相应的法律责任。

第六十三条 电子商务平台经营者可以建立争议在线解决机制，制定并公示争议解决规则，根据自愿原则，公平、公正地解决当事人的争议。

第五章 电子商务促进

第六十四条 国务院和省、自治区、直辖市人民政府应当将电子商务发展纳入国民经济和社会发展规划，制定科学合理的产业政策，促进电子商务创新发展。

第六十五条 国务院和县级以上地方人民政府及其有关部门应当采取措施，支持、推动绿色包装、仓储、运输，促进电子商务绿色发展。

第六十六条 国家推动电子商务基础设施和物流网络建设，完善电子商务统计制度，加强电子商务标准体系建设。

第六十七条 国家推动电子商务在国民经济各个领域的应用，支持电子商务与各产业融合发展。

第六十八条 国家促进农业生产、加工、流通等环节的互联网技术应用，鼓励各类社会资源加强合作，促进农村电子商务发展，发挥电子商务在精准扶贫中的作用。

第六十九条 国家维护电子商务交易安全，保护电子商务用户信息，鼓励电子商务数据开发应用，保障电子商务数据依法有序自由流动。

国家采取措施推动建立公共数据共享机制，促进电子商务经营者依法利用公共数据。

第七十条 国家支持依法设立的信用评价机构开展电子商务信用评价，向社会提供电子商务信用评价服务。

第七十一条 国家促进跨境电子商务发展，建立健全适应跨境电子商务特点的海关、税收、进出境检验检疫、支付结算等管理制度，提高跨境电子商务各环节便利化水平，支持跨境电子商务平台经营者等为跨境电子商务提供仓储物流、报关、报检等服务。

国家支持小型微型企业从事跨境电子商务。

第七十二条 国家进出口管理部门应当推进跨境电子商务海关申报、纳税、检验检疫等环节的综合服务和监管体系建设，优化监管流程，推动实现信息共享、监管互认、执法互助，提高跨境电子商务服务和监管效率。跨境电子商务经营者可以凭电子单证向国家进出口管理部门办理有关手续。

第七十三条 国家推动建立与不同国家、地区之间跨境电子商务的交流合作，参与电子商务国际规则的制定，促进电子签名、电子身份等国际互认。

国家推动建立与不同国家、地区之间的跨境电子商务争议解决机制。

第六章 法律责任

第七十四条 电子商务经营者销售商品或者提供服务，不履行合同义务或者履行合同义务不符合约定，或者造成他人损害的，依法承担民事责任。

第七十五条 电子商务经营者违反本法第十二条、第十三条规定，未取得相关行政许可从事经营活动，或者销售、提供法律、行政法规禁止交易的商品、服务，或者不履行本法第二十五条规定的信息提供义务，电子商务平台经营者违反本法第四十六条规定，采取集中交易方式进行交易，或者进行标准化合约交易的，依照有关法律、行政法规的规定处罚。

第七十六条 电子商务经营者违反本法规定，有下列行为之一的，由市场监督管理部门责令限期改正，可以处一万元以下的罚款，对其中的电子商务平台经营者，依照本法第八十一条第一款的规定处罚：

（一）未在首页显著位置公示营业执照信息、行政许可信息、属于不需要办理市场主体登记情形等信息，或者上述信息的链接标识的；

（二）未在首页显著位置持续公示终止电子商务的有关信息的；

（三）未明示用户信息查询、更正、删除以及用户注销的方式、程序，或者对用户信息查询、更正、删除以及用户注销设置不合理条件的。

电子商务平台经营者对违反前款规定的平台内经营者未采取必要措施的，由市场监督管理部门责令限期改正，可以处二万元以上十万元以下的罚款。

第七十七条 电子商务经营者违反本法第十八条第一款规定提供搜索结

果，或者违反本法第十九条规定搭售商品、服务的，由市场监督管理部门责令限期改正，没收违法所得，可以并处五万元以上二十万元以下的罚款；情节严重的，并处二十万元以上五十万元以下的罚款。

第七十八条 电子商务经营者违反本法第二十一条规定，未向消费者明示押金退还的方式、程序，对押金退还设置不合理条件，或者不及时退还押金的，由有关主管部门责令限期改正，可以处五万元以上二十万元以下的罚款；情节严重的，处二十万元以上五十万元以下的罚款。

第七十九条 电子商务经营者违反法律、行政法规有关个人信息保护的规定，或者不履行本法第三十条和有关法律、行政法规规定的网络安全保障义务的，依照《中华人民共和国网络安全法》等法律、行政法规的规定处罚。

第八十条 电子商务平台经营者有下列行为之一的，由有关主管部门责令限期改正；逾期不改正的，处二万元以上十万元以下的罚款；情节严重的，责令停业整顿，并处十万元以上五十万元以下的罚款：

（一）不履行本法第二十七条规定的核验、登记义务的；

（二）不按照本法第二十八条规定向市场监督管理部门、税务部门报送有关信息的；

（三）不按照本法第二十九条规定对违法情形采取必要的处置措施，或者未向有关主管部门报告的；

（四）不履行本法第三十一条规定的商品和服务信息、交易信息保存义务的。

法律、行政法规对前款规定的违法行为的处罚另有规定的，依照其规定。

第八十一条 电子商务平台经营者违反本法规定，有下列行为之一的，由市场监督管理部门责令限期改正，可以处二万元以上十万元以下的罚款；情节严重的，处十万元以上五十万元以下的罚款：

（一）未在首页显著位置持续公示平台服务协议、交易规则信息或者上述信息的链接标识的；

（二）修改交易规则未在首页显著位置公开征求意见，未按照规定的时间提前公示修改内容，或者阻止平台内经营者退出的；

（三）未以显著方式区分标记自营业务和平台内经营者开展的业务的；

（四）未为消费者提供对平台内销售的商品或者提供的服务进行评价的途径，或者擅自删除消费者的评价的。

电子商务平台经营者违反本法第四十条规定，对竞价排名的商品或者服务未显著标明“广告”的，依照《中华人民共和国广告法》的规定处罚。

第八十二条 电子商务平台经营者违反本法第三十五条规定，对平台内经营者在平台内的交易、交易价格或者与其他经营者的交易等进行不合理限制或者附加不合理条件，或者向平台内经营者收取不合理费用的，由市场监督管理部门责令限期改正，可以处五万元以上五十万元以下的罚款；情节严重的，处五十万元以上二百万元以下的罚款。

第八十三条 电子商务平台经营者违反本法第三十八条规定，对平台内经营者侵害消费者合法权益行为未采取必要措施，或者对平台内经营者未尽到资质资格审核义务，或者对消费者未尽到安全保障义务的，由市场监督管理部门责令限期改正，可以处五万元以上五十万元以下的罚款；情节严重的，责令停业整顿，并处五十万元以上二百万元以下的罚款。

第八十四条 电子商务平台经营者违反本法第四十二条、第四十五条规定，对平台内经营者实施侵犯知识产权行为未依法采取必要措施的，由有关知识产权行政部门责令限期改正；逾期不改正的，处五万元以上五十万元以下的罚款；情节严重的，处五十万元以上二百万元以下的罚款。

第八十五条 电子商务经营者违反本法规定，销售的商品或者提供的服务不符合保障人身、财产安全的要求，实施虚假或者引人误解的商业宣传等不正当竞争行为，滥用市场支配地位，或者实施侵犯知识产权、侵害消费者权益等行为的，依照有关法律的规定处罚。

第八十六条 电子商务经营者有本法规定的违法行为的，依照有关法律、行政法规的规定记入信用档案，并予以公示。

第八十七条 依法负有电子商务监督管理职责的部门的工作人员，玩忽职守、滥用职权、徇私舞弊，或者泄露、出售或者非法向他人提供在履行职责中所知悉的个人信息、隐私和商业秘密的，依法追究法律责任。

第八十八条 违反本法规定，构成违反治安管理行为的，依法给予治安管理处罚；构成犯罪的，依法追究刑事责任。

第七章　附　　则

第八十九条　本法自2019年1月1日起施行。

中华人民共和国电子商务法（草案）（初次审议稿）

目　　录

第一章　总　　则

第一条　为了促进电子商务持续健康发展，规范市场秩序，保障电子商务活动中各方主体的合法权益，制定本法。

第二条　在中华人民共和国境内发生或者有境内电子商务经营主体、消费者参与的电子商务活动，适用本法。

第三条　本法所称电子商务，是指通过互联网等信息网络进行商品交易或者服务交易的经营活动。

法律、行政法规对商品交易或者服务交易有特别规定的，适用其规定。涉及金融类产品和服务、利用信息网络播放音视频节目以及网络出版等内容方面的服务，不适用本法。

第四条　国家鼓励发展电子商务新业态，创新商业模式，促进新技术在电子商务中的应用，营造有利于创新发展的市场环境。

第五条　从事电子商务活动，应当遵循自愿、公平、诚实信用的原则，遵守公认的商业道德。

国家鼓励电子商务信用体系建设，鼓励建立健全电子商务信用记录、信用评价、信用管理制度，完善电子商务信用服务保障制度。

第六条　国家发挥市场在资源配置中的决定性作用，鼓励和支持电子商务经营主体依法自主经营、自律管理。

第七条　国务院和县级以上地方人民政府应当将电子商务发展纳入国民经济和社会发展规划，制定科学合理的产业政策，完善标准体系建设，根据电子商务活动的特点完善和创新电子商务管理体制和管理方式。

第八条　电子商务行业组织和电子商务经营主体应当加强行业自律，建立健全行业规范和网络规范，引导本行业经营者公平竞争，推动行业诚信建设。

国家鼓励、支持和引导电子商务行业组织、电子商务经营主体和消费者共同参与电子商务市场治理。

第九条　国家平等对待线上线下商务活动，促进线上线下融合发展，各级人民政府和有关部门不得采取歧视性的政策措施。

第十条 国家维护电子商务交易安全，保护电子商务用户信息，鼓励电子商务数据交换共享，保障电子商务数据依法有序流动和合理利用。

第二章 电子商务经营主体

第一节 一般规定

第十一条 本法所称电子商务经营主体，是指电子商务第三方平台和电子商务经营者。

本法所称电子商务第三方平台，是指在电子商务活动中为交易双方或者多方提供网页空间、虚拟经营场所、交易撮合、信息发布等服务，供交易双方或者多方独立开展交易活动的法人或者其他组织。

本法所称电子商务经营者，是指除电子商务第三方平台以外，通过互联网等信息网络销售商品或者提供服务的自然人、法人或者其他组织。

第十二条 电子商务经营主体应当依法办理工商登记。但是，依法无须取得许可的以个人技能提供劳务、家庭手工业、农产品自产自销以及依照法律法规不需要进行工商登记的除外。具体办法由国务院规定。

自然人通过电子商务第三方平台从事电子商务活动的，应当向电子商务第三方平台提交其姓名、地址、身份证明、联系方式等真实信息。

第十三条 电子商务经营主体应当依法从事经营活动。需要取得相关行政许可的，应当依法取得行政许可。

第十四条 电子商务经营主体销售商品或者提供服务应当符合法律、行政法规的规定。

法律、行政法规禁止交易的商品或者服务，电子商务经营主体不得销售或者提供。

第十五条 电子商务经营主体应当依法履行纳税义务，并有依照专门税收法律规定享受税收优惠的权利。

第十六条 电子商务经营主体销售商品或者提供服务应当出具纸质发票

或者电子发票。

电子发票与纸质发票具有同等法律效力。

第十七条 电子商务经营主体应当在其主页面显著位置公示营业执照信息，以及与其经营业务有关的行政许可信息。

电子商务经营主体的营业执照信息或者行政许可信息发生变更，应当及时公示。

第十八条 电子商务经营者自行终止从事电子商务活动的，应当提前六十日在主页面显著位置公示有关信息，并采取必要措施保障消费者的合法权益。

电子商务第三方平台自行终止提供交易平台服务，应当提前九十日在主页面显著位置公示有关信息，并采取必要措施保障相关经营者和消费者的合法权益。

第二节 电子商务第三方平台

第十九条 电子商务第三方平台应当对申请进入平台销售商品或者提供服务的经营者身份、行政许可等信息进行审查和登记，建立登记档案，并定期核验更新。

电子商务第三方平台应当对平台内的商品或者服务信息进行检查监控，发现违反本法第十三条和第十四条规定情形的，应当依法及时向有关部门报告，并采取必要措施。

第二十条 电子商务第三方平台应当依照法律规定，为有关部门的执法活动提供技术支持和协助。

电子商务第三方平台依据平台服务协议和交易规则对经营者实施警示、暂停或者终止服务等措施的，应当及时公示，并将涉嫌违法的信息报送有关部门。

第二十一条 电子商务第三方平台应当采取必要的技术手段和管理措施保证平台的正常运行，提供必要、可靠的交易环境和服务，保障电子商务交易安全。

电子商务第三方平台应当依法建立突发事件应急预案，发生突发事件时，应当立即启动应急预案，采取相应的补救措施，并依法向有关部门报告。

第二十二条 电子商务第三方平台应当遵循公开、公平、公正的原则，制定平台服务协议和交易规则，明确进入和退出平台、商品和服务质量保障、消费者权益保护等方面的权利和义务。

平台服务协议和交易规则应当在电子商务第三方平台以显著方式持续显示，从技术上保证经营者和消费者能够便利、完整地阅览和保存，并按照规定向有关部门备案。

电子商务第三方平台应当建立健全信用评价体系，公示信用评价规则，提供客观、公正、合理的信用评价。

第二十三条 电子商务第三方平台应当遵循公开、合理原则修改交易规则，在其主页面显著位置公开征求意见，采取合理措施确保有关各方能够及时充分表达意见，修改内容应当至少提前七日予以公示。

经营者不接受修改内容，申请退出平台的，电子商务第三方平台应当允许其退出，并按照修改前的交易规则承担相关责任。

第二十四条 电子商务第三方平台在其平台上开展商品或者服务自营业务的，应当以显著方式区分标记自营业务和平台内经营者开展的经营业务，不得误导消费者。

第二十五条 电子商务第三方平台应当记录、保存平台上发布的商品和服务信息、交易信息，并确保信息真实、完整、准确。商品和服务信息、交易信息保存时间自交易完成之日起不少于三年。法律另有规定的，从其规定。

第三章 电子商务交易与服务

第一节 电子合同

第二十六条 当事人订立电子合同，适用本法规定。本法没有规定的，适用《中华人民共和国合同法》《中华人民共和国电子签名法》的规定。

第二十七条 电子合同当事人在电子商务活动中推定其具有相应的民事行为能力，其意思表示真实。但是有相反证据证明的除外。

第二十八条 电子商务经营主体发布的商品或者服务信息符合要约条件的，当事人选择该商品或者服务并提交订单，合同成立。当事人另有约定的，从其约定。

电子形式的要约或者承诺能够由收件人检索识别的时间视为该要约或者承诺到达的时间。

第二十九条 电子合同当事人使用自动交易信息系统订立或者履行合同的行为对使用该系统的当事人具有法律效力。

第三十条 电子合同使用自动交易系统的，在人机互动中用户发生输入错误，而该系统未提供更正错误的方式，同时符合以下要求的，用户有权撤回输入错误的部分：

（一）该用户在发生错误后立即通知对方当事人有输入错误发生；

（二）该用户没有从对方当事人处获得实质性的利益或者价值。

第二节 电子支付

第三十一条 本法所称电子支付，是指付款人与收款人为电子商务活动的需要，通过电子形式的支付指令实现货币资金转移的行为。

中国人民银行和国务院银行业监督管理机构应当依法对电子支付服务提供者进行监督管理。

第三十二条 电子支付服务提供者应当提供安全的支付服务。电子支付服务提供者提供的服务不符合国家有关金融信息安全管理要求，造成电子支付服务接受者损失的，应当承担返还资金、补充差额、赔偿应偿利息损失的责任。

电子支付服务提供者为电子支付服务接受者开立账户的，应对账户实行实名制管理，不得开立匿名、假名账户。

电子支付服务提供者应当告知电子支付服务接受者电子支付服务的功能、使用方法、注意事项、相关风险和收费标准等事项，不得附加不合理交易条件。电子支付服务提供者应当确保电子支付指令的完整性、一致性、可跟踪稽核和不可篡改。

电子支付服务提供者应当向电子支付服务接受者免费提供对账服务以及

最近三年的交易记录。

第三十三条 电子支付服务接受者应当向电子支付服务提供者提供真实有效的身份信息和联系信息，并在相关信息变更后及时通知电子支付服务提供者。

电子支付服务接受者应当按照与电子支付服务提供者的约定，在合法范围内使用电子支付服务、支付服务费用，妥善保管交易密码、电子签名数据等安全工具。电子支付服务接受者发现安全工具遗失、被盗用或者其他未授权交易的，应当及时通知电子支付服务提供者。

第三十四条 电子支付服务提供者完成电子支付后，应当及时准确地向电子支付服务接受者提供符合约定方式的确认支付信息。

电子支付指令未能成功执行的，电子支付服务提供者应当及时提示电子支付服务接受者，采取必要补救措施。

第三十五条 电子支付服务接受者应当对所发出的支付指令的正确性负责，在发出支付指令前应当核对支付指令所包含的金额、收款人等完整信息。

支付指令发生错误的，电子支付服务提供者应当及时查找原因，并采取相关措施予以纠正。造成电子支付服务接受者损失的，电子支付服务提供者应当承担赔偿责任，但能够证明支付错误非自身原因造成的除外。

第三十六条 电子支付服务提供者发现支付指令未经授权，或者收到电子支付服务接受者支付指令未经授权的通知时，应当立即采取措施防止损失扩大。电子支付服务提供者未及时采取措施导致损失扩大的，对损失扩大部分承担责任。

未经授权的支付造成的损失，由电子支付服务提供者承担，法律另有规定的除外。能够证明未授权支付是因电子支付服务接受者的过错造成的，且电子支付服务提供者能够证明自己没有过错的，电子支付服务提供者不承担责任。

第三十七条 电子支付服务提供者不得挪用备付金。电子支付服务接受者可以按照约定要求电子支付服务提供者将其备付金划转至本人结算账户，电子支付服务提供者不得设置障碍或者收取不合理的费用。

本法所称备付金，是指非银行支付机构作为电子支付服务提供者，办理电子支付服务接受者委托的支付业务而实际收到的预收待付货币资金。

第三节　快递物流与交付

第三十八条　快递物流服务提供者的设立、变更和终止，以及为电子商务提供快递物流服务应当遵守有关法律、行政法规的规定。

快递物流服务提供者以加盟方式为电子商务提供服务的，在加盟地域和业务范围内均应当具备经营资质，并签订书面协议约定权利义务。

本法所称加盟，是指两个以上快递物流服务提供者依照有关法律、行政法规的规定采用统一的商标、商号或者运单等，共同组成服务网络，遵守共同的服务约定提供快递物流服务的行为。

第三十九条　快递物流服务提供者应当向社会公示服务承诺事项。服务承诺事项发生变更的，应当及时公示。

快递物流服务提供者进行作业时，应当加强服务信息化、网络化和标准化建设，规范数据处理和数据管理程序，保证作业信息准确和可追溯。

快递物流服务提供者在服务过程中，电子商务交易物品发生延误、丢失、损毁或者短少的，应当依法赔偿。以加盟方式提供快递物流服务的，加盟方与被加盟方承担连带赔偿责任。

第四十条　快递物流服务提供者应当建立并严格实施作业技术规范，确保作业过程的安全性。

快递物流服务提供者在揽收电子商务交易物品时应当履行查验义务，不得违法揽收国家规定的禁止和限制寄递、运输的物品。

第四十一条　快递物流服务接受者应当如实填写快递物流运单。快递物流服务提供者应当核对运单信息，对于运单填写不完整或者信息填写不实的，不予揽收。

对于与快递物流服务接受者有特殊约定或者提供代收货款服务的，快递物流服务提供者应当与快递物流服务接受者在合同中明确电子商务交易物品交付验收的权利义务。

第四十二条　快递物流服务提供者提供代收货款服务的，应当建立严格的现金管理、安全管理和风险管控制度。快递物流服务提供者应当与电子商务经营主体签订协议，对收费标准、服务方式、争议处理等作出约定。

本法所称代收货款，是指快递物流服务提供者利用服务网络和资源，在提供快递物流服务的同时，为电子商务经营主体代收货款并结算的快递物流增值业务。

第四十三条 电子商务经营主体向消费者专项收取的快递物流服务费用不得高于快递物流服务提供者公示的服务价格，不得利用自身经营优势限定消费者选择快递物流服务提供者的范围。

第四十四条 电子合同的标的为交付商品并采用快递物流方式交付的，以快递物流服务接受者签收时间为交付时间。电子合同的标的为提供服务的，以生成的电子或者实物凭证中所载明的时间为交付时间。

电子合同的标的为在线提供数字产品的，以承担交付义务的一方当事人将数字产品发送至对方当事人指定的特定系统并且能够检索识别的时间为交付时间。

电子合同当事人对商品、服务和数字产品的交付方式、交付时间另有约定的，从其约定。

第四章 电子商务交易保障

第一节 电子商务数据信息

第四十五条 电子商务用户依法享有对其个人信息自主决定的权利。

本法所称个人信息，是指电子商务经营主体在电子商务活动中收集的姓名、身份证件号码、住址、联系方式、位置信息、银行卡信息、交易记录、支付记录、快递物流记录等能够单独或者与其他信息结合识别特定用户的信息。

第四十六条 电子商务经营主体收集用户个人信息，应当遵循合法、正当、必要原则，事先向用户明示信息收集、处理和利用的规则，并征得用户的同意。

电子商务经营主体不得以拒绝为用户提供服务为由强迫用户同意其收集、处理、利用个人信息。

禁止采用非法交易、非法入侵、欺诈、胁迫或者其他未经用户授权的手段收集个人信息。

电子商务经营主体修改个人信息收集、处理、利用规则的，应当取得用户的同意。用户不同意的，电子商务经营主体应当提供相应的救济方法。

第四十七条 用户有权查询与本人有关的个人信息。电子商务经营主体收到用户查询请求的，应当在核实身份后及时提供查询结果。用户对错误信息提出更正补充请求的，电子商务经营主体应当及时更正补充。

第四十八条 电子商务经营主体对个人信息的处理和利用应当符合用户同意的处理利用规则。电子商务经营主体处理、利用个人信息的行为可能侵害用户合法权益的，用户有权请求电子商务经营主体中止相关行为。

电子商务经营主体变更收集信息时约定的处理、利用的目的、方式和范围的，应当告知用户，并征得用户的明示同意。

法定或者约定保存期限届满，电子商务经营主体应当主动或者按照用户的请求删除、停止处理和利用，或者销毁相关个人信息。

第四十九条 电子商务经营主体应当建立健全内部控制制度和技术管理措施，防止信息泄露、丢失、毁损，确保电子商务数据信息安全。

在发生或者可能发生用户个人信息泄露、丢失、毁损时，电子商务经营主体应当立即采取补救措施，及时告知用户，并向有关部门报告。

第五十条 电子商务经营主体交换共享电子商务数据信息的，应当对数据信息进行必要的处理，使之无法识别特定个人及其终端，并且无法复原。

第五十一条 电子商务经营主体应当依照法律、行政法规的规定向国家有关部门提供电子商务数据信息，有关部门应当采取必要措施保护相关数据信息的安全。

第五十二条 国家采取有效措施推动建立公共数据共享机制，促进电子商务经营主体依法利用公共数据，保障电子商务交易的真实性、可靠性和安全性。

第二节 市场秩序与公平竞争

第五十三条 电子商务经营主体应当依法保护知识产权，建立知识产权保护规则。电子商务第三方平台明知平台内电子商务经营者侵犯知识产权的，应当依法采取删除、屏蔽、断开链接、终止交易和服务等必要措施。

第五十四条 电子商务第三方平台接到知识产权权利人发出的平台内经营者实施知识产权侵权行为通知的，应当及时将该通知转送平台内经营者，并依法采取必要措施。知识产权权利人因通知错误给平台内经营者造成损失的，依法承担民事责任。

平台内经营者接到转送的通知后，向电子商务第三方平台提交声明保证不存在侵权行为的，电子商务第三方平台应当及时终止所采取的措施，将该经营者的声明转送发出通知的知识产权权利人，并告知该权利人可以向有关行政部门投诉或者向人民法院起诉。

电子商务第三方平台应当及时公示收到的通知、声明及处理结果。

第五十五条 从事电子商务活动，不得有下列不正当竞争行为：

（一）擅自使用与他人域名主体部分、网站名称、网页等知名商业标识相同或者近似的商业标识，误导公众，导致市场混淆；

（二）假冒链接、混淆链接等不正当链接；

（三）攻击或者入侵其他经营者的网络系统、恶意访问、拦截、篡改其他经营者的网络店铺，影响正常经营活动；

（四）擅自使用政府部门或者社会组织电子标识，引人误解；

（五）利用服务协议等手段，限制交易、滥收费用或者附加不合理交易条件；

（六）法律、法规规定的其他不正当竞争行为。

第五十六条 从事电子商务活动，不得实施下列损害电子商务信用评价的行为：

（一）以虚构交易、删除不利评价、有偿或者以其他条件换

取有利评价等形式，为自己或者他人提升商业信誉；

（二）违背事实的恶意评价损害他人商业信誉；

（三）骚扰或者威胁交易对方，迫使其违背意愿作出、修改、删除商品或者服务评价；

（四）篡改或者选择性披露电子商务经营主体的信用评价记录；

（五）发布不实信用评价信息；

（六）其他违反法律法规以及客观、公正、合理原则的信用评价行为。

第三节 消费者权益保护

第五十七条 电子商务经营主体应当全面、真实、准确披露商品或者服务信息，保障消费者知情权和选择权。

第五十八条 商品生产者、销售者应当对其提供的商品质量负责，服务提供者应当对其提供的服务质量负责。消费者通过电子商务第三方平台购买商品或者接受服务，其合法权益受到损害的，可以向商品生产者、销售者或者服务提供者要求赔偿。

电子商务第三方平台不能向消费者提供平台内经营者的真实名称、地址和其他有效联系方式的，消费者可以要求电子商务第三方平台先行赔偿；电子商务第三方平台向消费者赔偿后，有权向平台内经营者追偿。

第五十九条 电子商务经营主体销售商品或者提供服务，应当保证商品或者服务的完整性，不得将商品或者服务不合理拆分，不得另行收取不合理费用。

第六十条 电子商务经营主体制定、修改交易规则和格式条款，应当征求消费者和消费者组织的意见。

第六十一条 鼓励电子商务第三方平台建立有利于电子商务发展和消费者权益保护的商品或者服务质量担保机制。

电子商务第三方平台与经营者协议设立消费者权益保证金的，双方应当就消费者权益保证金的提取数额、管理、使用和退还办法等作出明确约定。

第六十二条 消费者在电子商务第三方平台购买商品或者接受服务，与平台内经营者发生争议时，电子商务第三方平台应当积极协助消费者维护自身合法权益。

第四节 争议解决

第六十三条 电子商务活动当事人之间发生争议的，可以通过协商和解，请求消费者组织、行业协会或者其他依法成立的调解组织调解，向有关部门投诉，提请仲裁机构仲裁，或者向人民法院提起诉讼等方式解决。

第六十四条 国家鼓励电子商务各方主体建立电子商务在线争议解决机制。

第六十五条 电子商务第三方平台可以建立争议解决机制，制定并公示争议解决规则，公平、公正地解决当事人的争议。

当事人可以采用前款规定的争议解决机制处理争议。当事人对处理决定有异议的，可以依法提请仲裁或者提起诉讼。

第六十六条 平台内经营者与第三方平台发生争议，平台内经营者一方人数众多并有共同请求的，可以推选代表人参加协商、调解、仲裁、诉讼活动。

第五章 跨境电子商务

第六十七条 跨境电子商务是指通过互联网等信息网络从事商品或者服务进出口的经营活动。

自然人、法人或者其他组织从事跨境电子商务，应当遵守国家有关进出口监督管理的法律法规，如实向国家进出口管理部门提供订单、物流、支付以及与交易相关的数据信息，并承担相应的法律责任。

第六十八条 国家促进跨境电子商务的发展，支持从事跨境电子商务活动的小微企业、跨境电子商务综合服务提供者和相关服务企业依法开展经营。

跨境电子商务综合服务提供者是指在跨境电子商务活动中接受委托为他人提供办理报关、报检等进出口手续服务，并为电子商务经营主体提供相关信用融资等服务的经营者。

第六十九条 国家进出口管理部门应当建立跨境电子商务通关、税收、检验检疫等制度，推进“单一窗口”建设，实现信息共享、监管互认、执法互助，提高通关效率，保障贸易安全，促进贸易便利化。

第七十条 国家推进跨境电子商务活动进出口申报、纳税、检验检疫等环节的电子化。电子清单、电子税单等电子单证与纸质单证具有同等法律效力。

跨境电子商务经营主体可以凭电子单证向国家进出口管理部门办理有关

手续。

第七十一条 电子商务经营主体从事跨境电子商务活动，应当依法保护交易中获得的个人信息和商业数据。

国家建立跨境电子商务交易数据的存储、交换和保护机制。

第七十二条 从事跨境电子商务活动，应当遵守本法及其他相关法律的规定，同时遵守中华人民共和国所缔结或参加的国际条约、协定的规定。

第七十三条 国家推动建立与不同国家、地区间跨境电子商务的交流合作，参与电子商务国际规则的制定，促进电子签名、电子身份等国际相互承认。

国家推动和建立与不同国家、地区之间的跨境电子商务争议解决制度。

第六章 监督管理

第七十四条 国务院有关部门依据本法和有关法律、行政法规对电子商务活动进行监督管理。县级以上地方各级人民政府可以按照本行政区域的实际情形，确定本行政区域内电子商务的部门管理职责划分。

第七十五条 国务院应当建立电子商务管理综合协调机制，建立符合电子商务特点的协同管理体系。

第七十六条 国家推动电子商务基础设施建设，完善电子商务统计，推进电子商务标准化工作。

第七十七条 国务院及其有关部门、地方制定有关电子商务的行政法规、规章、地方性法规，不得违反本法及相关法律的规定，不得排除、限制市场竞争。

第七十八条 电子商务经营主体和第三方信用评价机构应当建立信用评价体系，公开信用评价规则，提供信用评价服务，共享信用评价信息，对不良信用记录情节严重者实施失信联动惩戒机制。

第七十九条 各级人民政府有关部门、行业协会、电子商务经营主体、消费者及其他组织通过行政管理、行业自律、平台治理、消费者维权和监督等机制，建立多元共治的电子商务管理模式。

第八十条 电子商务行业组织应当履行行业自律职责，制定行业自律规范，接受各级人民政府有关部门业务指导和监督检查，指导、规范电子商务经营主体依法生产经营。

第七章 法律责任

第八十一条 电子商务经营主体提供商品或者服务造成他人损失的，应当依照本法和其他相关法律、法规的规定，承担民事责任。

第八十二条 电子商务经营主体违反本法第十三条、第十四条第二款、第二十条第一款的规定，由行政机关责令限期改正，并依法给予行政处罚。

第八十三条 电子商务经营主体违反本法第十七条、第十八条、第二十条第二款、第二十二条、第二十三条的规定，由各级人民政府有关部门责令限期改正，并处以三万元以上十万元以下的罚款。

第八十四条 电子商务第三方平台违反本法第十九条、第二十一条、第二十四条、第二十五条的规定，不履行平台内经营者身份核验义务、信息检查监控义务、提供稳定安全服务义务、自营与他营业务区分义务、商品和服务信息、交易记录信息保存义务的，由各级人民政府有关部门责令限期改正；逾期不改正的，责令停业整顿，并处以三万元以上十万元以下的罚款；情节严重的，吊销营业执照，并处以十万元以上五十万元以下的罚款。

第八十五条 电子支付服务提供者违反本法第三十二条第一款、第三十二条第二款、第三十七条的规定，不履行保证支付服务安全性、不履行账户实名制管理、备付金的使用与管理义务的，由人民银行和银行业监督管理机构分别依职权责令限期改正，对单位处十万元以上五十万元以下罚款，对直接负责的主管人员和其他直接负责人员处三万元以上十万元以下的罚款；有违法所得的，没收违法所得；情节特别严重或者逾期不改正的，责令停业整顿直至吊销其经营许可证。

第八十六条 快递物流服务提供者违反本法第四十条的规定寄递、运输违禁品的，由各级人民政府有关部门处以十万元以上五十万元以下的罚款。

快递物流服务提供者、电子商务经营者违反本法第四十二条第一款规定的，由各级人民政府有关部门处以三万元以上十万元以下的罚款；造成严重后果的，处以十万元以上五十万元以下的罚款。

电子商务经营主体违反本法第四十三条的规定，由各级人民政府有关部门根据情节处以警告、没收违法所得或者三万元以上十万元以下的罚款。

第八十七条 电子商务经营主体违反本法第四十六条、第四十七条、第四十八条、第四十九条、第五十条的规定，未履行电子商务消费者个人信息保护义务的，各级人民政府有关部门可以根据情节单处或者并处警告、三万元以上十万元以下的罚款；情节严重的，责令停业整顿直至吊销营业执照，并处以十万元以上五十万元以下的罚款。

第八十八条 电子商务第三方平台违反本法第五十三条的规定，明知平台内经营者实施侵犯知识产权行为未采取必要措施的，由各级人民政府有关部门责令限期改正；逾期不改正的，责令停业整顿，并处以三万元以上十万元以下的罚款；情节严重的，吊销营业执照，并处以十万元以上五十万元以下的罚款。

第八十九条 电子商务经营主体违反本法第五十五条和《中华人民共和国反不正当竞争法》的规定，依照《中华人民共和国反不正当竞争法》的规定予以处罚。

电子商务经营主体违反本法第五十六条的规定，由各级人民政府有关部门责令限期改正；逾期不改正的，责令停业整顿，并处以三万元以上十万元以下的罚款；情节严重的，吊销营业执照，并处以十万元以上五十万元以下的罚款。

第九十条 电子商务经营主体违反本法第五十八条、第五十九条和《中华人民共和国消费者权益保护法》《中华人民共和国产品质量法》《中华人民共和国计量法》的规定，侵害消费者权益的，由各级人民政府有关部门依照相关法律法规的规定予以处罚。

第九十一条 电子商务经营主体违反本法规定，应当承担民事赔偿责任和缴纳罚款、罚金，其财产不足以同时支付的，先承担民事赔偿责任。

第九十二条 各级人民政府有关部门及其工作人员违反本法规定，未履行本法规定的数据信息保护义务的，由其上级机关或者有关机关责令改正；

对直接负责的主管人员和其他直接责任人员依法给予处分；给电子商务经营主体、消费者造成财产损害的，电子商务经营主体、消费者有取得赔偿的权利。

依法负有电子商务监督管理职责的部门的工作人员，玩忽职守、滥用职权、徇私舞弊，尚不构成犯罪的，依法给予处分。

第九十三条 违反本法规定，构成犯罪的，依法追究刑事责任。

第八章 附 则

第九十四条 本法自 年 月 日起施行。

中华人民共和国电子商务法（草案）（二次审议稿）

目 录

第一章 总 则

第一条 为了保障电子商务活动中各方主体的合法权益，规范市场秩序，促进电子商务持续健康发展，制定本法。

第二条 中华人民共和国境内的电子商务活动，适用本法。

法律、行政法规对商品交易或者服务交易有规定的，适用其规定。涉及金融类产品和服务、利用信息网络播放音视频节目、网络出版以及互联网文化产品等内容方面的服务，不适用本法。

第三条 本法所称电子商务，是指通过互联网等信息网络进行商品交易或者服务交易的经营活动。

第四条 国家鼓励发展电子商务新业态，创新商业模式，促进电子商务技术研发和推广应用，推进电子商务诚信体系建设，营造有利于电子商务创新发展的市场环境。

第五条 国家平等对待线上线下商务活动，促进线上线下融合发展，各级人民政府和有关部门不得采取歧视性的政策措施，不得滥用行政权力排除、限制市场竞争。

第六条 电子商务经营者从事经营活动，应当遵循自愿、平等、公平、诚信的原则，遵守法律、行政法规，遵守商业道德，公平参与市场竞争，履行消费者权益保护、知识产权保护、网络安全与个人信息保护等方面的义务，承担产品和服务质量责任，接受政府和社会的监督。

第七条 国务院有关部门依照本法和有关法律、行政法规对电子商务进行监督管理。县级以上地方各级人民政府可以按照本行政区域的实际情况，确定本行政区域内电子商务的部门管理职责划分。

第八条 国务院建立电子商务管理综合协调机制，统筹协调处理电子商务发展中的重大问题。

国家建立符合电子商务特点的协同管理体系，推动形成政府有关部门、电子商务行业组织、电子商务经营者、消费者等共同参与的电子商务市场治理体系。

第九条 电子商务行业组织按照本组织章程开展行业自律，建立健全行业规范，推动行业诚信建设，引导本行业经营者公平参与市场竞争。

第二章　电子商务经营者

第一节　一般规定

第十条　本法所称电子商务经营者，是指通过互联网等信息网络销售商品或者提供服务的自然人、法人和非法人组织，包括自建网站经营的电子商务经营者、电子商务平台经营者、平台内电子商务经营者。

本法所称电子商务平台经营者，是指在电子商务中为交易双方或者多方提供网页空间、虚拟经营场所、交易规则、交易撮合、信息发布等服务，供交易双方或者多方独立开展交易活动的法人或者非法人组织。

本法所称平台内电子商务经营者（以下称平台内经营者），是指通过电子商务平台销售商品或者提供服务的电子商务经营者。

第十一条　电子商务经营者应当依法办理工商登记。但是，销售自产农副产品、销售家庭手工业产品、个人利用自己的技能从事依法无须取得许可的便民劳务活动以及依照法律、行政法规不需要进行工商登记的除外。

第十二条　电子商务经营者从事经营活动，需要取得相关行政许可的，应当依法取得行政许可。

第十三条　电子商务经营者销售或者提供的商品或者服务应当符合保障人身、财产安全的要求，不得销售或者提供法律、行政法规禁止交易的商品或者服务。

第十四条　电子商务经营者应当依法履行纳税义务，并依法享受税收优惠。

第十五条　电子商务经营者销售商品或者提供服务应当按照规定出具纸质发票或者电子发票等购货凭证或者服务单据。电子发票与纸质发票具有同等法律效力。

第十六条　电子商务经营者应当在其主页显著位置，持续公示营业执照信息以及与其经营业务有关的行政许可信息。

电子商务经营者的营业执照信息或者行政许可信息发生变更，应当及时公示。

第十七条 电子商务经营者自行终止从事电子商务的，应当提前六十日在主页显著位置公示有关信息。

第十八条 电子商务经营者应当全面、真实、准确地披露商品或者服务信息，保障消费者的知情权和选择权。电子商务经营者不得以虚假宣传、虚构交易、编造用户评价等方式侵害消费者的知情权。

第十九条 电子商务经营者应当按照承诺或者与消费者约定的方式、时限向消费者交付商品或者服务，并承担商品运输中的风险和责任。但是，消费者与电子商务经营者约定另行选择快递物流服务提供者的除外。

第二十条 电子商务经营者收集、使用其用户的个人信息，应当遵守《中华人民共和国网络安全法》等法律、行政法规规定的个人信息保护规则。

第二十一条 电子商务经营者应当明示用户信息查询、更正、删除以及用户注销的方式和程序，不得对用户信息查询、更正、删除以及用户注销设置不合理条件。

电子商务经营者收到用户信息查询或者更正、删除的申请的，应当在核实身份后及时提供查询或者更正、删除用户信息。用户注销的，电子商务经营者应当删除该用户的信息；但是，依照法律、行政法规的规定或者双方约定保存的，依照其规定。

第二十二条 国家有关部门依照法律、行政法规的规定要求电子商务经营者提供有关电子商务数据信息的，电子商务经营者应当提供。有关部门应当采取必要措施保护电子商务经营者提供的数据信息的安全。

第二节 电子商务平台经营者

第二十三条 电子商务平台经营者应当要求申请进入平台销售商品或者提供服务的经营者提交其身份、联系方式、行政许可等真实信息，进行核验、登记，建立登记档案，并定期更新。

电子商务平台经营者应当按照规定向工商行政管理部门、税务部门报送平台内经营者的身份信息和经营信息。电子商务平台经营者应当配合工商行政管理部门，为应当办理工商登记的经营者办理工商登记提供便利。

第二十四条 电子商务平台经营者发现平台内的商品或者服务信息存在违反本法第十二条、第十三条规定情形的，应当依法采取必要的处置措施，并向有关部门报告。

第二十五条 电子商务平台经营者应当采取技术措施和其他必要措施保证其网络安全、稳定运行，防范网络违法犯罪活动，有效应对网络安全事件，保障电子商务交易安全。

电子商务平台经营者应当制定网络安全事件应急预案，发生网络安全事件时，应当立即启动应急预案，采取相应的补救措施，并向有关部门报告。

第二十六条 电子商务平台经营者应当记录、保存平台上发布的商品和服务信息、交易信息，并确保信息的完整性、保密性、可用性。商品和服务信息、交易信息保存时间自交易完成之日起不少于三年。法律另有规定的，从其规定。

第二十七条 电子商务平台经营者应当遵循公开、公平、公正的原则，制定平台服务协议和交易规则，明确进入和退出平台、商品和服务质量保障、消费者权益保护、个人信息保护等方面的权利和义务。

第二十八条 电子商务平台经营者应当在其主页显著位置持续公示平台服务协议和交易规则的有关信息，并保证经营者和消费者能够便利、完整地阅览和下载。

第二十九条 电子商务平台经营者修改平台服务协议和交易规则，应当在其主页显著位置公开征求意见，采取合理措施确保有关各方能够及时充分表达意见。修改内容应当至少在实施前七日予以公示。

平台内经营者不接受修改内容，要求退出平台的，电子商务平台经营者不得阻止，并按照修改前的服务协议和交易规则承担相关责任。

第三十条 电子商务平台经营者不得利用服务协议和交易规则等手段，对平台内经营者的交易、交易价格等进行不合理限制或者附加不合理交易条件，或者向平台内经营者收取不合理费用。

第三十一条 电子商务平台经营者依据平台服务协议和交易规则对平台内经营者实施警示、暂停或者终止服务等措施的，应当及时公示。

第三十二条 电子商务平台经营者在其平台上开展自营业务的，应当以显著方式区分标记自营业务和平台内经营者开展的业务，不得误导消费者。

电子商务平台经营者对其标记为自营业务的商品交易或者服务交易依法承担商品销售者或者服务提供者的责任。

第三十三条 电子商务平台经营者应当建立健全信用评价制度，公示信用评价规则，为消费者提供对平台内经营者销售的商品或者提供的服务进行评价的途径。

电子商务平台经营者不得删除消费者对其平台内销售的商品或者提供的服务的评价。但是，消费者使用侮辱性、诽谤性语言或者明显违背事实进行评价的除外。

第三十四条 电子商务平台经营者应当根据商品或者服务的价格、销量、信用高低等多种方式向消费者显示商品或者服务的搜索结果；对于竞价排名的商品或者服务，应当显著标明“广告”。

第三十五条 电子商务平台经营者应当建立知识产权保护规则，依法保护知识产权。

第三十六条 知识产权权利人认为其知识产权受到侵害的，有权向电子商务平台经营者发出通知，要求电子商务平台经营者采取删除、屏蔽、断开链接、终止交易和服务等必要措施。通知应当包括构成侵权的初步证据。

电子商务平台经营者接到通知后，应当及时采取必要措施，并将该通知转送平台内经营者；未及时采取必要措施的，应当对损害的扩大部分与平台内经营者承担连带责任。知识产权权利人因通知错误给平台内经营者造成损失的，依法承担民事责任。

第三十七条 平台内经营者接到前条规定的通知后，可以向电子商务平台经营者提交保证不存在侵权行为的声明。声明应当包括不存在侵权行为的初步证据。

电子商务平台经营者接到声明后，应当及时终止所采取的措施，将该经营者的声明转送发出通知的知识产权权利人，并告知权利人可以向有关部门投诉或者向人民法院起诉。

第三十八条 电子商务平台经营者应当及时公示收到的通知、声明及处理结果。

第三十九条 电子商务平台经营者知道或者应当知道平台内经营者侵犯知识产权的，应当采取删除、屏蔽、断开链接、终止交易和服务等必要措施；未采取必要措施的，与侵权人承担连带责任。

第三章 电子商务合同

第四十条 电子商务当事人订立和履行合同，适用本章和《中华人民共和国民法总则》、《中华人民共和国合同法》、《中华人民共和国电子签名法》等法律的规定。

第四十一条 电子商务当事人使用自动信息系统订立或者履行合同的行为对使用该系统的当事人具有法律效力。

当事人在电子商务中推定其具有相应的民事行为能力，其意思表示真实。但是，有相反证据证明的除外。

第四十二条 电子商务经营者发布的商品或者服务信息符合要约条件的，当事人选择该商品或者服务并提交订单，合同成立。当事人另有约定的，从其约定。

第四十三条 电子商务经营者应当清晰、全面、明确地告知用户订立合同的步骤、注意事项、下载方法等事项，并保证用户能够便利、完整地阅览和下载。

电子商务经营者应当保证用户在提交订单前可以更正输入错误。

第四十四条 合同的标的为交付商品并采用快递物流方式交付的，以收货人签收时间为交付时间。合同的标的为提供服务的，以生成的电子或者实物凭证中所载明的时间为交付时间。

合同的标的为在线提供数字产品的，以承担交付义务的一方当事人将数字产品发送至对方当事人指定的特定系统并且能够检索识别的时间为交付时间。

合同当事人对交付方式、交付时间另有约定的，从其约定。

第四十五条 电子商务当事人可以约定采用快递物流方式交付商品。

快递物流服务提供者为电子商务提供快递物流服务，应当遵守法律、行政法规，并应当符合承诺的服务规范和时限；在交付商品时，应当提示收货人当面查验，经当面查验无异议的，收货人应当签收。

快递物流服务提供者在提供快递物流服务的同时，可以接受电子商务经营者的委托提供代收货款服务。

第四十六条 电子商务当事人可以约定采用电子支付方式支付价款。

电子支付服务提供者为电子商务提供电子支付服务，应当遵守国家规定，告知用户电子支付服务的功能、使用方法、注意事项、相关风险和收费标准等事项，不得附加不合理交易条件。电子支付服务提供者应当确保电子支付指令的完整性、一致性、可跟踪稽核和不可篡改。

电子支付服务提供者应当向用户免费提供对账服务以及最近三年的交易记录。

第四十七条 电子支付服务提供者提供电子支付服务不符合国家有关支付安全管理要求，造成用户损失的，应当承担返还资金、补充差额、赔偿应偿利息损失的责任。

第四十八条 用户在发出支付指令前，应当核对支付指令所包含的金额、收款人等完整信息。

支付指令发生错误的，电子支付服务提供者应当及时查找原因，并采取相关措施予以纠正。造成用户损失的，电子支付服务提供者应当承担赔偿责任，但能够证明支付错误非自身原因造成的除外。

第四十九条 电子支付服务提供者完成电子支付后，应当及时准确地向电子支付服务接受者提供符合约定方式的确认支付信息。

第五十条 用户应当妥善保管交易密码、电子签名数据等安全工具。

用户发现安全工具遗失、被盗用或者其他未授权交易的，应当及时通知电子支付服务提供者。

电子支付服务提供者发现支付指令未经授权，或者收到用户支付指令未经授权的通知时，应当立即采取措施防止损失扩大。电子支付服务提供者未及时采取措施导致损失扩大的，对损失扩大部分承担责任。

未经授权的支付造成的损失，由电子支付服务提供者承担；电子支付服务提供者能够证明未授权支付是因用户的过错造成的，不承担责任。

第四章　电子商务争议解决

第五十一条　国家鼓励电子商务平台经营者建立有利于电子商务发展和消费者权益保护的商品或者服务质量担保机制。

电子商务平台经营者与平台内经营者协议设立消费者权益保证金的，双方应当就消费者权益保证金的提取数额、管理、使用和退还办法等作出明确约定。

消费者要求电子商务平台经营者承担先行赔偿责任的，适用《中华人民共和国消费者权益保护法》的有关规定。

第五十二条　电子商务经营者应当建立便捷、有效的投诉、举报机制，公开投诉、举报方式等信息，及时受理并处理投诉、举报。

第五十三条　电子商务争议可以通过协商和解，请求消费者组织、行业协会或者其他依法成立的调解组织调解，向有关部门投诉，提请仲裁机构仲裁，或者向人民法院提起诉讼等方式解决。

第五十四条　消费者在电子商务平台购买商品或者接受服务，与平台内经营者发生争议时，电子商务平台经营者应当积极协助消费者维护合法权益。

第五十五条　在电子商务争议处理过程中，电子商务经营者应当提供原始合同和交易记录。因电子商务经营者丢失、伪造、篡改、销毁、隐匿或者拒绝提供上述材料，致使人民法院、仲裁机构或者有关机关无法查明事实的，电子商务经营者应当承担相应的法律责任。

第五十六条　电子商务平台经营者可以建立争议在线解决机制，制定并公示争议解决规则，根据自愿原则，公平、公正地解决当事人的争议。

第五章　电子商务促进

第五十七条　国务院和省、自治区、直辖市人民政府应当将电子商务发展纳入国民经济和社会发展规划，制定科学合理的产业政策，促进电子商务创新发展。

第五十八条　国家推动电子商务基础设施和物流网络建设，完善电子商务统计制度，加强电子商务标准体系建设。

第五十九条 国家推动电子商务在国民经济各个领域的应用，支持电子商务与各产业融合发展。

第六十条 国家促进农业生产、加工、流通等环节的互联网技术应用，鼓励各类社会资源加强合作，促进农村电子商务发展。

第六十一条 国家维护电子商务交易安全，保护电子商务用户信息，鼓励电子商务数据开发应用，保障电子商务数据依法有序自由流动。

国家采取措施推动建立公共数据共享机制，促进电子商务经营者依法利用公共数据。

第六十二条 国家支持依法设立的信用评价机构开展电子商务信用评价，向社会提供电子商务信用评价服务。

第六十三条 国家促进跨境电子商务发展，建立健全适应跨境电子商务特点的海关、税收、进出境检验检疫、支付结算等管理制度，提高跨境电子商务各环节便利化水平，支持跨境电子商务平台经营者等为跨境电子商务提供仓储物流、报关、报检等服务。

国家支持小型微型企业从事跨境电子商务。

第六十四条 国家进出口管理部门应当推进“单一窗口”建设，推动实现信息共享、监管互认、执法互助，提高跨境电子商务通关效率。

国家推进跨境电子商务海关申报、纳税、检验检疫等环节的电子化。

跨境电子商务经营者可以凭电子单证向国家进出口管理部门办理有关手续。

第六十五条 国家推动建立与不同国家、地区间跨境电子商务的交流合作，参与电子商务国际规则的制定，促进电子签名、电子身份等国际互认。

国家推动和建立与不同国家、地区之间的跨境电子商务争议解决机制。

第六章 法律责任

第六十六条 电子商务经营者提供商品或者服务造成他人损失的，应当依照本法和有关法律、法规的规定，承担民事责任。

第六十七条 电子商务经营者违反本法第十二条、第十三条规定，未取得相关行政许可从事经营活动，或者销售、提供法律、行政法规禁止交易的商品、服务的，依照有关法律、行政法规的规定处罚。

第六十八条 电子商务经营者违反本法规定，有下列行为之一的，责令限期改正，可以处一万元以下的罚款，对其中的电子商务平台经营者，依照本法第七十一条第一款的规定处罚：

（一）未在主页显著位置公示营业执照信息、行政许可信息的；

（二）未在主页显著位置公示终止电子商务的有关信息的；

（三）未明示用户信息查询、更正、删除以及用户注销的方式和程序，

或者对用户信息查询、更正、删除以及用户注销设置不合理条件的。

电子商务平台经营者对违反前款规定的平台内经营者未采取必要措施的，责令限期改正，可以处二万元以上十万元以下的罚款。

第六十九条 电子商务平台经营者有下列行为之一的，责令限期改正；逾期不改正的，责令停业整顿，并处二万元以上十万元以下的罚款；情节严重的，并处十万元以上五十万元以下的罚款：

（一）不履行本法第二十二条规定的提供电子商务数据信息义务的；

（二）不履行本法第二十三第一款规定的平台内经营者身份核验、登记义务的；

（三）未按照本法第二十四条规定对违法情形采取必要的处置措施，或者未向有关部门报告的；

（四）不履行本法第二十六条规定的商品和服务信息、交易信息保存义务的。

第七十条 电子商务经营者违反本法规定，侵害个人信息依法得到保护的权利，或者不履行保障网络安全的义务的，依照《中华人民共和国网络安全法》的规定处罚。

第七十一条 电子商务平台经营者违反本法规定，有下列行为之一的，责令限期改正，可以处二万元以上十万元以下的罚款；情节严重的，处十万元以上五十万元以下的罚款：

（一）未在主页显著位置持续公示平台服务协议、交易规则的有关信息的；

（二）修改交易规则未在主页显著位置公开征求意见，未提前公示修改内容，或者阻止平台内经营者退出的；

（三）未以显著方式区分标记自营业务和平台内经营者开展的经营业务的；

（四）未为消费者提供对平台内经营者销售的商品或者提供的服务进行评价的途径，或者擅自删除消费者的评价的。

电子商务平台经营者违反本法第三十四条规定，对竞价排名的商品或者服务未显著标明“广告”的，依照《中华人民共和国广告法》的规定处罚。

第七十二条 电子商务平台经营者违反本法第三十条规定，对平台内经营者的交易、交易价格等进行不合理限制或者附加不合理交易条件，或者向平台内经营者收取不合理费用的，责令限期改正，可以处五万元以上二十万元以下的罚款；情节严重的，处二十万元以上五十万元以下的罚款。

第七十三条 电子商务平台经营者违反本法第三十六条、第三十九条规定，对平台内经营者实施侵犯知识产权行为未依法采取必要措施的，责令限期改正；逾期不改正的，责令停业整顿，并处五万元以上二十万元以下的罚款；情节严重的，并处二十万元以上五十万元以下的罚款。

第七十四条 电子商务经营者违反本法规定，销售或者提供不符合保障人身、财产安全的产品或者服务，实施侵犯知识产权、不正当竞争、侵害消费者权益等行为的，依照有关法律的规定处罚。

第七十五条 电子商务经营者有本法规定的违法行为的，依照有关法律、行政法规的规定记入信用档案，并予以公示。

第七十六条 依法负有电子商务监督管理职责的部门的工作人员，玩忽职守、滥用职权、徇私舞弊的，依法给予处分。

第七十七条 违反本法规定，构成违反治安管理行为的，依法给予治安管理处罚；构成犯罪的，依法追究刑事责任。

第七章 附 则

第七十八条 本法自 年 月 日起施行。

中华人民共和国电子商务法（草案）（三次审议稿）

目　　录

第一章　总　　则

第一条　为了保障电子商务各方主体的合法权益，规范电子商务行为，维护市场秩序，促进电子商务持续健康发展，制定本法。

第二条　中华人民共和国境内的电子商务活动，适用本法。

法律、行政法规对商品交易或者服务交易有规定的，适用其规定。金融类产品和服务，利用信息网络提供新闻信息、音视频节目、出版以及文化产品等内容方面的服务，不适用本法。

第三条　本法所称电子商务，是指通过互联网等信息网络进行商品交易或者服务交易的经营活动。

第四条　国家鼓励发展电子商务新业态，创新商业模式，促进电子商务技术研发和推广应用，推进电子商务诚信体系建设，营造有利于电子商务创新发展的市场环境，充分发挥电子商务在推动高质量发展、构建开放型经济方面的重要作用。

第五条 国家平等对待线上线下商务活动，促进线上线下融合发展，各级人民政府和有关部门不得采取歧视性的政策措施，不得滥用行政权力排除、限制市场竞争。

第六条 电子商务经营者从事经营活动，应当遵循自愿、平等、公平、诚信的原则，遵守法律和商业道德，公平参与市场竞争，履行消费者权益保护、知识产权保护、网络安全与个人信息保护等方面的义务，承担产品和服务质量责任，接受政府和社会的监督。

第七条 国务院有关部门按照职责分工负责电子商务发展促进、监督管理等工作。县级以上地方各级人民政府可以根据本行政区域的实际情况，确定本行政区域内电子商务的部门职责划分。

第八条 国务院建立电子商务管理综合协调机制，统筹协调处理电子商务发展中的重大问题。

国家建立符合电子商务特点的协同管理体系，推动形成政府有关部门、电子商务行业组织、电子商务经营者、消费者等共同参与的电子商务市场治理体系。

第九条 电子商务行业组织按照本组织章程开展行业自律，建立健全行业规范，推动行业诚信建设，引导本行业经营者公平参与市场竞争。

第二章 电子商务经营者

第一节 一般规定

第十条 本法所称电子商务经营者，是指通过互联网等信息网络从事销售商品或者提供服务的经营活动的自然人、法人和非法人组织，包括电子商务平台经营者、平台内经营者以及通过自建网站、其他网络服务销售商品或者提供服务的电子商务经营者。

本法所称电子商务平台经营者，是指在电子商务中为交易双方或者多方提供虚拟经营场所、交易撮合、信息发布等服务，供交易双方或者多方独立开展交易活动的法人或者非法人组织。

本法所称平台内经营者，是指通过电子商务平台销售商品或者提供服务的电子商务经营者。

第十一条 电子商务经营者应当依法办理市场主体登记。但是，个人销售自产农副产品、家庭手工业产品，个人利用自己的技能从事依法无须取得许可的便民劳务活动和零星小额交易活动，以及依照法律、行政法规不需要进行登记的除外。

第十二条 电子商务经营者应当依法履行纳税义务，并依法享受税收优惠。

依照前条规定不需要办理市场主体登记的电子商务经营者在首次纳税义务发生后，应当依照税收征收管理法律、行政法规的规定申请办理税务登记，并如实申报纳税。

第十三条 电子商务经营者从事经营活动，依法需要取得相关行政许可的，应当依法取得行政许可。

第十四条 电子商务经营者销售的商品或者提供的服务应当符合保障人身、财产安全的要求，不得销售或者提供法律、行政法规禁止交易的商品或者服务。

第十五条 电子商务经营者销售商品或者提供服务应当依法出具纸质发票或者电子发票等购货凭证或者服务单据。电子发票与纸质发票具有同等法律效力。

第十六条 电子商务经营者应当在其首页显著位置，持续公示营业执照信息和与其经营业务有关的行政许可信息、属于依照本法第十一条规定的不需要办理市场主体登记情形等信息，或者上述信息的链接标识。

电子商务经营者的营业执照信息或者行政许可信息发生变更，应当及时更新公示信息。

第十七条 电子商务经营者自行终止从事电子商务的，应当提前三十日在首页显著位置公示有关信息。

第十八条 电子商务经营者应当全面、真实、准确地披露商品或者服务信息，保障消费者的知情权和选择权。电子商务经营者不得以虚构交易、编造用户评价等方式进行虚假或者引人误解的商业宣传，欺骗、误导消费者。

第十九条 电子商务经营者根据消费者的兴趣爱好、消费习惯等特征向其推销商品或者服务，应当同时向该消费者提供不针对其个人特征的选项，尊重和平等保护消费者合法权益。

电子商务经营者搭售商品或者服务，应当以显著方式提请消费者注意，不得将搭售商品或者服务作为默认同意的选项。

第二十条 电子商务经营者应当按照承诺或者与消费者约定的方式、时限向消费者交付商品或者服务，并承担商品运输中的风险和责任。但是，消费者与电子商务经营者约定另行选择快递物流服务提供者的除外。

第二十一条 电子商务经营者按照约定向消费者收取押金的，应当明示押金退还的方式、程序，不得对押金退还设置不合理条件。消费者申请退还押金，符合押金退还条件的，电子商务经营者应当及时退还。

第二十二条 电子商务经营者因其技术优势、用户数量、对相关行业的控制能力以及其他经营者对该电子商务经营者在交易上的依赖程度等因素而具有市场支配地位的，不得滥用市场支配地位，排除、限制竞争。

第二十三条 电子商务经营者收集、使用其用户的个人信息，应当遵守有关法律、行政法规规定的个人信息保护规则。

第二十四条 电子商务经营者应当明示用户信息查询、更正、删除以及用户注销的方式、程序，不得对用户信息查询、更正、删除以及用户注销设置不合理条件。

电子商务经营者收到用户信息查询或者更正、删除的申请的，应当在核实身份后及时提供查询或者更正、删除用户信息。用户注销的，电子商务经营者应当删除该用户的信息；依照法律、行政法规的规定或者双方约定保存的，依照其规定。

第二十五条 有关主管部门依照法律、行政法规的规定要求电子商务经营者提供有关电子商务数据信息的，电子商务经营者应当提供。有关主管部门应当采取必要措施保护电子商务经营者提供的数据信息的安全，并对其中的个人信息、隐私和商业秘密严格保密，不得泄露、出售或者非法向他人提供。

第二节 电子商务平台经营者

第二十六条 电子商务平台经营者应当要求申请进入平台销售商品或者提供服务的经营者提交其身份、地址、联系方式、行政许可等真实信息，进行核验、登记，建立登记档案，并定期核验更新。

电子商务平台经营者为进入平台销售商品或者提供服务的非经营用户提供服务，应当遵守本节有关规定。

第二十七条 电子商务平台经营者应当按照规定向市场监督管理部门报送平台内经营者的身份信息，提示未办理市场主体登记的经营者依法办理登记，并配合市场监督管理部门，针对电子商务的特点，为应当办理市场主体登记的经营者办理登记提供便利。

电子商务平台经营者应当依照税收征收管理法律、行政法规的规定，向税务部门报送平台内经营者的身份信息和与纳税有关的信息，并应当提示依照本法第十一条规定不需要办理市场主体登记的电子商务经营者依法办理税务登记。

第二十八条 电子商务平台经营者发现平台内的商品或者服务信息存在违反本法第十三条、第十四条规定情形的，应当依法采取必要的处置措施，并向有关主管部门报告。

第二十九条 电子商务平台经营者应当采取技术措施和其他必要措施保证其网络安全、稳定运行，防范网络违法犯罪活动，有效应对网络安全事件，保障电子商务交易安全。

电子商务平台经营者应当制定网络安全事件应急预案，发生网络安全事件时，应当立即启动应急预案，采取相应的补救措施，并向有关主管部门报告。

第三十条 电子商务平台经营者应当记录、保存平台上发布的商品和服务信息、交易信息，并确保信息的完整性、保密性、可用性。商品和服务信息、交易信息保存时间自交易完成之日起不少于三年；法律、行政法规另有规定的，依照其规定。

第三十一条 电子商务平台经营者应当遵循公开、公平、公正的原则，制定平台服务协议和交易规则，明确进入和退出平台、商品和服务质量保障、消费者权益保护、个人信息保护等方面的权利和义务。

第三十二条 电子商务平台经营者应当在其首页显著位置持续公示平台服务协议和交易规则的有关信息，并保证经营者和消费者能够便利、完整地阅览和下载。

第三十三条 电子商务平台经营者修改平台服务协议和交易规则，应当在其首页显著位置公开征求意见，采取合理措施确保有关各方能够及时充分表达意见。修改内容应当至少在实施前七日予以公示。

平台内经营者不接受修改内容，要求退出平台的，电子商务平台经营者不得阻止，并按照修改前的服务协议和交易规则承担相关责任。

第三十四条 电子商务平台经营者不得利用服务协议、交易规则以及技术等手段，对平台内经营者在平台内的交易、交易价格以及与其他经营者的交易等进行不合理限制或者附加不合理条件，或者向平台内经营者收取不合理费用。

第三十五条 电子商务平台经营者依据平台服务协议和交易规则对平台内经营者违反法律、法规的行为实施警示、暂停或者终止服务等措施的，应当及时公示。

第三十六条 电子商务平台经营者在其平台上开展自营业务的，应当以显著方式区分标记自营业务和平台内经营者开展的业务，不得误导消费者。

电子商务平台经营者对其标记为自营业务的商品交易或者服务交易依法承担商品销售者或者服务提供者的民事责任。

第三十七条 电子商务平台经营者知道或者应当知道平台内经营者销售的商品或者提供的服务不符合保障人身、财产安全的要求，或者有其他侵害消费者合法权益行为，未采取必要措施的，依法与该平台内经营者承担连带责任。

对关系消费者生命健康的商品或者服务，电子商务平台经营者对平台内经营者的资质资格未尽到审核义务，或者对消费者未尽到安全保障义务，造成消费者损害的，依法与该平台内经营者承担连带责任。

第三十八条 电子商务平台经营者应当建立健全信用评价制度，公示信用评价规则，为消费者提供对平台内销售的商品或者提供的服务进行评价的途径。

电子商务平台经营者不得删除消费者对其平台内销售的商品或者提供的服务的评价；删除侮辱、诽谤等法律、行政法规禁止发布或者传输的信息或者明显违背事实的评价的，应当依照本法第三十条的规定记录、保存信息。

第三十九条 电子商务平台经营者应当根据商品或者服务的价格、销量、信用等以多种方式向消费者显示商品或者服务的搜索结果；对于竞价排名的商品或者服务，应当显著标明“广告”。

第四十条 电子商务平台经营者应当建立知识产权保护规则，与知识产权权利人加强合作，依法保护知识产权。

第四十一条 知识产权权利人认为其知识产权受到侵害的，有权向电子商务平台经营者发出通知，要求电子商务平台经营者采取删除、屏蔽、断开链接、终止交易和服务等必要措施。通知应当包括构成侵权的初步证据。

电子商务平台经营者接到通知后，应当及时采取必要措施，并将该通知转送平台内经营者；未及时采取必要措施的，应当对损害的扩大部分与平台内经营者承担连带责任。知识产权权利人因通知错误给平台内经营者造成损失的，依法承担民事责任。

第四十二条 平台内经营者接到前条规定的通知后，可以向电子商务平台经营者提交保证不存在侵权行为的声明。声明应当包括不存在侵权行为的初步证据。

电子商务平台经营者接到声明后，应当及时终止所采取的措施，将该经营者的声明转送发出通知的知识产权权利人，并告知权利人可以向有关主管部门投诉或者向人民法院起诉。

第四十三条 电子商务平台经营者应当及时公示收到的本法第四十一条、第四十二条规定的通知、声明及处理结果。

第四十四条 电子商务平台经营者知道或者应当知道平台内经营者侵犯知识产权的，应当采取删除、屏蔽、断开链接、终止交易和服务等必要措施；未采取必要措施的，与侵权人承担连带责任。

第四十五条 除本法第十条第二款规定的服务外，电子商务平台经营者可以按照平台服务协议和交易规则，为经营者之间的商品交易或者服务交易提供仓储、物流、支付结算、交收等服务。电子商务平台经营者为经营者之间的商品交易或者服务交易提供服务，应当遵守法律、行政法规和国家有关规定，不得采取集中竞价、做市商等集中交易方式进行交易，不得进行标准化合约交易。

第三章　电子商务合同的订立与履行

第四十六条　电子商务当事人订立和履行合同，适用本章和《中华人民共和国民法总则》《中华人民共和国合同法》《中华人民共和国电子签名法》等法律的规定。

第四十七条　电子商务当事人使用自动信息系统订立或者履行合同的行为对使用该系统的当事人具有法律效力。

当事人在电子商务中推定其具有相应的民事行为能力，其意思表示真实。但是，有相反证据证明的除外。

第四十八条　电子商务经营者发布的商品或者服务信息符合要约条件的，当事人选择该商品或者服务并提交订单成功，合同成立。当事人另有约定的，从其约定。

电子商务经营者不得以格式条款等方式约定消费者支付价款后合同不成立；格式条款等含有该内容的，其内容无效。

第四十九条　电子商务经营者应当清晰、全面、明确地告知用户订立合同的步骤、注意事项、下载方法等事项，并保证用户能够便利、完整地阅览和下载。

电子商务经营者应当保证用户在提交订单前可以更正输入错误。

第五十条　合同标的为交付商品并采用快递物流方式交付的，以收货人签收时间为交付时间。合同标的为提供服务的，以生成的电子或者实物凭证中所载明的时间为交付时间。

合同标的为采用在线传输方式交付的，以合同标的进入对方当事人指定的特定系统并且能够检索识别的时间为交付时间。

合同当事人对交付方式、交付时间另有约定的，从其约定。

第五十一条　电子商务当事人可以约定采用快递物流方式交付商品。

快递物流服务提供者为电子商务提供快递物流服务，应当遵守法律、行政法规，并应当符合承诺的服务规范和时限；在交付商品时，应当提示收货人当面查验。

快递物流服务提供者在提供快递物流服务的同时，可以接受电子商务经营者的委托提供代收货款服务。

第五十二条 电子商务当事人可以约定采用电子支付方式支付价款。

电子支付服务提供者为电子商务提供电子支付服务，应当遵守国家规定，告知用户电子支付服务的功能、使用方法、注意事项、相关风险和收费标准等事项，不得附加不合理交易条件。电子支付服务提供者应当确保电子支付指令的完整性、一致性、可跟踪稽核和不可篡改。

电子支付服务提供者应当向用户免费提供对账服务以及最近三年的交易记录。

第五十三条 电子支付服务提供者提供电子支付服务不符合国家有关支付安全管理要求，造成用户损失的，应当承担赔偿责任。

第五十四条 用户在发出支付指令前，应当核对支付指令所包含的金额、收款人等完整信息。

支付指令发生错误的，电子支付服务提供者应当及时查找原因，并采取相关措施予以纠正。造成用户损失的，电子支付服务提供者应当承担赔偿责任，但能够证明支付错误非自身原因造成的除外。

第五十五条 电子支付服务提供者完成电子支付后，应当及时准确地向电子支付服务接受者提供符合约定方式的确认支付信息。

第五十六条 用户应当妥善保管交易密码、电子签名数据等安全工具。用户发现安全工具遗失、被盗用或者其他未授权交易的，应当及时通知电子支付服务提供者。

电子支付服务提供者发现支付指令未经授权，或者收到用户支付指令未经授权的通知时，应当立即采取措施防止损失扩大。电子支付服务提供者未及时采取措施导致损失扩大的，对损失扩大部分承担责任。

未经授权的支付造成的损失，由电子支付服务提供者承担；电子支付服务提供者能够证明未授权支付是因用户的过错造成的，不承担责任。

第四章　电子商务争议解决

第五十七条　国家鼓励电子商务平台经营者建立有利于电子商务发展和消费者权益保护的商品或者服务质量担保机制。

电子商务平台经营者与平台内经营者协议设立消费者权益保证金的，双方应当就消费者权益保证金的提取数额、管理、使用和退还办法等作出明确约定。

消费者要求电子商务平台经营者承担先行赔偿责任以及电子商务平台经营者赔偿后向平台内经营者的追偿，适用《中华人民共和国消费者权益保护法》的有关规定。

第五十八条　电子商务经营者应当建立便捷、有效的投诉、举报机制，公开投诉、举报方式等信息，及时受理并处理投诉、举报。

第五十九条　电子商务争议可以通过协商和解，请求消费者组织、行业协会或者其他依法成立的调解组织调解，向有关部门投诉，提请仲裁机构仲裁，或者向人民法院提起诉讼等方式解决。

第六十条　消费者在电子商务平台购买商品或者接受服务，与平台内经营者发生争议时，电子商务平台经营者应当积极协助消费者维护合法权益。

第六十一条　在电子商务争议处理中，电子商务经营者应当提供原始合同和交易记录。因电子商务经营者丢失、伪造、篡改、销毁、隐匿或者拒绝提供上述资料，致使人民法院、仲裁机构或者有关机关无法查明事实的，电子商务经营者应当承担相应的法律责任。

第六十二条　电子商务平台经营者可以建立争议在线解决机制，制定并公示争议解决规则，根据自愿原则，公平、公正地解决当事人的争议。

第五章　电子商务促进

第六十三条　国务院和省、自治区、直辖市人民政府应当将电子商务发展纳入国民经济和社会发展规划，制定科学合理的产业政策，促进电子商务创新发展。

第六十四条 国家推动电子商务基础设施和物流网络建设，完善电子商务统计制度，加强电子商务标准体系建设。

第六十五条 国家推动电子商务在国民经济各个领域的应用，支持电子商务与各产业融合发展。

第六十六条 国家促进农业生产、加工、流通等环节的互联网技术应用，鼓励各类社会资源加强合作，促进农村电子商务发展，发挥电子商务在精准扶贫中的作用。

第六十七条 国家维护电子商务交易安全，保护电子商务用户信息，鼓励电子商务数据开发应用，保障电子商务数据依法有序自由流动。

国家采取措施推动建立公共数据共享机制，促进电子商务经营者依法利用公共数据。

第六十八条 国家支持依法设立的信用评价机构开展电子商务信用评价，向社会提供电子商务信用评价服务。

第六十九条 国家促进跨境电子商务发展，建立健全适应跨境电子商务特点的海关、税收、进出境检验检疫、支付结算等管理制度，提高跨境电子商务各环节便利化水平，支持跨境电子商务平台经营者等为跨境电子商务提供仓储物流、报关、报检等服务。

国家支持小型微型企业从事跨境电子商务。

第七十条 国家进出口管理部门应当推进跨境电子商务海关申报、纳税、检验检疫等环节的综合服务和监管体系建设，优化监管流程，推动实现信息共享、监管互认、执法互助，提高跨境电子商务服务和监管效率。跨境电子商务经营者可以凭电子单证向国家进出口管理部门办理有关手续。

第七十一条 国家推动建立与不同国家、地区间跨境电子商务的交流合作，参与电子商务国际规则的制定，促进电子签名、电子身份等国际互认。

国家推动建立与不同国家、地区之间的跨境电子商务争议解决机制。

第六章 法律责任

第七十二条 电子商务经营者销售商品或者提供服务，不履行合同义务或者履行合同义务不符合约定，或者造成他人损害的，依法承担民事责任。

第七十三条 电子商务经营者违反本法第十三条、第十四条规定，未取得相关行政许可从事经营活动，或者销售、提供法律、行政法规禁止交易的商品、服务，或者不履行本法第二十五条规定的信息提供义务，电子商务平台经营者违反本法第四十五条规定，采取集中交易方式进行交易，或者进行标准化合约交易的，依照有关法律、行政法规的规定处罚。

第七十四条 电子商务经营者违反本法规定，有下列行为之一的，由市场监督管理部门责令限期改正，可以处一万元以下的罚款，对其中的电子商务平台经营者，依照本法第七十九条第一款的规定处罚：

（一）未在首页显著位置公示营业执照信息、行政许可信息、不需要办理市场主体登记情形等信息，或者上述信息的链接标识的；

（二）未在首页显著位置公示终止电子商务的有关信息的；

（三）未明示用户信息查询、更正、删除以及用户注销的方式、程序，或者对用户信息查询、更正、删除以及用户注销设置不合理条件的。

电子商务平台经营者对违反前款规定的平台内经营者未采取必要措施的，由市场监督管理部门责令限期改正，可以处二万元以上十万元以下的罚款。

第七十五条 电子商务经营者违反本法第十九条规定推销、搭售商品或者服务的，由市场监督管理部门责令限期改正，没收违法所得，可以并处五万元以上二十万元以下的罚款；情节严重的，并处二十万元以上五十万元以下的罚款。

第七十六条 电子商务经营者违反本法第二十一条规定，未向消费者明示押金退还的方式、程序，对押金退还设置不合理条件，或者不及时退还押金的，由有关主管部门责令限期改正，可以处五万元以上二十万元以下的罚款；情节严重的，处二十万元以上五十万元以下的罚款。

第七十七条 电子商务经营者违反本法规定，侵害个人信息依法得到保护的权利，或者不履行保障网络安全的义务的，依照《中华人民共和国网络安全法》的规定处罚。

第七十八条 电子商务平台经营者有下列行为之一的，由有关主管部门责令限期改正；逾期不改正的，责令停业整顿，并处二万元以上十万元以下的罚款；情节严重的，并处十万元以上五十万元以下的罚款：

（一）不履行本法第二十六条规定的平台内经营者身份核验、登记义务的；

（二）不按照本法第二十七条规定向市场监督管理部门、税务部门提供有关信息的；

（三）不按照本法第二十八条规定对违法情形采取必要的处置措施，或者未向有关主管部门报告的；

（四）不履行本法第三十条规定的商品和服务信息、交易信息保存义务的。

法律、行政法规对本条规定的违法行为的处罚另有规定的，依照其规定。

第七十九条 电子商务平台经营者违反本法规定，有下列行为之一的，由市场监督管理部门责令限期改正，可以处二万元以上十万元以下的罚款；情节严重的，处十万元以上五十万元以下的罚款：

（一）未在首页显著位置持续公示平台服务协议、交易规则的有关信息的；

（二）修改交易规则未在首页显著位置公开征求意见，未提前公示修改内容，或者阻止平台内经营者退出的；

（三）未以显著方式区分标记自营业务和平台内经营者开展的经营业务的；

（四）未为消费者提供对平台内销售的商品或者提供的服务进行评价的途径，或者擅自删除消费者的评价的。

电子商务平台经营者违反本法第三十九条规定，对竞价排名的商品或者服务未显著标明“广告”的，依照《中华人民共和国广告法》的规定处罚。

第八十条 电子商务平台经营者违反本法第三十四条规定，对平台内经营者在平台内的交易、交易价格或者与其他经营者的交易等进行不合理限制或者附加不合理条件，或者向平台内经营者收取不合理费用的，由市场监督管理部门责令限期改正，可以处五万元以上二十万元以下的罚款；情节严重的，处二十万元以上五十万元以下的罚款。

第八十一条 电子商务平台经营者违反本法第四十一条、第四十四条规定，对平台内经营者实施侵犯知识产权行为未依法采取必要措施的，由有关知识产权行政部门责令限期改正；逾期不改正的，处五万元以上二十万元以下的罚款；情节严重的，处二十万元以上五十万元以下的罚款。

第八十二条 电子商务经营者违反本法规定，销售的商品或者提供的服务不符合保障人身、财产安全的要求，实施虚假或者引人误解的商业宣传等不正当竞争行为，滥用市场支配地位，或者实施侵犯知识产权、侵害消费者权益等行为的，依照有关法律的规定处罚。

第八十三条 电子商务经营者有本法规定的违法行为的，依照有关法律、行政法规的规定记入信用档案，并予以公示。

第八十四条 依法负有电子商务监督管理职责的部门的工作人员，玩忽职守、滥用职权、徇私舞弊，或者泄露、出售或者非法向他人提供在履行职责中所知悉的个人信息、隐私和商业秘密的，依法追究法律责任。

第八十五条 违反本法规定，构成违反治安管理行为的，依法给予治安管理处罚；构成犯罪的，依法追究刑事责任。

第七章　附　　则

第八十六条 本法自　　年　　月　　日起施行。

关于《中华人民共和国电子商务法（草案）》的说明

——2016年12月19日在第十二届全国人民代表大会常务委员会第二十五次会议上

全国人大财政经济委员会副主任委员　吕祖善

委员长、各位副委员长、秘书长、各位委员：

电子商务法列入了十二届全国人大常委会立法规划，由全国人大财政经济委员会牵头组织起草，并列入2016年立法工作计划预备项目。全国人大财政经济委员会积极推进立法进程，经过近三年全面深入的调研论证，在广泛征求国务院有关部门和地方人大、地方政府、人大代表、电商企业及专家学者等各方面意见的基础上，拟定了《中华人民共和国电子商务法（草案）》（以下简称草案）。受全国人大财政经济委员会委托，我就草案作以下说明。

一、关于制定本法的必要性和起草经过

近年来，我国电子商务迅速发展，在转方式、调结构、稳增长、促就业、惠民生等方面发挥了重要作用。“十二五”期间，电子商务年均增长速度超过30%。2015年，我国电子商务交易额超过20万亿元；网络零售额3.88万亿元，其中实物商品网上零售额3.23万亿元，占社会消费品零售总额的比重达到10.8%；电子商务交易市场规模跃居全球第一；电子商务就业人员达2690万人；互联网对中国经济增长的贡献率达到7%。近年来，许多全国人大代表也提出议案和建议，希望加快电子商务立法。

2013年12月，全国人大财政经济委员会牵头开展电子商务立法工作，组织成立由国务院十二个部门参加的电子商务法起草组。在起草过程中，认真落实科学立法、民主立法要求，注重提高立法质量，广泛吸纳地方人大、院校专家、部分电商企业和行业协会，共同参与起草工作。

起草组成立后，对电子商务现有法律法规进行了梳理，选定电子商务立法十六方面重点课题进行研究，形成三十多份有份量、有深度的研究报告。在课题研究基础上，电子商务相关部门、地方人大、高校、电商企业、行业协会等密切合作，形成四份电子商务法立法大纲和两个版本的草案建议稿。起草组把广泛听取意见贯穿于起草的全过程，通过专题调研、座谈会、研讨会等多种形式，充分听取各方面意见。认真研究梳理、充分借鉴国际组织和主要国家的经验做法，先后召开两次国际研讨会，邀请联合国贸易法委员会和美国、欧盟、日本、新加坡等国专家，结合我国电子商务立法工作进行了专题研讨。

草案建议稿整合形成草案初稿后，经征求国务院有关部门的意见，反复研究修改，形成草案讨论稿。2016年4月29日，电子商务法起草领导小组会议讨论并原则同意草案。此后，将草案发到各省区市人大财经委，广泛听取当地有关部门、企业、专家特别是全国人大代表、地方人大代表的意见，根据各地意见对草案进行了修改完善。2016年7月19日，全国人大财政经济委员会召开第49次全体会议，审议并原则通过草案，之后根据委员们意见进行了修改。此后，全国人大常委会办公厅发函国务院办公厅征求了国务院各部门的意见，财政经济委员会根据61个部门反馈的188条意见进行修改完善，采纳139条，并按照全国人大常委会法工委审核意见对重点问题进行了协调和修改，形成目前的草案。

二、立法指导思想和起草工作原则

电子商务立法的指导思想是：全面贯彻党的十八大和十八届三中、四中、五中、六中全会精神，牢固树立和贯彻落实创新、协调、绿色、开放、共享发展理念，按照完善社会主义市场经济体制、依法治国、依法行政的总体目标和要求，坚持促进发展、规范秩序、保障权益，充分发挥立法的引领和推动作用，加强顶层设计，夯实制度基础，激发电子商务发展创新的新动力新动能，解决电子商务发展中的突出矛盾和问题，建立开放、共享、诚信、安全的电子商务发展环境，推动经济结构调整，实现经济提质增效转型升级，切实维护国家利益。

在立法过程中注重把握：第一，坚持促进发展。立法始终把促进电子商务健康可持续发展摆在首位。一是保障电子商务各方主体权益，明确义务和责任。二是鼓励创新，充分发挥市场在资源配置中的决定性作用，鼓励形成企业自治、行业自律、社会监督、政府监管的社会共治模式，同时通过创新监管更好发挥政府作用。三是在发展中逐步规范，在规范中持续发展。草案从我国国情实际出发，通过具体制度设计解决电子商务经营主体、行为及其市场规范问题。

第二，坚持问题导向。当前，电子商务发展也面临一些突出矛盾和问题。一是法律体系和商业规则有待完善。二是市场秩序有待规范，交易环境需要健全完善。三是管理体制有待理顺，交易安全保障亟待加强。草案着力解决电子商务发展中的突出问题，将近年来一些成熟的经验做法上升到法律作为制度确定下来，同时注重与相关法律法规相衔接。

第三，规范与保障并重。规范电子商务经营主体的经营行为，明确其资质条件、公示和审验义务、服务安全等，形成良好营商环境。注重加强对电子商务消费者的保护力度，为电子商务良性发展、互动创新奠定制度基础。

三、主要内容和重点问题

草案分总则、电子商务经营主体、电子商务交易与服务、电子商务交易保障、跨境电子商务、监督管理、法律责任和附则，共八个章节九十四条。重点包括：

（一）电子商务法调整对象

电子商务法调整对象和范围的确定，直接关系到促进发展、规范秩序、保障权益的立法目标顺利实现，关系到整个电子商务法总体框架设计，应综合考虑我国电子商务发展实践、中国的现实国情并与国际接轨、与国内其他法律法规的衔接等。综合各方意见，草案将电子商务定义为：“通过互联网等信息网络进行商品交易或者服务交易的经营活动”。在此定义中，信息网络包括互联网、移动互联网等；商品交易包括有形产品交易和无形产品交易（如数字产品）；服务交易是指服务产品交易；经营活动是指以营利为目的的商务活动，包括上述商品交易、服务交易和相关辅助经营服务活动。考虑到立法应尽可能涵盖电子商务的实际领域，同时与其他法律法规有效衔接，草案规定：“法律、行政法规对商品交易或者服务交易有特别规定的，适用其规定。涉及金融类产品和服务、利用信息网络播放音视频节目以及网络出版等内容方面的服务，不适用本法。”

（二）电子商务经营主体

草案对电子商务经营主体作出了明确规定，区分了一般的电子商务经营者和电子商务第三方平台。第三方平台对市场的主导作用，构成了我国电子商务发展的重要特点。草案着重对第三方平台作出明确规定：一是要求其对经营者进行审查，提供稳定、安全服务；二是应当公开、透明地制定平台交易规则；三是遵循重要信息公示、交易记录保存等要求；四是退出的要求。起草过程中，对自然人工商登记问题有不同意见，经过反复沟通协调，各方面均认同工商登记是电子商务经营者的法定义务。但考虑到我国国情和电子商务发展实际，为有利于促进就业，可以对部分符合条件的小规模经营者免予登记。因此，草案第十二条第一款规定：“电子商务经营主体应当依法办理工商登记。但是，依法无须取得许可的以个人技能提供劳务、家庭手工业、农产品自产自销以及依照法律法规不需要进行工商登记的除外。具体办法由国务院规定。”

（三）电子商务交易与服务

围绕电子商务的交易与服务主要有电子合同、电子支付和快递物流。关于电子合同，草案根据电子商务发展的特点，在现有法律规定的基础上规定了电子商务当事人行为能力推定规则、电子合同的订立、自动交易信息系统，以及电子错误等内容。关于电子支付，草案规定了电子支付服务提供者和接受者的法定权利义务，对于支付确认、错误支付、非授权支付、备付金等作出规定。关于快递物流，草案明确了快递物流依法为电子商务提供服务，规范了电子商务寄递过程中的安全和服务问题。

（四）电子商务交易保障

草案主要规定四方面内容：一是电子商务数据信息的开发、利用和保护。明确规定鼓励数据信息交换共享，保障数据信息的依法有序流动和合理利用，强调电子商务经营者对用户个人信息应采取相应保障措施，并对电子商务数据信息的收集利用及其安全保障作出明确要求。二是市场秩序与公平竞争，规定电子商务经营主体知识产权保护、平台责任、不正当竞争行为的禁止、信用评价规则。三是消费者权益保护，包括商品或者服务信息真实、商品或者服务质量保证、交易规则和格式条款制定，并规定了设立消费者权益保证金，电子商务第三方平台有协助消费者维权的义务。四是争议解决，在适用传统方式的基础上，根据电子商务发展特点，积极构建在线纠纷解决机制。

（五）跨境电子商务

近年来，我国跨境电子商务快速发展，已经形成了一定的产业集群和交易规模。发展跨境电子商务，有利于完善我国对外开放战略布局和对外贸易优化升级，有利于推进“一带一路”建设和实施自由贸易区战略，形成对外开放新体制。为支持、促进和保障跨境电子商务发展，电子商务立法对此作了专门规定。一是国家鼓励促进跨境电子商务的发展。二是国家推动建立适应跨境电子商务活动需要的监督管理体系，提高通关效率，保障贸易安全，促进贸易便利化。三是国家推进跨境电子商务活动通关、税收、检验检疫等环节的电子化。四是推动建立国家之间跨境电子商务交流合作等。

（六）监督管理与社会共治

草案规定了国务院及各级政府对电子商务的监管职能。电子商务治理要充分发挥政府作用，同时还要充分发挥行业自律和社会共治的作用，实现多管齐下、综合治理。即要体现电子商务管理创新，运用互联网思维、互联网管理办法。电子商务行业组织和电子商务经营主体应当加强行业自律，建立健全行业规范和网络规范，引导本行业经营者公平竞争，推动行业诚信建设。国家鼓励、支持和引导电子商务行业组织、电子商务经营主体和消费者共同参与电子商务市场治理。

《中华人民共和国电子商务法（草案）》和以上说明是否妥当，请审议。

全国人民代表大会法律委员会关于《中华人民共和国电子商务法（草案）》修改情况的汇报

全国人民代表大会常务委员会：

常委会第二十五次会议对电子商务法草案进行了初次审议。会后，法制工作委员会将草案印发各省、自治区、直辖市、中央有关部门和部分企业、研究机构征求意见。在中国人大网全文公布草案征求社会公众意见。法律委员会、法制工作委员会还到广东、江苏等地进行调研，听取意见。常委会组成人员和各方面总的认为，为规范并促进电子商务发展，制定本法是必要的；同时提出了一些修改意见。

法律委员会、法制工作委员会认真研究了各方面的意见，同财政经济委员会、国务院法制办公室、中央网络安全和信息化领导小组办公室、商务部、国家工商行政管理总局等部门交换意见，共同研究，根据电子商务快速发展和新业态不断涌现的实际，针对各方面提出的进一步明确本法定位、突出重点、删繁就简的建议，形成了以下修改思路：一是，遵循规范经营与促进发展并重，保障并支持电子商务创新发展；二是，聚焦于规范电子商务经营者特别是平台经营者，针对电子商务活动的特点和实践中反映的突出问题，对电子商务经营者特别是平台经营者的义务与责任作必要的补充完善，以更好地保证交易安全，保护用户和消费者权益；三是，按照“鼓励创新、包容审慎”原则，对有关方面认识尚不一致、还看不准的问题，仅作原则规定或不作规定；四是，对现行相关法律已有规定的，本法不再作重复规定，同时保留或增加与相关法律的衔接性规定。按照上述思路对草案进行修改后，法律委员会、财政经济委员会、法制工作委员会联合召开座谈会，又征求了中央有关部门和一些电商企业、行业组织、专家的意见，各方面总体赞同上述修改思路和主要修改内容。

法律委员会于9月29日召开会议，根据常委会组成人员的审议意见和各方面意见，对草案进行了逐条审议。财政经济委员会、国务院法制办公室、国家工商行政管理总局的有关负责同志和中央网络安全和信息化领导小组办公室的有关同志列席了会议。10月17日，法律委员会召开会议，再次进行审议。现将电子商务法草案主要问题的修改情况汇报如下：

一、草案第十一条将“电子商务经营主体”分为“电子商务第三方平台”和“电子商务经营者”，并分别作了定义。有的常委委员和地方、专家提出，草案对电子商务经营主体的分类和含义规定得不够清晰。法律委员会经研究，建议将草案中的“电子商务经营主体”统一改为“电子商务经营者”；并在草案第十一条中增加规定：“电子商务经营者”包括自建网站经营的电子商务经营者、电子商务平台经营者、平台内电子商务经营者。

二、草案第十二条第一款规定：电子商务经营者应当依法办理工商登记。但是，依法无须取得许可的以个人技能提供劳务、家庭手工业、农产品自产自销以及依照法律法规不需要进行工商登记的除外。具体办法由国务院规定。对此，有两种意见。一种意见认为，上述免于工商登记的范围过窄，不利于电子商务发展。另一种意见认为，草案与最近国务院发布施行的无证无照经营查处办法的规定总体一致，目前，工商登记、税务登记已合并，实行一照一码，工商登记是税收征管的基础，工商登记应当线上线下统一。法律委员会经研究，建议将草案的上述规定修改为：电子商务经营者应当依法办理工商登记。但是，销售自产农副产品、销售家庭手工业产品、个人利用自己的技能从事依法无须取得许可的便民劳务活动以及依照法律、行政法规不需要进行工商登记的除外。

三、草案第十九条第一款规定，电子商务平台应当对申请进入平台的经营者的身份、行政许可等信息进行审查、登记。一些常委委员和地方、部门提出，应当进一步要求电子商务平台配合监管，向工商行政管理等部门提供经营者信息，并为经营者办理工商登记提供便利。法律委员会经研究，建议增加一款规定：电子商务平台经营者应当按照规定向工商行政管理部门、税务部门报送平台内经营者的身份信息和经营信息。电子商务平台经营者应当配合工商行政管理部门，为应当办理工商登记的经营者办理工商登记提供便利。

四、一些常委委员和地方、部门、社会公众建议，进一步强化电子商务经营者特别是平台经营者的义务规范，加强消费者权益保护。法律委员会经研究，建议在草案中增加以下规定：一是，电子商务经营者不得以虚假宣传、虚构交易、编造用户评价等方式侵害消费者的知情权。二是，电子商务经营者应当按照承诺或者与消费者约定的方式、时限向消费者交付商品或者服务，并承担商品运输中的风险和责任。但是，消费者与电子商务经营者约定另行选择快递物流服务提供者的除外。三是，电子商务经营者应当明示用户注销的方式和程序，不得对用户注销设置不合理条件。四是，电子商务平台经营者对其标记为自营业务的商品交易或者服务交易依法承担商品销售者或者服务提供者的责任。五是，电子商务平台经营者应当根据商品或者服务的价格、销量、信用高低等多种方式向消费者显示搜索结果；对于竞价排名的商品或者服务，应当显著标明“广告”。

五、一些常委委员和企业、专家、社会公众建议，针对电商平台利用不合理的服务协议和交易规则，对平台内经营者实施不公平交易行为的问题完善草案相关规定。法律委员会经研究，建议对草案作以下修改：一是，在草案第二十三条中增加电子商务平台经营者修改平台服务协议应当公开征求意见，并提前公示修改内容的规定。二是，将草案第五十五条第五项修改为，电子商务平台经营者不得利用服务协议和交易规则等手段，对平台内经营者的交易、交易价格等进行不合理限制或者附加不合理交易条件，或者向平台内经营者收取不合理费用。

六、草案第五十三条中规定，电子商务平台“明知”平台内经营者侵犯知识产权的，应当依法采取删除等必要措施。一些常委会组成人员和部门、企业、专家建议，进一步强化平台经营者的知识产权保护责任。法律委员会经研究，建议将草案的上述规定修改为：电子商务平台经营者知道或者应当知道平台内经营者侵犯知识产权的，应当采取删除、屏蔽、断开链接、终止交易和服务等必要措施；未采取必要措施的，与侵权人承担连带责任。同时，在草案第五十四条中增加规定：电子商务平台经营者接到平台内经营者侵犯知识产权的通知后，未及时采取必要措施的，应当对损害扩大部分与平台内经营者承担连带责任。

七、一些常委会组成人员和地方、部门、企业、专家建议，完善电子商务合同订立、履行规范，进一步明确合同当事人的权利和义务。法律委员会经研究，建议对草案作以下修改：一是，增加一条规定，电子商务经营者应当清晰、全面、明确地告知用户订立合同的步骤、注意事项、下载方法等事项，保证用户能够便利、完整地阅览和下载；并保证用户在提交订单前可以更正输入错误。二是，增加规定，电子商务当事人可以约定采用快递物流方式交付商品。快递物流服务提供者为电子商务提供快递物流服务，应当遵守法律、行政法规，并应当符合承诺的服务规范和时限；在交付商品时，应当提示收货人当面查验，经当面查验无异议的，收货人应当签收。三是，将草案第三十六条第二款修改为，未经授权的支付造成的损失，由电子支付服务提供者承担；电子支付服务提供者能够证明未授权支付是因用户的过错造成的，不承担责任。

八、一些常委委员和地方、专家、社会公众建议，针对实践中消费者投诉举报难、获取证据难问题，进一步完善电子商务争议处理规范。法律委员会经研究，建议将“电子商务争议解决”单列一章，并增加以下规定：一是，电子商务经营者应当建立便捷、有效的投诉、举报机制，公开投诉、举报方式等信息，及时受理并处理投诉、举报。二是，在电子商务争议处理中，电子商务经营者应当提供原始合同和交易记录。因电子商务经营者丢失、伪造、篡改、销毁、隐匿或者拒绝提供上述资料，致使人民法院、仲裁机构或者有关机关无法查明事实的，电子商务经营者应当承担相应的法律责任。

九、一些常委会组成人员和地方、部门、企业建议，充实促进电子商务发展的政策措施。法律委员会经研究，为进一步体现“互联网+”促进线上线下融合发展、推动农村经济和扶贫攻坚的重要作用，建议将“电子商务促进”单列一章，并对草案作以下修改：一是，增加一条规定，国家推动电子商务在国民经济各个领域的应用，支持电子商务与各产业融合发展。二是，增加一条规定，国家促进农业生产、加工、流通等环节的互联网技术应用，鼓励各类社会资源加强合作，促进农村电子商务发展。三是，将草案第七十六条修改为，国家推动电子商务基础设施和物流网络建设，完善电子商务统计制度，加强电子商务标准体系建设。

考虑到草案中关于个人信息保护、电子支付、快递物流等方面的管理性规范，有关法律、行政法规等已作了规定，对此作了必要的删减、整合，并增加了与有关法律、行政法规等相衔接的规定；同时，根据修改后的内容对法律责任一章进行梳理并作了调整。

此外，还对草案作了一些文字修改。

草案二次审议稿已按上述意见作了修改，法律委员会建议提请本次常委会会议继续审议。

草案二次审议稿和以上汇报是否妥当，请审议。

全国人民代表大会法律委员会
2017年10月31日

全国人民代表大会宪法和法律委员会关于《中华人民共和国电子商务法（草案）》修改情况的汇报

全国人民代表大会常务委员会：

近年来，我国电子商务迅猛发展，对推进供给侧结构性改革、激发社会创新创业活力、满足人民日益增长的美好生活需要发挥了重要作用。中国已成为世界领先的电子商务市场，积累了丰富的创新发展经验。为了进一步支持、促进电子商务发展，维护市场秩序，保障电子商务各方主体的合法权益，十二届全国人大财政经济委员会在深入调研、广泛征求意见的基础上组织起草了电子商务法（草案），于2016年12月提请十二届全国人大常委会第二十五次会议进行了初次审议；2017年10月十二届全国人大常委会第三十次会议对草案进行了再次审议。十二届全国人大法律委员会、常委会法制工作委员会通过多种方式广泛征求意见，先后两次将草案印发各省（区、市）人大和中央有关部门征求意见，两次公布草案向社会征求意见，通过召开座谈会、到一些地方调研等方式，听取了国内各类主要电子商务企业的意见；召开专题会议，听取中央有关部门、主要电商平台企业和专家对自然人经营者登记等问题的意见。

在草案起草和审议修改过程中，注重把握以下几点：一是，坚持党中央提出的“创新是引领发展的第一动力”的要求，充分发挥立法的引领和推动作用，保障并支持电子商务创新发展；二是，遵循规范经营与促进发展并重的思路，针对电子商务活动的特点和实践中反映的突出问题，聚焦于规范电子商务经营者特别是平台经营者，对其义务与责任作出规定，以更好地保证交易安全，保护用户和消费者权益，维护市场秩序；三是，按照“鼓励创新、包容审慎”原则，对有关方面认识尚不一致、还看不准的问题，仅作原则规定或不作规定；四是，处理好与有关民事法律和行政管理法律的关系，对现行法律已有明确规定的，不再作重复规定。

根据上述思路，草案二次审议稿规定了如下主要内容：第一，明确本法的适用范围，限于我国境内的电子商务活动；将电子商务经营者分为平台经营者、平台内经营者、自建网站经营者；同时，考虑到一些行业和领域的特殊性，规定涉及金融类产品和服务、利用信息网络播放音视频节目、网络出版以及互联网文化产品等内容方面的服务，不适用本法。第二，针对电子商务的特点，着重规定电子商务经营者特别是平台经营者的义务与责任，如落实实名制、公平交易、保护知识产权、保护个人信息、保障网络安全等。第三，确立电子商务合同的订立和履行规范，对当事人民事行为能力、合同成立、电子商务经营者的告知义务、快递物流的服务规范、电子支付的责任承担等作了规定。第四，针对保护消费者的知情权、选择权和人身财产安全，在侵权责任法和消费者权益保护法的相关规定基础上进一步细化，对电子商务经营者特别是平台经营者的责任作了较为具体的规定。第五，专设电子商务促进一章，从促进线上线下产业融合、农村电子商务、跨境电子商务发展，推进电子商务诚信体系建设等方面，规定了支持促进电子商务发展的政策措施。第六，对电子商务争议的解决方式、原始合同和交易记录的提供、电子商务争议在线解决机制等作了规定。第七，对违反本法规定行为的法律责任作了规定。

本届以来，宪法和法律委员会、法制工作委员会就草案的有关问题进一步征求了有关方面意见、共同研究。宪法和法律委员会于6月5日召开会议，根据常委会组成人员的审议意见和各方面意见，对草案进行了逐条审议。财政经济委员会、中央网络安全和信息化委员会办公室、司法部、国家市场监督管理总局有关负责同志列席了会议。6月12日，宪法和法律委员会召开会议，再次进行了审议。现将电子商务法（草案二次审议稿）主要问题的修改情况汇报如下：

一、一些意见提出，2018年是改革开放40周年，以习近平同志为核心的党中央提出了一系列改革开放新的重要举措，电子商务作为现代服务业的重要组成部分，应充分发挥其在推动高质量发展和形成全面开放新格局方面的作用。宪法和法律委员会经研究，建议在草案二次审议稿第四条中增加规定：充分发挥电子商务在推动高质量发展、构建开放型经济方面的重要作用。

二、草案二次审议稿第十条第一款规定，本法所称电子商务经营者，是指通过互联网等信息网络销售商品或者提供服务的自然人、法人和非法人组织，包括自建网站经营的电子商务经营者、电子商务平台经营者、平台内电子商务经营者。一些常委委员和部门、企业、社会公众建议，在电子商务经营者的范围中明确不包括个人转让自用二手物品等非经营活动；一些常委委员和地方、企业、社会公众建议，将通过微信、网络直播等方式销售商品或者提供服务的经营者涵盖在内。宪法和法律委员会经研究，建议将上述规定修改为：本法所称电子商务经营者，是指通过互联网等信息网络从事销售商品或者提供服务的经营活动的自然人、法人和非法人组织，包括电子商务平台经营者、平台内经营者以及通过自建网站、其他网络服务销售商品或者提供服务的电子商务经营者。

三、草案二次审议稿第十一条规定，电子商务经营者应当依法办理工商登记。但是，个人销售自产农副产品、销售家庭手工业产品，个人利用自己的技能从事依法无须取得许可的便民劳务活动以及依照法律、行政法规不需要进行工商登记的除外。关于这个问题，在草案起草、审议和征求意见中，一直存在两种意见。一种意见认为，应当要求所有个人经营者办理登记；一种意见建议明确，除须取得行政许可的经营活动外，个人经营者免于办理登记。在二审中，一些常委委员建议，对不需要进行登记的电子商务经营者的范围予以研究完善，并对其税务登记问题作出规定。宪法和法律委员会、法制工作委员会对这个问题作了重点研究，认为：从我国的商事登记和税收征管制度上总体考虑，并为体现线上线下公平竞争，在本法中规定电子商务经营者应当依法办理登记，是必要的；同时，实践中有许多个人经营者交易的频次低、金额小，法律已要求平台对其身份进行核验，可不要求其必须办理登记。据此，建议作以下修改：一是，在草案二次审议稿第十一条中增加规定，个人从事“零星小额交易活动”不需要办理市场主体登记。二是，增加规定：依照本法规定不需要办理市场主体登记的电子商务经营者在首次纳税义务发生后，应当依照税收征收管理法律、行政法规的规定办理税务登记，并如实申报纳税。

四、草案二次审议稿第二十三条第二款中规定，电子商务平台经营者应当按照规定向工商行政管理部门、税务部门报送平台内经营者的身份信息和经营信息。有的常委委员和企业、专家提出，要求电子商务平台向上述部门报送有关信息是必要的；但是，考虑到经营信息范围广，有的还涉及企业商业秘密等，建议对报送信息的情形予以区分，限定报送范围。宪法和法律委员会经研究，建议将上述规定修改为，电子商务平台经营者应当按照规定向市场监督管理部门报送平台内经营者的身份信息，向税务部门报送平台内经营者的身份信息和与纳税有关的信息。

五、一些常委会组成人员和部门、企业、社会公众提出，在目前的实践中，一些电子商务经营者定向推送商品、服务信息存在误导的情况，搭售商品、押金退还、格式合同等存在许多不合理做法，侵害消费者合法权益，应对此作出有针对性的规范。宪法和法律委员会经研究，建议增加以下规定：一是，电子商务经营者根据消费者的兴趣爱好、消费习惯等特征向其推销商品或者服务，应当同时向该消费者提供不针对其个人特征的选项，尊重和平等保护消费者合法权益。二是，电子商务经营者搭售商品或者服务，应当以显著方式提请消费者注意，不得将搭售商品或者服务作为默认同意的选项。三是，电子商务经营者按照约定向消费者收取押金的，应当明示押金退还的方式、程序，不得对押金退还设置不合理条件。消费者申请退还押金，符合押金退还条件的，电子商务经营者应当及时退还。四是，电子商务经营者不得以格式条款等方式约定消费者支付价款后合同不成立；格式条款等含有该内容的，其内容无效。

六、一些常委会组成人员和地方、部门、社会公众建议，明确禁止电子商务经营者滥用市场支配地位以及电子商务平台经营者限制平台内经营者在其他平台上开展经营活动的行为。宪法和法律委员会经研究，建议作以下修改：一是，增加规定：电子商务经营者因其技术优势、用户数量、对相关行业的控制能力以及其他经营者对该电子商务经营者在交易上的依赖程度等因素而具有市场支配地位的，不得滥用市场支配地位，排除、限制竞争。二是，将第三十条修改为，电子商务平台经营者不得利用服务协议、交易规则以及技术等手段，对平台内经营者在平台内的交易、交易价格以及与其他经营者的交易等进行不合理限制或者附加不合理条件，或者向平台内经营者收取不合理费用。

七、一些常委会组成人员和部门、社会公众建议，与侵权责任法、消费者权益保护法的有关规定相衔接，针对电子商务平台对平台上销售假冒伪劣商品等行为不及时采取措施，以及对消费者未尽到安全保障义务等情形，进一步明确和细化其对消费者的责任。宪法和法律委员会经研究，建议增加规定：电子商务平台经营者知道或者应当知道平台内经营者销售的商品或者提供的服务不符合保障人身、财产安全的要求，或者有其他侵害消费者合法权益行为，未采取必要措施的，依法与该平台内经营者承担连带责任。对关系消费者生命健康的商品或者服务，电子商务平台经营者对平台内经营者的资质资格未尽到审核义务，或者对消费者未尽到安全保障义务，造成消费者损害的，依法与该平台内经营者承担连带责任。

八、有的部门、专家建议，对生产经营者之间通过电子商务平台开展交易活动作出必要规范。宪法和法律委员会经研究，建议增加规定：电子商务平台经营者可以按照平台服务协议和交易规则，为经营者之间的商品交易或者服务交易提供信息发布、交易撮合、仓储、物流、支付结算、交收等服务，同时应当遵守法律、行政法规和国家有关规定，不得采取集中竞价、做市商等集中交易方式进行交易，不得进行标准化合约交易。

此外，还对草案二次审议稿作了一些文字修改。

草案三次审议稿已按上述意见作了修改，宪法和法律委员会建议提请本次常委会会议继续审议。

草案三次审议稿和以上汇报是否妥当，请审议。

全国人民代表大会宪法和法律委员会
2018 年 6 月 19 日

全国人民代表大会宪法和法律委员会关于《中华人民共和国电子商务法（草案）》审议结果的报告

全国人民代表大会常务委员会：

常委会第三次会议对电子商务法草案进行了第三次审议。会后，法制工作委员会在中国人大网全文公布草案三次审议稿征求社会公众意见，召开座谈会听取部分法院的意见；并就草案的有关问题与有关方面交换意见，共同研究。宪法和法律委员会于 7 月 25 日召开会议，根据常委会组成人员的审议意见和各方面意见，对草案进行了逐条审议。财政经济委员会、中央网络安全和信息化委员会办公室、司法部、国家市场监督管理总局的有关负责同志列席了会议。8 月 20 日，宪法和法律委员会召开会议，再次进行审议。宪法和法律委员会认为，为保障电子商务各方主体的合法权益，规范电子商务行为，维护市场秩序，促进电子商务持续健康发展，制定本法是必要的；草案经过常委会三次审议修改，已经比较成熟。同时，提出以下主要修改意见：

一、一些常委会组成人员提出，从事电子商务活动应当贯彻绿色发展理念，履行环保义务，建议在本法中对此作出相应规定。宪法和法律委员会经研究，建议在草案三次审议稿第六条中增加规定，电子商务经营者从事经营活动应当履行“环境保护”义务；在第五章中增加一条规定：国务院和县级以上地方人民政府及其有关部门应当采取措施，支持、推动绿色包装、仓储、运输，促进电子商务绿色发展。

二、一些常委会组成人员和法院的同志建议明确规定跨境电子商务适用本法。宪法和法律委员会经研究认为，按照草案相关规定，我国境内的电子商务经营者为消费者从境外采购商品等跨境电子商务活动适用本法；我国的消费者从境外购买商品等电子商务活动，按照我国涉外民事法律关系适用法的规定，也可以适用本法关于消费者保护的相关规定。同时，从事跨境电子商务活动还应当遵守我国进出口监管的法律、行政法规。据此，建议增加一条规定：电子商务经营者从事跨境电子商务，应当遵守有关进出口监督管理的法律、行政法规。

三、一些社会公众、电商平台企业和法院的同志提出，草案三次审议稿第三十七条第二款关于电子商务平台经营者与平台内经营者承担连带责任的规定，给平台经营者施加的责任过重，建议将“承担连带责任”改为“承担相应的补充责任”，与侵权责任法的有关规定相一致。宪法和法律委员会经研究认为，这样修改更为合理，也能够为消费者提供充分保障，建议采纳这一意见。

四、一些常委会组成人员和法院的同志建议，对商品和服务交付的有关规定作进一步研究完善。宪法和法律委员会经研究，建议对草案三次审议稿作以下修改：一是，在第五十条第一款“合同标的为提供服务的，以生成的电子或者实物凭证中所载明的时间为交付时间”后增加规定：前述凭证没有载明时间或者载明时间与实际提供服务时间不一致的，实际提供服务的时间为交付时间；二是，在第五十一条第二款中增加规定：快递物流服务提供者将商品交由他人代收的，应当经收货人同意。

五、草案三次审议稿第八十条和第八十一条分别对电子商务平台经营者不合理限制平台内经营者的交易，以及对平台内经营者实施侵犯知识产权行为未依法采取必要措施的处罚作了规定。根据一些常委会组成人员和社会公众的意见，宪法和法律委员会建议，将这两条中的罚款数额由“五万元以上二十万元以下”、“二十万元以上五十万元以下”分别修改为“五万元以上五十万元以下”、“五十万元以上二百万元以下”。

此外，还对草案三次审议稿作了一些文字修改。

还有一个问题需要汇报。一些常委会组成人员建议，对电子商务活动中的个人信息保护作出具体规定。宪法和法律委员会经研究认为，目前，民法总则、网络安全法、刑法等对个人信息的收集、使用、保护规则以及侵害个人信息的处罚已作了规定，下一步还将对个人信息保护进行专项立法，本法对电子商务活动中的个人信息保护作衔接性规定是适宜的。

8月16日，法制工作委员会召开会议，邀请全国人大代表、专家学者、主要电商企业、行业协会、执法部门等方面的代表，就草案中主要制度规范的可行性、法律出台时机、法律实施的社会效果和可能出现的问题等进行评估。总的评价是：电子商务法草案遵循保障权益、规范行为、维护秩序、促进发展的立法宗旨，坚持“鼓励创新、包容审慎”原则，主要制度充分考虑了电子商务发展实际和面临的突出问题，也为将来的发展留有充分的空间，具有较强的针对性、可行性和包容性。草案经过常委会三次审议修改，充分征求并吸收了各方面意见，达成了最大的社会共识，已经比较成熟，建议尽快审议通过。也有的参会人员建议，对草案作进一步完善后再出台，使之成为一部面向未来、促进发展、引领全球数字经济的法律。有的参会人员还对草案提出了一些具体修改意见，宪法和法律委员会进行了认真研究，对有的意见予以采纳。

草案四次审议稿已按上述意见作了修改，宪法和法律委员会建议提请本次常委会会议审议通过。

草案四次审议稿和以上报告是否妥当，请审议。

全国人民代表大会宪法和法律委员会
2018 年 8 月 27 日

全国人民代表大会宪法和法律委员会关于《中华人民共和国电子商务法（草案四次审议稿）》修改意见的报告

全国人民代表大会常务委员会：

常委会第五次会议于 8 月 28 日下午对电子商务法（草案四次审议稿）进行了分组审议，普遍认为，草案已经比较成熟，建议进一步修改后，提请本次会议通过。同时，有些常委会组成人员和列席会议的同志还提出了一些修改意见。宪法和法律委员会于 8 月 29 日上午召开会议，逐条研究了常委会组成人员的审议意见，对草案进行了审议。全国人大财政经济委员会、中央网络安全和信息化委员会办公室、司法部、国家市场监督管理总局的有关负责同志列席了会议。宪法和法律委员会认为，草案是可行的，同时，提出以下修改意见：

一、一些常委会组成人员建议，进一步强化电子商务经营者的环保义务以及快递物流服务提供者使用绿色包装的义务。宪法和法律委员会经研究，建议在草案四次审议稿第十三条中增加规定，电子商务经营者销售的商品或者提供的服务应当符合“环境保护要求”；在第五十一条中增加一款规定：快递物流服务提供者应当按照规定使用环保包装材料，实现包装材料的减量化和再利用。

二、草案四次审议稿第十八条第一款对电子商务经营者根据消费者的个人特征向其提供商品或者服务搜索结果的要求作了规定。一些常委会组成人员建议，对电子商务经营者向消费者发送广告的行为作出相应规定。宪法和法律委员会经研究，建议在本条中增加一款规定：电子商务经营者向消费者发送广告的，应当遵守《中华人民共和国广告法》的有关规定。

三、一些常委委员和列席会议的同志提出，实践中，电子商务平台经营者未履行资质资格审核义务和对消费者的安全保障义务的情况比较复杂，可根据实际情形依法认定其应承担的责任。宪法和法律委员会经研究，建议将草案四次审议稿第三十七条第二款中的“依法承担相应的补充责任”，修改为“依法承担相应的责任”。同时，根据有的常委委员的意见，建议增加一条行政处罚规定：电子商务平台经营者违反本法规定，对平台内经营者侵害消费者合法权益行为未采取必要措施，或者对平台内经营者未尽到资质资格审核义务，或者对消费者未尽到安全保障义务的，由市场监督管理部门责令限期改正，可以处五万元以上五十万元以下的罚款；情节严重的，责令停业整顿，并处五十万元以上二百万元以下的罚款。

四、草案四次审议稿第四十一条第三款规定，知识产权权利人因通知错误造成平台内经营者损害的，依法承担民事责任。有的常委委员建议，针对恶意通知扰乱正常经营活动的行为增加惩罚性赔偿，维护经营者合法权益。宪法和法律委员会经研究，建议在本条中增加规定：恶意发出错误通知，造成平台内经营者损失的，加倍承担赔偿责任。

此外，根据常委会组成人员的审议意见，还对草案四次审议稿作了一些文字修改。

草案建议表决稿已按上述意见作了修改，宪法和法律委员会建议本次常委会会议审议通过。

草案建议表决稿和以上报告是否妥当，请审议。

全国人民代表大会宪法和法律委员会
2018年8月31日

二、电子商务法起草工作计划

根据十二届全国人大常委会立法规划，电子商务法由全国人大财经委负责牵头起草。为做好法律起草工作，在立法前期调研基础上，制定以下工作计划。

一、起草组构成

电子商务法起草由吕祖善、彭森、尹中卿、熊群力、辜胜阻副主任委员牵头，财经委和国务院有关部门同志共同组成起草组。起草组设领导小组、工作小组和专家咨询库。领导小组由财经委组成人员和国务院有关部门负责人组成；工作小组由财经委和有关部门的工作人员组成；专家咨询库由有关方面对电子商务有研究的专家学者组成。

二、指导思想和框架设想

电子商务法立法指导思想：认真贯彻党的十八大和十八届三中全会关于全面深化改革决定的精神，以科学发展观为指导，按照完善社会主义市场经济体制、依法治国和依法行政的总体目标和要求，实现促进发展、规范秩序、保护权益。立法应遵循政府干预最小化、鼓励发展创新，规范市场秩序、合理有效监管，明确权利义务、维护各方权益等原则。

法律框架初步考虑如下：支持鼓励电子商务发展的促进政策；电子商务监管体制；电子商务市场主体的准入与退出；数据电文和电子合同；电子支付；电子商务税收；知识产权保护；消费者权益保护；争端解决机制；网络信息安全保障；跨境电子商务等。

三、工作计划

（一）筹备和调研阶段（2013 年 12 月 ~2014 年 12 月）

从 2013 年 9 月起，开展了前期准备工作。拟定起草工作计划（征求意见稿），分别召开了立法工作部门、地方和专家座谈会，讨论立法计划和有关重大问题。筹备工作已经完成。

2013 年 12 月 27 日，召开起草组第一次全体会议，明确起草领导小组成员、工作小组成员和设立专家咨询库（根据立法进展情况，可进行必要的增补调整）。

2013 年 12 月 ~2014 年 10 月，开展电子商务专项课题研究。各有关单位应制定课题研究计划，按时完成课题研究报告。起草组将跟进各项课题研究的进展，根据需要就有关问题召开研讨会。与有关国内国际机构开展交流合作。

2014 年 1 月起，继续赴地方、企业开展立法调研。调研重点包括五方面：鼓励促进电子商务发展的政策措施；电子商务市场监管；市场主体的准入退出机制、平台责任、行业自律；知识产权保护、数据和信息安全、信用体系建设；消费者保护等。

2014 年并跨至 2015 年，视情况召开国际研讨会，赴境外开展立法考察。

2014 年 10 月底，起草组工作小组通报有关研究成果，就相关重要问题进行研讨，拟定下一步调研方案，准备起草立法大纲。

2014 年 12 月，召开起草组第二次全体会议，研究讨论立法大纲和有关重大问题。

（二）起草阶段（2015 年 1 月 ~2016 年 6 月）

2015 年 1 月 ~2015 年 10 月，工作小组和专家咨询库专家拟订法律草案。根据工作需要，就起草中涉及的重大问题继续调研，10 月提出法律草案初稿。

2015 年 10 月底，召开起草组第三次全体会议，讨论法律草案初稿，协调有关重大问题。

2015 年 11 月 ~2016 年 3 月，修改完善法律草案，形成草案征求意见稿，送各地方、各部门征求意见，根据反馈意见，继续修改草案。

2016 年 4 月 ~2016 年 5 月，召开起草组第四次全体会议，讨论修改后的法律草案。

2016 年 6 月，法律草案提请财经委全体会议审议。

（三）提请审议阶段（2016 年 7 月 ~2018 年 2 月）

2016 年 7 月 ~2016 年 8 月，根据财经委全体会议审议结果对法律草案修改完善。

2016年9月，将法律草案的议案报请全国人大常委会，由办公厅征求国务院意见。

2016年10月~2017年1月，配合常委会做好征求意见的有关工作。

2017年2月~2017年3月，根据国务院对征求意见的反馈情况，协调有关方面意见，进一步完善法律草案。

2017年4月~2018年2月，法律草案提请全国人大常委会审议，配合做好安排审议的有关工作。

各成员单位要按照任务、时间、组织、责任四落实的要求，明确责任，加强领导，精心组织，密切配合，切实做好立法工作计划的各项工作，保证按时高质量地完成电子商务法的起草任务。

附：电子商务法起草组人员名单

一、领导小组

组　长：吕祖善　全国人大常委会委员、财经委副主任委员

副组长：彭　森　全国人大常委会委员、财经委副主任委员

　　　　尹中卿　全国人大常委会委员、财经委副主任委员

成　员：熊群力　全国人大财经委副主任委员

　　　　辜胜阻　全国人大常委会委员、财经委副主任委员

　　　　王　力　全国人大财经委委员

　　　　付双建　全国人大财经委委员

　　　　吕　薇　全国人大常委会委员、财经委委员

　　　　侯义斌　全国人大常委会委员、财经委委员

　　　　骞芳莉　全国人大财经委委员

　　　　袁曙宏　国务院法制办公室副主任

　　　　张晓强　国家发展和改革委员会副主任

　　　　杨学山　工业和信息化部副部长

　　　　刘　昆　财政部副部长

张向晨　商务部部长助理
刘士余　人民银行副行长
邹志武　海关总署副署长
范　坚　国家税务总局总会计师
刘俊臣　国家工商行政管理总局副局长
梅克保　国家质量监督检验检疫总局副局长
赵晓光　国家邮政局副局长

二、工作小组

组　长：陈继宁　全国人大财经委调研室主任
副组长：施禹之　全国人大财经委调研室副主任
翟　炜　全国人大财经委法案室副巡视员
成　员：张要波　国务院法制办公室工交司副司长
顾大伟　国家发展和改革委员会高技术产业司副司长
刘　勇　国家发展和改革委员会高技术产业司副处长
董宝青　工业和信息化部信息化推进司副司长
王小龙　财政部经济建设司副司长
李嘉辉　财政部条法司处长
刘　红　商务部条法司流通法律处处长
曾　晨　商务部电子商务司发展规划处处长
刘向民　人民银行条法司副司长
路　遥　海关总署政法司复议处副处长
杨培峰　国家税务总局征管和科技发展司副司长
周　燕　国家工商行政管理总局法规司法规处处长
许新建　国家质量监督检验检疫总局法规司副司长
赵　雷　国家邮政局政策法规司法规处处长
宋燕妮　全国人大常委会法工委经济法室调研员
顾　扬　全国人大常委会办公厅秘书局监督处干部
韩　军　全国人大财经委调研室处长
王长君　全国人大财经委调研室处长

郝亮亮　全国人大财经委法案室副处长

郝大为　全国人大财经委调研室干部

周　晶　全国人大财经委办公室干部

全国人大财经委电子商务法起草组

2013 年 12 月 27 日

三、电子商务法立法大事记

2013 年

1. 2013 年 9 月 2 日，中央批准《十二届全国人大常委会立法规划》，电子商务法列为第二类立法项目，由全国人大财经委负责牵头该法草案的起草工作。

2. 2013 年 10 月 23 日，全国人大财经委在北京召开了电子商务立法座谈会。会议由全国人大常委会委员、全国人大财经委副主任委员吕祖善主持，尹中卿、熊群力副主任委员和付双建、侯义斌、骞芳莉委员出席，国家发改委、工信部、财政部、商务部、人民银行、海关总署、税务总局、工商总局、国务院法制办等部门同志与会。各部门介绍了电子商务发展与立法有关情况，就电子商务立法的重要性、立法需要重点解决的问题等提出了意见和建议。

3. 2013 年 12 月 12 日，全国人大财经委、国家发改委在浙江省杭州市召开了地方电子商务立法座谈会。会议由全国人大常委会委员、全国人大财经委副主任委员吕祖善主持，彭森副主任委员出席，国家发改委高技术司和上海、广州、深圳、成都、郑州、南京和杭州 7 个国家电子商务示范城市政府部门、电商和专家等代表参加会议。与会代表交流了国家与地方电子商务发展和立法的基本情况，就开展电子商务法立法起草和重大课题研究进行研讨并形成共识。

4. 2013 年 12 月 27 日，全国人大财经委在人民大会堂召开电子商务法起草组成立暨第一次全体会议，正式启动电子商务立法工作。张平副委员长出席会议并发表重要讲话。全国人大常委会委员、全国人大财经委副主任委员、电子商务法起草领导小组组长吕祖善主持会议，并就电子商务法起草相关工作情况作了说明。财经委副主任委员彭森、辜胜阻、尹中卿、熊群力，委员王力、付双建、吕薇、侯义斌，国务院法制办副主任袁曙宏、国家发改委副主任胡祖才、工信部副部长杨学山、财政部副部长刘昆、商务部部长助理张向晨、人民银行副行长刘士余、海关总署副署长邹志武、国家税务总局总会计师范坚、国家工商总局副局长刘俊臣，全国人大常委会法工委、国家质检总局、国家邮政局等单位的相关部门负责同志，电子商务企业和知名专家学者等参加会议。

2014 年

5. 2014 年 2 月 26 日，电子商务法起草工作小组在全国人大会议中心召开第一次工作会议。会议由全国人大常委会委员、全国人大财经委副主任委员、电子商务法起草领导小组副组长彭森主持。国务院法制办、国家发改委、工信部、财政部、商务部、人民银行、海关总署、国家税务总局、国家工商总局、国家质检总局、国家邮政局、中国电子商务协会和全国人大常委会办公厅、法工委等有关部门的立法工作小组成员参加会议。各有关单位通报了电子商务相关法律法规政策的梳理情况，讨论了立法课题研究和调研工作安排，提出了做好今后立法工作的意见和建议。

6. 2014 年 6 月 24 日，电子商务法起草组在全国人大会议中心召开专家座谈会，研究探讨电子商务立法重大问题和立法大纲起草。会议由全国人大常委会委员、全国人大财经委副主任委员、电子商务法起草领导小组组长吕祖善主持，财经委副主任委员辜胜阻、财经委委员付双建、吕薇、蹇芳莉等同志出席会议。国务院法制办、国家发改委、网信办、财政部、商务部、人民银行、海关总署、国家税务总局、国家工商总局、国家质检总局、国家邮政局、中国电子商务协会和全国人大常委会办公厅、法工委等有关单位立法工作小组成员，北京大学、人民大学、北京外国语大学、中国政法大学、华东政法大学、互联网协会调解中心、阿里巴巴集团、腾讯集团、京东集团、百度公司等单位的专家学者参加会议。会议特邀全国人大代表、电子商务法议案领衔代表胡季强参加。

7. 2014 年 7 月 1 日，《中国电子商务法律法规汇编》由法律出版社正式出版。本书由全国人大财经委电子商务法起草组指导，国家发改委高技术产业司、全国人大财经委调研室组织，各起草组成员单位和中国电子商务协会等参与编辑。

8. 2014 年 9 月 4 日至 5 日，全国人大常委会委员、财经委副主任委员、电子商务法起草领导小组副组长彭森同志等参加在贵阳市召开的 2014 中国电子商务创新发展峰会暨电子商务法立法论坛。

9. 2014 年 10 月，电子商务各有关部门、地方、协会、高校、机构和企业等共同合作，完成电子商务立法十六方面重点课题研究，形成三十多份有份量、有深度的研究报告。

10. 2014 年 11 月 24 日至 25 日，全国人大财经委在全国人大会议中心召开电子商务法起草组第二次全体会议暨部门、地方和专家课题成果交流研讨会。全国人大常委会副委员长张平出席会议并发表重要讲话。会议由全国人大常委会委员、全国人大财经委副主任委员、电子商务法起草领导小组组长吕祖善和全国人大常委会委员、全国人大财经委副主任委员、电子商务法起草领导小组副组长彭森同志主持。财经委副主任委员辜胜阻、尹中卿，委员王力、付双建、吕薇、侯义斌、骞芳莉，国家发改委副主任徐宪平、工信部副部长杨学山、商务部部长助理童道驰、人民银行行长助理郭庆平、海关总署副署长邹志武、国家税务总局总会计师范坚、国家工商总局副局长刘俊臣、国家邮政局副局长赵晓光，财政部、质检总局、国务院法制办、国家网信办、全国人大法工委、办公厅等起草组成员参加会议。会议还邀请了上海市、南京市、杭州市、广州市、深圳市、郑州市、成都市人大财经委及有关部门、协会、企业和专家学者等参加。会议主要内容是交流汇报电子商务立法课题研究成果，并就相关重大问题和立法大纲进行研讨。

11. 2014 年 11 月 26 日，全国人大财经委在全国人大会议中心召开电子商务法国际专家座谈交流会。会议听取了国外专家介绍电子商务国际法和国外法律的发展情况并交流座谈。会议由全国人大常委会委员、财经委副主任委员、电子商务法起草领导小组组长吕祖善主持。财经委副主任委员、电子商务法起草领导小组副组长彭森、委员付双建、骞芳莉出席会议。商务部、海关总署、国家工商总局、全国人大常委会办公厅、法工委等起草组成员和中国电子商务协会、北京大学、北京师大、北京邮电大学、中国社科院等单位中方专家参加会议。会议邀请联合国国际贸易法委员会、联合国亚太经社委员会、意大利博洛尼亚大学和国际发展法律组织五名外方专家参会。北京师大法学院协助组织本次会议。

2015 年

12. 2015 年 1 月，全国人大常委会委员、财经委副主任委员尹中卿率电子商务立法调研组，赴深圳市进行了专题调研，全国人大财经委委员王力参加调研。调研组召开了深圳市有关部门座谈会，听取深圳市电子商务相关工作情况和对电子商务法立法工作的意见建议，并赴顺丰、腾讯两家企业进行了座谈和实地考察。

13. 2015 年 1 月 20 日至 22 日，全国人大财经委在深圳召开电子商务法立法大纲地方研讨会。全国人大常委会委员、全国人大财经委副主任委员、电子商务法起草领导小组副组长尹中卿，电子商务法起草领导小组成员、全国人大财经委委员王力和财经委立法工作组成员参加会议。参加会议的还有国家发改委、工信部、财政部、商务部、人民银行、海关总署、税务总局、工商总局、质检总局、国家网信办、国家邮政局等电子商务法起草工作小组成员，上海市、南京市、杭州市、广州市、深圳市、郑州市等电子商务示范城市人大财经委、发改委、市场监管委等有关同志，中国电子商务协会、中国互联网协会、北京大学、中国人民大学、北京师范大学、北京邮电大学、北京理工大学、北京工商大学、华东政法大学、中山大学、广东金融学院、北京市薪评律师事务所等行业协会和高校专家学者，阿里巴巴集团、腾讯集团、京东集团、快钱公司等企业代表。会议主要内容包括立法大纲框架设想交流、专题研讨、立法意见建议等。

14. 2015 年 4 月 1 日至 3 日，全国人大财经委在浙江杭州召开电子商务法立法大纲专家研讨会暨起草组工作会议。全国人大常委会副委员长张平出席会议并发表重要讲话。会议由全国人大财经委副主任委员、起草领导小组组长吕祖善和全国人大财经委副主任委员、起草领导小组副组长彭森主持。全国人大财经委委员王力、付双建、蹇芳莉，全国人大代表胡季强，浙江省人大领导同志，国务院各部门起草工作组成员，上海市、南京市、杭州市、郑州市、广州市、深圳市、成都市人大财经委和有关部门同志，电子商务协会、机构、电子商务企业、专家学者等参加会议。浙江省人大、杭州市人大等协助举办此次会议。会议主要内容是交流立法大纲和法律草案起草有关重大问题，北京大学、国家工商总局、中国电子商务协会和上海市人大财经委分别向会议提交了电子商务法立法大纲（共4份）。

15. 2015年11月18日至19日，全国人大财经委在江苏南京召开电子商务法立法草案研讨会暨起草工作会议。全国人大常委会委员、财经委主任委员李盛霖，全国人大常委会委员、财经委副主任委员、起草领导小组组长吕祖善，财经委委员王力、付双建、骞芳莉，全国人大代表缪瑞林，国务院各部门起草工作组成员，上海市、江苏省、浙江省、南京市、杭州市、郑州市、广州市、深圳市、成都市人大财经委和有关部门同志，电子商务协会、机构、电子商务企业、专家学者等参加会议。南京市人大协助举办此次会议。会前，在京的有关部委、院校专家、协会、机构、电商企业等组成的起草团队提交了电子商务法草案建议稿（北京版）；上海、浙江、江苏（南京）人大财经委等组成的起草团队提交了电子商务法草案建议稿（地方版）。会议主要内容包括立法草案建议稿汇报说明、综合研讨和专题交流，并部署了下一阶段立法工作。

2016年

16. 2016年1月27日，全国人大财经委在北京召开电子商务法立法工作小组第二次会议。全国人大财经委副主任委员、起草领导小组组长吕祖善，财经委副主任委员、起草领导小组副组长彭森、尹中卿，委员王力、付双建、吕薇、骞芳莉，国务院各部门起草工作小组成员，上海市、浙江省、南京市人大财经委和电子商务协会、专家学者等参加会议。会前，电子商务法起草工作小组将北京版、地方版两个版本建议稿整合形成了法律草案初稿。会议主要内容是讨论电子商务法草案初稿，提出做好2016年立法工作的意见和建议。

17. 2016年3月，电子商务立法课题经深化完善后，由中国财政经济出版社结集出版《中国电子商务立法研究报告》，全书共十七篇。本书由全国人大财经委副主任委员、起草领导小组组长吕祖善任主编，全国人大财经委副主任委员、起草领导小组副组长彭森、尹中卿任副主编。全国人大常委会副委员长张平为本书作序，题为“深入推进科学立法民主立法，提高电子商务立法质量”。

18. 2016年4月29日，全国人大财经委在北京召开电子商务法起草领导小组会议。全国人大财经委副主任委员、起草领导小组组长吕祖善主持会议，财经委副主任委员、起草领导小组副组长彭森，财经委副主任委员辜胜阻，委员王力、付双建、骞芳莉，中央网信办副主任庄荣文、国务院法制办副主任甘藏春、国家税务总局总经济师任荣发、国家邮政局副局长赵晓光等国务院各部门起草领导小组成员，全国人大常委会法工委等参加会议。会议就电子商务立法重大问题达成基本共识，讨论并原则通过电子商务法草案。

19. 2016年6月15日至16日，全国人大财经委在上海召开电子商务立法国际研讨会，商务部共同主办，上海市人大财经委、上海市商务委承办。全国人大财经委主任委员李盛霖，财经委副主任委员、起草领导小组组长吕祖善，财经委副主任委员、起草领导小组副组长彭森、尹中卿参加并主持会议。上海市人大常委会主任殷一璀、上海市人大常委会副主任洪浩，商务部部长助理王炳南等国务院各部门起草组成员，全国人大财经委委员骞芳莉，全国人大常委会法工委和北京大学、中国人民大学、北京师范大学、北京邮电大学、上海理工大学等单位中方专家参加会议。会议邀请了联合国国际贸易法委员会电子商务工作组负责人卢卡·卡斯特拉尼、联合国亚太经济社会委员会贸易与投资局贸易便利化部副主任杨·杜瓦尔、美国联邦贸易委员会国际事务办公室律师潘明克、欧盟驻中国代表团公使衔参赞罗本诺、法国国家信息与自由委员会数据保护局法务专员伊莉斯·拉蒂菲、德国联邦经济和能源部数码与创新政策司司长斯蒂芬·施诺、德国联邦司法和消费者保护部乌尔里克·雷默尔、日本电子支付行业协会会长福原纪彦、新加坡贸易与工业部国际贸易群组司助理司长邓自豪、亚马逊全球贸易服务总监凯文·威利斯等12名外方专家参加研讨。会议分为开幕式、专题研讨、闭幕式三个阶段，主要内容是交流国际电子商务立法动向和趋势，重点研讨中国电子商务法草案主要内容和重大问题。

20. 2016年6月，电子商务法草案（稿）发到各省区市人大财经委，广泛听取当地有关部门、企业、专家特别是全国人大代表、地方人大代表的意见，根据各地意见对草案进行了修改完善。

21. 2016年7月19日，全国人大财经委召开第49次全体会议，研究讨论了《〈中华人民共和国电子商务法〉草案（送审稿)》。会议决定，原则同意《〈中华人民共和国电子商务法〉草案（送审稿)》，并根据委员们的意见做进一步修改完善后报送全国人大常委会办公厅征求国务院意见，同时抓紧做好各项准备工作，争取2016年年底前提交全国人大常委会审议。全国人大财经委副主任委员、电子商务法起草领导小组组长吕祖善作了关于电子商务法草案（送审稿）的说明，指出立法工作全过程体现了科学化、民主化立法的要求，介绍了立法指导思想和起草工作原则，对草案中几个重点问题进行了说明。全国人大常委会副委员长张平作重要讲话，充分肯定电子商务法起草工作取得的阶段性成果，提出依法促进和规范电子商务发展十分必要，立法必须要坚持问题导向，明确调整范围，发挥前瞻引领作用，搞好与其他法律的衔接。

22. 2016年8月，电子商务法草案通过全国人大常委会办公厅发函国务院办公厅征求国务院各部门的意见。10月19日收到非正式意见文本，起草组按照国务院各部门反馈意见情况，对草案进行了逐条研究修改。10月30日，全国人大财经委副主任委员、电子商务法起草领导小组组长吕祖善主持召开电子商务法草案修改定稿会，基本采纳了国务院各部门的反馈意见。11月11日收到全国人大常委会办公厅转来的《国务院办公厅关于报送对〈中华人民共和国电子商务法（草案)〉意见的函》后，起草组对反馈意见和草案条文进行了核对更正。国务院办公厅共征求了61个国务院有关部门的意见，共反馈188条意见和建议，本次修改采纳意见和建议139条。

23. 2016年11月14日，全国人大财经委发函征求全国人大常委会法工委对电子商务法草案的意见。11月29日，法工委反馈提出了五个方面具体的意见。起草组立即针对法工委提出的意见进行研究、协调和修改。12月1日，全国人大财经委副主任委员、电子商务法起草领导小组副组长彭森主持召开协调会，请中央编办、财政部、人民银行、税务总局、工商总局等部门就电子商务法调整范围、电子商务工商登记、电子支付行政许可等问题进行了专题讨论和协调，起草工作小组根据协调情况对草案进行了修改完善。

24. 2016 年 12 月 19 日，在十二届全国人大常委会第二十五次会议上，全国人大常委会委员、全国人大财经委副主任委员、电子商务法起草领导小组组长吕祖善作关于《中华人民共和国电子商务法（草案)》的说明，电子商务法草案提请全国人大常委会初次审议。

2017 年

25. 2017 年 10 月 31 日，在十二届全国人大常委会第三十次会议上，全国人民代表大会法律委员会副主任委员李连宁作关于《中华人民共和国电子商务法（草案)》修改情况的汇报，电子商务法草案提请全国人大常委会二次审议。

2018 年

26. 2018 年 6 月 19 日，在十三届全国人大常委会第三次会议上，全国人民代表大会法律委员会副主任委员丛斌作关于《中华人民共和国电子商务法（草案)》修改情况的汇报，电子商务法草案提请全国人大常委会三次审议。

27. 2018 年 8 月 27 日，在十三届全国人大常委会第五次会议上，全国人民代表大会法律委员会副主任委员徐辉作关于《中华人民共和国电子商务法（草案)》审议结果的报告，电子商务法草案提请全国人大常委会四次审议，并表决通过。

后　记

2018年8月31日，第十三届全国人民代表大会常务委员会第五次会议高票通过《中华人民共和国电子商务法》，自2019年1月1日起施行。电子商务法的出台，是中国电子商务发展史上的里程碑。

电子商务法是电子商务领域的综合性、基础性法律。电子商务与经济社会发展、与人民群众生活都息息相关。电子商务法对保障电子商务各方主体权益、规范电子商务行为、维护市场秩序、促进电子商务持续健康发展具有重要作用。电子商务立法对贯彻落实五大发展理念、实现高质量发展、更好满足人民美好生活需求、深化供给侧结构性改革、建设创新型国家、推进依法治国完善社会主义市场经济法律体系、参与全球经济治理主导国际规则制定等方面均具有重大意义。社会各界一直高度关注电子商务立法，期盼电子商务法尽快出台。

电子商务立法自2013年年底正式启动以来，始终坚持科学立法、民主立法、提高立法质量，在全面系统深入研究基础上起草法律草案。2016年，电子商务法提交审议前，全国人大财经委电子商务法起草组正式出版了《中国电子商务立法研究报告》，受到社会各界好评。电子商务法提交审议后，全国人大财经委电子商务法起草组即开始组织有关专家研究编写电子商务法条文研析解读工作。

栗战书委员长明确提出各有关方面要学习好、宣传好、落实好电子商务法。《中华人民共和国电子商务法条文研析与适用指引》对法条进行全面、系统、深入研究和阐述，是一本通俗易懂的学习和研究读本。条文研析在一般法律释义、解读基础上对法律条文条分缕析，告诉读者这一条的来龙去脉、前因后果，帮助广大读者准确理解和把握立法原意，为电子商务法法律适用、贯彻落实提供指引。本书可供有关部门、地方、企业、消费者、专家学者等各界人士学习研究参考。

本书由全国人大财经委电子商务法起草组组织编写，编委会由电子商务法起草组的部分工作人员和部分参与立法起草的专家组成。电子商务法的起草和本书的写作，凝聚了集体的心血和智慧。原国务院法制办、国家发展改革委、工业和信息化部、财政部、商务部、人民银行、海关总署、税务总局、原工商总局、原质检总局、国家网信办、国家邮政局等部门，上海市、浙江省、江苏省以及杭州市、广州市、深圳市、南京市、郑州市、成都市等电子商务试点城市和有关地方，始终大力支持、积极参与立法工作，各自承担的电子商务立法课题研究成果为本书的内容提供了丰富的素材，特此表示衷心感谢！

在电子商务法起草过程中，全国人大财经委员会与全国人大宪法和法律委员会、全国人大常委会法制工作委员会紧密配合、密切合作，就电子商务立法中的重大、疑难问题，进行深入交流和研讨并提出具体的解决方案，为草案修改完善和本书写作奠定了坚实可靠的基础。在此特别感谢宪法法律委、法工委乔晓阳、李适时、李飞、沈春耀、李连宁、徐辉、王超英、王瑞贺、杨合庆、宋燕妮、马正平、林一英等有关领导和同志给予的大力支持和悉心指导！

同时感谢国务院发展研究中心、中国社科院、中国电子商务协会、中国互联网协会、中国消费者协会、中国法学会等机构、协会和学会给予的大力支持！

感谢张平、辜胜阻、徐绍史、李盛霖、熊群力、乌日图、王力、付双建、吕薇、侯义斌、骞芳莉、欧阳昌琼等领导同志的亲切关怀与指导！感谢翟炜、顾扬、赵雷、马新生、姜涵康、楼小东、刘国红、王云、李欲晓、张平、赵旭东、吕来明、王健、杨坚争、刘春泉、方有明、申卫星、孟兆平、俞思瑛、丁道勤、赵治等同志积极参与草案起草并对条文研究提出宝贵意见和建议！感谢中国法制出版社责任编辑谢雯女士认真负责辛勤的编校工作！

电子商务法提请审议后，引起社会各界强烈反响，舆论给予高度评价。中国人大网在一审、二审、三审后均在第一时间公开征求意见，各界人士对具体条文提出许多中肯的意见建议（一审稿提意见194人，922条；二审稿提意见291人，692条；三审稿提意见317人，1473条）。大家提出的宝贵意见和建议，既体现在法律草案文本上，也体现在条文研析解读中。在此衷心感谢关心、支持、参与电子商务立法的各界人士！

电子商务法出台前后，本书编写成员日以继夜、紧张工作、辛勤奉献，力争尽快推出本书。本书由吕祖善（第十二届全国人大常委会委员、财经委副主任委员、电子商务法起草领导小组组长）、彭森（第十二届全国人大常委会委员、财经委副主任委员）、尹中卿（全国人大常委会委员、财经委副主任委员）担任主编。参与本书编写的主要工作人员有：陈继宁（全国人大财经委调研室主任）、施禹之（全国人大财经委调研室副主任）、韩军（全国人大财经委调研室处长）、郝大为（全国人大财经委调研室副处长）、周晶（全国人大财经委办公室副处长）、唐鹏（全国人大财经委调研室副调研员）等，主要专家有薛军（北京大学法学院副院长、教授、博导、电子商务法律与发展研究基地主任）、薛虹（北京师范大学法学院教授、博导、互联网政策与法律研究中心主任）、杨东（中国人民大学法学院副院长、教授、博导）、王文华（北京外国语大学法学院教授、博导、电子商务与网络犯罪研究中心主任）、崔聪聪（北京邮电大学互联网治理与法律研究中心副主任、副教授）、潘迪（国家邮政局发展研究中心法律与治理现代化研究室负责人）、姚志伟（广东外语外贸大学区域一体化法治研究中心研究员）、张韬（北京华讯律师事务所主任、律师）、阿拉木斯（中国电子商务协会政策法律委员会副主任、中国电子商务法律网总裁）等。

本书力求全面准确、深入系统、通俗易懂地阐释电子商务法条文的内容，但电子商务发展迅猛，电子商务各种关系错综复杂，加上时间仓促，作者学识和水平有限，错漏粗疏之处在所难免，敬请广大读者不吝赐教，批评指正！修改意见和建议请及时联系出版社，或者请直接发送至：cuicongcong@ bupt. edu. cn。我们会对本书稿认真负责，研究吸纳各方意见，以便修订再版，争取在电子商务法正式实施之时即2019 年1 月1 日以更加完善的面目再次与大家见面。

本书编委会

2018 年9 月9 日

图书在版编目（CIP）数据

中华人民共和国电子商务法条文研析与适用指引/电子商务法起草组编著．—北京：中国法制出版社，2018.9

ISBN 978－7－5093－9765－7

Ⅰ.①中…　Ⅱ.①电…　Ⅲ.①电子商务－法规－法律解释－中国－指南　Ⅳ.①D922.294.5－62

中国版本图书馆 CIP 数据核字（2018）第214765号

策划编辑　谢　雯　　　责任编辑　谢　雯　张海洋　　　封面设计　李　宁

中华人民共和国电子商务法条文研析与适用指引

ZHONGHUA RENMIN GONGHEGUO DIANZI SHANGWUFA TIAOWEN YANXI YU SHIYONG ZHIYIN

编著/电子商务法起草组

经销/新华书店

印刷/三河市紫恒印装有限公司

开本/710 毫米×1000 毫米　16 开　　　印张／30.5　字数／366 千

版次/2018 年 9 月第 1 版　　　2018 年 9 月第 1 次印刷

中国法制出版社出版

书号 ISBN 978－7－5093－9765－7　　　定价：108.00 元

北京西单横二条 2 号

邮政编码 100031　　　传真：010－66031119

网址：http：//www.zgfzs.com　　　**编辑部电话：010－66071862**

市场营销部电话：010－66033393　　　**邮购部电话：010－66033288**

（如有印装质量问题，请与本社印务部联系调换。电话：010－66032926）